Johannes Duns Scotus

Freiheit, Tugenden und Naturgesetz

**Herders Bibliothek
der Philosophie des Mittelalters**

Herausgegeben von
Matthias Lutz-Bachmann,
Alexander Fidora, Andreas Niederberger

Band 27

Johannes Duns Scotus

Freiheit, Tugenden und Naturgesetz

Lateinisch
Deutsch

Johannes Duns Scotus

Freiheit, Tugenden und Naturgesetz

Lateinisch
Deutsch

Übersetzt, eingeleitet und
mit Anmerkungen versehen von
Tobias Hoffmann

HERDER

FREIBURG · BASEL · WIEN

© Verlag Herder GmbH, Freiburg im Breisgau 2012
Alle Rechte vorbehalten
www.herder.de
Umschlaggestaltung: Finken & Bumiller, Stuttgart
Satz: SatzWeise, Föhren
Herstellung: Customized Business Services GmbH, Erfurt
Printed in Germany
ISBN 978-3-451-34039-0

Danksagung

Den Herausgebern von Herders Bibliothek der Philosophie des Mittelalters, Matthias Lutz-Bachmann, Alexander Fidora und Andreas Niederberger, danke ich herzlich für die Einladung, einen Band zu dieser inzwischen gut etablierten Reihe beizutragen. Die Arbeit habe ich während eines Forschungsaufenthalts in München begonnen, den die Alexander von Humboldt-Stiftung großzügig unterstützt hat. Giancarlo Lati OFM und Edward Coughlin OFM danke ich für die Druckerlaubnis der Texte aus der Editio Vaticana und aus den Opera Philosophica. Barnaba Hechich OFM, Witold Salamon OFM und Girolamo Pica FI von der Commissio Scotistica haben mir ihre Sammlung von Handschriftenreproduktionen zur Verfügung gestellt, so dass ich einige Lesarten prüfen konnte. Meinem Kollegen Timothy Noone bin ich für die ständige Bereitschaft zu Dank verpflichtet, mir bei philosophischen, historischen oder textkritischen Fragen zu Scotus weiterzuhelfen. Hannes Möhle danke ich für den Hinweis auf einige Tippfehler. Jörn Müller bin ich für Hinweise und Korrekturen zu meiner Einleitung dankbar. Michele Trizio hat mir dankenswerterweise seine Transkriptionen von Eustratius zur Verfügung gestellt, die ich in den Anmerkungen zitiere. Für aufmerksame Korrekturen des Manuskripts gebührt Ursula Johannsen meine innige Anerkennung.

Tobias Hoffmann

Inhalt

Danksagung 5

Einleitung 9
1. Leben und Bedeutung 9
2. Freiheit, Tugenden und Naturgesetz 12
   a. Metaphysische Freiheit
      (*Metaphysikkommentar* IX q. 15) 14
   b. Psychologie der Freiheit (*Lectura* II d. 25) 19
   c. Komplexe Willensakte (*Ordinatio* II d. 6 q. 1 und q. 2) 27
   d. Moralische Freiheit (*Ordinatio* II d. 6 q. 2) 30
   e. Die Verbindung der Tugenden (*Ordinatio* III d. 36) . 32
   f. Naturgesetz (*Ordinatio* III d. 37) 42
   g. Fazit: Duns Scotus' Anti-Naturalismus 46
3. Anmerkungen zu den Texten und zur Übersetzung . . . 47
4. Abkürzungsverzeichnis 49
   Allgemeine Abkürzungen 49
   Abkürzungen der Bücher der Bibel 49
   Abkürzungen der Werke scholastischer Autoren 50
   Siglen von Werkausgaben 50
   Werke des Aristoteles 50
   Abkürzungen des kritischen Apparats 51
   Handschriftensiglen 51

Text und Übersetzung

Metaphysikkommentar, Buch IX Quästion 15:
   Gibt Aristoteles auf angemessene Weise an, worin sich
   rationale und irrationale Vermögen unterscheiden? . . . 55

Lectura, Buch II Distinktion 25:
   Wird der Willensakt im Willen vom ihn bewegenden Objekt oder vom sich selbst bewegenden Willen verursacht? 99

Ordinatio, Buch II Distinktion 6:
   Quästion 1: Konnte der böse Engel die Gottgleichheit erstreben? 155
   Quästion 2: Bestand die erste Sünde des Engels formal im Hochmut? 169

Ordinatio, Buch III Distinktion 36:
   Sind die moralischen Tugenden verbunden? 209

Ordinatio, Buch III Distinktion 37:
   Gehören alle Gebote des Dekalogs zum Naturgesetz? .. 277

Anhang

Bibliographie 307
   Bibliographien zu Duns Scotus 307
   Werke von Duns Scotus 307
   Andere Primärliteratur 307
   Einführungen und Literaturberichte 310
   Andere Sekundärliteratur 311
Register der Bibelstellen 316
Personenregister 317

Einleitung

In diesem Band werden zentrale und einflussreiche Texte des Duns Scotus zu Freiheit und Moral zum ersten Mal in deutscher Übersetzung vorgelegt. Nicht alle für die Thematik wichtigen Texte konnten in den Band aufgenommen werden. Als Ergänzung kann daher die umfassendere Textauswahl von Allan Wolter dienen.[1] Wolters Buch verfolgt die Absicht, Vorurteile zu Scotus' Ethik zu beseitigen. Der hier vorliegende Band hat das bescheidenere Ziel, einen ersten Zugang zu Scotus' ethischem Denken zu ermöglichen. Es geht hier also nicht darum, zu laufenden Debatten Stellung zu beziehen, sondern es sollen lediglich die ausgewählten Texte einer breiteren Leserschaft zugänglich gemacht werden.[2]

1. Leben und Bedeutung

Wie es bei mittelalterlichen Autoren nicht unüblich ist, verfügen wir nur über wenige direkte Quellen über das Leben des Duns Scotus; das meiste muss auf indirektem Wege rekonstruiert werden. Für die Kontextualisierung der hier übersetzten Texte reicht eine kurze Zusammenfassung der wichtigsten Eckpunkte seines Lebens.[3]

Johannes Duns ist ca. 1266 in Schottland geboren. Er trat noch als

---

[1] Wolter 1986 (zweisprachig). Das Buch ist 1997 ohne den lateinischen Text neu aufgelegt worden.
[2] Grundlegend für die Themen der vorliegenden Textauswahl sind Möhle 1995 sowie auf Englisch die Einleitung in Wolter 1986 und die Aufsätze von Möhle, Williams und Kent in Williams (Hg.) 2003. Diese Themen werden auch auf konzise Weise in Honnefelder 2008b diskutiert.
[3] Die Forschungsliteratur zu Scotus' Leben ist umfangreich. Die wichtigsten Ergebnisse sind zusammengefasst in Möllenbeck 2008. Für eine Liste der authentischen Werke von Scotus, siehe ebd., S. 36–38. Zu Scotus' Leben und Werk siehe auch Söder 2005 (S. 10–17).

Junge in den Franziskanerorden ein und erhielt seine erste philosophische Ausbildung in Oxford. Das erste sicher belegte Datum ist seine Priesterweihe, die er 1291 in Northampton (England) empfing. Es gilt als wahrscheinlich, dass er zu diesem Zeitpunkt etwa 25 Jahre alt war; sein Geburtsjahr wird also anhand dieses Datums rekonstruiert.

Wie die neueste Forschung zeigt, hat Scotus in der zweiten Hälfte der achtziger Jahre höchstwahrscheinlich am Lektoratsprogramm des Pariser Franziskanerkonvents teilgenommen. Das Lektoratsprogramm war eine außeruniversitäre theologische Ausbildung im Pariser Studienhaus der Franziskaner, zu der jede Franziskanerprovinz zwei bis drei begabte junge Ordensbrüder schickte. Das Programm dauerte drei bis fünf Jahre und war gleichsam eine Propädeutik im Hinblick auf das spätere Bakkalaureatsstudium. Als Student in diesem Programm war Scotus zwar nicht in der Universität eingeschrieben, seine Lehrer gehörten aber zum Pariser intellektuellen Milieu, und er selbst konnte öffentliche Disputationen besuchen.[4] Scotus hat also sehr wahrscheinlich die großen Magister dieser Zeit persönlich gekannt: Heinrich von Gent, Gottfried von Fontaines und Ägidius von Rom. Als er mindestens acht Jahre später die im vorliegenden Band übersetzten Quästionen lehrte und redigierte, hatte er die Disputationen zwischen diesen Magistern offensichtlich lebhaft in Erinnerung und besaß davon möglicherweise auch eigene Mitschriften. (Darüber hinaus war ihm auch die veröffentlichte schriftliche Fassung zumindest einiger dieser Disputationen zugänglich.)

In den neunziger Jahren hielt sich Scotus wahrscheinlich im Oxforder Konvent auf, wo er weiterhin in der Theologie ausgebildet wurde, aber auch eigenständig im franziskanischen Studienprogramm Philosophieunterricht gab. Seine Aristoteles-Kommentare gehen auf diese Zeit zurück. Teile des Metaphysikkommentars hat Scotus später überarbeitet; die hier übersetzte Quästion aus dem Kommentar gehört zum späteren Material.[5] In den letzten Jahren des 13. Jahrhunderts hat Scotus an der Oxforder Universität die Vor-

---

[4] Die Plausibilität von Scotus' Teilnahme am Pariser Lektoratsprogramm wird auf teilweise voneinander unabhängiger Beweisgrundlage herausgearbeitet in Courtenay 2012 und Noone et al. 2006 (S. 141*–143*). Siehe auch Noone 2010a.

[5] Zur Spätdatierung von *In Met.* VII–IX, siehe »Introduction«, OPh. 3, S. xlii–xlvi.

lesung über die *Sentenzen* des Petrus Lombardus gehalten. Die *Lectura*, der einer der hier übersetzten Texte entnommen ist, bildete dazu das Vorlesungsskript. Schon zu dieser Zeit hat Scotus damit begonnen, dieses Skript für die Veröffentlichung vorzubereiten, das heißt, eine sogenannte *Ordinatio* anzufertigen. Drei der hier vorliegenden Texte sind der *Ordinatio* entnommen; sie sind allerdings nicht genau zu datieren, da Scotus an diesem Werk bis zu seinem Lebensende arbeitete.

In den akademischen Jahren 1302–1304 las Scotus erneut die *Sentenzen*, diesmal in Paris. Er hat diese Vorlesung im Gegensatz zur Oxforder Vorlesung nicht für die Veröffentlichung vorbereitet; sie ist nur in *Reportationes* (das heißt Studentenmitschriften) enthalten, die aber durchaus von hoher Qualität sind. Den Pariser Unterricht musste er mehrere Monate lang unterbrechen, da er, wie viele seiner Mitbrüder, dem französischen König Philipp IV. (dem Schönen) im Juni 1303 die Unterstützung in dessen Streit mit Papst Bonifaz VIII. verweigerte. Nach dem Tod Bonifaz' VIII. und der Wahl Benedikts - XI. im Oktober 1303 erlaubte Philipp IV. die Rückkehr der exilierten Ordensleute, so dass Scotus möglicherweise schon im November, also kurz nach Beginn des akademischen Jahres, zurückkehren konnte.[6] Im Frühjahr 1305 wird Scotus auf Empfehlung des Ordensgenerals und seines ehemaligen Lehrers Gonsalvus Hispanus *magister regens*, das heißt ordentlicher Professor der Theologie. Zu den Privilegien eines *magister regens* gehört die Erlaubnis, *Quodlibet*-Disputationen zu halten. Dies ist eine öffentliche Disputation, zu der ein breites Publikum zugelassen wurde und in der dem Magister von jedem beliebigen Teilnehmer *(a quolibet)* über jedes beliebige Thema *(de quolibet)* Fragen gestellt werden konnten. Scotus gab nur eine einzige *Quodlibet*-Disputation, wahrscheinlich 1306 oder 1307. Sie ist von außergewöhnlicher Länge und für die Rekonstruktion seines späten Denkens von besonderer Bedeutung. Im Jahr 1307 wurde er ins Kölner Studienhaus gesendet. Ein Jahr später, am 8. November 1308, starb Scotus in Köln im Alter von nur ca. 42 Jahren.

Trotz der relativ kurzen Zeit seiner akademischen Tätigkeit entfaltete Scotus sofort eine kaum zu überschätzende Wirkung. Innerhalb des Ordens galt er als »Doctor noster« (unser Lehrer) und wurde damit die wichtigste philosophische und theologische Autorität im

---

[6] Courtenay 2012 (S. 16–18).

Franziskanerorden, wenngleich sich nicht alle Franziskaner als Scotisten verstanden. Er übernahm damit die Stellung, die ursprünglich Bonaventura innehatte, die aber dann für einige Jahrzehnte praktisch Heinrich von Gent zukam, der zwar kein Franziskaner war, aber auf höchstem denkerischen Niveau eine Alternative zu Thomas von Aquin darstellte, dessen Werk von den Franziskanern kritisch beurteilt wurde. Scotus' Einfluss war deutlich bis ins 17. Jahrhundert hinein zu spüren. Man konnte gleichsam nicht hinter Scotus zurückgehen. Die Dominikaner sahen in Scotus den Erzrivalen zu Thomas von Aquin, spielten jedoch häufig in der Widerlegung des Scotus auf dessen eigenem Spielfeld, indem sie die Probleme so diskutierten, wie sie von Scotus formuliert sind. Auch Wilhelm von Ockham und die Nominalisten sind stark von Scotus beeinflusst, wenngleich Ockham in der Kernfrage des Nominalismus, der Realität von Allgemeinbegriffen, Duns Scotus als den überzeugendsten Vertreter der realistischen Gegenposition besonders intensiv kritisiert hat. Die Jesuiten des 16. und 17. Jahrhunderts verstanden sich zwar weitgehend als Thomisten, übernahmen aber unterschwellig viele scotistische Themen. Über diesen Umweg hatte scotisches Gedankengut Einfluss auf Denker wie Descartes, Leibniz, Wolff und damit auch auf Kant.

2. Freiheit, Tugenden und Naturgesetz

Zentral für Scotus' Morallehre ist seine Konzeption der Freiheit. Wir können drei Dimensionen von Scotus' Freiheitstheorie unterscheiden. Metaphysisch gesehen ist für Scotus Freiheit die Möglichkeit, sich selbst auf eine von zwei Alternativen festzulegen. Der Gegenpol zur metaphysischen Freiheit ist Determiniertheit. Eine weitere Dimension ist die psychologische Grundlage der so verstandenen Selbstdetermination. Alle Scholastiker waren sich einig, dass die Wahlfreiheit zwischen Alternativen, genannt *liberum arbitrium*, sowohl im Intellekt als auch im Willen gründet. Zur Debatte stand, welcher Anteil dabei dem Intellekt und dem Willen zukommt. Grob gesagt lehrten die sogenannten Intellektualisten, dass die freie Wahl das Ergebnis der rationalen Überlegung ist und insofern vor allem auf den Intellekt zurückzuführen ist. Einige Intellektualisten betonten auch, dass dem Konzept der Selbstbestimmung metaphysische Grenzen gesetzt sind. Demgegenüber ging es den sogenannten Vo-

luntaristen hauptsächlich um die Kontingenz der Wahl zwischen Handlungsalternativen, und diese sahen sie letztlich im Willen grundgelegt. Eine dritte Dimension der Freiheitsthematik besteht nach Scotus darin, dass Moralität letztlich nicht in der natürlichen Dynamik des Strebens nach Erfüllung beziehungsweise nach Glück gewährleistet ist, sondern nur in der freien Entscheidung für das ethisch Richtige, unabhängig davon, wie sich diese Entscheidung auf das persönliche Glück auswirkt. Scotus behandelt diese drei Dimensionen der Freiheit in den ersten drei Texten dieses Bandes.

Wie es für scholastische Autoren charakteristisch ist, sind in Scotus' Ethik sowohl die Tugenden als auch das Naturgesetz von Bedeutung. Im Vergleich zu früheren Denkern wie zum Beispiel Thomas von Aquin liegt der Akzent in Scotus' Ethik aber nicht so stark auf den Tugenden. Einen guten Einblick darin, wie Scotus ihre Rolle versteht, gibt seine Behandlung der Verbindung der Tugenden. In der Antike und im Mittelalter war die Auffassung vorherrschend, dass die Tugenden so miteinander verknüpft sind, dass kein tugendhafter Habitus isoliert von den anderen Tugenden eine wahre Tugend sein kann. Die Tugenden bedingen sich und stärken sich gegenseitig. Also kann man nur entweder alle Tugenden haben oder keine einzige. Scotus lehnt diese Art der Verknüpfung ab. Besonders aufschlussreich ist seine Diskussion der Beziehung zwischen Klugheit und moralischen Tugenden. Dort behandelt er erneut das Verhältnis von Intellekt und Willen und entwickelt in diesem Zusammenhang sein Verständnis der Klugheit als intellektueller Habitus, der – im Gegensatz zur aristotelischen Lehre – von der affektiven Verfassung des Menschen unabhängig ist.

Für das Verständnis der scotischen Ethik ist schließlich seine Theorie des Naturgesetzes von großer Bedeutung. Das Naturgesetz, das im Dekalog verdeutlicht ist, gründet in der Vernunft Gottes, da es sich aus den ersten, an sich evidenten praktischen Prinzipien entwickelt. Nach Scotus sind aber nicht alle Gebote des Dekalogs strikt von den ersten praktischen Prinzipien abhängig, und deswegen kann Gott von einigen Geboten dispensieren. Es geht hier um das Verhältnis von Vernunft und Wille Gottes zu den ethischen Prinzipien. Noch grundlegender geht es aber um deren innere Vernünftigkeit.

Wie Scotus diese Themen im Kontext der Positionen seiner Zeitgenossen entwickelt, soll nun genauer betrachtet werden.

a. Metaphysische Freiheit (*Metaphysikkommentar* IX q. 15)

Der ausführlichste Text, in dem Scotus die Wahlfreiheit zwischen Handlungsalternativen diskutiert, findet sich im neunten Buch seines Metaphysikkommentars, Quästion 15.[7] Obwohl Aristoteles im neunten Buch seiner *Metaphysik* überhaupt nicht vom Willen und nur vereinzelt von Streben und Wahl spricht, nimmt Scotus den Text zum Anlass für eine grundlegende Diskussion des Willensbegriffs und der Frage, wie die Freiheit des Willens gedacht werden muss. In der Textauswahl des vorliegenden Bandes steht diese Quästion deswegen an erster Stelle, obwohl sie zumindest in ihrer Endredaktion später anzusetzen ist als der zweite Text, in dem es um die Freiheitspsychologie geht.

Im neunten Buch behandelt Aristoteles das Vermögen (gr. *dynamis*, lat. *potentia*). Im zweiten und fünften Kapitel bespricht er den Unterschied zwischen irrationalen und rationalen aktiven Vermögen. Aktive Vermögen sind Vermögen, etwas zu bewirken; zum Beispiel bewirkt Wärme – ein aktives Vermögen – die Erwärmung der ihr ausgesetzten Gegenstände. Demgegenüber sind passive Vermögen das, was eine Wirkung aufnehmen kann; zum Beispiel hat Wasser das passive Vermögen, warm zu werden. Nach Aristoteles können irrationale Vermögen nur eine bestimmte Wirkung haben, zum Beispiel kann Wärme nur erwärmen und Kälte nur abkühlen; rationale Vermögen können hingegen Gegenteiliges zur Wirkung haben, zum Beispiel kann die Heilkunde Gesundheit und Krankheit bewirken.[8] Grundsätzlich sind auch passive Vermögen gegenüber gegenteiligen Wirkungen offen. Wasser kann warm oder kalt werden. Unter konkreten Gegebenheiten sind sie aber nach Aristoteles immer auf einen bestimmten Zustand festgelegt, denn wenn sich ein aktives Vermögen einem passiven Vermögen nähert, resultiert eine bestimmte Wirkung. Wenn zum Beispiel ein Topf Wasser über dem Herdfeuer ist, kann das Wasser nur warm werden. Da sich rationale Vermögen indessen auf Gegenteiliges beziehen, allerdings nicht Gegenteiliges gleichzeitig bewirken können, muss nach Aristoteles etwas hinzukommen, das den Ausschlag für die eine oder die andere Alterna-

---

[7] Siehe dazu Wolter 1990, Hoffmann 1999, González Ayesta 2007, Noone 2010b.
[8] Aristoteles, *Met.* IX 2, 1046a36–b24.

tive gibt, zum Beispiel dafür, dass die Heilkunde benutzt wird, jemanden gesund und nicht krank zu machen. Für Aristoteles ist dies das Streben *(orexis)* oder die Wahl *(prohairesis).*[9]

Scotus gibt eine zwar aufmerksame, aber doch idiosynkratrische Interpretation der beiden Kapitel. Die aristotelische Unterscheidung zwischen irrationalen und rationalen Vermögen versteht er als Unterscheidung von Natur und Wille, ein Begriffspaar, das auf Augustinus zurückgeht.[10] Zunächst klärt er, in welchem Sinn irrationale Vermögen nur eine bestimmte Wirkung haben. Unter verschiedenen Umständen können sie nämlich durchaus verschiedene Wirkungen haben, je nachdem, was ihrer Wirkfähigkeit ausgesetzt ist.[11] So kann zum Beispiel die Sonne etwas Hartes verflüssigen (nämlich Eis) und etwas Weiches hart machen (nämlich Schlamm). Unter denselben Umständen können irrationale Vermögen jedoch nur eine bestimmte Wirkung hervorbringen (§ 43). Irrationale Vermögen sind also mit Naturnotwendigkeit tätig, weswegen Scotus sie unter dem Begriff der »Natur« beziehungsweise des »naturhaften aktiven Vermögens« einordnet.

Rationale Vermögen können hingegen unter genau denselben Umständen gegenteilige Wirkungen haben. Entscheidend ist nämlich nach Scotus für die Unterscheidung zwischen irrationalen und rationalen Vermögen nicht, ob sie sich auf gegenteilige Gegenstände beziehen. Dass sich Heilkunde sowohl auf Gesundheit als auch auf Krankheit bezieht, ist für Scotus sekundär. Maßgebend ist vielmehr, wie sie ihre eigene Tätigkeit ausüben, nämlich entweder von außen

---

[9] Aristoteles, *Met.* IX 5, 1048a5–11. Die arabisch-lateinische Übersetzung hat die Interpretation dieser Stelle beeinflusst; sie übersetzt »Streben oder Wahl« (1048a11) mit »*appetitus aut voluntas*« (Streben oder Wille), ed. Bernhard Bürke, S. 43. Während für Aristoteles die *prohairesis* das Resultat der praktischen Überlegung und insofern eine Funktion des praktischen Intellekts ist, betont auch Averroes' Kommentar zu der Stelle die Rolle des Willens bei der Entscheidung für eine Alternative; siehe *In Met.* IX com. 10, ed. Bernhard Bürke, S. 45. Siehe dazu Müller 2011 (S. 60, Anm. 186). Wilhelm von Moerbeke lässt *prohairesis* als Fremdwort stehen und übersetzt »*appetitum aut proheresim*«, siehe AL XXV/3.2, S. 184.
[10] Augustinus, *De libero arbitrio* III c. 1 § 9; CCSL 29, S. 275.
[11] Das ist bereits von Walter von Brügge, einem Franziskaner und Zeitgenossen des Thomas von Aquin, mit Bezug auf dieselbe Stelle der *Metaphysik* bemerkt worden; siehe *Quaestiones disputatae* q. 5 arg. 4 und ad 4, PhB 10, S. 48 und S. 53–54.

her determiniert oder nicht (§ 21–22). Dies ist der zentrale Gedanke der scotischen Willenslehre. Als Konsequenz dieser Konzeption ergibt sich, dass der Intellekt gar kein rationales Vermögen ist, da es dem Intellekt unter gegebenen Voraussetzungen nicht offensteht, etwas zu verstehen oder nicht, beziehungsweise einer Aussage zuzustimmen oder nicht (§ 36).[12] Nur wenn man den Intellekt in Verbindung mit dem Willen betrachtet, hat der Intellekt echte Handlungsalternativen. Nur dank des Willens, der die Aufmerksamkeit des Intellekts auf verschiedene Gegenstände lenken kann, ist es dem Intellekt möglich, Verschiedenes zu denken oder zu verstehen. Der Intellekt ist also streng genommen ein irrationales Vermögen, während der Wille das eigentliche rationale Vermögen ist (§ 41)! Sofern Scotus den Intellekt dennoch als rationales Vermögen gelten lässt, nennt er ihn jedoch das »unvollständige rationale Vermögen«, während der Wille das »vollständige rationale Vermögen« ist (§ 46–47). Nichtsdestotrotz ist der Intellekt ein naturhaftes Vermögen (§ 50).

Wahlfreiheit ist nach Scotus aus diesem Grund auch nicht letztlich auf den Intellekt zurückzuführen, so wie zum Beispiel Thomas von Aquin die Wahlfreiheit in der Fähigkeit des Intellekts begründet sah, sich auf Allgemeinbegriffe zu richten (während sich Sinneswahrnehmung nur auf Partikuläres richtet). Nach Thomas hat der Wille die Möglichkeit, zwischen Alternativen zu wählen, weil der Intellekt verschiedene Konzeptionen dessen haben kann, was in einer konkreten Handlungssituation erstrebenswert ist. Der Intellekt präsentiert jedes bestimmte Wahlobjekt vor dem Horizont des universalen Guten, so dass jeweils positive und negative Aspekte eines partikularen Guten zum Vorschein gebracht werden können, was dann zur einen oder anderen Wahl führt.[13] Für Scotus genügt dies jedoch nicht, um Wahlfreiheit zu begründen, da sich nach seiner Auffassung in jedem Fall die Aktivität des Intellekts deterministisch vollzieht.

---

[12] Wie Scotus anderswo näherhin ausführt, steht es dem Intellekt nicht frei, den Begriff einer *species specialissima* (das heißt einer untersten Art, zum Beispiel »Mensch«, »Pferd«, »Rose«) zu verstehen oder nicht zu verstehen; siehe *Ord.* I d. 3 p. 1 q. 1–2 § 76, Vat. 3, S. 52. Ebensowenig hat der Intellekt die Freiheit, einem evidenten Satz zuzustimmen oder nicht, zum Beispiel dem Satz »Das Ganze ist größer als sein Teil«; siehe *Ord.* I d. 3 p. 1 q. 4 § 234, Vat. 3, S. 140–141.

[13] Thomas von Aquin, *S. theol.* I–II q. 10 a. 2, Leon. 6, S. 86a–b; *De malo* q. 6, Leon. 23, S. 148a–b.

Scotus beschreibt genauer, inwiefern der Wille als das eigentliche rationale Vermögen gegenüber alternativen Möglichkeiten indeterminiert ist. Der Wille behält in dem Moment, wo er sich faktisch auf eine Alternative richtet, die Fähigkeit, die andere Alternative zu wählen – nicht so, dass er beide gleichzeitig wählen könnte, sondern so, dass genau in dem Moment, wo er die Wahl trifft, diese Wahl kontingent und nicht notwendig geschieht (§ 59–65).[14] Man bezeichnet diese scotische Theorie als »synchrone Kontingenz«, im Gegensatz zur »diachronen Kontingenz«, wo Handlungsalternativen nicht im selben Moment und unter denselben Umständen gegeben sind, sondern nur zu verschiedenen Zeitpunkten und daher unter unterschiedlichen Umständen. Diachrone Kontingenz ist allerdings durchaus mit Naturnotwendigkeit vereinbar, wie ein Beispiel des Thomas von Aquin zeigt (der allerdings keine ausdrückliche Theorie der synchronen Kontingenz entwickelt hat): Ein Hund kann bellen oder still sein; in dem Moment, in dem der Hund aufgeregt ist, stehen ihm aber keine Alternativen offen, sondern er kann nicht umhin zu bellen.[15] Weil synchrone Kontingenz hingegen Handlungsalternativen genau im Moment der Wahl beinhaltet, bedeutet dies, dass Handlungsalternativen in der Gegenwart und nicht nur in der Zukunft gegeben sind, denn der Moment der Wahl findet ja nur in der Gegenwart statt. Traditionell war es hingegen seit dem 12. Jahrhundert die gängige Meinung, der Wille habe nur in Bezug auf die Zukunft alternative Möglichkeiten, da die Gegenwart determiniert sei.[16] Weil der Wahlakt nur in der Gegenwart vollzogen werden kann, müssen aber nach Scotus die zukünftigen Handlungsalternativen gegenwärtig werden, um gewählt werden zu können, mit anderen Worten, beide Handlungsalternativen müssen dem Handelnden in der Gegenwart zugänglich sein. Scotus gibt anderswo zu, dass die Gegenwart gewissermaßen determiniert ist; aber dennoch ist sie für ihn wie die Zukunft kontingent und nicht wie die Vergangenheit notwendig.[17] Dies

---

[14] Siehe dazu ausführlicher *Lect.* I d. 39 q. 1–5 § 50–52, Vat. 19, S. 495–496; *Rep.* I A 39–40 q. 1–3 § 41–44, HBPhMA 4, S. 86–88.
[15] Thomas von Aquin, *De veritate* q. 24 a. 2, Leon. 22, S. 686a.
[16] Hugo von St. Viktor, *Summa Sententiarum* III, c. 9, PL 176, Sp. 102; Petrus Lombardus, *Sent.* II d. 25 c. 1 § 3, Bd. 1, S. 461.
[17] *Rep.* II A d. 4, Hs. Oxford, Merton College 61, fol. 140r: »Ita contingens est haec: ›tu sedes in hoc instanti‹, sicut fuit heri: ›tu sedebis in hoc instanti‹; non tamen ita indeterminata. (Die Aussage ›Du sitzt in diesem Moment‹ ist ge-

kann man so verstehen: Die Gegenwart ist festgelegt aufgrund des vom Handelnden selbst getroffenen Wahlakts; sie ist aber kontingent, da der Wahlakt auf kontingente Weise geschieht. Damit es sich um echte Handlungsalternativen handelt, muss auch in dem Moment, in dem diese Entscheidung vollzogen wird, die alternative Entscheidung dem Wählenden zugänglich sein.[18]

Bei diesen Ausführungen zur Tätigkeitsweise des Willens geht es Scotus nicht darum, die Willensfreiheit a priori zu beweisen, das heißt vom Begriff des aktiven Vermögens abzuleiten. Dies ist nach Scotus auch gar nicht möglich, da die nicht-deterministische Tätigkeitsweise des Willens einzigartig ist und bei anderen aktiven Vermögen nicht vorkommt (§ 44). Lediglich kann man die Existenz der Willensfreiheit a posteriori aufzeigen. Scotus appelliert an die Erfahrung, dass man etwas wollen oder nicht wollen kann (§ 30).[19] Er argumentiert auch anderswo, dass Lob und Tadel sinnlos scheinen, wenn Handlungen nicht frei gewählt sind.[20]

Scotus' Entscheidung, bei aktiven Vermögen die fundamentale Grenze nicht zwischen rational und irrational, sondern zwischen Natur und Wille beziehungsweise naturhaft und frei zu ziehen, hat – sicherlich über Umwege – bis in die Neuzeit Anhänger gefunden. Zum Beispiel markiert bei Immanuel Kant die Unterscheidung zwischen Natur und Freiheit den Unterschied zwischen theoretischen und praktischen Wissenschaften.

---

nauso kontingent wie gestern die Aussage war: ›Du wird in diesem Moment sitzen‹; aber sie ist nicht genauso unbestimmt.)«

[18] Scotus folgt hier Petrus Johannis Olivi, *Quaestiones in secundum librum Sententiarum* q. 42, BFSMA 4, Bd. 1, S. 705–706. Speziell für Scotus' Abhängigkeit von Olivi, siehe Dumont 1995. Für die scotische Theorie der synchronen Kontingenz im Allgemeinen, siehe Söder 1999 (S. 85–124).

[19] Einen ausführlicheren a posteriori Beweis der Freiheit liefert Scotus nicht direkt in der Diskussion des freien Willens, sondern der Kontingenz, die nach Scotus ursprünglich im freien Willen Gottes gründet und teilweise im freien Willen der rationalen Geschöpfe (siehe *Lect.* I d. 39 q. 1–5 § 35, Vat. 19, S. 489; *Rep.* I A 39–40 q. 1–3 § 36, HBPhMA 4, S. 82). Wer Kontingenz leugnet, soll gefoltert werden, bis er zugibt, dass er auch nicht gefoltert werden kann. Siehe *Lect.* I d. 39 q. 1–5 § 40, Vat. 17, S. 491 und vor allem *Rep.* I A 39–40 q. 1–3 § 29–30, HBPhMA 4, S. 78–80.

[20] *Lect.* II d. 25 q. un. § 28 (unten, S. 109).

b. Psychologie der Freiheit (*Lectura* II d. 25)

Der Text, in dem Scotus die Rolle von Intellekt und Wille bei der Verursachung freier Willensakte behandelt, schließt an sehr lebhafte und außerordentlich fruchtbare Diskussionen der vorausgehenden Jahrzehnte an.[21] Den entfernteren Hintergrund für Scotus' Erörterung bildet der aristotelische Einfluss auf die scholastischen Freiheitskonzeptionen seit etwa Mitte des 13. Jahrhunderts. Für Aristoteles ist der Wahlakt die unmittelbare Konsequenz der praktischen Überlegung des Intellekts. Thomas von Aquins Erklärung der Wahlfreiheit ist stark von Aristoteles beeinflusst. Thomas sah, wie erwähnt, die Wahlfreiheit des Willens in der Fähigkeit des Intellekts verwurzelt, das hier und jetzt Erstrebenswerte unterschiedlich zu beurteilen. Schon in frühen Reaktionen auf Thomas von Aquin seitens der Voluntaristen, zum Beispiel bei Walter von Brügge, Wilhelm de la Mare und Heinrich von Gent, wurde der vermeintliche Spielraum des Intellekts als unzureichende Grundlage für Wahlfreiheit betrachtet, da der Intellekt auf deterministische Weise tätig sei. Voluntaristen übten zudem Kritik an Siger von Brabant, nach dessen Lehre jegliches Ursache-Wirkungsverhältnis deterministisch ist. Für Siger wird also auch der Willensakt notwendig verursacht; ähnlich wie heutige Kompatibilisten hielt Siger aber Freiheit und Notwendigkeit für vereinbar. Der Pariser Bischof Stephan Tempier verurteilte im Jahr 1270 mehrere aristotelisch geprägten Lehrsätze, darunter auch Sigers Thesen von der Notwendigkeit der Willensakte. Im Jahr 1277 holte er weiter aus und verurteilte auch solche Thesen, denen zufolge der Willensakt fest an das Vernunfturteil gebunden ist. Vor allem die Verurteilung von 1277 hatte eine nachhaltige Wirkung auf die weitere Diskussion der Freiheitsproblematik, so dass dieses Jahr bezüglich scholastischer Freiheitstheorien eine Wasserscheide bildet.

Den unmittelbaren Kontext für Scotus' Erörterung der Rolle von Intellekt und Wille bei der Wahlfreiheit in *Lectura* II d. 25 bildet die Quästion 11 aus Heinrich von Gents *Quodlibet* XIII aus der Fastenzeit (Frühjahr) 1289 sowie die darauf antwortende Quästion 7 aus Gottfried von Fontaines' *Quodlibet* VI aus dem Advent (Herbst)

---

[21] Für die Quellenangaben sowie für eine ausführlichere Darstellung, siehe Hoffmann 2010b; siehe auch Lottin ²1957, Macken 1977, Putallaz 1995, Kent 1995 (S. 94–149), Müller 2009 und 2011.

1289. Sowohl Heinrich als auch Gottfried wiederholen und vertiefen dort bereits früher von ihnen mehrfach geäußerte Thesen.[22] Zudem widerlegen beide eine Theorie Johannes von Murros, die den gegenläufigen Anliegen Heinrichs und Gottfrieds gerecht zu werden versucht. Da Scotus zu dieser Zeit sehr wahrscheinlich in Paris war, ist anzunehmen, dass er bei diesen Disputationen anwesend war und später auf seine eigenen Notizen zurückgreifen konnte. Scotus geht in *Lectura* II d. 25 auf alle drei Autoren ein, besonders auf Heinrich und Gottfried, deren extreme Standpunkte für ihn den Rahmen abstecken, innerhalb dessen er seine Lösung entwickelt. Da Scotus seine eigene Position im Dialog mit Heinrich, Gottfried und Johannes von Murro entwickelt, soll nun durch eine kurze Darstellung ihrer Theorien das Verständnis von Scotus' Text erleichtert werden.

Die Frage ist, wie ein Willensakt entsteht und welche Rolle dabei folgenden drei Ursachen zukommt: dem erkannten (und dann gewollten) Gegenstand, dem Intellekt und dem Willen. Nehmen wir an, jemand möchte einen Apfel essen. Inwieweit hängt dieser Wunsch vom Objekt selbst ab (nämlich vom Apfel), inwieweit vom Intellekt, der den Apfel erkennt und bewertet, wie erstrebenswert sein Genuss ist, und inwieweit vom Willen, in dem der Wunsch nach dem Apfel erweckt ist?

Für Heinrich von Gent ist entscheidend, dass Wahlfreiheit alternative Möglichkeiten beinhaltet, auf die sich der Handelnde selbst festlegen kann. Wäre der Willensakt das Resultat deterministischer Einflüsse, so wären tugendhafte Handlungen unmöglich. Insofern kann nach Heinrich eine freie Wahl nicht vom »erkannten Gegenstand« verursacht sein, das heißt von etwas, das sich dem Handelnden zeigt und als erstrebenswert darstellt.[23] Der Wille ist also kein bloßes passives Zwischenglied in einer Ursache-Wirkungs-Kette, sondern bewegt sich selbst zu seinem Willensakt.[24] Heinrich sagt sogar gelegent-

---

[22] Vgl. Heinrich von Gent, *Quodl.* I q. 14 ad 2, Opera omnia 5, S. 89; *Quodl.* I q. 16, Opera omnia 5, S. 108; *Quodl.* IX q. 5, Opera omnia 13, S. 123; Gottfried von Fontaines, *Quodl.* I q. 7, PhB 2, S. 19; *Quodl.* III q. 16 arg. in opp., PhB 2, S. 228. – Die wichtigsten Texte Heinrichs zur Willensfreiheit sind auf deutsch in BGPhMA 28, ed. Jörn Müller, verfügbar.
[23] Heinrich von Gent, *Quodl.* IX q. 5, Opera omnia 13, S. 121; S. 127. Siehe auch *Quodl.* XIII q. 11, Opera omnia 18, S. 92; S. 99.
[24] Heinrichs grundlegendste und ausführlichste Behandlung der Selbstbewegung des Willens findet sich in *Quodl.* IX q. 5. In den Quodlibets X q. 9, XI

lich, er sei ein Erstbeweger *(primum movens)*.²⁵ Trotzdem kann sich der Wille nur angesichts eines erkannten Gegenstandes bewegen, denn was nicht erkannt ist, kann nicht gewollt werden. Der erkannte Gegenstand ist also eine notwendige Bedingung des Wollens und Wählens, eine »causa sine qua non«.²⁶ Aristotelisch ausgedrückt ist er das *removens prohibens*, das heißt das, was das Hindernis für die Ausübung einer Ursächlichkeit beseitigt, so wie die Entfernung einer Säule das Hindernis für den Herabfall des Daches beseitigt.²⁷ Für Heinrich ist das Hindernis für die Selbstbewegung des Willens die Unwissenheit; das erkannte Objekt beseitigt dieses Hindernis. Scotus fasst Heinrichs Theorie knapp in § 54 zusammen.

Gottfried von Fontaines geht die Problematik von einer ganz anderen Seite an. Eine Theorie der Freiheit darf keine metaphysischen Prinzipien verletzen. Heinrichs Theorie der Selbstbewegung des Willens verletzt aber das Prinzip, dass aktive Vermögen und passive Vermögen, das heißt Beweger und Bewegtes, nicht identisch sein dürfen. Anders ausgedrückt, ein aktives Vermögen kann – wie scheinbar auch Aristoteles lehrt – nur eine Veränderung in etwas von ihm selbst Verschiedenen bewirken. Die Identität vom aktiven und passiven Vermögen sei erstens widersprüchlich (etwas wäre zugleich und in derselben Hinsicht im Akt und in Potenz, das heißt nicht im Akt), und zweitens könnte sich sonst eine Potentialität von selbst aktualisieren und bräuchte dafür keine äußere Ursache. Nach Gottfried muss vielmehr jegliches, das sich selbst bewegt, aus verschiedenen Teilen zusammengesetzt sein. Zum Beispiel könne sich ein Tier selbst bewegen, weil es verschiedene Glieder hat. Aber für Gottfried dürfen aktive und passive Vermögen nicht im selben Subjekt sein, das heißt

---

q. 6, XII q. 26 und XIII q. 11 verteidigt und vertieft er seine Theorie der Selbstbewegung des Willens.

[25] *Quodl*. I q. 14, Opera omnia 5, S. 84–85; *Quodl*. X q. 9, Opera omnia 14, S. 231; *Quodl*. XI q. 6, ed. Badius, fol. 452vN; 455rX; 456rF; 456rH, *Quodl*. XIII q. 11, Opera omnia 18, S. 105. Heinrichs Theorie hat Ähnlichkeiten mit jener Roderick Chisholms und seiner Schüler, die von »agent causation« sprechen. Siehe Chisholm 1964 und O'Connor 2002.

[26] *Quodl*. IX q. 5, Opera omnia 13, S. 123. Zahlreiche weitere Stellenangaben sind im Apparat zum *Quodl*. XIII q. 10, Opera omnia 18, S. 82, Zeile 43–44 zu finden; diese sind zu ergänzen durch *Quodl*. XIV q. 5, ed. Badius, fol. 566rD–vD.

[27] *Quodl*. IX q. 5, Opera omnia 13, S. 116–117; Aristoteles, *Phys*. VIII 4, 255b24–31.

konkret, der gewollte Gegenstand und der Wille können nicht als Beweger und Bewegtes in der menschlichen Geistseele sein.[28] Mit anderen Worten, ein Gegenstand als vom Intellekt gedachter kann nach Gottfried nicht den Willen bewegen. Allgemein gesprochen – wie Scotus auch in §25 referiert – können die »unorganischen Vermögen« (das heißt immaterielle Vermögen: der tätige Intellekt, der mögliche Intellekt und der Wille) einander nicht *direkt* bewegen. So kann der tätige Intellekt nicht den möglichen Intellekt bewegen, der Intellekt nicht den Willen und der Wille nicht den Intellekt. Wenn sie einander bewegen, so geschieht das jeweils über den Umweg des Vorstellungsvermögens, das ein organisches, nämlich sinnliches und damit materielles Vermögen ist. Indem der tätige Intellekt und der Wille Einfluss auf die Vorstellungen haben, können sie den Intellekt bewegen.[29]

Sofern sich nach Gottfried die unorganischen Vermögen nur über den Umweg des Vorstellungsvermögens bewegen können, muss er klären, wie ein unorganische Vermögen ein organisches Vermögen bewegen kann und umgekehrt.[30] Das Problem ist, dass ja auch die Vorstellungsbilder *(phantasmata)* im selben Subjekt sind wie der Intellekt und der Wille. Dennoch sieht Gottfried einen hinreichenden Unterschied dadurch gegeben, dass das Vorstellungsvermögen im Körper lokalisierbar ist, der Intellekt und der Wille aber nicht.[31] Gottfrieds Theorie läuft darauf hinaus, dass das Vorstellungsbild den Willensakt verursacht (so sieht es Scotus in §27). In der Tat sagt Gottfried, dass das, was den Intellekt und den Willen zuallererst bewegt, der gewollte Gegenstand in der Vorstellung ist, der sowohl den Intellekt als auch den Willen bewegt.[32] Mit anderen Worten ist bei

---

[28] Siehe vor allem Gottfried von Fontaines, *Quodl.* VI q. 7, PhB 3, S. 152–157; siehe auch *Quodl.* VII q. 6, PhB 3, S. 342–347; *Quodl.* VIII q. 2, PhB 4, S. 19–20. Siehe dazu Wippel 1973.

[29] Für Gottfrieds These, der tätige Intellekt bewege den möglichen Intellekt mittels des Vorstellungsvermögens, siehe *Quodl.* V q. 10, PhB 3, S. 35–40 und *Quodl.* VIII q. 2, PhB 4, S. 32. Für seine These, der Wille bewege den Intellekt zur Ausübung seiner Tätigkeit mittels des Vorstellungsvermögens, siehe *Quodl.* VI q. 7, PhB 3, S. 171.

[30] In Scotus' Darstellung der Position Gottfrieds kann ein organisches Vermögen ein unorganisches bewegen (§27), aber – wie Scotus fälschlich referiert – nicht umgekehrt (§25).

[31] *Quodl.* VI q. 7, PhB 3, S. 171–172.

[32] *Quodl.* VI q. 7, PhB 3, S. 170.

Gottfried in letzter Konsequenz der Willensakt auf die Ursächlichkeit eines organischen, das heißt materiellen Vermögens zurückzuführen. Diese Konsequenz ergibt sich aus seiner strengen Ablehnung von Selbstbewegung.[33]

Gottfried erwähnt eine alternative, anonyme Theorie, die er allerdings zurückweist.[34] Scotus zitiert sie in § 23–24 (offenbar kennt er sie durch Gottfrieds Darstellung). Gemäß dieser Theorie können aktive und passive Vermögen durchaus im selben Subjekt vorkommen. Im Gegensatz zu Gottfrieds Lehre erlaubt diese Theorie, dass der gewollte Gegenstand als gedachter den Willen bewegen kann. Mit anderen Worten führt diese Theorie den Willensakt auf ein Objekt zurück, das eine immaterielle Grundlage im Intellekt hat, während ihn Gottfried auf ein Objekt zurückführt, das eine materielle Grundlage im Vorstellungsvermögen hat. Gottfrieds Theorie steht also stärker unter dem Verdacht, auf ein mechanistisch-deterministisches Modell der menschlichen Handlung hinauszulaufen.

Scotus weist beide Theorien zurück, da sie den Willen als rein passiv verstehen. Der Wille hat also gemäß diesen Konzeptionen keinen Einfluss auf seinen Willensakt. Für Scotus impliziert dies, dass dann der Mensch sein Wollen und Handeln überhaupt nicht beeinflussen kann und deshalb dafür auch nicht verantwortlich gemacht werden kann (§ 28). Spezifisch an Gottfrieds Theorie findet Scotus problematisch, wie die Sünde der Engel möglich sein soll, ohne den bösen Willen der sündigenden Engel letztlich von Gott selbst verursacht zu sehen (§ 40).

Wie gesagt, spielt bei Heinrich, Gottfried und Scotus auch der Lösungsversuch Johannes von Murros eine Rolle. Dieser nimmt an, der bloße Wille könne von selbst keinen Willensakt haben, sondern dazu sei eine *affectio* (Neigung) erforderlich, die den Willen auf einen bestimmten Willensakt hin disponiert, der sich dann auf einen konkreten Gegenstand bezieht. Diese Neigung erhalte der Wille aufgrund einer Einwirkung *(influxus)* des als gut erkannten Gegenstands. Der Wille, dem diese Einwirkung zuteil wird, könne sich allerdings wegen

---

[33] Für eine ausführliche Darstellung und Kritik von Gottfrieds Theorie der Bewegung der Seelenvermögen, siehe Scotus' Diskussion im Rahmen der Erkenntnislehre: *Lect.* I d. 3 p. 3 q. 2 § 326–338; § 403–411, Vat. 16, S. 354–359; S. 403–388; *Ord.* I d. 3 p. 3 q. 2 § 422–449; § 512–527, Vat. 3, S. 256–271; S. 303–314.
[34] *Quodl.* VI q. 7, PhB 3, S. 163–164.

seiner Freiheit immer noch zwischen alternativen Möglichkeiten entscheiden.[35] Scotus stellt diese Theorie so dar, als habe das Objekt eine deterministische Wirkung auf die Neigung, die wiederum deterministisch den Willensakt verursache. Deswegen sagt er, sie laufe auf dasselbe hinaus wie Gottfrieds Theorie (§ 51–52). Auch Heinrich von Gent diskutiert Murros Theorie ausführlich und sagt, die *affectio* oder der *influxus* könnten als naturhafte Wirkung des gewollten Objekts dem Willen keine alternativen Möglichkeiten eröffnen, und insofern könne Murros Theorie keine Wahlfreiheit begründen.[36] Scotus' Darstellung von Murros Theorie ist stark von Heinrich beeinflusst (oder sogar abhängig); Heinrichs Auseinandersetzung mit Murro findet sich in *Quodlibet* XIII q. 11, das heißt in der Quästion, die Scotus in *Lectura* II d. 25 kurz nach seiner eigenen Darstellung der Position Murros ausführlich diskutiert. Auch Gottfried von Fontaines lehnt Murros Theorie ab, weil auch in dieser Theorie das aktive und passive Vermögen im selben Subjekt sind.[37]

Heinrich von Gent ist sich der metaphysischen Schwierigkeit der Selbstbewegung des Willens, die Gottfried so stark betont, sehr bewusst. Schon in *Quodlibet* IX q. 5 erwähnt er zu Beginn der Quästion als Gegenargument zu seiner These von der Selbstbewegung des Willens, dass Akt und Potenz, Bewegendes und Bewegtes, verschieden sein müssen.[38] Scotus erwähnt kurz die Antwort, die Heinrich in *Quodlibet* XIII q. 11 entwickelt (§ 82). Heinrichs Lösung besteht darin, dass der Unterschied zwischen Beweger und Bewegtem auch geringer als eine reale Verschiedenheit sein darf, solange er größer als ein rein gedanklicher Unterschied ist. Sein Beispiel für einen realen Unterschied ist der zwischen »weiß« und »vernunftbegabt« (denn diese Eigenschaften können getrennt vorkommen); sein Beispiel für den gedanklichen Unterschied ist der zwischen Gattung und Art, zum Beispiel »Sinnenwesen« *(animal)* und »Mensch«. Nach Heinrich gibt es eine mittlere Unterscheidung, die er »intentionale Unterscheidung« nennt. Sein Beispiel ist die Unterscheidung zwischen Gattung und Artunterschied, zum Beispiel »Sinnenwesen« *(animal)* und »ver-

---

[35] Siehe die Transkription der *Quaestio disputata* in Longpré 1947, S. 489–491.
[36] Heinrich von Gent, *Quodl.* XIII q. 11, Opera omnia 18, S. 92–93.
[37] Gottfried von Fontaines, *Quodl.* VI q. 7, PhB 3, S. 152–159.
[38] Heinrich von Gent, *Quodl.* IX q. 5 arg. 1 in opp., Opera omnia 13, S. 99.

nunftbegabt« *(rationale)*.³⁹ Heinrich argumentiert nun, dass so, wie in der Definition des Menschen als »vernunftbegabtes Sinnenwesen« *(animal rationale)* die Gattung »Sinnenwesen« und der Artunterschied »vernunftbegabt« intentional verschieden sind, ebenso auch in der Definition des Willens als »vernünftiges (das heißt für Heinrich ›freies‹) Strebevermögen« *(appetitus rationalis)* die Gattung »Strebevermögen« und der Artunterschied »vernunftbegabt« intentional verschieden sind. Diese Unterscheidung genüge, um den erforderlichen Unterschied zwischen Akt und Potenz beim Willen als Selbstbeweger zu gewährleisten.⁴⁰ Nach Scotus ist in dieser Lösung der nötige Unterschied aber nicht gegeben (§ 83–86).

Insbesondere sieht Scotus in Heinrichs Theorie aber das Problem, dass sie nicht hinreichend der Kausalität des Objekts Rechnung trägt. Dies hat absurde Konsequenzen, zum Beispiel folgende: Wenn das Objekt nicht ursächlich zum Willensakt beiträgt, könnte man auch wollen, ohne *etwas* (nämlich ein Objekt) zu wollen. Man könnte zudem die Willensakte nicht insofern unterscheiden, als sie sich auf verschiedene Gegenstände richten. Eine Fliege intensiv zu lieben wäre dann ein vollkommenerer Willensakt, als auf weniger intensive Weise Gott zu lieben (§ 55–62).

Die Darstellung der von Scotus besprochenen und kritisierten Theorien soll damit genügen. Scotus' eigene Lösung in *Lectura* II d. 25 geht einen Mittelweg zwischen den Theorien, die entweder nur das erkannte Objekt oder nur den Willen als Ursache des Willensakts ansehen. Nach Scotus wird der Willensakt vom Willen und vom erkannten Objekt verursacht (§ 69). Der Wille ist allerdings die hauptsächlichere der beiden Ursachen und daher die ausschlaggebende (§ 73). Diese Lösung vertritt Scotus Ende der 1290er Jahre in Oxford.

Es stellt sich allerdings die Frage, inwieweit sich Scotus' Lösung substantiell von jener Heinrichs unterscheidet. Beiden Lösungen ist gemeinsam, dass das Objekt einen gewissen Beitrag zur Entstehung des Willensakts macht, während dem Willen selbst die entscheidende Rolle reserviert ist. Weiterhin kann man fragen, warum eigentlich in jedem Fall der Wille und nicht das Objekt die überwiegende Ursache

---

[39] Siehe zur intentionalen Unterscheidung Heinrich von Gent, *Quodl.* X q. 7, Opera omnia 14, S. 163–166.
[40] *Quodl.* XIII q. 11 ad 3, Opera omnia 18, S. 127–129.

des Willenssakt ist. Wenn man vom Modell der Teilursachen von Wille und Objekt ausgeht, scheint plausibler, dass um so weniger Spielraum für Entscheidungsfreiheit bleibt, je eindeutiger ein Objekt als attraktiv oder unattraktiv erscheint oder je intensiver sich ein Objekt dem Willen präsentiert. Darüber hinaus scheint die Theorie der Teilursächlichkeit von Objekt und Willen nicht gut mit der strengen Trennung von Natur und Wille, wie Scotus sie im Metaphysikkommentar theoretisiert, zu harmonieren. Das Objekt ist ja eine naturhafte Ursache; es fragt sich also, wie es eine Teilursache des freien Willensakt sein kann. Wieso sollte die Kombination einer freien und einer naturhaften Ursache nicht vielmehr eine naturhafte Wirkung hervorbringen? Schon Heinrich von Gent lehrte, eine solche Kombination resultiere in einer naturhaften Wirkung: Wenn man sich von etwas herabfallen lässt, mag der freie Wille dem Fall zustimmen, jedoch geschieht der Fall naturhaft aufgrund von Schwerkraft.[41]

Möglicherweise bewegten derartige Überlegungen Scotus, wenige Jahre später die in der *Lectura* vertretene Lösung aufzugeben. Als er in Paris die Distinktion 25 des zweiten Buchs der *Sentenzen* in der Pariser Vorlesung kommentierte (überliefert in *Reportatio* II, ca. 1303–1304), revidierte er seine Position und näherte sich der Position Heinrichs.[42] Scotus macht sich nun Heinrichs Lösung zu eigen und wendet sich allein gegen Gottfried von Fontaines. So meidet Scotus die Annahme, dass eine naturhafte Ursache (das erkannte Objekt) und eine freie Ursache (der Wille) gemeinsam eine freie Wirkung (den Willensakt) verursachen können.

In der *Reportatio* II sowie in anderen späteren Texten entwickelt Scotus die Erklärung der Selbstbewegung des Willens erheblich weiter als in der *Lectura*. In Antwort auf Gottfrieds Einwand, dasselbe könne nicht gleichzeitig und in derselben Hinsicht in Akt und in Potenz sein, argumentiert Scotus später, es könne durchaus Selbstbewegung geben, wenn es nicht in derselben Hinsicht im Akt und in der Potenz ist. Etwas, das bereits im Akt ist, aber zu einer weiteren Aktualisierung in Potenz ist *(in potentia ad actum formalem)*, könne dem Wirkvermögen nach im Akt sein *(in actu virtuali)*, das heißt, es

---

[41] Heinrich von Gent, *Quodl.* XIII q. 11 ad 3, Opera omnia 18, S. 111–112. In einem späten Text macht sich Scotus dieses Beispiel zu eigen; siehe Duns Scotus, *Quodl.* q. 16 §70, ed. Timothy B. Noone / H. Francie Roberts, S. 198.
[42] Siehe dazu ausführlich Dumont 2001.

könne in der Lage sein, diese potentielle Aktualisierung zu verwirklichen.[43]

In der vorliegenden Textauswahl ist die Bevorzugung der *Lectura* gegenüber der späteren *Reportatio* für die Diskussion der Ursachen des Willensakts dadurch motiviert, dass Scotus' Position in der *Lectura* origineller und umfassender ist als jene der *Reportatio*, die sachlich mit jener Heinrichs von Gent übereinstimmt. Die Erörterung der Schwierigkeiten, die Heinrichs Position in sich birgt, entfällt gänzlich in *Reportatio* II A d. 25. Die scotische Theorie von Intellekt und Wille als Teilursachen des Willensakts wird von späteren Autoren wie Peter Auriol aufgegriffen und verdient auch deswegen Beachtung.

c. Komplexe Willensakte (*Ordinatio* II d. 6 q. 1 und q. 2)

Ein Text, in dem Scotus die Sünde Luzifers behandelt, ist sowohl für Scotus' Handlungstheorie als auch für seine Ethik von großer Wichtigkeit. Die Scholastiker widmeten der Sünde der Engel und insbesondere der Sünde Luzifers große Aufmerksamkeit, da es sich hier in mehrerer Hinsicht um einen Extremfall von intentionaler Handlung handelt. Die Erörterung dieser Handlungssituation erlaubte daher, die Reichweite grundlegender Annahmen der Handlungstheorie und Ethik an diesem Extremfall zu testen, und die Untersuchung verlangte, diese Grundannahmen eventuell entsprechend zu erweitern.[44]

Die Theologen des 13. und 14. Jahrhunderts waren sich weitgehend über folgende Punkte einig, die hauptsächlich auf patristischen Interpretationen gewisser Bibelstellen basieren: Die Engel sind rein geistige Geschöpfe, die Intellekt und Willen, aber keinen Leib haben. Sie wurden als vollkommene Engel erschaffen, das heißt ohne Irrtumsfähigkeit und ohne schlechte Neigungen. Luzifer, der höchste

---

[43] *In Met.* IX q. 14 §83–94; §100–106, OPh. 4, S. 658–662; S. 664–667; *Rep.* II A d. 25, Hs. Oxford, Merton College 61, fol. 192v–193r; *Ord.* I d. 3 p. 3 q. 2 §513–517, Vat. 3, S. 303–307; *Ord.* II d. 2 p. 2 q. 6 §465, Vat. 7, S. 363. Zu Scotus' Theorie der Selbstbewegung, siehe Effler 1962 und King 1994.

[44] Für die Diskussionen von Thomas von Aquin bis Wilhelm von Ockham, siehe Hoffmann 2012b; für den doktrinären Hintergrund bei Augustinus und Anselm von Canterbury, siehe King 2012.

Engel, sündigte kurz nach seiner Erschaffung aus Hochmut, indem er Gott gleich sein wollte. Andere Engel folgten ihm in der Sünde, wenngleich sie nicht unbedingt Gottgleichheit erstrebten. Daraufhin wurden sie zu fortdauerndem Elend verdammt, während den treuen Engeln immerwährende Glückseligkeit zuteil wurde.

Die Sünde Luzifers ist erstens ein Extremfall, weil sie nicht auf ungeordnete Affekte, schlechte Neigungen oder Gewohnheiten, Irrtum oder Unwissenheit zurückzuführen ist, sondern nur in der Bosheit des Willens selbst gründen kann. Für aristotelisch geprägte Handlungstheorien stellt der Ausschluss von Unwissenheit bei Engeln eine Herausforderung für die Erklärung der Sünde der Engel dar, denn solche Theorien nehmen als Bedingung der Möglichkeit des moralischen Versagens Unwissenheit des wahrhaft Guten an. Luzifers Sünde ist zweitens ein Extremfall, weil er selbst sein Begehren der Gottgleichheit als unmöglich einschätzen musste. Scotus behandelt die Sünde der Engel in den Distinktionen 4–7 des zweiten Buches seiner Sentenzenkommentare. In der 6. Distinktion, deren *Ordinatio*-Fassung hier übersetzt ist, fragt er zunächst, ob Luzifer Gottgleichheit erstreben konnte (1. Quästion), und dann, ob seine Sünde Hochmut war (2. Quästion).

Gegen Thomas von Aquin, demzufolge Luzifer nur im übertragenen Sinn Gottgleichheit begehren konnte, sofern er gewisse Privilegien wollte, die nur Gott zukommen,[45] behauptet Scotus, dass Luzifer im wörtlichen Sinne Gottgleichheit erstrebt hat. Das heißt, dass Luzifer (dem auch Scotus Irrtumslosigkeit zuschreibt) in vollem Bewusstsein etwas erstrebt hat, was er als unmöglich erachtet. Streben und Erkenntnis gehen also auseinander. Scotus muss insofern aufzeigen, inwiefern verkehrtes Streben ohne intellektuellen Irrtum möglich ist. Seine Lösung ist sehr originell: Der Wille, der die für ein Geschöpf unmögliche Gottgleichheit erstrebt, setzt gar nicht voraus, dass der Intellekt ihm das Objekt »Gottgleichheit-für-einen-Engel« präsentiert. Die Verknüpfung von »Gottgleichheit« mit »Engel« ist in der Tat für einen irrtumslosen Intellekt gar nicht denkbar, da es widersprüchlich ist, zugleich Gott und nicht-Gott (nämlich ein Engel) zu sein. Es ist nach Scotus vielmehr der Wille Luzifers selbst, der

---

[45] Thomas von Aquin, *In Sent.* II d. 5 q. 1 a. 2, ed. Pierre Mandonnet, Bd. 2, S. 145–147; *S. theol.* I q. 63 a. 3, Leon. 5, S. 126a–b; *De malo* q. 16 a. 3, Leon. 23, S. 291b–296a.

diese Verknüpfung macht, nachdem ihm sein Intellekt die Begriffe »Gottgleichheit« und »Engel« einzeln präsentiert hat. So kann der Wille dann Gottgleichheit-für-einen-Engel (nämlich für sich selbst) wollen. Der Wille ist nämlich nach Scotus nicht weniger als der Verstand eine *vis collativa*, das heißt ein Vermögen, das mentale Relationen *(relationes rationis)* erzeugen kann (§ 17–19). Für Thomas von Aquin ist hingegen nur der Verstand eine *vis collativa*, aber nicht der Wille. Das bedeutet, dass Thomas zufolge jedes Mal, wenn der Wille etwas Komplexes will – zum Beispiel X für Y (ein Gut für eine Person), oder X im Hinblick auf Y (ein Mittel zu einem Zweck) – der Wille darauf angewiesen ist, dass der Verstand zuvor mental die Verbindung zwischen X und Y herstellt.[46] Demgegenüber macht Scotus den Willen stärker vom Intellekt unabhängig und kann somit erklären, wie der Wille fehlgehen kann, ohne dass der Intellekt fehlgeht. Mit anderen Worten, er kann erklären, dass Sünde wirklich in Bosheit und nicht in einem intellektuellen Irrtum gründet.[47]

Scotus erläutert die Struktur der Willensakte auch von einem anderen Gesichtspunkt her. Zur Beantwortung der Frage, worin Luzifers Sünde bestand, präsentiert er zwei Unterscheidungen. Zunächst unterscheidet er zwischen *velle* (positives Wollen, das heißt einen Gegenstand oder einen Sachverhalt wollen) und *nolle* (negatives Wollen, das heißt Widerwillen gegenüber einem Gegenstand haben oder wollen, dass ein Sachverhalt nicht eintritt). Zweitens unterscheidet er zwischen »Wollen für« (*velle amicitiae* – Freundschaftswollen: wem zugunsten man etwas will, sei es jemand anderer oder man selbst) und »Wollen von« (*velle concupiscentiae* – Begehrenswollen: was man für denjenigen will, für den man Freundschaftswollen hat). Widerwille setzt positives Wollen voraus, und Begehrenswollen setzt Freundschaftswollen voraus (§ 34–36).

Daraus ergeben sich drei verschiedene Willensakte, die bei Luzifer drei Arten von Sünde zur Folge haben. Zuerst hatte er ein ungeordnetes Freundschaftswollen, das sich auf ihn selbst bezog; dies identifiziert Scotus mit Hochmut, den er präzisierend als Anmaßung bestimmt (§ 69). Darauf folgte ein ungeordnetes Begehrenswollen, das er als Wollust *(luxuria)* bezeichnet (§ 71). Schließlich folgte ein un-

---

[46] Siehe zum Beispiel Thomas von Aquin, *S. theol.* I q. 83 a. 3 ad 3, Leon. 5, S. 311b; I–II q. 12 a. 1 ad 3, Leon. 6, S. 94b.
[47] Siehe dazu ausführlicher Hoffmann 2010a, bes. S. 408–412.

geordneter Widerwille, den er mit Geiz oder Neid identifiziert (§ 72) und der schließlich Gotteshass zur Folge hat (§ 78). Hochmut und Neid sind übrigens im 13. Jahrhundert wie auch in der Patristik die bevorzugten Kandidaten für die Sünde Luzifers, während Scotus mit seiner Theorie der Sünde Luzifers als Wollust eine Minderheitenposition der Patristik wiederbelebt.[48]

d. Moralische Freiheit (*Ordinatio* II d. 6 q. 2)

Von den drei ungeordneten Willensakten Luzifers widmet Scotus die größte Aufmerksamkeit dem ungeordneten Begehrenswollen, das er als maßloses Verlangen nach Glückseligkeit versteht. Scotus' Behandlung dieses Themas ist besonders wichtig, da er hier die Grundlage für seine nicht-eudämonistische Theorie der Ethik entwickelt.[49] Er ist sich mit seinen Zeitgenossen darüber einig, dass rationale Geschöpfe (das heißt Engel und Menschen) ihre Vollendung in der Glückseligkeit finden, die in der Schau Gottes von Angesicht zu Angesicht und – insbesondere für Scotus – in der Liebe Gottes besteht. Scotus verbindet aber mit dem vernünftigen (aber doch selbstinteressierten) Streben nach Glückseligkeit noch keinen sittlichen Wert. Im Gegenteil: Moralität ist nach seiner Auffassung erst dann gegeben, wenn man nicht um der Glückseligkeit willen handelt. Die moralische Dimension der Freiheit, einen Wert um seiner selbst willen bejahen zu können, hat nach Scotus einen Motivationsdualismus als psychologische Grundlage: Man kann etwas entweder deshalb wollen, weil es einen Glücksgewinn herbeiführt, oder man kann es unabhängig vom eigenen Vorteil wollen, sofern es in sich selbst einen Wert hat. Damit verabschiedet er sich von eudämonistischen Ethiken wie etwa jener des Aristoteles oder des Thomas von Aquin. Letzterer vertritt ausdrücklich einen Motivationsmonismus: Der Wille will nach Thomas alles, was er will, um der Glückseligkeit willen.[50]

Für die Ausformulierung seiner Theorie des Motivationsdualismus bedient sich Scotus der Begrifflichkeit der doppelten *affectiones*,

---

[48] Für Stellennachweise, siehe King 2012, Anm. 6.
[49] Siehe dazu Boler 1993, Williams 1995 und Ingham 2000.
[50] Thomas von Aquin, *S. theol.* I q. 82 a. 2, Leon. 5, S. 296a–b; I–II q. 1 a. 5–6; Leon. 6, S. 13a–14b. Dennoch ist für Thomas menschliches Handeln nicht von einem unausweichlichen Egoismus getrieben; siehe dazu Gallagher 1996.

die Anselm von Canterbury zur Erklärung der Sünde Luzifers entwickelt hat.[51] Anselm unterscheidet zwischen der *affectio commodi*, die den Engel zum »Angenehmen«, das heißt zu seinem eigenen Vorteil geneigt macht, und der *affectio iusti*, die ihn zur Bejahung sittlicher Werte geneigt macht, selbst wenn dies einen persönlichen Nachteil mit sich bringt. Scotus entwickelt Anselms Theorie allerdings weiter. Bei Scotus drückt diese Unterscheidung nicht nur zwei Alternativen aus, wie der Wille motiviert sein kann, sondern sie bezeichnet zwei Dimensionen des Willens selbst. Die *affectio commodi* bezeichnet für Scotus den Willen als bloßes rationales Strebevermögen *(appetitus intellectivus)*, das notgedrungen den eigenen Vorteil maximiert. Die *affectio iustitiae* bezeichnet die Freiheit des Willens (§ 49–50), denn es ist Dank der Willensfreiheit, dass man sich über sein Streben nach Vorteil hinwegsetzen kann.[52] Insofern ist für Scotus die *affectio* weitgehend nicht bloß eine Neigung (wie noch bei Anselm), sondern vor allem eine Anlage; ich übersetze *affectio* daher mit »Hang«.

Scotus' *affectiones*-Theorie ist nicht nur eine implizite Kritik an Thomas' Eudämonismus, sondern stellt darüber hinaus Thomas' Willensbegriff in Frage. Für Thomas ist der Wille genau deswegen frei, weil er ein rationales Strebevermögen ist.[53] Für Scotus ist allerdings ein rationales Strebevermögen als solches noch nicht frei. Folgt nämlich ein Strebevermögen strikt der Eingabe des Intellekts, so ist es ebenso wenig frei, wie der Intellekt als solcher frei ist. Hätte Luzifer nämlich den Hang zum Angenehmen ohne den Hang zur Gerechtigkeit, das heißt für Scotus, hätte er nur ein intellektuelles Strebevermögen als solches, so wäre er nicht frei und wäre für sein maßloses Streben nach eigenem Vorteil nicht zu tadeln (§ 49–50). Die *affectiones*-Theorie thematisiert also die moralische Dimension der Freiheit: dank der Willensfreiheit ist man nicht vom Zusammenspiel der naturgegebenen Neigungen und der Erkenntnis, wie diese Neigungen befriedigt werden können, determiniert. Man kann und soll sich viel-

---

[51] Im Werk von Thomas von Aquin wird diese Theorie Anselms gar nicht erwähnt. Die Theorie wurde erst in der Debatte zwischen Heinrich von Gent, Johannes von Murro und Gottfried von Fontaines Ende der 1280er Jahre wiederentdeckt.
[52] Zu Anselms Theorie und zu deren Transformation bei Scotus, siehe King 2010.
[53] Siehe dazu Gallagher 1991.

mehr frei einem Gut zu- oder abwenden, je nachdem, ob der Genuss dieses Gutes geboten oder verboten ist (§ 51).

e. Die Verbindung der Tugenden (*Ordinatio* III d. 36)

Für Moraltheorien, die den Tugenden große Bedeutung beimessen, ist die Verbindung der Tugenden ein zentrales Thema. Man verstand die Verbindung in der Regel im strengen Sinn: Zum Beispiel bedeutet die Behauptung, dass Mäßigung und Tapferkeit verbunden sind, dass jemand nicht Mäßigung ohne Tapferkeit haben kann und umgekehrt.[54] Wie ein Autor im Einzelnen die Verbindung der Tugenden versteht, gibt Aufschluss darüber, wie er die Tugenden konzipiert. Die Diskussion dieser Thematik gibt Scotus darüber hinaus die Gelegenheit, das Verhältnis zwischen Intellekt und Willen zu vertiefen.[55]

Im 13. Jahrhundert waren hauptsächlich zwei Theorien der Verbindung der Tugenden bekannt: Eine geht auf Aristoteles zurück, die andere ist stoischen Ursprungs und wurde von den Kirchenvätern aufgegriffen. Nach der aristotelischen Theorie ist das verbindende Prinzip die intellektuelle Tugend der Klugheit. Unter Klugheit versteht Aristoteles nicht bloß eine sittlich neutrale Gewandtheit, sondern die Fähigkeit, richtige Überlegungen über das gute Leben als Ganzes anzustellen.[56] Deshalb gibt es nach Aristoteles nicht ebenso viele Arten von Klugheit, wie es Lebensbereiche gibt. Dann könnte

---

[54] Für eine kurze Darstellung zahlreicher mittelalterlicher Positionen zur Verbindung der Tugenden vom 12. Jahrhundert bis zum Beginn des 14. Jahrhunderts, siehe Lottin 1942–1960, Bd. 3/1, S. 197–252 und Bd. 4, S. 551–663 sowie Lottin 1955. Eine konzise Zusammenfassung der Diskussion von Alexander von Hales bis Wilhelm von Ockham bietet Wood 1997, S. 40–59. Dazu ergänzend, siehe Counet 2003 (Heinrich von Gent), Dumont 1988 (Scotus), Adams 1996 (Scotus und Ockham), Hoffmann 2008 (Walter Chatton), Walsh 1986 (Buridan).

[55] Einige für Scotus' Verständnis der Tugenden wichtige und philosophiegeschichtlich originelle Aspekte kommen in *Ord.* III d. 36 nicht zur Sprache. Zum Beispiel untersucht Scotus anderswo, welchen Beitrag ein Habitus der Tugend bei der Konstitution eines moralisch guten Akts hat; er konzipiert alle moralischen Tugenden als Tugenden des Willens; er vereinfacht das komplexe Schema von Tugenden, Gaben des Heiligen Geistes, Früchten des Heiligen Geistes und Habitus der Seligpreisungen, das Thomas von Aquin perfektioniert hat. Siehe dazu Kent 2003 sowie Müller 2010.

[56] Aristoteles, *EN* VI 5, 1140a24–28.

man nämlich jeder Tugend ihre eigene Klugheit zuschreiben. Vielmehr gibt es eine einzige Klugheit, die für alle Tugenden zuständig ist; es handelt sich gleichsam um eine Lebensklugheit. Nach Aristoteles bedingen sich Klugheit und die moralischen Tugenden gegenseitig. Die moralischen Tugenden sorgen dafür, dass in allen Bereichen des Lebens die Zielrichtung des Handels gut ist. Insofern sind sie die notwendige Bedingung für die Klugheit, denn ohne die moralischen Tugenden kann man zwar geschickt, aber nicht klug sein. Die Klugheit hingegen macht die geeigneten Mittel zum Ziel ausfindig und legt jeweils die Mitte für die moralischen Tugenden fest, weshalb sie die notwendige Bedingung für die moralischen Tugenden ist.[57] Aufgrund dieses gegenseitigen Bedingungsverhältnisses sagt Aristoteles, dass »dann, wenn die eine Klugheit da ist, zugleich alle [moralischen] Tugenden da sind«.[58] Die Konsequenz dieser Theorie ist, dass man entweder alle Tugenden oder keine einzige hat. Getrennt voneinander kann man höchstens Habitus entwickeln, die tugendähnlich sind.

Die stoisch-patristische Theorie geht vom Begriff der Kardinaltugenden aus, sofern sie allgemeine Aspekte des tugendhaften Handelns bezeichnen. Thomas von Aquin fasst diese Theorie wie folgt zusammen: Klugheit sei die rechte Unterscheidung *(discretio)*, die Gerechtigkeit sei die Richtigkeit *(rectitudo)* in Handlungen, die Mäßigung erwirke eine Ausgewogenheit in den Affekten *(modus / moderantia)* und die Tapferkeit bewirke Standfestigkeit *(firmitas)*. Thomas nennt diese vier Aspekte »allgemeine Bedingungen« *(generales conditiones)* für Tugend. Die Verbindung der Tugend ergibt sich daraus, dass jede dieser allgemeinen Bedingungen von den anderen drei begleitet sein muss; zum Beispiel verlangt Standfestigkeit auch rechte Unterscheidung, Richtigkeit und Ausgewogenheit.[59]

Obwohl Scotus bei seiner Diskussion der Verbindung der Tugenden in *Ordinatio* III d. 36 nur teilweise Thomas von Aquin im Auge hat, dient ein Blick auf Thomas' Lehre dem Verständnis der Struktur der scotischen Quästion. Scotus unterteilt sie in vier Artikel, die de facto vier Aspekten der thomasischen Theorie der Verbindung der Tugend entsprechen. Thomas macht sich die stoisch-patristische

---

[57] *EN* VI 13, 1144a7–9 und a20–b1; VI 1, 1138b18–34 und II 6, 1106b36–1107b2.
[58] *EN* VI 13, 1145a1–2; siehe auch VI 13 als Ganzes.
[59] Siehe dazu Thomas von Aquin, *S. theol.* I–II q. 61 a. 3–4; q. 65, a. 1, Leon. 6, S. 396a–397b; S. 418b–419a.

Theorie der Verbindung der Kardinaltugenden untereinander sowie die aristotelische Theorie der Verbindung der moralischen Tugenden mit der Klugheit zu eigen. Diese ersten beiden Arten der Verbindung laufen nach Thomas aufs Gleiche hinaus, denn sie thematisieren die Verbindung der durch eigene Handlungen »erworbenen Tugenden«.[60] Abgesehen von den erworbenen moralischen Tugenden kennen die Scholastiker auch von Gott »eingegossene Tugenden«: vor allem die theologischen Tugenden von Glaube, Hoffnung und Liebe *(caritas)*, aber nach der Lehre des Thomas und anderer auch eingegossene moralische Tugenden, die jeweils denselben Gegenstandsbereich und Namen wie die erworbenen Tugenden haben (Mäßigung, Tapferkeit usw.), aber wesenhaft von ihnen verschieden sind. Die eingegossenen moralischen Tugenden setzen nach Thomas die theologische Tugend der Liebe voraus, und umgekehrt sind die moralischen Tugenden für die Wirksamkeit der Liebe erforderlich, weshalb sie zugleich mit der Liebe eingegossen werden. Nach Thomas sind also drittens die eingegossenen moralischen Tugenden mit der Liebe verbunden.[61] Schließlich sind für Thomas viertens die drei theologischen Tugenden miteinander verbunden, sofern Glaube und Hoffnung ohne die Liebe nicht den vollkommenen Sinngehalt von Tugend haben und sofern die Liebe ohne Glaube und Hoffnung keine Freundschaft mit Gott, das heißt für Thomas, keine Liebe *(caritas)* ist.[62]

Scotus lehnt die Verbindung der Tugenden auf allen vier Ebenen ab. Besondere Beachtung verdienen die ersten beiden Ebenen, denen Scotus bei weitem am meisten Raum widmet. Sein Gegner ist hier Heinrich von Gent, der in *Quodlibet* V q. 17 eine außergewöhnlich umfassende und nuancierte Theorie der Verbindung der Tugenden entwickelt. Heinrichs Theorie kommt im Ergebnis mit Thomas' Auffassung überein, ist aber weiter ausgearbeitet. Wie Thomas unterscheidet Heinrich zwischen der stoisch-patristischen Theorie der Verbindung der Kardinaltugenden und der aristotelischen Theorie der Verbindung der moralischen Tugenden mit der Klugheit. Er entwickelt die stoisch-patristische Theorie aber insofern weiter, als er nicht nur in jeder Tugend alle »allgemeinen Bedingungen« der Tu-

---

[60] *S. theol.* I–II q. 65 a. 1, Leon. 6, S. 418b–419a.
[61] Ebd., a. 2–3, S. 423a–425b.
[62] Ebd., a. 4–5, S. 425a–426b.

genden für erforderlich hält, sondern auch die Notwendigkeit sieht, dass verschiedene Arten von Tugenden einander stützen. Jemand, der nicht auf allen Gebieten tugendhaft ist, kann nämlich von der Tugend auf einem Gebiet durch eine Versuchung auf einem anderen Gebiet abgebracht werden, etwa wenn eine keusche Person unter Drohung aus Angst einem Ehebruch einwilligt. Nach Heinrich widerspricht es aber der Wesensnatur wahrer Tugend, dass man ihr entgegen handeln kann.[63]

Grundlegend gegen jede Theorie der Verbindung der moralischen Tugenden wendet Scotus im ersten Artikel der Quästion ein, dass man durchaus Tugenden getrennt voneinander erlangen kann. Sofern man die Aktivitäten, aus denen Tugenden entstehen, unabhängig voneinander haben kann, können diese Aktivitäten auch getrennt voneinander die Habitus der Tugenden erzeugen (§ 22, § 26). Außerdem steht es gar nicht jedem Menschen offen, sich in allen Bereichen des Lebens tugendhaft zu betätigen. Scotus denkt wohl an die Franziskaner: Jemand, der nie aktiv an Kriegshandlungen teilnimmt, kann keine militärische Tapferkeit erlangen; ein Mittelloser hat nicht die materielle Grundlage für Freigebigkeit; jemand, der die Lebensform der Jungfräulichkeit erwählt hat, kann sich nicht in ehelicher Enthaltsamkeit üben (§ 3, § 6–7). Will man aber jenen, denen diese Tugenden unzugänglich sind, die Möglichkeit des Erwerbs anderer Tugenden zugestehen, so sind die Tugenden nicht miteinander verknüpft (§ 31–32, § 122). Wenn man zudem den genauen Zeitpunkt betrachtet, an dem die Schwelle von nicht-tugendhaft zu tugendhaft überschritten wird, tritt ein weiteres Problem auf.[64] Die sich gegenseitig bedingenden Tugenden müssten dann nämlich gleichzeitig entstehen. Dies impliziert für Scotus zirkuläre Prioritätsverhältnisse (§ 27–30).

Nach Scotus' eigener Auffassung sind die verschiedenen Tugendarten nicht notwendige Bedingung füreinander, sondern nur Teilvollkommenheiten, so wie auch die einzelnen Sinnesorgane jeweils nur Teilvollkommenheiten des Wahrnehmungsvermögens als Ganzem sind. Die Tugenden können daher getrennt voneinander erlangt werden (§ 33).

---

[63] Heinrich von Gent, *Quodl.* V q. 17, ed. Badius, fol. 188vP–189vB.
[64] Heinrich von Gent thematisiert bereits den genauen Zeitpunkt, an dem sich eine Tugend von einem embryonalen Zustand zur wahren Tugend entwickelt, siehe *Quodl.* V q. 17, ed. Badius, fol. 190vK–191rM.

Das größte Gewicht misst Scotus der Frage bei, ob Klugheit und moralische Tugenden miteinander verbunden sind. Er diskutiert diese Frage im zweiten Artikel von *Ordinatio* III d. 36. Für ihn ist dies allerdings nicht wie bei Aristoteles, Thomas von Aquin und Heinrich von Gent vor allem die Frage nach den Voraussetzungen der Klugheit seitens der Strebevermögen sowie nach den rationalen Bedingungen für die moralische Tugend. Für Scotus betrifft dies hauptsächlich das Problem der Verbindung von Intellekt und Wille, und insbesondere von Vernunftirrtum und Willensbosheit. Ein einziger richtiger Akt der rechten Weisung genügt nämlich grundsätzlich für die Entstehung der Klugheit und ein einziger rechter Willensakt für die Entstehung einer moralischen Tugend.[65] In diesem Sinne formuliert er das generelle Problem der Verbindung der Tugenden im vierten Argument zu Beginn der Quästion: Der Intellekt gebietet richtig, woraufhin Klugheit entsteht, aber der Wille folgt nicht der Weisung der Vernunft, weshalb keine moralische Tugend entsteht; also kann es Klugheit ohne moralische Tugend geben (§ 5). Für diesen Ansatz scheint Scotus von einem *Quodlibet* Heinrichs inspiriert, wo ein ähnlicher Einwand gegen die Verbindung der moralischen Tugenden und Klugheit zu finden ist.[66]

Auf Heinrichs reichhaltige Theorie der Verbindung der moralischen Tugenden durch die Klugheit in dessen *Quodlibet* V geht Scotus aber nur am Rande ein.[67] Scotus beschäftigt sich hingegen vor allem mit Heinrichs *Quodlibet* X q. 10, die dieser gar nicht als Diskussion der Verbindung der Tugenden verstand. Heinrich versucht dort, zwei prima facie gegensätzliche autoritative Aussagen über das Verhältnis von Vernunftirrtum und boshaftem Willen miteinander in Übereinstimmung zu bringen: Artikel 129 der Lehrverurteilungen Bischof Tempiers von 1277 sowie die sogenannte *propositio magistralis*, eine Lehrentscheidung der Pariser Professoren aus dem Jahr 1285, der sich Heinrich verpflichtet fühlt. Gemäß Artikel 129 kann der Wille auch gegen das Urteil der Vernunft handeln, denn folgender Satz wurde verurteilt: »Sind der Affekt und das partikuläre Wissen im Akt, kann der Wille nicht gegen das Wissen handeln.«[68] Die *pro-*

---

[65] Duns Scotus, *Ord.* III d. 33, q. un. § 43–44, Vat. 10, S. 161–162; *Ord.* III d. 36 q. un. § 72 (unten, S. 245).
[66] Heinrich von Gent, *Quodl.* XII q. 14 arg. 1, Opera omnia 16, S. 79.
[67] Siehe zu dieser Theorie *Quodl.* V q. 17, ed. Badius, fol. 189vC–190vI.
[68] *Articuli condempnati a stephano episcopo parisiensi anno 1277*, a. 129, ed.

positio magistralis besagt hingegen: »Es gibt keine Bosheit im Willen ohne Irrtum in der Vernunft.«[69] Heinrich versteht Artikel 129 so, dass der Wille böse sein kann, ohne dass ein Vernunftirrtum vorausgesetzt wird. Der Willensakt ist nämlich nach Heinrich nicht vom Vernunfturteil verursacht; wäre er dies, so gäbe es in seiner Auffassung keine Wahlfreiheit.[70] Die Aussage der *propositio magistralis* versteht er im Sinne der Gleichzeitigkeit von Vernunftirrtum und Willensbosheit; nach seiner Meinung ist es letztlich aber doch keine Gleichzeitigkeit, sondern eine infinitesimale Vorordnung des korrupten Willens, der dann sofort die Vernunft vernebelt und schließlich ganz verblendet.[71] Heinrich kommt es letztlich darauf an, dass willentliche Bosheit nicht von einem bloßen Denkfehler, sondern von einer freiwilligen Perversion des Willens verursacht ist.[72] Zum Beispiel wird jemand anfangs nicht deswegen zum Diebstahl verleitet, weil er irrtümlich denkt, Diebstahl sei gut. Vielmehr handelt er zunächst gegen sein richtiges Urteil; erst später wird das Urteil durch einen bösen Willen so weit korrumpiert, dass er Diebstahl für gut hält.[73]

In dieser Theorie sind aber für Scotus Intellekt und Wille noch zu stark miteinander verzahnt. Nach Scotus gibt es keine notwendige Parallele von Vernunftirrtum und Willensbosheit. Vor allem kann der Wille grundsätzlich nicht den praktischen Intellekt korrumpieren, sondern ihn lediglich von richtigen praktischen Überlegungen abwenden sowie zu sophistischen Überlegungen hinwenden (§ 64–75). Was in Scotus' Argumentation auffällt, ist seine stark intellektualistische Konzeption der Klugheit. Für das richtige praktische Urteil ist das rechte Streben nach Scotus nicht erforderlich, sondern es ergibt sich aus der Evidenz der praktischen Prinzipien sowie der Be-

---

David Piché, S. 118: »Quod uoluntas, manente passione et scientia particulari in actu, non potest agere contra eam.«

[69] »Non est malitia in voluntate, nisi sit error in ratione«, zitiert nach Heinrich von Gent, *Quodl.* X q. 10, Opera omnia 14, S. 261. Diese Aussage geht auf Ägidius von Rom zurück; sie wurde zunächst vom Pariser Bischof Stephan Tempier verurteilt, aber dann von den Pariser Theologieprofessoren (zu denen auch Heinrich von Gent gehört) als richtig erklärt. Siehe dazu Dumont 1992, Eardley 2006 und Müller 2009 (S. 598–605).

[70] Heinrich von Gent, *Quodl.* X q. 9, Opera omnia 14, S. 248.

[71] Heinrich von Gent, *Quodl.* X q. 10, Opera omnia 14, S. 259–261.

[72] Ebd., S. 257–258.

[73] Ebd., S. 262.

weisführungen daraus (§ 65).[74] Entsprechend sind auch die moralischen Tugenden keine Voraussetzung für die Klugheit.

Scotus erwähnt eine Hypothese, die er in der *Lectura* vertreten hatte, aber nun durch eine andere Hypothese ersetzt: Um gemäß der aristotelischen Lehre die Klugheit doch von der moralischen Tugend abhängig zu machen, könnte man sagen, dass der Habitus des rechten praktischen Vernunfturteils noch keine Klugheit ist, wenn er nicht mit dem rechten Streben übereinstimmt, das heißt, wenn die moralische Tugend fehlt (§ 77–85).[75] Scotus gibt diese Hypothese aber in der *Ordinatio* auf, da man sonst etwas Früheres (die Klugheit) von etwas Späterem (der moralischen Tugend) abhängig machen würde (§ 86–92). Damit rückt Scotus auch von der aristotelischen Theorie der praktischen Wahrheit ab. Weil rechtes Streben garantiert, dass man ein gutes Ziel verfolgt, ist rechtes Streben für Aristoteles eine Voraussetzung für »praktische Wahrheit«, das heißt für das richtige praktische Urteil.[76] Thomas von Aquin interpretiert dies so, dass die Korrektheit des praktischen Urteils am naturgegebenen Streben nach dem Endziel, der Glückseligkeit, gemessen wird. Das richtige praktische Urteil bestimmt dann seinerseits das rechte Streben nach dem, was zu diesem Ziel hinführt.[77] Für Scotus ist rechtes Streben hingegen überhaupt keine Voraussetzung, sondern nur die Folge des richtigen Vernunfturteils (§ 91).[78] Dementsprechend gibt Scotus zu, dass keine moralische Tugend ohne Klugheit sein kann (§ 92).

Scotus macht diese Ausführungen im Zusammenhang mit der Diskussion der Verbindung der moralischen Tugenden mit ihrer je eigenen Klugheit. Zusätzlich behandelt er die Frage, inwiefern man sagen kann, die Tugenden seien in einer einzigen, umfassenden Klugheit verbunden.[79] Dass Scotus zusätzlich zur einen Klugheit jeder Tugend ihre eigene Klugheit zuschreibt, ist eine entscheidende Wei-

---

[74] Siehe dazu Hoffmann 2012a.
[75] Duns Scotus, *Lect.* III d. 36 q. un. § 72–81, Vat. 21, S. 332–334.
[76] Aristoteles, *EN* VI 2, 1139a26–31.
[77] Siehe Thomas von Aquin, *Sententia libri Ethicorum* VI lectio 2, Leon 47/2, S. 337.
[78] Zu Scotus' Transformation der aristotelischen Theorie der praktischen Wahrheit, siehe ausführlicher *Lect.* prol. p. 4 q. 2 § 164, Vat. 16, S. 54; *Ord.* prol. p. 5 q. 1–2 § 236–237, Vat. 1, S. 161–162. Siehe auch Honnefelder 2008a (S. 222–225).
[79] Siehe zu dieser Frage auch Duns Scotus, *Collatio Parisiensis* 1, Viv. 5, S. 131a–142a.

chenstellung in Bezug auf das Verständnis dessen, was Klugheit überhaupt ist. Thomas von Aquin betont, dass Aristoteles von einer einzigen Klugheit spricht, denn es sei wichtig, dass der gesamte Bereich der Sittlichkeit von denselben Prinzipien der Klugheit geleitet wird.[80] Bei Scotus werden die Klugheiten hingegen als Teilkompetenzen verstanden. Dies wird auch dadurch deutlich, dass er sie streng parallel zur Kunstfertigkeit *(ars)* konzipiert (§96). Trotzdem gesteht er ein, dass die Klugheit im weiteren Sinn als ein einziger Habitus verstanden werden kann.

Die Einheit der Klugheit versteht er in Analogie zur Einheit einer Wissenschaft. Aus diesem Grund diskutiert er in diesem Zusammenhang Heinrich von Gents Wissenschaftstheorie, obwohl Heinrich sich dort gar nicht zur Klugheit äußert. Scotus verweist auf seine ausführliche Erörterung der Position Heinrichs zur Einheit einer Wissenschaft im Metaphysikkommentar VI q. 1.[81] Wissenschaft im aristotelisch-scholastischen Sinn ist durch Beweise gesichertes Wissen von einer bestimmten Gattung von Erkenntnisgegenständen. Die einzelnen Wissenschaften unterscheiden sich durch diese Gattungen, die »Subjekte« der Wissenschaft genannt werden. Zum Beispiel ist das Subjekt der Arithmetik die Zahl und das Subjekt der Geometrie räumliche Ausdehnung. Innerhalb einer Wissenschaft werden dann spezielle Sachverhalte bewiesen; zum Beispiel wird in der Geometrie bewiesen, dass die Winkelsumme eines Dreiecks 180° beträgt. Heinrich lehrt, dass so, wie moralische Akte einer gewissen Gattung den Habitus der entsprechenden Tugend erzeugen, ebenso auch Erkenntnisakte einer bestimmten Gattung den Habitus der entsprechenden Wissenschaft erzeugen. Er betont dabei, dass eine Wissenschaft durch einen einzigen Habitus besessen wird, egal ob man Anfänger oder Fortgeschrittener im Erwerb der Wissenschaft ist. Mit Zunahme des Wissens – etwa wenn in der Geometrie die Winkelsumme des Dreiecks oder der Satz des Pythagoras bewiesen wird –

---

[80] Thomas von Aquin, *Sententia libri Ethicorum* VI lect. 11, Leon. 47/2, S. 377a.
[81] Siehe Duns Scotus, *In Met.* VI q. 1 §13–16, OPh. 4, S. 7–8 (Darstellung) und §17–38, S. 9–15 (Kritik). Siehe auch *Lect.* III d. 36 q. un. §87–90, Vat. 21, S. 335–336 (Darstellung) sowie §91–101, S. 336–339 (Kritik). Zur Verbindung dieser Thematik mit der Klugheit, siehe vor allem *In Met.* VI q. 1 §34–35, OPh. 4, S. 13–14; *Lect.* III d. 36 q. un. §90, Vat. 21, S. 336. Scotus wendet sich gegen Heinrichs *Quodl.* IX q. 4, Opera omnia 13, S. 88–99.

erwirbt man nach Heinrich keine neuen Habitus des Wissens, sondern der für die entsprechende Wissenschaft spezifische Habitus wird lediglich intensiviert.[82] In seiner Kritik an Heinrich argumentiert Scotus, man erwerbe hingegen mit der Erkenntnis neuer Einsichten in einer bestimmten Wissenschaft (die er als Schlussfolgerungen aus den ersten Prinzipien der Wissenschaft versteht) auch neue Habitus des Wissens.[83]

Bezogen auf das Verhältnis der einen Klugheit zu den vielen Teilklugheiten bedeutet dies, dass die Teilklugheiten nach Scotus nicht formal im Habitus der einen Klugheit enthalten sind, sondern jeweils eigene Habitus sind. Nur, wenn man den Begriff der Klugheit ausweitet, kann man sie als *eine* Klugheit verstehen. Alle richtigen praktischen Urteile sind auf das erste praktische Prinzip (nämlich dass Gott zu lieben ist)[84] zurückzuführen. Insofern kann man die »Klugheit im weiteren Sinn« als Habitus der Einsicht in das erste praktische Prinzip verstehen. In diesem Sinne bezieht sie sich auf alle moralischen Tugenden, denn in ihnen allen sind korrekte praktische Urteile erforderlich. Scotus konzipiert diese Einheit der »Klugheit im weiteren Sinn« ausdrücklich in Anlehnung an die Einheit einer Wissenschaft. So, wie eine Wissenschaft durch ihr erstes Subjekt geeint ist, so ist nach Scotus auch die Klugheit durch die Einsicht in das erste praktische Prinzip geeint. So wie sich der Habitus der Erkenntnis des ersten Subjekts einer Wissenschaft nicht formal, sondern seinem Potential nach *(virtualiter)* auf alle Gegenstände der Wissenschaft erstreckt, so erstreckt sich auch die Klugheit als einziger Habitus nicht formal, sondern dem Potential nach auf alle Bereiche des praktischen Handelns und insofern auf alle moralischen Tugenden (§ 97–100). Scotus versteht dies offenbar so: Das erste Subjekt der Arithmetik ist, wie gesagt, die Zahl. Mit der Erkenntnis der Zahl ist aber nicht schon der ganze Bereich der Arithmetik formal miterkannt, sondern der Begriff der Zahl ist lediglich in jeglicher Teilerkenntnis der Arithmetik enthalten. Ebenso ist mit der Erkenntnis des ersten praktischen Prinzips, das heißt mit der Erkenntnis der übergreifenden einen Klugheit, nicht bereits jegliche besondere Er-

---

[82] Heinrich von Gent, *Quodl.* IX q. 4, S. 95–97.
[83] Siehe Anm. 81.
[84] Duns Scotus, *Ord.* III d. 27 q. un. § 14, Vat. 10, S. 52; *Ord.* III d. 37 q. un. § 20 (unten, S. 289).

kenntnis der Klugheit formal mitgegeben, sondern das erste praktische Prinzip bewahrheitet sich lediglich in jeglicher spezifischen Weisung in Bezug auf einen tugendhaften Akt.

Im dritten Artikel von *Ordinatio* III d. 36 behandelt Scotus die Verbindung zwischen den moralischen und den theologischen Tugenden. Theologische Tugenden haben Gott als Gegenstand sowie als Richtschnur und sind von Gott eingegossen.[85] Das Endziel des menschlichen Daseins und Handelns ist Gott selbst. Im Hinblick auf dieses Ziel sind die moralischen Tugenden grundsätzlich unzulänglich; nur die Liebe *(caritas)* ordnet die Person auf das Endziel hin. Ohne Liebe sind deswegen die moralischen Tugenden unvollkommen. Da es aber ohnehin nicht in der Wesensnatur der moralischen Tugenden liegt, auf das letzte Ziel hinzuordnen, können die moralischen Tugenden ohne Liebe sein. Sie sind dann zwar »ungeformt«, das heißt nicht von Liebe geformt. Insofern kommt ihnen nicht alle Vollkommenheit zu, die sie haben könnten. Sie sind aber deshalb nichtsdestoweniger moralische Tugenden im Vollsinn ihrer Wesensnatur (§ 105, § 113). Die theologischen Tugenden benötigen nach Scotus auch nicht umgekehrt die moralischen Tugenden, da die theologischen Tugenden die Ausrichtung auf das letzte Ziel auch ohne die moralischen Tugenden bewirken. Wie Scotus hier ausdrücklich gegen Thomas von Aquin sagt, sind auch keine eingegossenen moralischen Tugenden erforderlich (§ 108–109).

Schließlich lehrt Scotus im vierten Artikel, dass auch die theologischen Tugenden nicht untereinander verbunden sind. Die Liebe kann ohne Glaube und Hoffnung sein, denn nach Paulus bleibt in der himmlischen Vollendung nur die Liebe allein bestehen (§ 114). Umgekehrt kann es Glaube und Hoffnung ohne Liebe geben, jedoch entfalten sie dann nicht ihre ganze Vollkommenheit, wie ja auch die moralischen Tugenden ohne Liebe nicht ihre Vollkommenheit ganz und gar entfalten (§ 117).

Scotus' kritische Einstellung zur Verbindung der Tugenden hat spätere Diskussionen deutlich geprägt. In Wilhelm von Ockhams ausführlicher Behandlung der Thematik ist Scotus' Einfluss deutlich sichtbar.[86] Auch die Konzeption der Klugheit als praktische Teilkom-

---

[85] *Ord.* III d. 26 q. un. § 102, Vat. 10, S. 31.
[86] Wilhelm von Ockham, *Quaestiones variae* q. 7 (De connexione virtutum), OTh. 8, S. 323–407. Siehe dazu Adams 1996.

petenz ohne wesentliche Voraussetzungen seitens der rechten Ordnung der Strebevermögen hat Ockhams Verständnis der Klugheit beeinflusst.[87]

f. Naturgesetz (*Ordinatio* III d. 37)

Die an Platos *Eutyphron* anklingende Frage, ob etwas geboten ist, weil es gut ist, oder ob etwas gut ist, weil es geboten ist, greift Scotus in *Ordinatio* III d. 37 auf. (Wörtlich formuliert er sie in § 9.) Es geht hier um die Frage, worin letztlich die ethischen Normen gründen: in einer naturnotwendigen Richtigkeit, die von der Vernunft erkennbar ist, oder in einem Willensentschluss des obersten Gesetzgebers, der nur durch Promulgation erkennbar ist? Inwieweit Scotus einen Normen-Voluntarismus vertreten hat, demzufolge Gottes Willen festlegt, was sittlich gut und böse ist (»divine command ethics«), wird bis heute heftig debattiert.[88] Eine Lösung der Debatte lässt sich auf der Grundlage der hier übersetzten Quästion nicht erreichen; im Folgenden sei lediglich auf die Themen eingegangen, die das Verständnis der Quästion erleichtern.

In der 37. Distinktion des dritten Buches der *Sentenzen* behandelt Petrus Lombardus den Dekalog. Scotus' Interesse ist spezifischer als das des Lombardus; Scotus fragt, ob alle Gebote des Dekalogs zum Naturgesetz gehören. Als Lackmus-Test dient ihm die Frage, ob Gott von den Geboten des Dekalogs dispensieren kann.[89] Die Antwort hängt für Scotus davon ab, inwieweit die Gebote auf eine Vernunfteinsicht oder auf einen Willensentscheid Gottes zurückzuführen sind.

---

[87] *Quaestiones variae* q. 6 a. 10; q. 7, a. 2, OTh. 8, S. 281–284; S. 330–333.
[88] Siehe S. 45, Anm. 96.
[89] Scotus ist bei der Behandlung dieser Quästion eindeutig von Richard von Mediavilla abhängig, den er in § 20 namentlich erwähnt. Richard wiederholt die Position des Thomas von Aquin. Richard und Thomas behandeln die von Scotus in eine einzige Quästion kombinierte Thematik in zwei getrennten Quästionen bzw. Artikeln: erstens, ob alle moralischen Gebote zum Naturgesetz gehören; zweitens, ob es grundsätzlich möglich ist, dass von den Geboten des Dekalogs dispensiert wird. Siehe Thomas von Aquin, *S. theol.* I–II q. 100 a. 1; a. 8, Leon. 7, S. 206a–207b; S. 214a–215b; Richard von Mediavilla, *In Sent.* III d. 37 a. 1 q. 1; q. 5, ed. Brixen, Bd. 3, S. 441b–443a; S. 447a–448b. Für eine Darstellung der scotischen Position in philosophiegeschichtlicher Perspektive, siehe Mandrella 2002, S. 132–150.

Obwohl die scotische Position in der Konsequenz dem göttlichen Willen bei der Normgebung eine größere Rolle beimisst als zum Beispiel Thomas von Aquin, baut sie auf einer Prämisse auf, die sich ausschließlich auf die Vernunft stützt: Was schlechthin zum Naturgesetz gehört, sind die ersten praktischen Prinzipien sowie das, was sich daraus stringent ableiten lässt (§ 16). Die ersten praktischen Prinzipien sind für Scotus evidente Sätze, die allein aufgrund ihrer Satzglieder einleuchtend sind. So ist für Scotus zum Beispiel das Prinzip, dass »Gott über alles zu lieben ist«, von selbst einleuchtend *(per se notum)*, denn Gott ist das höchste Gut und als solches zuhöchst zu lieben.[90] Alle moralischen Gebote, die sich von diesem Prinzip herleiten lassen, gehören daher für Scotus zum »Naturgesetz im strengen Sinn«. Auch Gott kann nicht davon dispensieren (§ 16).[91] Die Gebote der Nächstenliebe lassen sich aber nicht von einem evidenten praktischen Prinzip ableiten. Sie haben also nicht dieselbe Stringenz, und deshalb kann Gott von ihnen dispensieren (§18).[92] Nach dem Zeugnis der Heiligen Schrift hat Gott offensichtlich in einzelnen Fällen von den Geboten der Nächstenliebe dispensiert, indem er Mord, Diebstahl und Unzucht befohlen hat, wie Scotus in einem auch bei seinen Zeitgenossen beliebten Einwand erwähnt (§ 4).

Was bedeutet dies für die Beantwortung der Frage, ob Gott von den Geboten des Dekalogs dispensieren kann? Petrus Lombardus und spätere Scholastiker folgen einer Auslegung des Augustinus, wonach der Dekalog die Gebote der Gottes- und Nächstenliebe expliziert. Nach Mt 22, 37–40 sind in den beiden Hauptgeboten der Gottes- und Nächstenliebe das ganze Mosaische Gesetz und die Propheten zusammengefasst. Nach Ex 31, 18 und Ex 32, 15–16 schrieb Gott die Bundesurkunde, die er Moses auf dem Berg Sinai gab, auf zwei Tafeln. Bezieht man mit Augustinus diese Bibelstellen aufeinander, dann ergibt sich, dass die erste Tafel die ersten drei Gebote des Dekalogs enthält und die zweite Tafel die letzten sieben.[93] Die ersten drei Gebote beziehen sich nämlich auf Gott; die letzten sieben auf

---

[90] Duns Scotus, *Ord*. III d. 27 q. un. § 14, Vat. 10, S. 52.
[91] Wie Scotus an anderer Stelle sagt, würden einige Gebote auch dann zum Naturgesetz gehören, wenn es überhaupt keinen Intellekt und Willen gäbe; siehe *Lect*. III d. 37 q. un. § 15, Vat. 21, S. 353.
[92] Siehe ebd. – Scotus folgt der Lösung des Bonaventura, *In Sent*. I d. 47 a. un. q. 4, Opera omnia 1, S. 846a–b.
[93] Augustinus, *Sermo* IX § 6–7, CCSL 41, S. 117–122; Petrus Lombardus, *Sent*.

den Nächsten. Petrus Lombardus zitiert die Gebote der ersten Tafel wie folgt:
1. Du sollst keine fremden Götter haben; du sollst dir keinen Götzen machen, noch irgendein Abbild.
2. Du sollst den Namen deines Gottes nicht missbrauchen.
3. Gedenke, dass du den Sabbat heiligst.[94]

Die Gebote der zweiten Tafel gibt er folgendermaßen wieder:
1. Ehre deinen Vater und deine Mutter, und du wirst lange auf der Erde leben, im Land der Lebenden.
2. Du sollst nicht töten.
3. Du sollst nicht die Ehe brechen.
4. Du sollst nicht stehlen.
5. Du sollst kein falsches Zeugnis wider deinen Nächsten geben.
6. Du sollst nicht die Frau deines Nächsten begehren.
7. Du sollst nicht deines Nächsten Haus, Knecht oder Magd begehren usw.[95]

Was nun die Möglichkeit der Dispens betrifft, ist für Scotus der Fall in Bezug auf die ersten beiden Gebote der ersten Tafel klar. Sie betreffen Gott, und sie sind negative Gebote. Gott kann nicht von ihnen dispensieren, das heißt, er kann Götzendienst und Missbrauch seines Namens nicht erlaubt machen, weil es dem praktischen Prinzip widerspräche, dass Gott zu lieben ist (§ 20). Das dritte Gebot der ersten Tafel bietet eine gewisse Schwierigkeit, da die Wahl des Sabbats als heiliger Tag beliebig ist und weil es sich um ein positives Gebot handelt. An sich gibt es nach Scotus keinen zwingenden Grund, dass Gott jemanden zu einem bestimmten Zeitpunkt zur Huldigung verpflichtet (§ 21–23).

Die Gebote der zweiten Tafel gehören nach Scotus nur im weiteren Sinn zum Naturgesetz. Sie lassen sich nicht aus den ersten praktischen Prinzipien ableiten. Der Versuch, sie insofern aus ihnen abzuleiten, als man die Gebote der Nächstenliebe im Gebot der Gottesliebe verankert sieht, scheitert nach Scotus (§ 30–36). Da die Gebote der zweiten Tafel nicht analytisch erkennbar sind, hat Gott sie geof-

---

III d. 37 c. 1 § 1, Bd. 2, S. 206; Duns Scotus, *Ord.* III d. 37 q. un. § 30 (unten, S. 295–297).

[94] Petrus Lombardus, *Sent.* III d. 37 c. 1–2, Bd. 2, S. 207–209. Vgl. Ex 20, 2–11; Dtn 5, 6–15.

[95] *Sent.* III d. 37 c. 4–6; d. 40 c. 1, Bd. 2, S. 209–212; S. 228. Vgl. Ex 20, 12–17; Dtn 5, 16–21.

fenbart (§ 37–39). Dennoch sind diese Gebote nicht beliebig. Sie haben eine gewisse Stringenz, da sie mit den ersten praktischen Prinzipien und untereinander harmonieren. Das bedeutet, dass sie für das Erreichen Gottes, des Hauptziels allen ethischen Handelns, wenn auch nicht unbedingt notwendig, so doch dazu sehr förderlich sind (§ 25–26). Scotus erachtet die Möglichkeit der Dispens von den Geboten der zweiten Tafel offensichtlich eher als eine grundsätzliche Möglichkeit, aber nicht als etwas, wovon Gott tatsächlich Gebrauch macht. Den Einwand, Gott habe tatsächlich vom zweiten, dritten und vierten Gebot der zweiten Tafel dispensiert, da er in einzelnen Fällen Mord, Unzucht und Diebstahl befohlen habe (§ 4), widerlegt er zumindest in Bezug auf die Dispens vom Verbot des Diebstahls (§ 43). Scotus scheint also dem Gedanken, dass die Gebote der zweiten Tafel im weiteren Sinn dem Naturgesetz zugehören, große Bedeutung beizumessen. Man muss wohl sagen, dass Scotus in *Ordinatio* III d. 37 einen gemäßigten, aber keinen radikalen Normen-Voluntarismus vertritt.[96]

---

[96] Die Debatte zu Scotus' Normen-Voluntarismus hat eine breitere Textgrundlage als *Ord.* III d. 37. Es geht zum Beispiel um Aussagen wie folgende: »[…] omne aliud a Deo est bonum ›quia a Deo est volitum et acceptatum‹ (Alles von Gott Verschiedene ist deshalb gut, weil es von Gott gewollt und akzeptiert ist)«, *Lect.* III d. 19 q. un. § 23, Vat. 21, S. 34; »[…] leges aliquae generales, recte dictantes, praefixae sunt a voluntate divina et non quidem ab intellectu divino […] si placet voluntati suae – quae libera est – est recta lex, et ita est de aliis legibus (Einige allgemeine Gesetze, die richtig vorschreiben, sind vom göttlichen Willen und nicht vom göttlichen Intellekt festgelegt worden; wenn es seinem Willen gefällt – der ja frei ist – ist das Gesetz richtig, und ebenso gilt dies für andere Gesetze)«, *Ord.* I d. 44 q. un. § 8, Vat. 6, S. 366. Diese Zitate entstammen theologischen Kontexten, wo es darum geht, auf welchen Wegen Gott die Menschen zum übernatürlichen, frei geschenkten Heil führt. Die Debatte um den Normen-Voluntarismus setzt voraus, dass diesen Aussagen über den theologischen Kontext hinaus Geltung beizumessen ist. *Ord.* III d. 37 q. un. § 15 (unten, S. 287) scheint das zu bestätigen. Es geht dann um die Frage, ob Gottes Wille bei seiner Gesetzgebung der von ihm geschaffenen Naturordnung Rechnung trägt. Williams 1997 und 1998 betont die absolute Freiheit Gottes; Wolter 1986 (S. 3–29), Ingham 2001 und Wolter 2003 betonen die Vernünftigkeit des freien Willen Gottes, was für sie impliziert, dass Gott bei der Gesetzgebung die Bedingungen der Menschennatur berücksichtigt. Die Interpretation von Möhle 1995 (S. 355–360) und 2003 liegt gewissermaßen in der Mitte: Scotus binde zwar nicht Gottes Willen an eine Naturteleologie, messe aber den nicht analytisch notwendigen praktischen Normen dennoch eine gewisse Objektivität bei, sofern sie gemäß der scotischen Har-

g. Fazit: Duns Scotus' Anti-Naturalismus

Der Leitfaden, der die scotische Handlungstheorie und Ethik durchzieht, ist eine Distanzierung vom Naturalismus. Freiheit und Ethik beginnen nach Scotus dort, wo Natur aufhört. Die Kausalität der Natur ist deterministisch. Der Intellekt gehört streng genommen in den Bereich der Natur, da seine Kausalität von Naturnotwendigkeit charakterisiert ist (*In Met.* IX q. 15). Daher kann eine freie Wahl nicht gänzlich durch das Vernunfturteil bestimmt sein (*Lect.* II d. 25). Auch die Ethik entwickelt sich nicht wie bei Aristoteles und Thomas von Aquin aus naturhaften Gegebenheiten des Menschen. Handlungen, die auf rationale Weise das natürliche Streben nach Glück verwirklichen, haben für Scotus noch keinen ethischen Wert, sondern nur solche Handlungen, die das moralisch Richtige um seiner selbst willen verfolgen (*Ord.* II d. 6 q. 2). Aufgrund seines Anti-Naturalismus rückt Scotus auch von aristotelischen Theorien der Klugheit ab, die das Kriterium für praktische Wahrheit im naturgegebenen Streben nach dem Endziel ansetzen sowie die Ordnung der Affekte durch die moralischen Tugenden als notwendige Bedingung für Klugheit erachten. Das Streben kann für Scotus kein Kriterium für praktische Wahrheit sein; vielmehr muss sich umgekehrt das rechte Streben an der praktischen Wahrheit messen. Die Klugheit ist für Scotus ein Vernunfturteil, das auch unabhängig von der affektiven Grundkonstitution oder von der gegenwärtigen Stimmung des Menschen erreicht wird (*Ord.* III d. 36). Auch das Naturgesetz gründet für Scotus in der Vernunft allein, unabhängig von den natürlichen Neigungen, die bei Thomas von Aquin zusammen mit der Vernunft die Gebote des Naturgesetzes konstituieren, sofern sie der Vernunft die Grundgüter menschlicher Existenz anzeigen.[97] Scotus sieht das »Naturgesetz im strengen Sinn« allein in analytisch evidenten Prinzipien begründet. Im zwischenmenschlichen Bereich, wo die Vernunft keine stringenten Normen begründen kann, gründet das »Naturgesetz im weiteren Sinn« auf einer Festlegung des göttlichen Willens, der allerdings auf die innere Kohärenz seiner Bestimmungen achtet. Abge-

---

monie-Theorie untereinander kohärent sein müssen. Auf die Erkennbarkeit der moralischen Normen konzentriert sich Cezar 2004, nach dessen Auslegung Scotus auch die Normen der zweiten Tafel als dem natürlichen Verstand zugänglich erachtet.

[97] Vgl. Thomas von Aquin, *S. theol.* I–II q. 94 a. 2, Leon. 7, S. 169a–170b.

sehen vom gemäßigten Normen-Voluntarismus der scotischen Ethik wird aus diesem Resümee deutlich, dass Scotus ein wichtiger Vorreiter der praktischen Philosophie Immanuel Kants ist.

3. Anmerkungen zu den Texten und zur Übersetzung

Der lateinische Text des Metaphysikkommentars IX q. 15 entstammt Band 4 der Opera Philosophica. Der Metaphysikkommentar wurde unter der Leitung von Girard Etzkorn ediert. Die übrigen lateinischen Texte sind der Editio Vaticana entnommen: *Lectura* II d. 25 ist in Band 19 enthalten (ediert unter der Leitung von Luca Modrić), *Ordinatio* II d. 6 und III d. 36–37 entstammen Band 8 und 10 (jeweils ediert unter der Leitung von Barnaba Hechich). Die Anordnung der Texte im vorliegenden Buch folgt systematischen, nicht chronologischen Gesichtspunkten. Von den hier ausgewählten Texten ist der früheste jener der *Lectura*. Die relative Datierung der Endredaktion des neunten Buchs des Metaphysikkommentars im Vergleich zu den Texten aus Buch II und III der *Ordinatio* ist nicht bekannt; diese Texte gehören aber derselben Schaffensperiode an.

Der Zustand der Texte, die Scotus uns überlassen hat, ist in der Regel mäßiger Qualität. Buch IX des Metaphysikkommentars ist ein recht gut von Scotus endredigierter Text, während die hier vorliegenden Texte der *Ordinatio* noch nicht endgültig von ihm überarbeitet worden sind. Die *Lectura*, die Frühfassung seines Sentenzenkommentars, wurde nicht von Scotus für die Veröffentlichung bestimmt, denn diese Funktion übernahm ja die *Ordinatio*. Wahrscheinlich hat Scotus die *Lectura* auch nicht selbst in Umlauf gebracht. Der unvollkommene Zustand der von Scotus hinterlassenen Texte sowie die Tatsache, dass wir keine Autographen von Scotus haben, hat zur Folge, dass die Editoren teilweise vor immensen Schwierigkeiten stehen, den Text zu rekonstruieren, der der Originalfassung am nächsten steht. Dies gilt besonders für das zweite Buch der *Lectura*, das nur in zwei Handschriften auf uns gekommen ist, von denen eine sogar bewusst ganze Sinneinheiten auslässt.[98] In *Ordinatio* III d. 36–37 gibt

---

[98] Die Editoren weisen überzeugend nach, dass die Auslassungen nicht bereits im Exemplar (das heißt in der Vorlage) jener Handschrift sind, sondern bewusst vom Kopist der Handschrift gemacht werden. Der Kopist greift auch

es wiederholt Anzeichen hastiger Arbeit; zum Beispiel gibt Scotus gelegentlich Zitate nicht an, sondern sagt »suche dort nach«, was ein Auftrag an seinen Sekretär beziehungsweise an sich selbst sein könnte, bei der nächsten Durchsicht die Stellenangaben oder Zitate einzufügen, oder aber an den Leser, er solle selbst in den Quellen nachschauen.

Bei der Übersetzung und Kommentierung der Texte hat sich gelegentlich gezeigt, dass eine andere Lesart als jene der kritischen Editionen vorzuziehen ist. Wo eine Erklärung dafür erforderlich ist, wird sie in den Anmerkungen gegeben. Texteinschübe werden in der vorliegenden Ausgabe nur dann übernommen, wenn sie handschriftlich gut bezeugt sind und auf Duns Scotus zurückgehen könnten. Die Interpunktion der kritischen Editionen wird in der Regel beibehalten, aber gelegentlich wurde sie stillschweigend geändert. Auch werden an wenigen Stellen Überschriften in den lateinischen und deutschen Text eingefügt, die nicht in den Editionen enthalten sind. (Im Übrigen sind ja keine der Überschriften in den Handschriften zu finden.) Die eingeklammerten Ziffern im lateinischen Text geben die Paginierung der kritischen Editionen an.

Alle in diesem Band enthaltenen Quästionen sind vollständig übersetzt. Die Übersetzung lehnt sich möglichst eng an den lateinischen Text an, ohne ihn zu paraphrasieren. Scotus schreibt allerdings ein wenig elegantes, oft sehr verschachteltes Latein; in der Übersetzung ist die Satzstruktur übersichtlicher gemacht worden. Die Termini technici werden nach Möglichkeit einheitlich übersetzt.

Die Anmerkungen dienen der Angabe expliziter und impliziter Quellen. Die meisten Angaben sind den kritischen Editionen entnommen. Gelegentlich wurden die Quellenangaben der Editionen durch zutreffendere ersetzt. In Fällen, in denen relative Gewissheit darüber besteht, welche Aristoteles-Übersetzungen Scotus benutzt hat, werden Zitate der Bekker-Ausgabe mit Verweisen auf Aristoteles Latinus ergänzt.

---

häufig in den Text ein, indem er bestimmte Ausdrücke paraphrasiert oder in besserem Latein wiedergibt. Siehe dazu ausführlich Prolegomena, Vat. 19, S. 8*–15*. In *Lect.* II d. 25 werden von der Handschrift F folgende Abschnitte ausgelassen: § 3–4, 29–31, 33–35, 45, 47–50, 59 (der letzte Satz, bzw. in der deutschen Übersetzung die letzten vier Sätze), 61 (der letzte Satz), 64–65, 84, 93.

Ein zweites Ziel der Anmerkungen besteht darin, das Verständnis des scotischen Texts zu erleichtern. Deshalb werden Fachausdrücke erläutert, der unmittelbare Hintergrund einer Aussage Scotus' erklärt und gelegentlich seine Argumentation rekonstruiert.

4. Abkürzungsverzeichnis

Allgemeine Abkürzungen

a.	articulus
a. un.	articulus unicus
c.	capitulum
d.	distinctio
fol.	folium
p.	pars
q.	quaestio
q. un.	quaestio unica
r	recto
v	verso

Abkürzungen der Bücher der Bibel

EÜ	Einheitsübersetzung
Gen	Das Buch Genesis
Ex	Das Buch Exodus
Dtn	Das Buch Deuteronomium
Ps	Die Psalmen
Weish	Das Buch der Weisheit
Sir	Das Buch Jesus Sirach
Jes	Das Buch Jesaja
Hos	Das Buch Hosea
Mt	Das Evangelium nach Matthäus
Mk	Das Evangelium nach Markus
Lk	Das Evangelium nach Lukas
Röm	Der Brief an die Römer
1 Kor	Der erste Brief an die Korinther
1 Tim	Der erste Brief an Timotheus
Hebr	Der Brief an die Hebräer
1 Joh	Der erste Brief des Johannes
Offb	Die Offenbarung des Johannes

Abkürzungen der Werke scholastischer Autoren

Lect.	Lectura
Ord.	Ordinatio
In Met.	Quaestiones super libros Metaphysicorum Aristotelis
Quodl.	Quodlibet
Rep.	Reportatio (verschiedene Versionen werden mit A, B, usw. gekennzeichnet)
S. theol.	Summa theologiae
Sent.	Sententiae in IV libris distinctae
In Sent.	Commentum in libros Sententiarum

Siglen von Werkausgaben

AL	Aristoteles Latinus, Paris / Leiden / Löwen et al. 1961 ff.
BFSMA	Bibliotheca Franciscana Scholastica Medii Aevi, Quaracchi (Florenz) 1903 ff.
HBPhMA	Herders Bibliothek der Philosophie des Mittelalters, Freiburg 2005 ff.
CCSL	Corpus Christianorum, Series latina, Turnhout 1954 ff.
CSEL	Corpus scriptorum ecclesiasticorum latinorum, Wien 1866 ff.
Leon.	Thomas von Aquin, Opera omnia, iussu Leonis XIII edita, Rom 1882 ff.
OPh.	Duns Scotus, Opera philosophica, St. Bonaventure, N.Y. 1997–2006
OTh.	Wilhelm von Ockham, Opera theologica, St. Bonaventure, N.Y. 1967–1986
PL	Patrologiae cursus completus, Series Latina, ed. J.-P. Migne, Paris 1844–1865
PhB	Philosophes Belges, Löwen 1901 ff.
SC	Sources Chrétiennes, Lyon / Paris 1942 ff.
Vat.	Duns Scotus, Opera omnia, Vatikanstadt 1950 ff.
Viv.	Duns Scotus, Opera omnia, Paris: Vivès 1891–1895 (Nachdruck der Ausgabe von Luke Wadding aus dem Jahr 1639)

Werke des Aristoteles

An.	De anima (Über die Seele)
An. Prior.	Analytica priora (Erste Analytik)

An. Post.	*Analytica posteriora (Zweite Analytik)*
Cat.	*Categoriae (Von den Kategorien)*
De Int.	*De Interpretatione (Peri hermeneias / Lehre vom Satz)*
EN	*Ethica Nicomachea (Nikomachische Ethik)*
GC	*De generatione et corruptione (Über Entstehen und Vergehen)*
MA	*De motu animalium (Über die Bewegung der Tiere)*
Met.	*Metaphysica (Metaphysik)*
Phys.	*Physica (Physik)*
Pol.	*Politica (Politik)*
Rhet.	*De arte Rhetorica (Rhetorik)*
Top.	*Topica (Topik)*

Abkürzungen des kritischen Apparats

codd.	codices
ed.	editio (Editio Vaticana oder Opera Philosophica)
om.	omisit
om. hom.	omisit per homoioteleuton

Handschriftensiglen

A	Assisi, Biblioteca Comunale 137 *(Ord.)*
A	Oxford, Merton College 292 *(In Met.)*
B	Oxford, Balliol College 208 *(Ord.)*
B	Oxford, Balliol College 234 *(In Met.)*
C	Cambridge, Peterhouse 64 *(In Met.)*
D	Padua, Biblioteca Antoniana 186 *(In Met.)*
E	Berlin, Staatsbibliothek, lat. fol. 420 *(In Met.)*
F	Rom, Convento San Francesco a Ripa, lat. AFR 422 *(Lect.)*
F	Erfurt, Bibliotheca Amploniana Q. 291 *(In Met.)*
G	München, Bayerische Staatsbibliothek, Clm 15829 *(In Met.)*
H	Tortosa, Biblioteca de la Catedral 201 *(In Met.)*
K	Brüssel, Bibliothèque royale de Belgique 2908 *(In Met.)*
L	Florenz, Biblioteca Medicea Laurenzia, plut. XXXI dextr. 9 *(In Met.)*
M	Paris, Bibliothèque nationale de France, lat. 16110 *(In Met.)*
N	Paris, Bibliothèque nationale de France, lat. 3062 *(Ord.)*
P	Paris, Bibliothèque nationale de France, lat. 15361 *(Ord.)*
Q	Paris, Bibliothèque nationale de France, lat. 15854 *(Ord.)*

S	Vatikanstadt, Biblioteca Apostolica Vaticana, Vat. lat. 883 *(Ord.)*
V	Österreichische Nationalbibliothek, lat. 1449 *(Lect.)*
Y	Paris, Bibliothèque nationale de France, lat. 15857 *(Ord.)*
Z	Paris, Bibliothèque nationale de France, lat. 3114–1 *(Ord.)*

Text und Übersetzung

[Quaestiones super libros Metaphysicorum Aristotelis, Liber IX

Quaestio 15

Utrum differentia ab Aristotele assignata inter potentias rationales et irrationales sit conveniens?]

1 [OPh. 4, 675] Utrum differentia, quam assignat Aristoteles inter potentias rationales et irrationales, sit conveniens, scilicet quod istae sunt oppositorum, aliae unius oppositi?

Arguitur quod non.

Primo de rationalibus sic: habens potentiam potest illud cuius est illa potentia; ergo posset aliquis in opposita.

2 Dicitur, sicut videtur Aristoteles respondere in littera, quod non habet potentiam faciendi opposita simul, licet habeat potentiam simul ad opposita.

Contra: in isto ›nunc‹ in quo inest unum oppositum, quaero an possit in eodem nunc aliud inesse, aut non. Si sic, habetur propositum, ut videtur, quod opposita simul. Si non, ergo potentia ista in hoc nunc non est nisi unius oppositi.

3 [676] Item, secundo sic: non est potentia quae non potest in aliquid. Illa autem quae est oppositorum, cum non possit simul in opposita, non videtur posse in aliquid nisi determinetur, sicut arguitur in littera in 4 cap. Determinata autem non videtur esse nisi unius, ergo in quantum potentia tantum videtur esse unius.

4 Item, tertio sic: tunc sequeretur quod voluntas posset in oppo-

---

[1] Aristoteles, *Met.* IX 2, 1046b2–6 (AL XXV/2, S. 170).
[2] *Met.* IX 5, 1048a5–10; 21–24 (AL XXV/3.2, S. 184–185).
[3] Ebd., 1048a10–15 (AL XXV/3.2, S. 184–185).

[Metaphysikkommentar, Buch IX

Fünfzehnte Quästion

Gibt Aristoteles auf angemessene Weise an, worin sich rationale und irrationale Vermögen unterscheiden?]

1 Gibt Aristoteles auf angemessene Weise an, worin sich rationale und irrationale Vermögen unterscheiden, nämlich dass rationale Vermögen sich auf Gegenteiliges richten und irrationale Vermögen nur auf einen von zwei gegenteiligen Zuständen?[1]

Es wird dagegen argumentiert.
Zuerst bezüglich der rationalen Vermögen, und zwar so: Was ein Vermögen hat, kann das, wovon es das Vermögen ist, hervorbringen; so könnte etwas also Gegenteiliges hervorbringen.

2 Es wird behauptet, wie Aristoteles im Basistext zu antworten scheint,[2] es habe nicht das Vermögen, Gegenteiliges zugleich zu bewirken, sondern es habe gleichzeitig das Vermögen, Gegenteiliges zu bewirken.

Entgegnung: Angenommen, in diesem »Jetzt« befinde sich ein Vermögen in einem von zwei gegenteiligen Zuständen. Dann frage ich: Kann es dann in demselben »Jetzt« auch in einem anderen Zustand sein, oder kann es das nicht? Wenn ja, dann ist [mein] Beweisziel offensichtlich erreicht, nämlich dass es Gegenteiliges gleichzeitig bewirken kann. Wenn nicht, dann kann das Vermögen in diesem »Jetzt« nur eines von den beiden gegenteiligen Zuständen bewirken.

3 Zweitens: Wenn etwas nichts bewirken kann, ist es kein Vermögen. Weil aber das Vermögen, das auf Gegenteiliges ausgerichtet ist, nicht gleichzeitig Gegenteiliges bewirken kann, deshalb kann es offenbar keine Wirkung haben, ohne determiniert zu werden, gemäß der Argumentation im 4. Kapitel des Basistexts.[3] Wenn es determiniert ist, scheint ihm aber nur eine einzige Wirkung offen zu stehen. Folglich ist das Vermögen als solches nur auf eine einzige Wirkung ausgerichtet.

4 Drittens: Unter der genannten Annahme würde folgen, dass der

situm finis et posset in malum sub ratione mali, sicut et in opposita istorum. Consequens falsum, quia in XII cap. 4 dicit Aristoteles: »liberis non licet quod contingit facere«, etc.

5 Contra aliud membrum, scilicet de irrationalibus, primo sic:
Sol potest in oppositos effectus in istis inferioribus; dissolvit enim glaciem et constringit lutum, tamen potentia eius est irrationalis.

6 Item, infra, cap. 7 vult Philosophus quod »omnis potentia est contradictionis«; et declarat etiam in activis.

7 Item, rationalis, secundum Aristotelem, non ponitur esse oppositorum per se; sed unius per se ut habitus, alterius per accidens ut privationis. Sed potentia irrationalis sic potest esse oppositorum; frigus enim est causa per accidens caloris, et proiciens pilam ad parietem est causa resilitionis. Ergo, non est differentia dicta conveniens.

8 In contrarium est Philosophus in littera.

[I. – Ad quaestionem

A. – Art. 1: De differentia assignata]

9 [677] Ad istam quaestionem, tenendo differentiam esse bene assignatam, primo videndum est quomodo sit intelligenda; deinde quae sit eius causa.

---

⁴ *Met.* XII 10, 1075a20 (AL XXV/3.2, S. 266–267).
⁵ *Met.* IX 8, 1050b8 (AL XXV/2, S. 179).
⁶ »Aktives Vermögen« ist einer der zentralen Begriffe in dieser Quästion. Scotus gibt folgende Kurzdefinition für »aktives Vermögen« und für den korrelativen Begriff »passives Vermögen«: »Das aktive Vermögen ist das, wodurch die Wirkursache wirken kann, und das passive Vermögen ist das, wodurch etwas die Möglichkeit hat, zu etwas zu werden.« *In Met.* IX q. 3–4 § 23, OPh. 4, S. 544 (Für eine ausführliche Definition, siehe ebd., § 31, S. 550). Streng genommen ist das aktive Vermögen das, wodurch etwas wirken kann *(illud quo principiat)*, aber im weiteren Sinne auch das, was etwas bewirkt *(illud quod principiat, In Met.* IX q. 3–4 § 19, OPh. 4, S. 542). Das klassische Beispiel für aktive Vermögen ist die Wärme, wodurch etwas Warmes warm ist (ebd.) und daher etwas anderes erwärmen kann. Das, was dadurch warm wird (zum Beispiel das Wasser im Topf auf dem Herd), hat ein entsprechendes passives Vermögen. Für Scotus ist auch der Wille ein aktives Vermögen, wie sich weiter

Wille das Gegenteil des Zieles erstreben könnte und dass er sich auf das Böse unter der Hinsicht des Bösen richten könnte, so wie er sich ja jeweils auf das Gegenteil davon richten kann. Die Folge ist falsch, denn im 12. Buch, 4. Kapitel, sagt Aristoteles: »Freien Menschen steht es nicht zu, Beliebiges zu tun«[4] usw.

5 Gegen den anderen Teil [der Frage], nämlich bezüglich der irrationalen Vermögen, [wird] erstens wie folgt [argumentiert]:

Die Sonne kann in den niedrigeren Sphären gegenteilige Wirkungen hervorbringen; sie schmilzt nämlich Eis und macht Schlamm hart. Und dennoch ist ihr Vermögen irrational.

6 Außerdem behauptet der Philosoph unten, im 7. Kapitel, dass »jedes Vermögen sich auf Kontradiktorisches bezieht«.[5] Er erklärt dies auch bezüglich aktiver Vermögen.[6]

7 Ferner bezieht sich das rationale Vermögen nach Aristoteles nicht an sich auf Gegenteiliges; vielmehr bezieht es sich auf eines an sich (nämlich auf einen Zustand) und auf das andere beiläufig (nämlich auf die Privation [dieses Zustandes]).[7] Aber in dieser Weise kann sich das irrationale Vermögen ebenso auf Gegenteiliges beziehen. Die Kälte ist nämlich beiläufig die Ursache der Wärme, und wer einen Ball gegen eine Wand wirft, ist [beiläufig] Ursache für dessen Abprallen. Also ist der genannte Unterschied nicht hinreichend bestimmt.

8 Das Gegenteil behauptet der Philosoph im Basistext.[8]

[**I. – Zur Frage**

A. – Erster Artikel: Das Unterscheidungsmerkmal]

9 Zu dieser Frage: Davon ausgehend, dass der Unterschied treffend bestimmt ist, ist zunächst zu sehen, wie er zu verstehen ist, und danach, worin er gründet.

---

unten zeigt, und nicht – wie es seine intellektualistischen Gegner annehmen – ein passives Vermögen, das lediglich passiv auf die Erkenntnis des Intellekts reagieren würde.
[7] *Met.* IX 2, 1046b7–15 (AL XXV/2, S. 170; AL XXV/3.2, S. 181).
[8] Ebd., 1046a36–b3 (AL XXV/2, S. 169).

[1. – Quomodo differentia sit intelligenda]

10 De primo sciendum quod potentia activa (cuiuscumque est sive actionis sive termini producti) sic est illius quod, manente natura eadem, non potest ipsa esse activa alterius quam cuius ex se potest. Frigiditas enim, manens frigiditas, non potest esse caloris activa nec elicitiva calefactionis, si non est de se activa. Quia, quidquid circa ipsam fieret, licet aliud posset aliquid facere ad esse caloris, numquam frigiditas faceret ad hoc.

11 Illa ergo potentia activa dicitur esse oppositorum – sive contrariorum sive contradictoriorum – productorum quae, manens natura una, habet terminum primum sub quo potest utrumque oppositum aeque cadere. Sed illa est oppositarum actionum quae manens una, est sufficiens elicitivum talium actionum. Et si actio potentiae proprie activae dicatur ›actum‹, sicut expositum est quaestione quarta ad tertium argumentum, tunc omnis quae est oppositarum actionum est oppositorum actorum, non e converso.

12 [678] Hoc autem debet intelligi quod potentia sit oppositorum actionum, seu actionis et negationis eius, sicut patebit in secundo articulo. Et vocatur haec ›potentia activa‹ non ipsa relatio quae numeratur secundum numerum correlativorum, sed natura absoluta quae est relationum plurium (quae sunt ad oppositos effectus) proprium fundamentum.

---

[9] Tätigkeit *(actio)* und Erzeugung *(productio)* unterscheiden sich insofern, als das Erzeugnis zwar vom Erzeugenden, eine Tätigkeit aber nicht vom Tätigen trennbar ist. Ein Tisch existiert getrennt vom Tischler, aber Akte der Liebe, des Muts oder der Feigheit können nicht getrennt vom Handelnden sein.

[10] Der Unterschied besteht zwischen der Fähigkeit, verschiedene Akte selbst auszuüben *(elicere)*, und der Möglichkeit, dass verschiedene Tätigkeiten oder Handlungen in einem Vermögen geschehen (siehe unten, §21). Scotus verweist auf *In Met.* IX q. 3–4 §48–49, OPh. 4, S. 556–558. Der Sinn ist, dass die Fähigkeit zur Ausübung von gegenteiligen Willensakten auch die Fähigkeit zu gegenteiligen Tätigkeiten oder Erzeugungen impliziert, aber nicht umgekehrt.

Fünfzehnte Quästion

[1. – Wie der Unterschied zu verstehen ist]

10 Zum ersten Punkt muss man Folgendes bedenken: Ein aktives Vermögen – egal ob es sich auf eine Tätigkeit oder auf das Resultat einer Erzeugung richtet[9] – verhält sich so gegenüber seinem Gegenstand, dass es, solange es dieselbe Natur bleibt, nur das bewirken kann, wozu es von sich aus befähigt ist. Solange Kälte nämlich Kälte bleibt, kann sie nicht gegenüber Wärme aktiv werden und keine Wärme hervorbringen, insofern sie nämlich nicht darauf angelegt ist. Denn was auch immer mit ihr geschieht – auch wenn etwas anderes zur Erzeugung der Wärme beitragen könnte –, so wird Kälte dazu nichts beitragen.

11 Dasjenige aktive Vermögen gilt daher als im konträren oder kontradiktorischen Sinn auf gegenteilige Erzeugungen ausgerichtet, aus dem, ohne dass es eine andere Natur wird, gleichermaßen jede der gegenteiligen Wirkungen unmittelbar resultieren kann. Hingegen ist dasjenige aktive Vermögen auf gegenteilige Tätigkeiten hingeordnet, das, ohne etwas Anderes zu werden, hinreichend zur Ausübung solcher Tätigkeiten ist. Und sofern man die Tätigkeit eines im eigentlichen Sinn aktiven Vermögens »Akt« nennt, wie in der vierten Quästion in Antwort auf das dritte Gegenargument dargelegt wurde, insofern ist jedes Vermögen, das auf gegenteilige Tätigkeiten ausgerichtet ist, auch auf gegenteilige Akte hingeordnet, aber nicht umgekehrt.[10]

12 Dies muss man so verstehen: Das [aktive] Vermögen ist auf gegenteilige Tätigkeiten ausgerichtet, das heißt darauf, eine Tätigkeit zu haben oder sie nicht zu haben. Dies wird im zweiten Artikel klar werden [§ 24–25, § 31–34]. Aber als »aktives Vermögen« wird nicht die Relation selbst bezeichnet, die zu den korrelativen Relationen gehört. Vielmehr heißt so die [als solche] nichtrelative Natur, die das eigentliche Fundament für mehrere Relationen ist, die sich auf gegenteilige Wirkungen beziehen.[11]

---

[11] Das aktive Vermögen ist zum Beispiel die Wärme (oder im weiteren Sinn das Herdfeuer), nicht das »Erwärmen« zusammen mit der korrelativen Relation »Warmwerden«.

[2. – Quae sit causa differentiae]

13 De secundo, videtur Aristoteles causam differentiae ponere talem: quia forma naturalis solummodo est principium assimilandi uni opposito similitudine naturali, sicut ipsa est ipsa et non opposita.

14 Forma autem intellectus, puta scientia, est principium assimilandi oppositis similitudine intentionali, sicut et ipsa est virtualiter similitudo oppositorum cognitorum. Quia eadem est scientia contrariorum sicut et privative oppositorum, cum alterum contrariorum includat privationem alterius; agens autem illius est activum, quod potest sibi assimilare secundum formam qua agit; ideo videtur Aristoteles ponere dictam differentiam.

15 Sed ista ratio multipliciter improbatur:
Primo, quia forma naturalis potest esse principium assimilandi virtualiter opposita. Patet de sole.

16 Secundo, quia solummodo intellectum vel scientiam videtur [679] ponere potentiam rationalem; quod falsum est, ut post dicetur.

17 Hoc etiam videtur expressius ponere in 4 cap. ubi concludit quod potentia rationalis est oppositorum; nihil faciet nisi determinetur ad alterum illorum, et illud determinans dicit esse »appetitum aut prohaeresim«. Ergo illam videtur excludere a ratione potentiae rationalis, ut ipsa est oppositorum.

18 Et hoc expressius patet per sequentia, ubi videtur dicere quod rationalis sic determinata necessario faciet, sicut et irrationalis ex se

---

[12] *Met.* IX 2, 1046b10–15 (AL XXV/3.2, S. 181).
[13] Erkenntnis geschieht durch Angleichung des Denkinhalts an den in Betracht stehenden Gegenstand. Wenn man durch methodische Erkenntnis die Kenntnis einer Wissenschaft (*scientia*, das heißt durch Beweise gesichertes Wissen) erworben hat, kann allerdings dasselbe Wissen zu gegenseitigen Resultaten führen. Wer die Heilkunde beherrscht, kann jemanden gesund oder krank machen; siehe Aristoteles, *Met.* IX 2, 1046b4–7.

[2. – Der Grund für den Unterschied]

13 Zum zweiten Punkt. Aristoteles scheint folgenden Grund für den Unterschied anzusetzen:[12] Eine natürliche Form ist lediglich Prinzip zur Angleichung gemäß einer natürlichen Ähnlichkeit [von Wirkung und Ursache] für eine von zwei gegenteiligen Wirkungen. Die natürliche Form ist nämlich so und nicht das Gegenteil.

14 Hingegen ist eine Form des Intellekts, zum Beispiel die wissenschaftliche Erkenntnis, das Prinzip zur Angleichung gemäß einer intentionalen Ähnlichkeit [von Wirkung und Ursache] für Gegenteiliges. Sie ist ja dem Potential nach die Ähnlichkeit von gegenteiligen Erkenntnisgegenständen. Dieselbe wissenschaftliche Erkenntnis bezieht sich nämlich auf Konträres und auf privativ Gegenteiliges, da eines der konträren Objekte die Privation des anderen enthält. Etwas Tätiges hat aber das als Objekt seiner Tätigkeit, was es sich gemäß der Form, durch die es tätig ist, angleichen kann.[13] Deshalb scheint Aristoteles den besagten Unterschied anzusetzen.

15 Aber diese Begründung wird auf mehrfache Weise widerlegt:
Zunächst, weil eine natürliche Form ein Prinzip dafür sein kann, dem Potential nach sich Gegenteiliges anzugleichen. Das ist hinsichtlich der Sonne klar [vgl. § 5].

16 Zweitens, weil Aristoteles scheinbar nur den Intellekt oder die wissenschaftliche Erkenntnis als rationales Vermögen betrachtet. Das ist aber falsch, wie später gesagt werden wird [§ 41].

17 Dies scheint er noch ausdrücklicher im 4. Kapitel zu behaupten,[14] wo er zum Schluss kommt, dass ein rationales Vermögen auf Gegenteiliges ausgerichtet ist. Es würde nämlich nichts bewirken, wenn es nicht auf eine der beiden Wirkungen determiniert würde. Dieses Determinierende nennt er das Streben oder die *Prohairesis* (Wahl). Also scheint er der *Prohairesis* den Sinngehalt eines rationalen Vermögens, das von selbst gegenteilige Wirkungen hat, abzusprechen.

18 Und dies kommt in dem, was darauf folgt, noch deutlicher zum Ausdruck.[15] Dort sagt er offensichtlich, dass ein auf diese Weise determiniertes rationales Vermögen notwendigerweise wirksam ist,

---

[14] *Met.* IX 5, 1048a10–11 (AL XXV/3.2, S. 184).
[15] Ebd., 1048a11–16 (AL XXV/3.2, S. 184–185).

necessario facit. Videtur ergo simpliciter quod non sit potentia [680] rationalis illud aggregatum ex intellectu (quem ponit esse oppositorum) et ex appetitu determinante (quem ponit necessarium ad hoc quod aliquid fiat).

19 Tertio, non videtur valere probatio quod intellectus sit contrariorum, licet sit privative oppositorum. Quia contrarium, etsi includat privationem alterius, non tamen praecise, sed est aliqua natura positiva, et ita habet aliquam cognitionem propriam suae entitatis et non praecise per alterum oppositum; immo per alterum oppositum tantum secundum quid cognoscitur.

[B. – Art. 2: De differentia in se

1. – De differentia inter naturam et voluntatem]

20 Quantum ergo ad secundum articulum: primo videndum est de dicta differentia in se, secundo de intentione Aristotelis circa ipsam.

21 De primo sciendum est quod prima distinctio potentiae activae est secundum diversum modum eliciendi operationem: quod enim circa hoc vel illud agat, etsi aliquo modo distinguat aut distinctionem ostendat, non tamen ita immediate. Non enim potentia ad obiectum, circa quod operatur, comparatur nisi mediante operatione quam elicit, et hoc sic vel sic.

22 Iste autem modus eliciendi operationem propriam non potest esse in genere nisi duplex. Aut enim potentia ex se est determinata ad agendum, ita quod, quantum est ex se, non potest non agere quando non impeditur ab extrinseco. Aut non est ex se determinata, sed potest agere hunc actum vel oppositum actum; agere etiam vel non [681] agere. Prima potentia communiter dicitur ›natura‹, secunda dicitur ›voluntas‹.

---

[16] Siehe S. 57, Anm. 7.

wie auch das irrationale Vermögen von sich aus notwendigerweise wirksam ist. Es scheint also schlechthin, dass das rationale Vermögen nicht jene Kombination von Intellekt (der nach seiner Auffassung auf Gegenteiliges ausgerichtet ist) und determinierendem Streben ist (das er dafür als notwendig erachtet, dass das Vermögen überhaupt etwas tut).

19 Drittens scheint der Beweis nicht gültig zu sein, dass der Intellekt auf Konträres ausgerichtet ist, gleichwohl auf privativ Gegenteiliges.[16] Eines der konträren Dinge schließt zwar die Privation des anderen ein, aber nicht ausschließlich. Es handelt sich nämlich um eine positive Natur, und daher entspricht ihm eine eigene Erkenntnis seiner Entität, und nicht ausschließlich durch das andere der beiden gegenteiligen Dinge. Die Erkenntnis seines Gegenteils vermittelt von ihm vielmehr nur eine eingeschränkte Erkenntnis.

[B. – Zweiter Artikel: Der Unterschied für sich genommen

1. – Der Unterschied zwischen Natur und Wille]

20 Was den zweiten Artikel betrifft, ist zunächst der besagte Unterschied an sich zu betrachten, und daraufhin, was Aristoteles darunter verstanden hat.

21 Zum ersten Punkt muss man wissen, dass die grundlegendste Unterscheidung zwischen aktiven Vermögen verschiedene Weisen betrifft, wie sie ihre Tätigkeit ausüben. Dass ein Vermögen nämlich dies oder das als Gegenstand hat, stellt zwar einen gewissen Unterschied dar oder drückt einen Unterschied aus, aber nicht so unmittelbar. Ein Vermögen verhält sich nämlich zu dem Gegenstand, gegenüber dem es tätig wird, nur mittels der Tätigkeit, die es ausübt, nämlich entweder so oder so.

22 Die Ausübung der eigenen Tätigkeit kann grundsätzlich nur auf zwei verschiedene Weisen geschehen. Entweder ist ein Vermögen von sich daraufhin bestimmt, tätig zu sein, so dass es von sich aus nicht fähig ist, untätig zu sein, wenn es von außen unbehindert ist; oder es ist von sich aus nicht bestimmt, sondern kann diesen Akt oder den gegenteiligen Akt hervorbringen, beziehungsweise handeln oder nicht handeln. Das erste Vermögen wird gewöhnlich »Natur« genannt, das zweite »Wille«.

23 Unde prima divisio principiorum activorum est in naturam et voluntatem, iuxta quod Aristoteles, in II *Physicorum*, duas ponit causas moventes per accidens, casum iuxta naturam, et fortunam iuxta propositum sive voluntatem.

24 [De propositionibus contingentibus immediatis] – Si ergo huius differentiae quaeritur causa, quare scilicet natura est tantum unius (hoc est – cuiuscumque vel quorumcumque sit – determinate ex se est illius vel illorum), voluntas autem est oppositorum (id est, ex se indeterminate huius actionis vel oppositae, seu actionis vel non actionis), dici potest quod huius nulla est causa. Sicut enim effectus immediatus ad causam immediatam comparatur per se et primo et sine causa media – alioquin iretur in infinitum –, ita causa activa ad suam actionem, in quantum ipsam elicit, videtur immediatissime se habere. Nec est dare aliquam causam quare sic elicit nisi quia est talis causa. Sed hoc est illud cuius causa quaerebatur.

25 Sicut ergo calidum calefacit quia calidum, nec ista propositio ›calidum calefacit‹ est mediata, sed prima in quarto modo per se, ita et haec ›calidum ex se determinate calefacit‹. Similiter ista ›voluntas vult‹, et ›voluntas non vult determinate, determinatione necessaria ex se.

---

[17] Aristoteles, *Phys.* II 5–6, 197a32–b13 (AL VII/1, S. 73–75). Scotus' Argumentation, Aristoteles' Zufall-Fügung-Dichotomie spiegele seine Natur-Wille-Dichotomie wider, ist hier extrem abgekürzt. Im *Quodlibet* ist die Argumentation etwas ausführlicher. Scotus sagt dort, Aristoteles führe die beiläufigen Ursachen von Zufall und Fügung auf die wesentlichen Ursachen von Natur einerseits und Vorsatz *(propositum)* bzw. Vernunft *(intellectus)* andererseits zurück, die er in *Phys.* II 5, 196b17–22 unterscheidet, siehe *Quodl.* q. 16 § 56, ed. Timothy B. Noone / H. Francie Roberts, S. 188–189. Woanders führt Scotus die dortige aristotelische Unterscheidung von Natur und Vernunft auf seine eigene Unterscheidung von Natur und Willen zurück, siehe *Ord.* I d. 2 p. 2 q. 1–4 § 345, Vat. 2, S. 332.

[18] Aristoteles unterscheidet vier Bedeutungen von »an sich« *(kath' hauto)*, siehe *An. post.* I 4, 73a34–b24. Die vierte bezeichnet ein unmittelbares Ursachenverhältnis; Aristoteles gibt das Beispiel der Schlachtung, aus der »an sich« der Tod des Tieres folgt. In ähnlicher Weise folgt auf Wärme an sich die Erwärmung in determinierter Weise, und auf den Willen folgt an sich der Willensakt auf indeterminierte Weise.

23 Daher ist die grundlegendste Einteilung von aktiven Vermögen jene in Natur und Wille. Dementsprechend unterscheidet Aristoteles im 2. Buch der *Physik* zwei Ursachentypen, die akzidentell verursachen: den Zufall, der auf Seiten der Natur steht, und die Fügung, die seitens des Vorsatzes oder des Willens angesiedelt ist.[17]

24 [Unmittelbare kontingente Sätze] – Wenn gefragt wird: Worauf geht dieser Unterschied zurück? Mit anderen Worten, warum hat »Natur« nur eine einzige Wirkung? Das heißt, warum verursacht sie ihre Wirkung, worauf auch immer sie sich bezieht, von sich aus auf determinierte Weise? Und warum bezieht sich der Wille auf gegenteilige Zustände? Das heißt, warum verhält er sich von sich aus undeterminiert gegenüber einem bestimmten Tätigsein oder seinem Gegenteil, beziehungsweise gegenüber dem Tätigsein oder dem Nicht-Tätigsein? Darauf kann man antworten: Es gibt keine Ursache für diesen Unterschied. Die unmittelbare Wirkung verhält sich nämlich zur unmittelbaren Ursache von sich aus und ursprünglich, ohne eine Zwischenursache, denn sonst würde man in einen unendlichen Regress gelangen. Und genauso scheint sich auch eine aktive Ursache zu ihrer Tätigkeit, insofern sie diese ausübt, ganz und gar unmittelbar zu verhalten. Man kann auch nicht irgendeine Ursache dafür angeben, warum sie die Tätigkeit auf diese Weise ausübt, außer dass sie eine solche Art von Ursache ist. Aber genau nach einer solchen Ursache wurde hier gefragt.

25 Etwas Warmes erwärmt, weil es warm ist, und der Satz »Das Warme erwärmt« hat keine Zwischenglieder, sondern er ist unmittelbar, wie es von der vierten Wortbedeutung von »an sich« ausgedrückt ist, und ebenso dieser Satz: »Das Warme erwärmt von sich aus auf determinierte Weise.« Genauso sind folgende Sätze unmittelbar: »Der Wille will« und »Der Wille will nicht auf determinierte Weise mit einer aus sich notwendigen Determination«.[18]

Scotus wiederholt hier getreu eine Idee seines Lehrers Gonsalvus Hispanus, siehe *Quaestiones disputatae* q. 12, BFSMA 9, S. 239–240. Für eine ausführlichere Argumentation, die § 25 und § 28–29 entspricht, siehe *Ord.* I d. 8 p. 2 § 299–300, Vat. 4, S. 324–325; *Rep.* I A d. 10 q. 3 § 52–53, ed. Allan B. Wolter / Oleg V. Bychkov, Bd. 1, S. 402–403.

26 [682] Contra ista obicitur. Primo sic: ista propositio est contingens, ›voluntas vult‹. Si voluntas non est ex se determinata ad volendum, quomodo aliqua propositio contingens est immediata?

27 Secundo sic: quare ponitur ista indeterminatio in voluntate si non potest probari per naturam voluntatis?

28 Ad primum responsio: ex necessariis non sequitur contingens, patet. Accipiatur aliqua contingens. Si est immediata, habetur propositum. Si non, detur medium: altera praemissa ad ipsam erit contingens, alias ex necessariis inferretur contingens. Illa praemissa contingens, si est mediata, altera praemissa ad ipsam erit contingens, et sic in infinitum nisi stetur in aliqua contingente immediata.

29 Confirmatur: I *Posteriorum* vult Aristoteles quod contingit opinari ›propter quid‹, scilicet per immediata, et ›quia‹, per mediata. Ita in proposito, ›voluntas vult a‹. Si non est causa inter extrema, habetur propositum. Si est causa, puta ›voluntas vult b‹, ulterius procedendo stabitur alicubi. Ubi? Quare voluntas illud volet? Nulla erit alia causa nisi quia est voluntas. Et tamen si illa ultima propositio esset necessaria, non antecederet sola ad aliquam contingentem.

30 Ad secundum, a posteriori probatur. Experitur enim qui vult [683] se posse non velle, sive nolle, iuxta quod de libertate voluntatis alibi diffusius habetur.

31 [De indeterminatione insufficientiae et sufficientiae] – Secundo dubitatur circa praedicta quomodo reducetur talis causa ad actum, si

---

[19] Siehe dazu ausführlicher *Ord.* prol. p. 3 q. 1–3 §169, Vat. 1, S. 112–113. Wie Scotus dort sagt, können unmittelbar kontingente Sätze nicht durch rationale Überlegung, sondern nur durch Anschauung erkannt werden.

[20] Aristoteles, *An. post.* I 33, 89a21–22 (AL IV/1, S. 66). – Eine vermittelte Erkenntnis, »dass etwas der Fall ist«, ist zum Beispiel das Wissen, ob es regnet; dieses Wissen ist von eigener Sinneserfahrung oder vom Zeugnis anderer abhängig.

[21] Der Wille will A, weil er B will. Weil ich ans andere Ufer möchte, will ich ein Boot.

[22] Wenn *nolle* substantiviert ist, übersetze ich es mit »Widerwille«; als Verb übersetze ich es mit »Widerwillen haben«. Gemeint ist keine bloße Abneigung, sondern ein Willensakt, mit dem man möchte, dass einem etwas nicht zuteil wird oder dass ein Sachverhalt nicht eintritt.

[23] Siehe Einleitung, S. 18, Anm. 19.

26 Dagegen gibt es Einwände; zunächst folgenden: Der Satz »Der Wille will« ist kontingent. Wenn der Wille nicht von sich aus zum Willensakt determiniert ist, wie kann dann ein kontingenter Satz unmittelbar sein?

27 Zweitens: Warum wird diese Unbestimmtheit im Willen angenommen, wenn sie nicht durch die Natur des Willens bewiesen werden kann?

28 Antwort auf den ersten Einwand [§ 26]: Es ist klar, dass aus Notwendigem nichts Kontingentes folgt. Man nehme einen kontingenten Satz an. Wenn er unmittelbar ist, ist das Beweisziel erreicht. Wenn nicht, dann gibt es ein Zwischenglied. Eine der Prämissen für diesen Satz ist dann kontingent, denn sonst würde aus notwendigen Prämissen etwas Kontingentes abgeleitet. Wenn diese kontingente Prämisse mittelbar ist, dann ist [wiederum] eine ihrer Prämissen kontingent. So geht es unendlich weiter, es sei denn man bleibt bei einer unmittelbaren kontingenten Prämisse stehen.[19]

29 Dies wird weiter untermauert: Im ersten Buch der *Zweiten Analytik* sagt Aristoteles, es gebe zwei Typen von Meinungen: eine »warum etwas der Fall ist«, wo sich nämlich die Meinung von unmittelbar [einleuchtenden] Sätzen herleitet, und eine »dass etwas der Fall ist«, wo sich die Meinung aus vermittelten Erkenntnissen ergibt.[20] So verhält es sich auch beim hier thematisierten Satz »Der Wille will A«. Wenn es keine weitere Ursache für die Verbindung von Subjekt und Prädikat gibt, ist das Beweisziel erreicht. Wenn es eine Ursache dafür gibt, nämlich beispielsweise »Der Wille will B«,[21] dann wird die Überlegung weiter geführt, und dann kommt man irgendwo zum Stehen. Wo? Warum will der Wille das Betreffende? Dafür gibt es keine andere Ursache, als dass der Wille Wille ist. Wenn jedoch jener letzte Satz [nämlich dass der Wille B will] notwendig wäre, dann wäre er nicht die alleinige Voraussetzung für einen kontingenten Satz.

30 Zum zweiten Einwand [§ 27]: Das wird a posteriori bewiesen. Denn wer etwas will, macht die Erfahrung, dass er auch fähig ist, ihm gegenüber entweder keinen Willen oder einen Widerwillen zu haben.[22] Dies wird anderswo im Kontext der Willensfreiheit ausführlicher behandelt.[23]

31 [Zwei Arten von Unbestimmtheit] – Zweitens gibt es in Bezug auf das zuvor Gesagte das Problem, wie eine solche Ursache [von der Potenz] in den Akt übergeht, wenn sie von sich aus unbestimmt ist,

indeterminata est ex se ad agendum et non agendum. Responsio: est quaedam indeterminatio insufficientiae, sive ex potentialitate et defectu actualitatis, sicut materia non habens formam est indeterminata ad agendum actionem formae; est alia superabundantis sufficientiae, quae est ex illimitatione actualitatis, vel simpliciter vel quodammodo.

32 Primo modo indeterminatum non reducitur ad actum nisi prius determinetur ad formam ab alio; secundo modo indeterminatum potest se determinare. Si enim posset hoc si haberet actum limitatum, quanto magis si illimitatum, cum nullo tunc careat quod fuit simpliciter principium agendi? Alioquin Deus, qui est summe indeterminatus ad quamcumque actionem indeterminatione illimitationis, non posset aliquid agere; quod est falsum.

33 Exemplum huius: ignis est calefactivus, nec quaeritur extrinsecum a quo determinetur ad agendum. Si tunc, nulla deminutione facta in perfectione caloris, daretur sibi perfectio frigoris, quare non ita ex se determinari posset ad calefaciendum ut prius? Exemplum tamen illud non est omnino simile, sicut dicetur respondendo ad argumentum principale.

34 Indeterminatio autem quae ponitur in voluntate non est [684] materialis, nec imperfectionis in quantum ipsa est activa, sed est excellentis perfectionis et potestativae, non alligatae ad determinatum actum.

[2. – De intentione Aristotelis]

35 Sed quomodo faciunt praedicta ad intentum Aristotelis, qui differentiam dictam non ponit inter naturam et voluntatem, sed inter

---

[24] Scotus begründet die grundsätzliche Möglichkeit zur Selbstbestimmung mit dem Hinweis auf Gott, von dem alle Scholastiker annehmen, er habe Handlungsalternativen hinsichtlich seines Wirkens nach außen, zum Beispiel ob er die Welt erschafft oder nicht, oder ob er Petrus zum Heil prädestiniert oder nicht. Gottes Wille determiniert sich selbst in Bezug auf die jeweiligen Alternativen. Vgl. §62 (unten, S. 89).

tätig zu sein oder nicht. – Antwort: Es gibt einerseits eine Unbestimmtheit der Unzulänglichkeit, das heißt aufgrund einer Potenzialität und eines Mangels an Aktualität. So ist zum Beispiel der Stoff, der ohne Form ist, unbestimmt darauf, eine bestimmte Wirksamkeit der Form zu veranlassen. Andererseits gibt es eine Unbestimmtheit aus überreicher Hinlänglichkeit, die sich aus der Unbegrenztheit der Aktualität ergibt, und zwar entweder schlechthin, oder in einer gewissen Hinsicht.

32 Das Unbestimmte im ersten Sinne kann nicht zum Akt übergehen, ohne vorher von etwas anderem zu der bestimmten Form determiniert zu werden; das im zweiten Sinne Unbestimmte kann sich selbst bestimmen. Wenn es dies nämlich könnte, sofern es einen begrenzten Akt hat, dann doch umso mehr, wenn es einen unbegrenzten Akt hat! Es würde ihm nämlich nichts fehlen, was schlechthin Prinzip der Tätigkeit ist. Sonst könnte Gott, der in Bezug auf jegliche Tätigkeit zuhöchst undeterminiert ist im Sinne der Unbestimmtheit der Unbegrenztheit, nichts tun. Das ist aber falsch.[24]

33 Ein Beispiel dafür: Feuer hat die Eigenschaft zu erwärmen, und man sucht nicht nach einer äußeren Ursache, von der es dazu determiniert wird, tätig zu werden. Angenommen, ihm wird die Eigenschaft der Kälte hinzugegeben, ohne dass es die Eigenschaft der Wärme einbüßte. Warum könnte es sich dann nicht von selbst dazu determinieren zu erwärmen, genauso wie vorher? Der Vergleich hinkt jedoch, wie später erklärt wird, in der Antwort auf das Hauptargument [§ 43].

34 Die Unbestimmtheit, die im Willen angenommen wird, ist weder eine Unbestimmtheit, wie sie dem [ungeformten] Stoff zukommt, noch – sofern der Wille aktiv ist – die Unbestimmtheit einer Unvollkommenheit. Sie ist vielmehr die Unbestimmtheit einer herausragenden und wirkfähigen Vollkommenheit, die nicht auf einen bestimmten Akt hin festgelegt ist.

[2. – Was Aristoteles gemeint hat]

35 Wie ist aber das bisher Gesagte mit dem von Aristoteles Gemeinten vereinbar, der den besagten Unterschied [bei aktiven Vermögen] nicht zwischen Natur und Willen ansetzt, sondern zwischen einem

irrationalem potentiam et rationalem, per rationalem intelligens solum intellectum, ut videtur secundum supra allegata?

36 Responsio: intellectus et voluntas possunt comparari ad actus proprios quos eliciunt, vel ad actus aliarum potentiarum inferiorum in quibus quandam causalitatem habent: intellectus ostendendo et dirigendo, voluntas inclinando et imperando. Prima comparatio est essentialior, patet.

Et sic intellectus cadit sub natura. Est enim ex se determinatus ad intelligendum, et non habet in potestate sua intelligere et non intelligere, sive circa complexa, ubi potest habere contrarios actus, non habet etiam illos in potestate sua: assentire et dissentire. In tantum quod si etiam aliqua una notitia sit oppositorum cognitorum, ut videtur Aristoteles dicere, adhuc respectu illius cognitionis non est intellectus ex se indeterminatus, immo necessario elicit illam intellectionem, sicut aliam quae esset tantum unius [685] cogniti. Voluntas ad proprium actum eliciendum opposito modo se habet, ut dictum est prius. – Unde isto modo loquendo ponuntur tantum duae productiones in divinis, et quod intellectus est idem principium cum natura. – Secundum hanc primam comparationem non videtur loqui Aristoteles.

37 Secunda comparatio videtur quasi accidentalis. Tum quia ad actus aliarum potentiarum non comparantur istae potentiae nisi mediantibus actibus propriis, ut videtur, qui proprii priores sunt illis aliis. Tum quia, specialiter, intellectus hoc modo non habet rationem potentiae activae proprie dictae, tactum est in VII cap. 6 quaestione 2.

38 Et hoc modo videtur Aristoteles loqui et ponere talem ordinem, quod primo requiritur notitia aliqualis oppositorum. Sed ista

---

[25] Siehe S. 54, Anm. 2.
[26] Die Scholastiker sind sich einig, dass in der Trinität zwei göttliche Personen produziert werden: Der Vater ist ungezeugt, der Sohn wird vom Vater durch dessen Selbsterkenntnis gezeugt und der Heilige Geist geht aufgrund der Liebe zwischen Vater und Sohn als eigene Person hervor. Die Zeugung des Sohnes wird als naturhaft (*»per modum naturae«*) und der Hervorgang des Heiligen Geistes als willentlich (*»per modum voluntatis«*) verstanden. Scotus formuliert dies unter anderem in *Lect.* I d. 2 p. 2 q. 1–4 § 202–205, Vat. 16, S. 183–186 und in der Parallelstelle, *Ord.* I d. 2 p. 2 q. 1–4 § 300–303, Vat. 2, S. 305–309.

irrationalen und einem rationalen Vermögen, wobei er unter »rational« nur den Intellekt versteht, wie sich aus dem oben Gesagten ergibt [§ 16]?

36 Antwort: Der Intellekt und der Wille können entweder in Bezug auf ihre eigenen Akte, die sie ausüben, betrachtet werden, oder in Bezug auf andere, niedrigere Vermögen, gegenüber denen sie eine gewisse Ursächlichkeit haben, und zwar der Intellekt, sofern er etwas anzeigt und leitet, und der Wille, sofern er sich etwas zuneigt und befiehlt. Die erste Betrachtungsweise ist offensichtlich wesentlicher.

Dementsprechend fällt der Intellekt in den Bereich der »Natur«. Er ist nämlich von sich aus determiniert zu verstehen, und er verfügt nicht darüber, zu verstehen oder nicht zu verstehen, und was Sätze betrifft, wo er zwar konträre Akte haben kann, verfügt er dennoch nicht über sie, nämlich ob er zustimmt oder nicht. Wenn auch, wie Aristoteles offensichtlich sagt, ein einfacher Erkenntnisakt mit gegenteiligen Erkenntnisgegenständen zu tun haben kann,[25] so ist der Intellekt dennoch nicht in Bezug auf diese Erkenntnis von sich aus unbestimmt. Vielmehr übt er diesen Erkenntnisakt notwendigerweise aus, ebenso wie er [notwendig] einen anderen Erkenntnisakt [ausüben würde], der sich nur auf einen einzigen Erkenntnisgegenstand bezöge. Der Wille hingegen verhält sich zur Ausübung seines eigenen Akts auf gegenteilige Weise, wie vorher gesagt worden ist [§ 22–34]. – Daher werden dementsprechend in der Trinität nur zwei Produktionen angenommen, und der Intellekt ist dasselbe Prinzip wie die Natur.[26] – In dem, was Aristoteles sagt, scheint diese erste Betrachtungsweise unberücksichtigt.

37 Die zweite Betrachtungsweise scheint unwesentlich zu sein. Erstens, weil diese Vermögen offensichtlich auf die Akte der anderen Vermögen nur vermittels ihrer eigenen Akte bezogen sind. Ihre eigenen Akte gehen aber den Akten der anderen Vermögen voraus. Zweitens, was den Intellekt betrifft: Auf diese Weise kommt ihm gar nicht zu, im eigentlichen Sinne ein rationales Vermögen zu sein. Dies wurde im 7. Buch, 6. Kapitel, 2. Quästion berührt.[27]

38 Und in diesem Sinne scheint sich Aristoteles zu äußern und anzunehmen, dass die Vermögen so angeordnet sind, dass es zu-

---

[27] Wie die Editoren anmerken, führt Scotus' Verweis ins Leere. Sie verweisen auf einen nur marginal mit dem hier Gesagten zusammenhängenden Text: *In Met.* VI q. 2 § 27–28; § 32, OPh. 4, S. 47; S. 49.

ex se est insufficiens ad aliquid causandum extra, quia, ut arguit in 4 cap., tunc faceret opposita. Hoc non videtur sequi nisi quia intellectus (etiam cognoscens opposita), quantum ad illud causalitatis quod habet respectu eorum fiendorum extra, ex se determinatus est ad illud cuius est. Et ita non solum non est rationalis respectu actus proprii, sed nec completive rationalis respectu actus extrinseci in quo dirigit. Immo praecise sumptus, etiam respectu extrinseci, est irrationalis, solummodo autem secundum quid rationalis, in quantum praeexigitur ad actum potentiae rationalis.

39 [686] Sequitur voluntas determinans, non sic quod ipsa potentia voluntatis ex se determinata sit ad unum – et per hoc aggregatum ex intellectu oppositorum et voluntate sit unius, ut supra allegatur – sed quod voluntas, quae indeterminata est ad actum proprium, illum elicit et per illum determinat intellectum quantum ad illam causalitatem quam habet respectu fiendi extra.

40 Unde Aristoteles dicit: »hoc autem dico appetitum, aut prohaeresim«, id est, electionem, non dicit autem voluntatem, scilicet potentiam. Itaque si potentia rationalis dicatur ab Aristotele intellectus, differentia dicta sic intelligenda est secundum supra exposita: sibi non convenit respectu actus proprii, nec in quantum per actum suum concurrit ad actum potentiae inferioris, praecise sumendo actum suum, sed utroque modo cadit sub natura. Cadit autem sub alio membro in quantum praevius, per actum suum, actibus voluntatis.

41 Si autem intelligitur rationalis, id est cum ratione, tunc voluntas est proprie rationalis. Et ipsa est oppositorum, tam quoad actum pro-

---

[28] Wie der Wille die Aufmerksamkeit des Intellekts lenkt, behandelt Scotus in *Rep.* II A d. 42.
[29] *Met.* IX 5, 1048a10–11 (AL XXV/2, S. 173); siehe § 17 (oben, S. 61).

nächst eine gewisse Erkenntnis der gegenteiligen [Handlungsmöglichkeiten] geben muss. Aber diese ist von sich aus nicht hinreichend, eine Wirkung außerhalb [des Intellekts] zu setzen, denn sonst würde [der Intellekt] Gegenteiliges bewirken, wie er im 4. Kapitel argumentiert. Dies scheint nur deshalb zu folgen, weil der Intellekt (der die gegenteiligen [Handlungsmöglichkeiten] erkennt) gegenüber dem Aspekt der Kausalität, den er hinsichtlich der außerhalb [seiner selbst] zu bewirkenden Dinge hat, von sich aus [genau] daraufhin determiniert ist, wofür er eine Ursache ist. Insofern ist er nicht nur hinsichtlich seiner eigenen Akte kein rationales Vermögen, sondern er ist auch nicht gänzlich rational in Bezug auf den Akt, auf den er [den Willen] hinleitet. Genau genommen ist er auch bezüglich des äußeren [Akts] irrational. Er ist nur von dem nebensächlichen Gesichtspunkt her rational, sofern er eine Voraussetzung für den Akt eines rationalen Vermögens ist.

39 Darauf folgt der Wille, der determiniert. Das geschieht aber nicht so, als wäre der Wille als Vermögen von sich aus auf eine Wirkung hin festgelegt und als wäre entsprechend auch die Kombination von Erkenntnis gegenteiliger [Handlungsalternativen] und Wille auf eine Wirkung hin determiniert, wie oben bemerkt wurde [§ 18]. Vielmehr ist der Wille gegenüber seinem eigenen Akt unbestimmt und übt seinen Akt [von selbst] aus, und durch diesen Akt determiniert er den Intellekt hinsichtlich der Ursächlichkeit, die der Intellekt nach außen hin hat.[28]

40 Daher sagt Aristoteles: »[...] dieses [Determinierende] nenne ich aber Streben oder *Prohairesis*«,[29] das heißt Wahl; er sagt aber nicht »Wille«, also »Vermögen.« Wenn also das rationale Vermögen von Aristoteles Intellekt genannt wird, ist der genannte Unterschied [zwischen rationalen und irrationalen Vermögen] so zu verstehen, wie oben dargelegt wurde: Er betrifft den Intellekt nicht in Bezug auf seinen eigenen Akt, und auch nicht, insofern sein Akt mit dem Akt eines ihm untergeordneten Vermögens zusammenwirkt, wenn man seinen Akt ausschließlich betrachtet, sondern auf diese beiden Weisen fällt der Intellekt unter die Natur. Er fällt aber unter das andere Unterscheidungsglied [nämlich rationale Vermögen], insofern er durch seinen Akt den Willensakten vorausgeht.

41 Wenn man aber unter »rational« »mit Vernunft« versteht, dann ist der Wille im eigentlichen Sinn das rationale Vermögen. Er bezieht sich nämlich auf Gegenteiliges, sowohl hinsichtlich seines eigenen

prium quam quoad actus inferiorum; et non oppositorum modo naturae, sicut intellectus non potens se determinare ad alterum, sed modo libero potens se determinare. Et ideo est potentia, quia ipsa aliquid potest, nam potest se determinare. Intellectus autem proprie non est potentia respectu extrinsecorum, quia ipse, si est oppositorum, non potest se[a] determinare, et nisi determinetur, nihil extra poterit.

[C. – Responsio ad obiectiones contra viam Aristotelis]

42 [687] Per dicta potest responderi ad illa quae superius allegantur contra viam Aristotelis.

43 Ad primum, de sole, responsio: forma naturalis, si est illimitata et principium oppositorum in materiis dispositis illorum, est ita determinate sicut illa quae est unius tantum est illius determinate. Nam non est in potestate sua ad alterutram istarum formarum agere, praesente passo receptivo huius formae et illius, sicut nec esset si esset unius tantum. Voluntas autem actionis suae, sive circa hoc oppositum in quod potest sive circa illud, non est principium ex se determinatum, sed potestative determinativum sui ad alterutrum. Et per hoc patet quomodo deficit similitudo superius posita de calore et frigore in eodem contentis unitive; nec, breviter, aliquod potest exemplum conveniens omnino adduci, quia voluntas est principium activum distinctum contra genus principiorum activorum quae non sunt voluntas, per oppositum modum agendi.

44 Et ideo satis videtur fatuum universales propositiones de principio activo applicare ad voluntatem propter hoc quod non habeant

---

[a] se] DHK aliquis GM quis ABCEFHL *ed.*

---

[30] Ich folge den drei Handschriften, die *se* (sich) lesen. Dies ist wahrscheinlich eine bewusste Korrektur der Lesart *(ali)quis* (jemand, etwas), die sich in der Mehrzahl der Handschriften findet und die wahrscheinlich im Original gestanden hat, aber keinen vollständigen Satz ergibt.

Akts als auch in Bezug auf die Akte der untergeordneten Vermögen. Er bezieht sich auf Gegenteiliges nicht auf naturhafte Weise, wie der Intellekt, der sich nicht selbst auf eine von zwei alternativen Möglichkeiten festlegen kann, sondern in freier Weise, da er sich selbst bestimmen kann. Und daher ist er ein Vermögen, denn er selbst vermag etwas [zu tun]; er kann sich nämlich selbst determinieren. Der Intellekt ist aber im eigentlichen Sinn kein Vermögen bezüglich der äußeren Wirkungen, denn selbst wenn er mit Gegenteilen zu tun hat, so kann er sich[30] doch nicht selbst [auf eine Alternative] festlegen, und sofern er nicht determiniert wird, hat er nicht die Fähigkeit, nach außen hin tätig zu sein.

[C. – Antwort auf die Einwände gegen die Lösung des Aristoteles]

42 Mithilfe des Gesagten kann darauf geantwortet werden, was weiter oben gegen die aristotelische Lösung bemerkt wird.

43 Antwort auf das erste Argument [§ 15], bezüglich der Sonne: Wenn eine natürliche Form unbegrenzt ist, und wenn sie das Prinzip für gegenteilige Wirkungen in den Gegenständen ist, die für diese Wirkungen empfänglich sind, dann ist sie [dafür] auf genauso determinierte Weise [das Prinzip], wie eine auf eine einzige Wirkung hin ausgerichtete Form nur für diese eine Wirkung auf determinierte Weise [das Prinzip ist]. Denn sie verfügt nicht darüber, hinsichtlich einer von zwei Formen tätig zu sein, sofern der Gegenstand, der die Wirkung empfängt, gegenwärtig und für beide Formen empfänglich ist – genauso wenig, wie wenn [die natürliche Form] auf eine einzige Form ausgelegt wäre. Demgegenüber ist der Wille – egal, ob er sich auf diese oder jene Handlungsalternative richtet – kein von sich aus determiniertes Prinzip seiner Tätigkeit; vielmehr hat er die Fähigkeit, sich selbst auf eine von beiden Alternativen festzulegen. Und dadurch wird klar, worin der oben gemachte Vergleich hinkt, in dem es um die Wärme und Kälte geht, die im selben Ding vereint vorhanden sind [§ 33]. Kurz gesagt: Man kann sowieso überhaupt kein angemessenes Beispiel angeben, denn der Wille ist ein aktives Prinzip, das sich aufgrund der gegenteiligen Weise des Tätigseins von der ganzen Klasse aktiver Prinzipien unterscheidet, die nicht Wille sind.

44 Und daher scheint es ziemlich töricht, allgemeingültige Aussagen über das aktive Vermögen auf den Willen anzuwenden. In dem,

instantiam in aliquo alio a voluntate; sola enim est non talis. Nec ideo negandum est eam esse talem quia alia non est talis. Quia principium activum creatum capax est sine contradictione illius perfectionis quam attribuimus voluntati, scilicet quod non solum non determinetur ad unum effectum vel actum, quia multos habet in [688] virtute, sed nec ad aliquem illorum determinatur quos in virtute sufficienti habet. Quis enim negat activum esse perfectius, quanto minus dependens et determinatum et limitatum respectu actus vel effectus? Et si hoc conceditur de illimitatione ad multos et contrarios effectus, cum determinatione tamen naturali ad quemcumque illorum, quanto magis si cum prima indeterminatione ponitur et secunda? Haec enim nobilior est contingentia necessitate, sicut tactum est in V in quaestione mota cap. ›De necessario‹, scilicet quomodo perfectionis est in Deo nihil necessario causare. Si ergo ista perfectio, quam attribuimus voluntati, principio activo creato non repugnat, et summum tale est voluntas, sibi rationabiliter est attribuenda. Et ista declaratio melior est quam illa prius posita de calore et frigore unitis.

45 Secundum hoc potest illa ratio, quae videtur poni in littera, pertractari sic: si intellectus per eandem notitiam est aliquo modo oppositorum ut ostendens, ergo potentia activa indeterminatior potest esse excellentiori modo oppositorum, scilicet ut ipsa, una exsistens, possit se ad utrumque illorum ostensorum determinare. Alioquin frustra videretur data fuisse potentia prima oppositorum, quia ipsa sine secunda in nullum illorum posset, ita quod argumentum sit

---

[31] Der erste Sachverhalt – viele verschiedene Wirkungen haben zu können – trifft ja auch auf die Sonne zu: Sie kann verflüssigen und verfestigen, je nach Gegenstand (Eis oder Schlamm). Der zweite Sachverhalt – unter gegebenen Umständen nicht auf eine bestimmte Wirkung festgelegt zu sein, obwohl alle Voraussetzungen für das Erfolgen dieser Wirkung gegeben sind – trifft nur auf den Willen zu.
[32] Siehe *In Met.* V q. 3 § 26–29, OPh. 3, S. 435–436.
[33] Siehe S. 54, Anm. 2.

was vom Willen verschieden ist, findet sich nämlich [das für den Willen Eigentümliche] nicht an, denn nur der Wille ist nicht so [wie die anderen aktiven Vermögen]. Man darf seine Eigentümlichkeit also nicht deshalb leugnen, weil ein anderes aktives Vermögen anders ist. Ohne, dass dies einen Widerspruch impliziert, kann nämlich ein geschaffenes aktives Vermögen jene Charakteristik haben, die wir dem Willen zusprechen, und zwar nicht nur [erstens], dass es aufgrund dessen nicht auf eine bestimmte Wirkung oder einen bestimmten Akt festgelegt ist, weil es das Potential für mehrere [verschiedene] Wirkungen oder Akte hat, sondern auch [zweitens], dass es nicht einmal auf eine bestimmte von ihnen festgelegt ist, die es in seiner hinlänglichen Wirkkraft hat.[31] Wer leugnet nämlich, dass etwas Aktives umso vollkommener ist, je weniger es abhängig, determiniert und begrenzt gegenüber dem Akt oder der Wirkung ist? Und wenn man dies hinsichtlich der Unbegrenztheit gegenüber zahlreichen und konträren Wirkungen zugibt, allerdings mit einer naturhaften Determination in Bezug auf jede von ihnen, muss man es nicht umso mehr zugeben, wenn zusammen mit der ersten Unbestimmtheit auch die zweite angesetzt wird [§ 31]? Diese Kontingenz ist nämlich vortrefflicher als die Notwendigkeit; dies wurde kurz im 5. Buch erörtert, in der Quästion, die sich auf das Kapitel »Über das Notwendige« bezieht,[32] nämlich inwiefern es in Gott eine Vollkommenheit darstellt, nicht mit Notwendigkeit zu verursachen. Sofern also diese Charakteristik, die wir dem Willen zuschreiben, mit einem geschaffenen aktiven Prinzip nicht unvereinbar ist, und sofern der Wille die Höchstform von aktiven Vermögen ist, muss diese Charakteristik dem Willen vernünftigerweise zugesprochen werden. Und diese Erklärung ist besser als jene, die vorher über die in einem Gegenstand vereinte Wärme und Kälte gebracht wurde [§ 33].

45 Dementsprechend kann jene Begründung, die offenbar im Basistext gegeben wird,[33] wie folgt erläutert werden: Wenn sich der Intellekt durch dieselbe Erkenntnis irgendwie auf Gegenteiliges richtet, sofern er es aufzeigt, kann sich also das unbestimmtere aktive Vermögen auf vortrefflichere Weise auf Gegenteiliges richten, nämlich sofern es sich, ohne sich zu verändern, auf die eine oder die andere aufgezeigte Alternative festlegen kann. Andernfalls wäre wohl das erste auf Gegenteiliges ausgerichtete Vermögen vergeblich gegeben, denn es selbst kann sich ja ohne das zweite Vermögen auf keine der Alternativen festlegen. Hier handelt es sich also um einen Schluss

a minori, non a causa propria; scientia enim non est propria causa differentiae praedictae.

46 [689] Ad secundum: non excepit Aristoteles voluntatem a potentia rationali nisi ut potentia rationalis sumitur incomplete, scilicet pro notitia oppositorum. Sed dicit illam incompletam nullius extrinseci esse causam nisi determinatione facta aliunde. Quaero: a quo sit determinatio per electionem. Non nisi a potentia eligente, et hoc ut distinguitur contra rationem. Ratio enim non est determinativa, cum sit oppositorum respectu quorum se non potest determinare, nec multo magis aliud a se: aut si determinaret, hoc esset simul ad opposita, sicut Aristoteles arguit de agere. Et illud aliud non necessario determinat ad istud oppositum, quia tunc intellectus nec in potentia remota esset oppositorum. Igitur illud aliud contingenter se determinat, et cum per actum suum fuerit determinatum, consequenter determinat intellectum.

47 Innuit ergo Aristoteles quod illa potentia est ex se oppositorum, sic quod determinativa sui ad alterutrum, per cuius actum iam determinate elicitum, ponit illam determinari respectu operis exterioris, quae erat ex se sic oppositorum quod necessario nec potuit se determinare. Et ita ostendendo in 4 cap. quomodo rationalis

---

[34] Das Argument »vom Kleineren aufs Größere« *(a minori ad maius)* ist ein a fortiori-Argument. Das Argument war in §44 genannt: Der Intellekt hat eine Unbegrenztheit gegenüber gegenteiligen Wirkungen, die allerdings naturhaft-deterministisch erfolgen. Deswegen kann sich der Intellekt nicht auf eine der Alternativen festlegen. Sofern aber der Wille im Gegensatz zum Intellekt die »Unbestimmtheit aus überreicher Hinlänglichkeit« (§31) hat, kann er sich a fortiori auf Gegenteiliges richten, und zwar so, dass er sich auf eine von ihnen festlegen kann.

Anders als zum Beispiel Thomas von Aquin erlaubt Scotus allerdings keinen Beweis für die Freiheit des Willens aus der Ursache. Sein Beweis ist nur *a posteriori* möglich aufgrund von Erfahrung (§30 und Einleitung, S. 18, Anm. 19). Thomas führt die Wahlfreiheit auf den Modus der intellektuellen Erkenntnis zurück, sich auf Allgemeinbegriffe zu richten (siehe Einleitung, S. 16). Nach Scotus lässt sich aber die Wirkweise des Willens nicht auf die Wirkweise des Intellekts zurückführen, und demzufolge lässt sich die Wahlfreiheit nicht durch die Analyse intellektueller Erkenntnis beweisen, wie die Argumentation von §24–41 zeigt. Daher sagt Scotus am Ende von §45, die (intellektuelle) Erkenntnis sei nicht der Grund für den Unterschied (zwischen rationalen und irrationalen Vermögen), mit anderen Worten, sie sei nicht die Ursache für die spezifisch rationale (das heißt für Scotus: selbst-determinierende) Wirkweise des Willens.

»vom Kleineren aufs Größere«, nicht um eine Beweisführung aus der eigentlichen Ursache; die Erkenntnis ist nämlich nicht der eigentliche Grund für den genannten Unterschied.[34]

46 Zum zweiten Argument [§ 16–18]: Aristoteles hat den Willen nur insofern von den rationalen Vermögen ausgenommen, als »rationales Vermögen« im unvollkommenen Sinn verstanden wird, nämlich als Erkenntnis von Gegenteiligem. Aber er sagt, dieses unvollkommene rationale Vermögen verursache nichts nach außen, wenn es nicht von anderswoher determiniert wird. So frage ich: Woher kommt die Determination durch die Wahl? Nur vom wählenden Vermögen, und zwar insofern, als es von der Vernunft verschieden ist. Die Vernunft hat nämlich nicht die Eigenschaft zu determinieren, da sie sich auf Alternativen bezieht, auf die sie sich nicht festlegen kann, und umso weniger kann sie von ihr Verschiedenes determinieren. Oder wenn sie es auch determinierte, so geschähe dies auf beide Alternativen gleichzeitig, wie Aristoteles hinsichtlich des Tätigseins argumentiert.[35] Und dieses von der Vernunft verschiedene [Vermögen] determiniert nicht auf notwendige Weise auf eine der Alternativen, denn dann würde sich der Intellekt nicht einmal in der entfernten Potenz gegenüber Alternativen befinden. Also determiniert sich dieses andere [Vermögen] auf kontingente Weise, und wenn es sich durch seinen eigenen Akt [auf eine Alternative] festgelegt hat, dann determiniert es daraufhin den Intellekt.[36]

47 Aristoteles deutet also an, dass sich jenes Vermögen von sich aus auf Alternativen bezieht, in dem Sinne, dass es die Eigenschaft hat, sich auf eine von beiden festzulegen. Wenn es seinen Akt dann in einer bestimmten Weise ausgeübt hat, dann determiniert es nach Aristoteles die Tätigkeit eines äußeren [Vermögens]. Dieses war zuvor in der Weise gegenüber Alternativen offen, dass es sich unmöglich selbst determinieren konnte. Und indem er so im 4. Kapitel zeigt, wie ein unvollständiges rationales Vermögen in den Akt übergeht,

---

35 *Met.* IX 5, 1048a21–24 (AL XXV/3.2, S. 185).
36 Wenn der Wille nicht die Selbstbestimmung auf einen von alternativen psychologischen Zuständen sowie auf die darauf folgenden Tätigkeiten und Handlungen gewährleisten würde, könnte man auch nicht vom Intellekt sagen, er richte sich auf Alternativen »in der entfernten Potenz«, nämlich über den Umweg des Willens, auf den er zur Festlegung auf eine Alternative angewiesen ist. Zur Unterscheidung zwischen »entfernter« und »naher Potenz« siehe *Ord.* II d. 7 q. un. § 49, Vat. 8, S. 98.

potentia incompleta procedit ad actum, manifeste videtur innuere quod est alia rationalis completa, quantum ad istam differentiam hic positam, et quod illae duae cum actibus suis concurrunt respectu effectus exterioris, ad quem non est potentia [690] contradictionis proprie in potentia exsequente, quae est rationalis per participationem; sed tota ratio potentiae ad opposita formaliter est in voluntate.

48 Quod autem subdit Aristoteles, quod rationalis sic determinata necessario est unius, »quod concupiscit principaliter, hoc faciet«: posset dici quod non est verum de necessitate absoluta. Sicut enim antecedens, si est antecedens, scilicet illud velle, non est necessarium, ita nec consequens. Si est necessario, consequens, scilicet illud exterius facere, est necessarium. Si autem sequitur necessario ›vult hoc extrinsecum, ergo non impeditum facit hoc‹, tunc Aristoteles nullum effectum poneret nisi a causa prius determinata ad ipsum, prius naturā quam ipsum producat; excepto solo velle quod sequitur apprehensionem oppositorum et determinat, secundum ipsum, respectu sequentium extra.

49 Sic posset exponi illud quod est in fine cap. 4: Propter quod neque, si opposita vult, necessario faciet, etc. Quare enim non sequitur hoc de voluntate? Et tamen prius arguit in principio, cap. ›De

---

[37] Die Raummetapher »außen« (zu Beginn von § 47 und in § 48) bedeutet in diesem Zusammenhang »außerhalb des Willens«. Gemäß scholastischer Terminologie ist ein »äußerer Akt« *(actus exterius)* ein vom Willen befohlener Akt *(actus imperatus);* das kann sowohl ein extramentaler Akt (z. B. gehen, sprechen, bauen) als auch ein intramentaler Akt (z. B. an etwas denken, sich etwas überlegen) sein. Der »innere Akt« *(actus interius)* ist der Akt des Willensvollzugs *(actus elicitus voluntatis)*. (Für Scotus' Verwendung dieser Terminologie, siehe vor allem *Quodl.* q. 18 § 2; § 12, Viv. 26, S. 228b; S. 246b.) Sofern der Wille die Aktivität des Intellekts bestimmt, partizipiert der Intellekt als das im Verhältnis zum Willen »äußere Vermögen« an der Selbstdetermination des Willens. Der Intellekt ist daher für Scotus nur im abgeleiteten Sinn ein »rationales« Vermögen im aristotelischen Sinn; er ist ein »unvollständiges rationales Vermögen«. Eine extramentale Tätigkeit, sagt Scotus hier zum Schluss, geschieht durch das »ausführende Vermögen« (z. B. die Beinmuskeln, wenn man gehen will) als Folge des Zusammenwirkens von Intellekt und Wille.

In diesem Abschnitt wird besonders deutlich, wie Scotus seine Willenstheorie in den Text des Aristoteles hineinliest.

[38] *Met.* IX 5, 1048a11–15 (AL XXV/3.2, S. 184–185).

[39] Generell gilt, dass bereits in der Ursache festgelegt ist, welche Wirkung erfolgt. Man kann also jede bestimmte Wirkung auf die Umstände zurückführen, die den Zustand der Ursache beschreiben. Scotus macht aber eine für seine

Fünfzehnte Quästion

scheint er offensichtlich Folgendes anzudeuten: Es gibt ein anderes rationales Vermögen, das vollständig ist (im Sinne der hier aufgestellten Unterscheidung); diese beiden Vermögen wirken mit ihren Akten gegenüber der äußeren Wirkung zusammen; im ausführenden Vermögen, das [nur] durch Teilhabe rational ist, gibt es gegenüber der äußeren Wirkung im eigentlichen Sinn kein Vermögen für gegenteilige Zustände. Aber der Vollsinn von Vermögen gegenüber Alternativen ist formal im Willen.[37]

48 Zu dem Punkt, den Aristoteles hinzufügt,[38] dass ein rationales [Vermögen], das [durch die *Prohairesis*] determiniert ist, notwendigerweise eine bestimmte Wirkung hat, nämlich »was es vorwiegend anstrebt, das bewirkt es«, könnte man sagen, dass die Notwendigkeit dabei nicht absolut ist. Denn wie die Voraussetzung, nämlich ein bestimmtes Wollen, nicht notwendig ist, so ist es auch nicht das daraus Folgende. Wenn aber [das Wollen] notwendig geschieht, dann ist auch das daraus Folgende notwendig, nämlich die bestimmte äußere Handlung. Sofern aber notwendig folgt »Er will diese äußere Handlung, also tut er sie, sofern er nicht daran gehindert wird«, so muss man Aristoteles so verstehen, dass es für ihn keine Wirkung gibt, die nicht vorher von der Ursache auf die bestimmte Wirkung hin determiniert ist, und zwar der Natur nach früher, als sie diese verursacht. Die einzige Ausnahme bildet das Wollen, das auf die Erkenntnis von gegenteiligen [Handlungsmöglichkeiten] folgt und das nach Aristoteles das, was außen erfolgt, festlegt.[39]

49 Entsprechend kann man das auslegen, was am Ende des 4. Kapitels steht: »Deswegen folgt auch nicht, dass wenn [das rationale Vermögen] gegenteilige Dinge will, es sie dann auch notwendigerweise bewirkt«, usw.[40] Warum folgt dies eigentlich nicht für den Willen? Er

---

Willenstheorie entscheidende Ausnahme: Welche von zwei Alternativen jemand will, lässt sich nicht auf die Umstände zurückführen, die die Erkenntnis der Alternativen beschreiben. Für Scotus ist also die *Prohairesis*, die Aristoteles für die Wahl einer Handlungsalternative verantwortlich macht, nicht ihrerseits auf eine vorausgehende Kette von deterministischen Ursachen zurückzuführen, sondern sie geschieht kontingent im Moment der Wahl selbst.

[40] Scotus gibt den Text nicht korrekt wieder; die Editoren bemerken, er zitiere hier möglicherweise einen korrupten Text. Die Übersetzung Wilhelm von Moerbekes (AL XXV/3.2) und die frühere *Translatio Anonyma sive Media* (AL XXV/2), die Scotus beide benutzt, erwähnen das Wort »*necessario*« (notwendigerweise) nicht. Siehe *Met.* IX 5, 1048a21–24 (AL XXV/3.2, S. 185; AL XXV/2, S. 174).

potentia rationali‹ quod ipsa »simul faciet«, videtur bona differentia; quia sic faciet sicut faciendi habet potentiam, non autem sicut habet potentiam faciendi.

50 Potentia autem rationalis incompleta, ipsa ex se, ut dictum est, naturalis est respectu oppositorum. Ideo, quantum est ex se, non [691] tantum simul oppositorum, sed etiam oppositorum simul. Et ideo si ipsa ex se faceret illa, simul faceret. Sicut sol est oppositorum simul in diversis receptivis, et simul faceret illis approximatis. Et si esset illorum aequaliter et tantummodo aliquod idem passum aeque receptivum amborum esset sibi approximatum, nihil faceret, vel simul in illo opposita: ita hic.

51 Contra: intellectus non est aequaliter oppositorum, ergo ageret secundum virtutem fortiorem. – Responsio: per unam notitiam, quae est habitus et privationis, non est aequaliter istorum, sed huius per se, illius per accidens. Sed per duas notitias positivas contrariorum potest esse causa oppositorum.

52 Contra: quomodo valet consequentia Aristotelis de ›non aequaliter‹? – Non sic autem de voluntate. Si enim est oppositorum virtualiter, simul est eorum, sed non eorum simul. Quia non est eorum modo naturae, sed potens se determinare ad alterutrum ante alterum, et ideo sic faciet.

---

[41] *Met.* IX 5, 1048a8–10 (AL XXV/3.2, S. 184).
[42] Dem naturhaften Vermögen, das sich auf Gegenteiliges bezieht, fehlt an sich die Fähigkeit zur Wahl *(Prohairesis)*. Es kann sich also nicht auf eine der Alternativen festlegen, sondern sie nur gleichermaßen zum Gegenstand haben und ist somit im Patt. Also kann es keine von beiden verwirklichen (*Met.* IX 5, 1048a20–24). Der Wille ist hingegen nicht in einem solchen Patt (siehe unten, §52). Siehe dazu ausführlicher *Lect.* II d. 25 q. un. §36–37 (unten, S. 115–117).
[43] Der Intellekt ist also gemäß diesem Einwand nicht im Patt.
[44] *Met.* IX 2, 1046b9–11 (AL XXV/2, S. 170; AL XXV/3.2, S. 181).

hatte allerdings zu Beginn des Kapitels »Über das rationale Vermögen«[41] argumentiert, die Tatsache, dass [das irrationale Vermögen] beides zugleich machen würde, sei ein gutes Unterscheidungsmerkmal. Denn demnach wäre [das rationale Vermögen] gemäß seinem Vermögen tätig, ohne aber sein Vermögen auszuschöpfen.

50 Ein rationales Vermögen im unvollständigen Sinne ist aber, wie gesagt, von sich aus naturhaft gegenüber Gegenteiligem tätig [§ 36, § 41, § 46–47]. Deswegen bezieht es sich nicht nur zugleich auf *Gegenteiliges*, sondern auch auf Gegenteiliges *zugleich*.[42] Daher würde es die gegenteiligen Möglichkeiten zugleich bewirken, wenn es von sich aus tätig wäre. Ebenso bewirkt die Sonne zugleich gegenteilige Zustände in den verschiedenen Dingen, die dafür empfänglich sind, und sie würde die gegenteiligen Zustände gleichzeitig hervorbringen, sofern diese Dinge in ihre Wirknähe gelangten. Und wenn sie auf die gegenteiligen Zustände gleichermaßen ausgerichtet ist und ein einziger Gegenstand, der gleichermaßen für beide gegenteiligen Zustände empfänglich ist, in ihre Wirknähe gelangte, dann würde sie entweder gar nichts bewirken oder in dem Ding die gegenteiligen Zustände zugleich hervorbringen. Und so verhält es sich auch im vorliegenden Fall.

51 Einwand: Der Intellekt verhält sich nicht auf die gleiche Weise gegenüber Gegenteilen; daher wird er entsprechend dem tätig, was stärker auf ihn einwirkt.[43] – Antwort: Handelt es sich um einen einzigen Erkenntnisgehalt, der etwas Positives und eine Privation beinhaltet, dann verhält sich der Intellekt beiden gegenüber nicht auf die gleiche Weise, sondern bezieht sich auf das Positive an sich und beiläufig auf die Privation. Handelt es sich aber um zwei positive Erkenntnisgehalte von gegenteiligen [Sachverhalten], dann kann der Intellekt die Ursache von konträren Erkenntnisakten sein.

52 Dagegen: Was ist von der Folgerung des Aristoteles zu halten [rationale Vermögen bezögen sich auf das Positive und die Privation] »nicht gleichermaßen«?[44] – Beim Willen ist das anders. Sofern er sich nämlich dem Potential nach auf Gegenteiliges bezieht, bezieht er sich zwar zugleich auf *Gegenteiliges*, aber nicht auf Gegenteiliges *zugleich*. Denn er verhält sich zu ihnen nicht auf naturhafte Weise, sondern so, dass er sich auf beide Alternativen nacheinander festlegen kann, und daher tut er dies auch.

Hoc modo posset forte 4 cap. exponi, quod multum esset pro voluntate, licet aliquid videatur ibi contra voluntatem.

53 Sed contra: quare saltem ita frequenter vocat potentiam rationalem intellectum, et non sic voluntatem, licet innuat secundum praedicta?

[692] Potest dici quod actus intellectus praevius est communiter actui voluntatis, et nobis notior. Aristoteles de manifestioribus saepius locutus est, unde de voluntate pauca dixisse invenitur, quamvis ex dictis eius aliqua sequantur in quibus consequenter dixisset si illa considerasset.

54 Tertium, contra Aristotelem inductum, verum concludit, scilicet quod notitia simplicis apprehensionis utriusque contrarii est propria sibi et per speciem propriam. Notitia tamen discursiva, quia unum est prius naturaliter alio, potest esse principium cognoscendi aliquid de illo. Et sic potest exponi illud I *De anima*, »rectum est iudex sui et obliqui«. Iudicium enim non pertinet ad simplicem apprehensionem, sed ad collationem complexorum. Quantum enim ad notitiam secundum quid, unum potest simplici apprehensione apprehendi per speciem alterius, quantum scilicet ad privationem quam includit, non quidem intra suam essentiam vel essentialem rationem, sed concomitanter.

55 Primo ergo modo notitia est eadem contrariorum, unius formaliter et alterius virtualiter, sicut principii et conclusionum. Et si aliqua volitio, puta forte electio, praeexigat iudicium aliquod de eligendo, potest unum contrariorum per alterum cognosci quoad illam notitiam, licet contra illud iudicium quandoque eligatur.

56 [693] Secundo modo est eadem notitia contrariorum, unius secundum quid, alterius simpliciter. Et illa sufficit ad hoc quod vo-

---

[45] Aristoteles, *An.* I 5, 411a4–5; *Auctoritates Aristotelis*, ex *An.* §21, ed. Jacqueline Hamesse, S. 176.

[46] Nach Aristoteles ist die Schlussfolgerung potentiell in den Beweisprinzipien erkennbar; siehe *An. post.* I 1, 71a24–29 (AL IV/1, S. 6). Analog dazu kann man nach Scotus eine Handlungsalternative durch die andere erkennen, wenn eine in der anderen impliziert ist. Wenn ich von Oxford nach Cambridge zu Fuß gehen kann, dann kann ich dorthin auch zu Pferd reisen.

Auf diese Weise könnte man vielleicht das 4. Kapitel auslegen, dass es dort viel um den Willen geht, obwohl sich da auch etwas findet, was sich nicht auf den Willen anwenden lässt.

53 Aber dagegen: Warum nennt er denn so häufig das rationale Vermögen Intellekt und nicht Willen, obwohl er gemäß den vorausgehenden Erörterungen angeblich auf den Willen anspielt?

Man kann antworten, dass der Akt des Intellekts gewöhnlich dem Willensakt vorausgeht, und er ist uns besser bekannt. Aristoteles hat oft von den Dingen gesprochen, die offensichtlicher sind. Daher ist wenig zu finden, wo er über den Willen gesprochen hat, wenngleich in dem von ihm Gesagten einiges impliziert ist, was er entsprechend gesagt hätte, wenn er es bedacht hätte.

54 Das dritte Argument gegen Aristoteles [§ 19] besagt etwas Wahres, nämlich dass die einfache Wahrnehmung jeder der beiden konträren [Dinge] gesondert und durch ein je eigenes Erkenntnisbild geschieht. Bei der diskursiven Erkenntnis, in der ein Erkenntnisschritt naturhaft dem anderen vorausgeht, kann aber die Erkenntnis [eines der konträren Dinge] das Erkenntnisprinzip für eine gewisse Erkenntnis des anderen sein. Und so kann man die Aussage aus dem 1. Buch von *Über die Seele* auslegen: »Das Gerade ist Maßstab seiner selbst und des Krummen.«[45] Denn das Urteil hat nicht mit der einfachen Wahrnehmung zu tun, sondern mit dem Vergleich von Aussagen. Gemäß einer begrenzten Erkenntnisweise kann ein Ding durchaus in einfacher Wahrnehmung durch das Erkenntnisbild eines anderen erkannt werden. Dies geschieht nämlich in dem Maße, wie eines die Privation [des anderen] beinhaltet, nicht aber, sofern eines in der Wesenheit oder im Sinngehalt [des anderen] enthalten wäre, sondern als Begleiterscheinung.

55 Auf die erste Weise bezieht sich also dieselbe Erkenntnis auf Konträres, indem sie formale Erkenntnis des einen und potentielle Erkenntnis des anderen ist, wie bei der Erkenntnis des Prinzips und der Schlussfolgerung. Und sofern ein Willensakt – zum Beispiel ein Wahlakt – ein Urteil über das zu Wählende voraussetzt, kann eine Handlungsalternative durch die andere mittels der eben beschriebenen Erkenntnisart erkannt werden.[46] Dennoch wählt der Wille gelegentlich gegen dieses Urteil.

56 Auf die zweite Weise bezieht sich dieselbe Erkenntnis auf Konträres, indem sie eingeschränkte Erkenntnis des einen und uneinge-

luntas velit alterutrum contrariorum, in quantum ostenditur per illam notitiam. Et sic potest in contraria, ergo et simpliciter, quia non repugnant absolute forte nisi ratione privationis talis; aut non in ratione volibilis, ut videtur, quia utrumque in quantum positivum videtur volibile.

57 Si dicatur quod »potentia rationalis valet ad opposita« nisi determinetur ad unum, et tunc non: – Contra: ex hoc sequitur quod non est differentia inter potentias rationales et irrationales quantum ad hoc quod est posse in opposita. Consequens falsum ex isto IX *Metaphysicae*; ergo antecedens.

58 Probatio consequentiae: potentia irrationalis, tam activa quam passiva, ut est prior naturaliter actu determinante, potest in opposita, ut patet ex Aristotele II *Perihermenias* et Boethio VI commentarii super eundem, editione secunda, ubi ponit exemplum de aqua, quae potest frigefacere et calefacere.

59 Item, si non posset in opposita quando est actu determinata, hoc est in illo instanti et pro illo, nullus effectus actu ens esset actu contingens. Consequens falsum, ergo antecedens. Falsitas consequentis [694] patet per Philosophum I *Perihermenias*, ubi vult quod haec propositio est necessaria: »Omne quod est, quando est, necesse est esse«, quia aliquid est contingenter. Probatio consequentiae: effectus non dicitur contingens in potentia nisi ratione suae causae potentis in oppositum, ergo nec in actu effectus contingens nisi causa actu causans posset in oppositum pro illo nunc pro quo causat ipsum. Sed, per te, tunc non potest, cum pro tunc sit determinata, ergo.

---

[47] Scotus denkt offenbar an eine Situation, in der man eine Alternative genau kennt, aber von der anderen nicht weiß, was sie beinhaltet. Ich möchte ein Haus kaufen und kann mich jetzt für dieses Haus entscheiden oder abwarten, ob möglicherweise ein besseres auf den Markt kommt.

[48] *Met.* IX 2, 1046b4–6; IX 5, 1048a7–9 (AL XXV/2, S. 170; S. 173).

[49] Aristoteles, *De Int.* 13, 23a4–5 (AL II/2, S. 32); Boethius, *In De Int.* VI c. 13, ed. Karl Meiser, Bd. 2, S. 451.

[50] *De Int.* 9, 19a23–24 (AL II/1, S. 17); *Auctoritates Aristotelis*, ex *De Int.* §20, ed. Jacqueline Hamesse, S. 306. Zu Scotus' Erklärung dieses Zitats, siehe S. 90, Anm. 58.

[51] Scotus postuliert hier »synchrone Kontingenz«; siehe dazu Einleitung, S. 17–18. Er behauptet zudem, ohne synchrone Kontingenz wäre nichts kontingent, sondern alles wäre notwendig. Scotus sieht nämlich Kontingenz nicht im Zufall begründet (denn Zufall ist mit Notwendigkeit durchaus vereinbar), son-

schränkte Erkenntnis des anderen ist.⁴⁷ Und diese Art von Erkenntnis genügt dafür, dass der Wille eine der beiden Alternativen wählt, sofern sie durch diese Erkenntnis aufgezeigt wird. Und der Wille kann sich auf diese Weise auf Konträres richten, und daher kann er dies auch schlechthin, denn die Handlungsalternativen sind nicht in einem absoluten Gegensatz, sondern möglicherweise nur insofern, als die eine von beiden die Privation der anderen ist. Zumindest sind sie offenbar als möglicher Gegenstand des Wollens nicht in einem absoluten Gegensatz, denn jede der Alternativen kann offenbar als Positives gewollt werden.

57 Gegen den Einwand, ein rationales Vermögen richte sich auf Gegenteiliges nur insofern, als es auf eines hin determiniert wird, und insofern beziehe es sich eben nicht wirklich auf Gegenteiliges: Daraus folgt, dass sich rationale und irrationale Vermögen in Bezug auf die Fähigkeit, sich auf Gegenteiliges zu richten, nicht unterscheiden. Diese Konklusion ist falsch gemäß dem 9. Buch der *Metaphysik*,⁴⁸ also auch die Prämisse.

58 Beweis der Folgerung: [Auch] ein irrationales Vermögen, sei es aktiv oder passiv, kann sich, sofern es naturgemäß dem determinierenden Akt vorausgeht, auf Gegenteiliges richten. Dies geht klar aus Aristoteles hervor, *Lehre vom Satz*, 2. Buch, und Boethius, im 6. Buch seines Kommentars dazu, in der zweiten Ausgabe, wo dieser das Beispiel vom Wasser gibt, das etwas abkühlen oder erwärmen kann.⁴⁹

59 Ferner, wenn sich [das rationale Vermögen] nicht auf Gegenteiliges richten könnte, während es aktuell determiniert ist, das heißt in jenem Moment und in Bezug auf jenen Moment, dann wäre keine Wirkung, die ein aktuell Seiendes ist, aktuell kontingent. Die Konklusion ist falsch, also die Prämisse. Die Falschheit der Konklusion ist klar gemäß dem Philosophen im 1. Buch der *Lehre vom Satz*, wo ihm zufolge dieser Satz notwendig ist: »Alles, was ist, ist in dem Moment, in dem es ist, notwendig«;⁵⁰ es gibt nämlich etwas, das auf kontingente Weise existiert. Beweis der Folgerung: Eine Wirkung nennt man nur deswegen gemäß der Potenz kontingent, weil ihre Ursache das Gegenteil zu bewirken vermag. Daher ist die Wirkung auch nur dann aktuell kontingent, wenn die Ursache, die sie aktuell verursacht, das Gegenteil bewirken könnte, und zwar in Bezug auf jenes »Jetzt«, hinsichtlich dessen sie sie verursacht. Aber nach deiner Meinung kann sie das nicht, da sie in dem Moment determiniert ist.⁵¹

60 Si dicas ›effectus dicitur contingens, quia potest non fieri‹, contra: prius non fuit ens; ergo nec prius actu effectus contingens. Loquimur enim nunc de contingentia, prout est modus entis in actu quando est in actu et pro illo nunc pro quo est in actu.

61 Item, quod convenit alicui per se et primo, eius oppositum non convenit per se nec per accidens, ipso manente. Alioquin demonstratio propter quid, concludens passionem de subiecto, non esset ex necessariis. Sed posse in opposita convenit potentiae rationali secundum se et primo, ut propria passio potentiae rationalis in quantum rationalis, nam per hoc distinguitur ab irrationali IX *Metaphysicae*; ergo etc.

62 Item, Deus praedestinatum potest non praedestinare in illo et pro illo nunc pro quo praedestinavit, non obstante determinatione voluntatis suae per actum praedestinandi, secundum omnes. Ergo determinatio non tollit ›posse in opposita‹.

[II. – Ad argumenta principalia]

63 [695] Ad argumenta principalia.

Ad primum patet quod potentia, prout dicitur esse voluntas, est contrariorum non simul fiendorum, sed potest se determinare ad alterutrum; non sic intellectus.

64 Cum arguitur contra ›possumne non sedere nunc, supposito quod sedeam?‹, dico quod in sensu compositionis propositio de pos-

---

dern in einer Ursache, die auf synchron kontingente Weise tätig ist, nämlich in einem freien Willen: vornehmlich im Willen Gottes und sekundär im Willen der Geschöpfe. Siehe *Lect.* I d. 39 q. 1–5 § 35, Vat. 19, S. 489; *Rep.* I A 39–40 q. 1–3 § 36, HBPhMA 4, S. 82.

[52] Nach Scotus ist etwas nicht lediglich deshalb kontingent, weil es auch unter anderen Umständen hätte nicht geschehen können. Nähme man nämlich an, dass jegliche Ursache-Wirkung Relation notwendig und nicht kontingent ist, dann wäre selbst das Zufällige in letzter Instanz notwendig. Für Scotus ist hingegen genau das kontingent, »dessen Gegenteil dann geschehen könnte, wenn es geschieht«, mit anderen Worten, das unter denselben Umständen sein oder nicht sein könnte. Siehe *Ord.* I d. 2 p. 1 q. 1–2 § 86; Vat. 2, S. 178–179; *De primo principio* c. 4 conclusio 4; ed. Wolfgang Kluxen, S. 70.

[53] Für die Aristoteles-Stelle, siehe S. 86, Anm. 48. Die unausgesprochene Schlussfolgerung ist hier, dass die im Einwand in § 57 gemachte Behauptung, rationale Vermögen verhielten sich nicht wirklich auf Gegenteiliges, falsch ist.

60 Wenn Du sagst: »Die Wirkung bezeichnet man als kontingent, weil sie auch nicht geschehen kann«, erwidere ich: Vorher war sie kein Seiendes, also war sie auch nicht vor ihrem aktuellen Sein eine kontingente Wirkung. Wir sprechen hier nämlich von Kontingenz, sofern sie ein Modus des aktuell Seienden ist, und zwar wenn es im Akt ist und genau in Bezug auf jenes »Jetzt«, in dem es im Akt ist.[52]

61 Außerdem, was einem Ding an sich und erstlich zukommt, dessen Gegenteil kommt ihm, solange es bleibt, weder an sich noch beiläufig zu. Sonst hätte der Beweis aus der Ursache, der eine Eigenschaft von einem Subjekt beweist, keine notwendige Grundlage. Aber sich auf Gegenteiliges zu richten, kommt einem rationalen Vermögen an sich und erstlich zu, und zwar als Eigentümlichkeit eines rationalen Vermögens, sofern es rational ist, denn dadurch unterscheidet es sich vom irrationalen Vermögen, nach dem 9. Buch der *Metaphysik*. Also usw.[53]

62 Ferner kann Gott nach Meinung aller [Theologen] einen Prädestinierten auch nicht prädestinieren, und zwar in jenem »Jetzt« und in Bezug auf jenes »Jetzt«, in dem er ihn prädestiniert hat, trotz der Festlegung seines Willens durch den Akt der Prädestination.[54] Also hebt diese Festlegung nicht die Fähigkeit auf, sich auf Gegenteiliges zu richten.

[II. – Antwort auf die Hauptargumente]

63 Antwort auf die Hauptargumente.

Auf das erste Argument [§ 1]: Offenkundig richtet sich so ein Vermögen, als welches der Wille gilt, nicht insofern auf Alternativen, als es sie gleichzeitig verwirklichen kann, sondern sofern es sich auf eine von beiden festlegen kann. Beim Intellekt ist das nicht so.[55]

64 Wenn man dagegen einwendet: »Angenommen jetzt sitze ich, kann ich dann auch nicht sitzen?«, so sage ich Folgendes. Ein Satz über etwas Mögliches, der eine Aussage über Gegenteiliges macht,

---

[54] *Lect.* I d. 40 q. un. § 4–10, Vat. 17, S. 511–513; *Ord.* I d. 40 q. un. § 4–10, Vat. 6, S. 310–313.

[55] Vgl. *Lect.* II d. 25 q. un. § 94 (unten, S. 151).

sibili, componendo opposita, est falsa, quia notat potentiam esse ad opposita simul. In sensu divisionis dicerent aliqui quod quando est sessio, est necessario, iuxta illud I *Perihermenias:* »Omne quod est, quando est«, etc. et nihil pro tunc possibile, sed tantum pro instanti priori, pro quo potuit non fore nunc. Et isti non videntur quod possint salvare voluntatem nunc esse potentiam ad oppositum eius quod inest.

Huius positionis absurditas, quod scilicet necessitas et contingentia non sint propriae condiciones entium quando exsistunt sed tantum necessitas, et contingentia numquam, quia quando non est, nec est necessario nec contingenter; quomodo etiam illa auctoritas I pro illis non facit – [696] propter fallaciam compositionis et divisionis et secundum quid et simpliciter – prolixum esset nunc explicare.

65 Potest dici aliter quod voluntas, quando est in aliqua volitione, tunc contingenter est in illa, et illa volitio tunc contingenter est ab ipsa; nisi enim tunc, numquam, quia numquam alias est ab ipsa. Et sicut illa contingenter inest, ita voluntas tunc est potentia potens respectu oppositi, et pro ›tunc‹, in sensu divisionis. Non scilicet quod possit illud oppositum ponere simul cum isto, sed quod possit illud

---

[56] Zum Beispiel: »Es ist möglich, dass Sokrates sitzt und dass er nicht sitzt«. Im sogenannten verbundenen Sinn bezieht sich die modale Bestimmung »es ist möglich« auf den Objektsatz als Ganzen und bedeutet: »Es ist möglich, dass Sokrates (in derselben Hinsicht) sitzt und nicht sitzt«. In diesem Sinn ist die Aussage natürlich falsch. Im sogenannten getrennten Sinn gliedert sich der Satz in zwei Teilsätze: »Es ist möglich, dass Sokrates sitzt« und »Es ist möglich, dass er nicht sitzt«. Siehe dazu Anm. 58.

[57] Nach Thomas von Aquin ist die Gegenwart genauso wie die Vergangenheit notwendig, siehe *S. theol.* II–II q. 49 a. 6, Leon. 7, S. 371a–b. Für Scotus ist hingegen die Gegenwart ebenso wie die Zukunft kontingent (siehe Einleitung, S. 17–18).

[58] Der »Fehlschluss der Verbindung und Trennung« besteht generell darin, die Satzglieder nicht richtig aufeinander zu beziehen. Petrus Hispanus gibt das Beispiel: »Zwei und drei sind fünf«, aber nicht »Zwei ist fünf und drei ist fünf«, siehe *Tractatus* VII § 57, ed. Lambert-Marie de Rijk, S. 115. Der »Fehlschluss von ›gewissermaßen‹ auf ›schlechthin‹« macht eine falsche Verallgemeinerung, zum Beispiel »Der Äthiopier hat weiße Zähne, also ist der Äthiopier weiß«, siehe *Tractatus* VII § 123, S. 159.

Die Aussage aus *De int.* 9, 19a23–24, »Alles, was ist, ist in dem Moment, in dem es ist, notwendig«, erklärt Scotus anderswo wie folgt: Im »verbundenen Sinn« ist sie wahr; dann bezieht sich die modale Bestimmung »notwendig« auf den Satz als Ganzen und drückt eine Tautologie aus: »Es ist notwendig, dass

ist in Bezug auf den verbundenen Sinn falsch, da er aussagt, dass sich ein Vermögen gleichzeitig auf Gegenteiliges richten kann.[56] In Bezug auf den getrennten Sinn würden einige Denker sagen, wenn das Sitzen stattfindet, sei es notwendig gemäß jener Aussage im 1. Buch der *Lehre vom Satz:* »Alles, was ist, ist in dem Moment, in dem es ist [notwendig]«, und in diesem Moment sei nichts kontingent, sondern nur in einem früheren Moment, in dem es möglich gewesen wäre, dass der jetzige Zustand nicht stattgefunden hätte. Und offenbar können sie [gemäß ihrer Theorie] nicht gewährleisten, dass der Wille im jetzigen Moment ein Vermögen mit der Fähigkeit ist, das Gegenteil von seinem jetzigen Zustand hervorzubringen.[57]

Es würde aber zu weit führen, nun zu erklären, inwiefern diese Position widersinnig ist. Demnach sind nämlich Notwendigkeit und Kontingenz keine eigentümlichen Eigenschaften der Dinge in dem Moment, in dem sie existieren, sondern das gilt nur für Notwendigkeit und niemals für Kontingenz, denn solange etwas nicht existiert, ist es weder auf notwendige noch auf kontingente Weise. Es würde auch zu weit führen zu erklären, inwiefern jenes Autoritätsargument aus dem 1. Buch [der *Lehre vom Satz*] kein Beleg für ihre Position ist. Es begeht nämlich einen »Fehlschluss der Verbindung und Trennung« sowie einen »Fehlschluss von ›gewissermaßen‹ auf ›schlechthin‹«.[58]

65 Anders ausgedrückt: Wenn der Wille sich im Zustand befindet, etwas zu wollen, dann ist er auf kontingente Weise in diesem Zustand, und der Willensakt entstammt dem Willen in dem Moment auf kontingente Weise. Wenn der Willensakt nämlich zu diesem Moment nicht auf kontingente Weise entstünde, dann täte er das niemals, denn er entstammt dem Willen zu keinem anderen Moment [als in der Gegenwart]. Und so wie der Willensakt auf kontingente Weise im Willen ist, so ist der Wille in dem Moment ein Vermögen, das sich auf Gegenteiliges richten kann. Dies kann er in Bezug auf dieses »Jetzt«, und zwar im getrennten Sinn, das heißt nicht in dem Sinn, dass er einen Zustand und sein Gegenteil gleichzeitig bewirken könnte, sondern insofern, als er den gegenteiligen Zustand in diesem

---

das, was ist, während es ist, ist.« Im »getrennten Sinn« ist die Aussage falsch, denn dann bezieht sich »notwendig« auf den Seinsmodus dessen, was ist: »Alles was ist, ist während es ist, im Modus der Notwendigkeit (und nicht der Kontingenz)«. In Wirklichkeit ist jedoch alles außer Gott kontingent. Siehe *Lect.* I d. 39 q. 1–5 § 58, S. 499; *Rep.* I A 39–40 q. 1–3 § 49–50, S. 90–92.

oppositum ponere in hoc instanti, non ponendo illud aliud in hoc instanti, quod tamen aliud divisim ponit in hoc instanti, et hoc non necessario sed contingenter.

66 Ad secundum, si arguitur de voluntate, dico quod illa potest in actum, nulla determinatione in ipsa praeintellecta actui, ita quod prima determinatio, et tempore et naturā, est in positione actus. Et si tunc de ipsa accipitur ›in nihil potest nisi prius determinata‹, falsum est.

67 Si autem arguitur de intellectu cognoscente opposita, tunc verum est quod respectu extrinseci non potest aliquid nisi determinetur [697] aliunde, quia ex se est illorum per modum naturae, non potens se ad alterum determinare; vel ergo ambo aget, vel nihil. Et si de intellectu concludatur quod non est sufficiens potentia rationalis, concedatur iuxta praedicta. Immo si solus – per impossibile – esset cum virtutibus inferioribus sine voluntate, nihil umquam fieret nisi determinate modo naturae, et nulla esset potentia sufficiens ad faciendum alterutrum oppositorum.

68 Ad tertium dicitur quod potest habere actum circa opposita quae subsunt suo primo obiecto, quod quantum ad actum volendi ponitur bonum, verum vel apparens; non est autem circa oppositum sui primi obiecti quod ponitur malum in quantum malum. Similiter de actibus ponitur quod oppositos potest habere, scilicet velle et nolle, circa illud in quo potest aliquid inveniri de ratione primi obiecti utriusque actus, scilicet aliquid boni et aliquid mali. In fine ultimo nihil invenitur de malo, et respectu eius videntur aliqui ponere quod non sit

---

[59] Zur Hypothese eines Intellekts ohne Willen siehe *Ord.* II d. 6 q. 2 § 49 (unten, S. 183).

[60] Das bedeutet, dass der Wille gegenüber dem letzten Ziel (Glückseligkeit) keine Alternativen hat. Er kann es also nicht entweder wollen oder ihm gegenüber Widerwillen haben. Für Thomas von Aquin und zahlreiche andere Scholastiker des 13. Jahrhunderts ist die Tätigkeit des Willens gegenüber dem letzten Ziel notwendig, nicht kontingent; siehe *S. theol.* I q. 82 a. 1, Leon. 5, S. 293a.

Nach Scotus ist das Wollen des letzten Zieles kontingent, siehe *Ord.* I d. 1 p. 2 q. 2 § 80; § 129; § 143; § 145, Vat. 1, S. 60; S. 87; S. 96–97. Scotus lässt offen, ob der Wille nur insofern kontingent ist, dass er vom Wollen des Zieles auch ablassen kann *(non velle)*, oder dass er es sogar verabscheuen kann *(nolle)*; die erste Hypothese vertritt er in *Lect.* I d. 1 p. 2 q. 2 § 118, Vat. 16, S. 100, die zweite Hypothese lässt er als Möglichkeit stehen in *Ord.* I d. 1 p. 2 q. 2 § 151, S. 103. Wie Scotus ausführlich im Kontext des Falls der Engel argumentiert *(Ord.* II d. 6 q. 2), kann man sich im Streben nach Glückseligkeit verfehlen.

Moment bewirken könnte, ohne den anderen Zustand in dem Moment zu bewirken. Jedoch kann er den anderen Zustand für sich genommen in dem Moment hervorbringen, und zwar nicht notwendigerweise, sondern auf kontingente Weise.

66 Auf das zweite Argument [§ 3], wenn es bei dieser Argumentation um den Willen geht, sage ich, dass der Wille zum Akt übergehen kann, ohne dass in ihm eine Determination vorausgesetzt wird, die dem Akt vorausgeht. Insofern geschieht die erste Determination, sowohl der Zeit als auch der Natur nach, bei der Setzung des Akts. Und wenn dann in Bezug auf den Willen gesagt wird, er könne keinen Akt haben, ohne vorher determiniert zu sein, so ist das falsch.

67 Wenn es aber bei der Argumentation um den Intellekt geht, der Gegenteiliges erkennt, dann ist es wahr, dass er nach außen hin nichts bewirken kann, sofern er nicht von woandersher determiniert wird. Von sich aus bezieht er sich nämlich auf die Alternativen auf naturhafte Weise und ist daher unfähig, sich auf eine der beiden festzulegen. Also ist er entweder bezüglich beider Alternativen tätig oder überhaupt nicht. Und wenn man hinsichtlich des Intellekts zum Schluss kommt, dass er kein hinreichendes rationales Vermögen ist, so gebe ich das entsprechend den obigen Ausführungen zu. In der Tat, unter der unmöglichen Hypothese, dass er ohne den Willen und nur mit den niedrigeren Seelenvermögen existierte, wäre er immer nur auf determinierte, naturhafte Weise tätig, und es gäbe überhaupt kein Vermögen, das dazu in der Lage wäre, eine von beiden Alternativen auszuwählen.[59]

68 In Bezug auf das dritte Argument [§ 4] wird behauptet, der Wille könne einen Akt in Bezug auf gegenteilige [Handlungsmöglichkeiten] haben, die in den Gegenstandsbereich seines ersten Objekts fallen, und das sei hinsichtlich des Willensakts das Gute, sei es das wahrhaft Gute oder nur scheinbar Gute; der Wille erstrecke sich aber nicht auf das Gegenteil seines ersten Objekts, nämlich das Schlechte als solches. Ebenso könne er sich hinsichtlich der Akte auf Gegenteiliges richten, nämlich etwas zu wollen oder ihm gegenüber Widerwillen zu haben; dabei bezieht sich das Wollen jeweils auf etwas, worin ein Aspekt des Sinngehalts des ersten Objekts des betreffenden Willensakts vorzufinden ist, nämlich [beim Wollen] auf etwas Gutes und [beim Widerwillen] auf etwas Schlechtes. Im letzten Ziel findet sich nichts Schlechtes, und in Bezug darauf scheinen einige anzunehmen, der Wille sei kein rationales Vermögen.[60] In ähnlicher

potentia rationalis. Similiter videntur ponere quod per habitum aliquem possit immobilitari respectu aliorum aliquorum a fine ultimo. Discussionem istorum – et an circa finem determinetur ad velle, et circa malum in quantum malum ad nolle – hic omitto quaerere.

69 Ad quartum argumentum de sole patet supra in responsione ad primum obiectum contra Aristotelem.

70 [698] Ad quintum dici potest, iuxta principium primi articuli, quod frigus numquam facit ad esse caloris, facit tamen aliquid, quo facto aliquid aliud potest magis calefacere, puta constringit ne calor interior diffundatur, et ita calor unitus magis calefacit.

71 De proiectione pilae, licet sit aliqua contrarietas in motu reflexo ad motum rectum quanta requiritur inter ubi terminantia motum localem, non est tamen contrarietas formalis, quia violenter movens aliquid ad ubi, movet ad omne ubi possibile acquiri per illum motum. Si in directum potest, sic movetur; si non, redit, et hoc donec factus fuerit motus proportionatus violentiae moventis.

72 Haec et alia quaecumque in radiis reflexis et fractis contingentia – et etiam alibi – nullam talem indifferentiam ponunt in aliqua potentia irrationali, qualis est in rationali.

73 Ad ultimum: absque exceptione omnes potentiae passivae ex se sunt contradictionis. Licet si forma necessario ens, necessario dependeret ad materiam, compositum esset incorruptibile, et materia necessario esset sub illo actu: sed non necessitate ex parte sui, sed ex forma. Activae vero sunt contradictionis, sicut exponit Aristoteles, per aliud: ›esse et non‹. Quod si intelligatur de passivo approximato

---

[61] Möglicherweise denkt Scotus an die isolierende Wirkung von Schnee.
[62] Die Richtung des Balls ist naturhaft vorgegeben, selbst wenn er sich hin- oder herbewegen kann.
[63] *Met.* IX 5, 1050b10–11 (AL XXV/3.2, S. 190).

Weise scheinen sie anzunehmen, der Wille könne durch einen gewissen Habitus gegenüber anderen Dingen, die sich vom letzten Ziel unterscheiden, festgelegt werden. Die Erörterung dieser Themen – die Fragen, ob der Wille hinsichtlich des [End]zieles zum Wollen determiniert ist, und ob er bezüglich des Schlechten, sofern es schlecht ist, zum Widerwillen determiniert ist – übergehe ich hier.

69 Die Antwort auf das vierte Argument hinsichtlich der Sonne [§ 5] ergibt sich aus der Antwort auf den ersten Einwand gegen Aristoteles [§ 43].

70 Auf das fünfte Argument [§ 7] kann man gemäß dem Prinzip des ersten Artikels [§ 10–19] sagen, dass Kälte niemals zur Wärme führt. Sie bewirkt jedoch etwas, wodurch etwas anderes besser erwärmen kann, zum Beispiel schrumpft sie etwas zusammen, woraufhin sich die innere Wärme nicht zerstreut, so dass die vereinte Wärme stärker erwärmt.[61]

71 Hinsichtlich des abprallenden Balls [§ 7]: Wenn auch die Rückbewegung gewissermaßen gegensätzlich zur Hinbewegung ist, und zwar in dem Maße, wie die Zielpunkte der Ortsbewegung jeweils verschieden sind, so handelt es sich jedoch nicht um eine formale Gegensätzlichkeit. Etwas, das ein Ding gewaltsam auf etwas hinbewegt, bewegt es nämlich zu jedem Punkt, den das Ding durch diese Bewegung durchlaufen kann. Wenn das Ding sich nach vorne bewegen kann, dann bewegt es sich nach vorne, wenn nicht, dann kehrt es zurück, und zwar solange, wie die Bewegung anhält, die der Kraft des Antreibenden entspricht.[62]

72 Diese und jegliche andere Kontingenz, die es bei reflektierten oder gebrochenen Lichtstrahlen oder auch sonst wo gibt, deutet keineswegs in einem irrationalen Vermögen auf eine Indifferenz von der Art hin, wie sie in einem rationalen Vermögen vorkommt.

73 Auf das [vor]letzte Argument [§ 6]: Ausnahmslos beziehen sich alle passiven Vermögen von sich aus auf kontradiktorische Zustände. Obwohl die Form, falls sie ein notwendiges Seiendes wäre, zwar notwendig auf den Stoff angewiesen wäre, wäre jedoch das aus Form und Stoff Zusammengesetzte dennoch unzerstörbar, und der Stoff wäre notwendigerweise aktuell von der Form bestimmt. Diese Notwendigkeit gründete aber nicht in ihr selbst, sondern in der Form. Die aktiven Vermögen beziehen sich aber von woanders her auf kontradiktorische Zustände, wie Aristoteles erklärt: »[Das, was möglich ist, kann] sein und nicht sein.«[63] Wenn man dies in Bezug auf das passive

et non approximato, sic omnis activa, cuius actio dependet a passivo, potest esse contradictionis, non ex se sed aliunde. Si [699] intelligatur de impediente, sic omnis activa naturalis corruptibilis est impedibilis, etiam per causam naturalem aliam activam. Sed nulla naturalis ex se habet posse oppositas actiones circa idem elicere, seu ex se agere et non agere, quo modo potentia rationalis est contrarietatis vel contradictionis. Ideo illa propositio non facit contra intentionem Aristotelis assignantis differentiam praedictam.

---

[64] Nämlich je nachdem, ob das passive Vermögen in dessen Wirknähe gebracht wird.

Vermögen versteht, das entweder in der Wirknähe [des aktiven Vermögens] ist oder nicht, dann kann jedes aktive Vermögen, dessen Tätigkeit vom passiven Vermögen abhängt, kontradiktorische Wirkungen hervorbringen, und zwar nicht von sich selbst her, sondern von woanders her.[64] Wenn [die Möglichkeit kontradiktorischer Wirkungen] in Bezug auf ein Hindernis verstanden wird, so kann jedes vergängliche naturhafte Vermögen gehindert werden, auch durch eine andere naturhafte aktive Ursache. Aber kein naturhaftes Vermögen ist in der Lage, von sich aus gegenteilige Tätigkeiten in Bezug auf dasselbe auszuüben, oder von sich aus tätig zu sein oder nicht tätig zu sein, so wie das rationale Vermögen sich auf Konträres oder Kontradiktorisches bezieht. Deshalb widerspricht die Aussage [jedes Vermögen beziehe sich auf Kontradiktorisches] nicht der Auffassung des Aristoteles, der die genannte Unterscheidung [zwischen rationalen und irrationalen Vermögen] traf.

[Lectura, Liber Secundus Distinctio vigesima quinta

Quaestio unica

Utrum actus voluntatis causetur in voluntate ab obiecto movente ipsam vel a voluntate movente se ipsam]

1 [Vat. 19, 229] Circa libertatem voluntatis quaeritur an actus voluntatis causetur in voluntate ab obiecto movente ipsam, vel a voluntate movente se ipsam.

2 Quod ab obiecto, videtur:
Quia Philosophus III *De anima* ponit ordinem moventium et motorum in animali, et dicit quod appetitus movetur ab appetibili movente non-moto; igitur appetibile causat motum in appetitu (et generaliter loquitur ibi de appetitu); igitur obiectum appetibile causabit actum in appetitu qui est voluntas.

3 Dicitur quod appetibile metaphorice movet appetitum.

4 Contra: ultimum quod ibi movetur, movetur vere, et si primum [230] moveret secundum tantum metaphorice, hoc non est ponere ordinem moventium et motorum in animali, sed variatur et aequivocatur ordo.

5 Praeterea, voluntas non est potentia activa; igitur non est activa respectu proprii actus eliciendi. – Antecedens ostenditur, quia sibi non convenit definitio potentiae activae respectu obiecti: non enim

---

[1] Aristoteles, *An.* III 10, 433b10–19.
[2] Bewegung im wörtlichen Sinn (*vere*, §4) ist Wirkursächlichkeit. Im übertragenen Sinn *(metaphorice)* bewegt die Zielursache, die nämlich insofern bewegt, als das Ziel von etwas angestrebt wird, vgl. §18 (unten, S. 105) und Aristoteles, *Met.* XII 7, 1072b3.

[Lectura, Buch II
Fünfundzwanzigste Distinktion

Einzige Quästion

Wird der Willensakt im Willen vom ihn bewegenden Objekt oder vom sich selbst bewegenden Willen verursacht?]

1 Hinsichtlich der Freiheit des Willens wird gefragt, ob der Willensakt im Willen vom Objekt verursacht wird, das den Willen bewegt, oder vom Willen, der sich selbst bewegt.

2 Offenbar vom Objekt:
Der Philosoph nimmt im 3. Buch von *Über die Seele* beim Tier und beim Menschen eine Zuordnung von Bewegendem und Bewegtem an. Er sagt, das Strebevermögen werde vom Begehrenswerten bewegt, das bewegend ist, aber nicht bewegt wird.[1] Also verursacht das Begehrenswerte die Bewegung im Strebevermögen (und generell ist dort die Rede vom Strebevermögen). Folglich verursacht das begehrenswerte Objekt den Akt [auch] in dem Strebevermögen, das der Wille ist.

3 Es wird behauptet, das Begehrenswerte bewege das Strebevermögen im übertragenen Sinn.[2]

4 Dagegen: Das Letzte, was bei dieser Zuordnung [§ 2] bewegt wird, wird wirklich bewegt, und wenn das Erste das Zweite[3] nur im übertragenen Sinn bewegt, bedeutet dies, dass man im Tier und im Menschen keine Zuordnung von Bewegendem und Bewegtem annimmt, sondern der Begriff »Zuordnung« unterschiedlich und mehrdeutig verwendet wird.

5 Außerdem ist der Wille kein aktives Vermögen; folglich ist er nicht aktiv bezüglich der Ausübung des eigenen Akts. – Erklärung der Prämisse: Die Definition des aktiven Vermögens trifft nicht auf den Willen in Bezug auf das Objekt zu. Er ist nämlich kein »Prinzip

---

[3] Das Erste: das Begehrenswerte; das Zweite: das Strebevermögen.

est ›principium transmutandi alterum (ut obiectum) in quantum alterum‹.

6 Praeterea, si voluntas causaret in se actum volendi, tunc esset in potentia et in actu respectu eiusdem, nam tale est passum in potentia quale agens est in actu (III *Physicorum*); igitur si voluntas causaret actum volendi et ille reciperetur in voluntate, voluntas respectu eiusdem esset in potentia et in actu. Sed hoc est inconveniens.

7 Item, si esset activa respectu proprii actus, idem referretur ad se relatione reali, quia moventis ad motum est relatio realis, sicut patet ex V *Metaphysicae;* sed si voluntas moveret se ad actum volendi realem, idem esset movens et motum realiter. Sed inconveniens est quod idem habeat oppositas relationes.

8 [231] Praeterea, ›accidens per accidens‹ non oritur ex per se principiis subiecti: per hoc enim distinguitur accidens per accidens ab accidente per se, quia quod sic oritur est passio subiecti, et ita accidens eius per se; sed actus volendi est actus voluntatis per accidens (non enim propria passio eius); igitur non oritur ex per se principiis voluntatis, – igitur causatur ab alio quam a voluntate.

9 Praeterea, quod est in potentia contradictionis ad alia, non causat alterum illorum nisi determinetur; sed voluntas est indeterminata ad velle et ad nolle, et ad velle et ad non-velle; igitur non determinatur ad volendum ex se, – igitur per aliquid sibi impressum ab obiecto apprehenso.

10 Maior probatur dupliciter:

Primo per Philosophum IX *Metaphysicae*, qui arguit: ›Quia scientia est oppositorum, ideo ex se non determinatur ad unum; unde

---

[4] Für das Zitat, siehe Aristoteles, *Met.* V 12, 1019a15–16; ebd., 1020a4–6 (AL XXV/3.2, S. 108; S. 110); *Met.* IX 1, 1046a10–11 (AL XXV/3.2, S. 180); *Met.* IX 2, 1046b4 (AL XXV/3.2, S. 181). – Dieses Autoritätsargument spielt eine wichtige Rolle in Gottfried von Fontaines' Leugnung der Selbstbewegung des Willens, siehe *Quodl.* VI q. 7, PhB 3, S. 152; S. 161; siehe auch *Quodl.* VIII q. 2, PhB 4, S. 18–19.

[5] Aristoteles, *Phys.* III 1, 201a19–25.

[6] Dies ist das Hauptargument Gottfried von Fontaines' gegen die Selbstbewegung des Willens; siehe *Quodl.* VI q. 6, PhB 3, besonders S. 149–154; *Quodl.* VII q. 6, PhB 3, S. 338; S. 342.

[7] Aristoteles, *Met.* V 15, 1021a26–b3 (AL XXV/3.2, S. 113–114).

[8] Siehe Gottfried von Fontaines, *Quodl.* VII q. 6, PhB 3, S. 346–347.

[9] Zum Beispiel ist die Fähigkeit zu lachen ein wesentliches Akzidens, das heißt eine Eigentümlichkeit *(proprium)* des Menschen.

der Veränderung eines anderen (nämlich eines Objekts), sofern es anders ist«.[4]

6 Außerdem, wenn der Wille in sich den Willensakt verursachte, dann wäre er in derselben Hinsicht in Potenz und im Akt, denn nach dem 3. Buch der *Physik* ist das Passive in derselben Hinsicht in Potenz, wie das Aktive im Akt ist.[5] Wenn also der Wille den Willensakt verursacht und der Willensakt im Willen aufgenommen wird, dann ist der Wille in gleicher Hinsicht in Potenz und im Akt. Aber das ist widersinnig.[6]

7 Ferner, wenn der Wille hinsichtlich des eigenen Akts aktiv ist, dann hat dasselbe eine reale Relation zu sich selbst, denn das Verhältnis des Bewegenden zum Bewegten ist eine reale Relation, wie aus dem 5. Buch der *Metaphysik* klar wird.[7] Aber wenn der Wille sich zu einem realen Willensakt bewegt, dann wären das Bewegende und das Bewegte realidentisch. Aber es ist abwegig, dass dasselbe Gegensatzrelationen hat.[8]

8 Außerdem entspringt ein »akzidentelles Akzidens« nicht aus den Wesensprinzipien des Subjekts. Ein akzidentelles Akzidens unterscheidet sich nämlich vom wesentlichen Akzidens darin, dass das, was aus den Wesensprinzipien hervorgeht, eine Eigentümlichkeit des Subjekts ist, und daher ein wesentliches Akzidens des Subjekts.[9] Der Willensakt ist als Akt des Willens akzidentell, denn er ist nicht seine eigene Eigentümlichkeit; daher entspringt er nicht aus den Wesensprinzipien des Willens. Also wird er von etwas anderem als vom Willen verursacht.

9 Außerdem verursacht das, was in Potenz zu kontradiktorischen Möglichkeiten steht, nicht eine der beiden Möglichkeiten, ohne auf eine festgelegt zu werden. Der Wille ist aber daraufhin unbestimmt, ob er will oder Widerwillen hat, oder ob er sich des Wollens enthält. Also determiniert er sich nicht von sich aus darauf, [etwas] zu wollen; also [wird er] von etwas anderem [determiniert], das ihm vom erkannten Objekt eingeprägt wird.[10]

10 Der Obersatz wird auf zwei Weisen bewiesen:

Erstens durch den Philosophen im 9. Buch der *Metaphysik*, wo er argumentiert: »Weil sich die wissenschaftliche Erkenntnis auf Gegenteiliges richtet, deshalb wird sie nicht von sich aus auf eines hin determiniert. Daher geht sie nur dann in den Akt über, wenn sie deter-

---

[10] Siehe Gottfried von Fontaines, *Quodl.* VI q. 7, PhB 3, S. 158; S. 163.

non exit ad actum nisi determinetur; et si ex se determinaretur, produceret opposita‹.

11 Aliter probatur idem sic: nullus effectus producitur a causa quae aequaliter se habet ad non-esse eius sicut ad ›esse‹; sed causa quae indifferenter se habet ad opposita, non magis determinatur ad ›esse‹ effectus quam ad non-esse; igitur talis causa de se non producit effectum.

12 Sed contra est quod dicit Augustinus XII *De civitate* cap. 6: Si duo sint aequaliter dispositi in omnibus, quare unus cadit et [232] alius non? Non est alia ratio nisi quod voluntas est libera; sed obiectum est idem et aequaliter se habens; igitur non imprimit actum. – Ex hoc arguitur: activum naturale, agens in passum aequaliter dispositum, aequaliter agit; sed per hypothesim, voluntates eorum sunt aequaliter dispositae; ergo si obiectum causat volitionem in eis, aequaliter causat, – quod falsum est, quia unus cadit, alius non.

13 Hoc etiam probatur per alias multas auctoritates, ut per Anselmum *De conceptu virginali* 4, quod voluntas est instrumentum se ipsum movens.

14 Item, Augustinus III *De libero arbitrio:* ›Motus voluntarius quo voluntas huc atque illuc volutatur, nisi in nostra esset potestate, neque laudandi neque vituperandi essemus‹. Ex hoc arguitur: non est in potestate patientis quod patiens patiatur, quia non est in potestate patientis quod agens agat, et ›agente‹ agente actionem sequitur de necessitate consequentiae quod patiens patiatur (aliter esset actio sine passione).

---

[11] Aristoteles, *Met.* IX 5, 1048a8–15 (AL XXV/3.2, S. 184–185). Zu Scotus' Diskussion dieser Stelle, siehe *In Met.* IX q. 15 § 50–52 (oben, S. 83–85).

[12] Augustinus, *De civitate Dei* XII c. 6, CCSL 48, S. 361. Nach dem Gedankenexperiment sehen zwei Männer, die geistig und leiblich gleich disponiert sind, dieselbe Frau; der eine bleibt keusch, der andere nicht. Warum? Weil ihr Wille verschieden ist. Warum ist der Wille des einen böse? Es gibt keinen anderen Grund, als dass der Wille aus dem Nichts erschaffen ist. Scotus – wie schon andere Voluntaristen vor ihm (z. B. Heinrich von Gent, *Quodl.* I q. 16, Opera omnia 5, S. 101–102) – sieht in dieser Überlegung eine Aussage über die Willenspsychologie, während es Augustinus nur darauf ankam, die Hypothese eines positiven, ontischen Grunds für das Böse auszuschließen.

[13] Zur deterministischen Wirkweise des naturhaft Tätigen, siehe *In Met.* IX q. 15 § 22 (oben, S. 63).

miniert wird; und wenn sie von sich selbst aus determiniert würde, würde sie Gegenteiliges erzeugen.«[11]

11 Derselbe [Obersatz] wird auf andere Weise bewiesen: keine Wirkung wird von einer Ursache erzeugt, die sich gleichermaßen zu deren Nichtsein und zu deren Sein verhält; aber eine Ursache, die sich indifferent gegenüber Gegenteiligem verhält, ist nicht mehr auf das Sein als auf das Nichtsein der Wirkung festgelegt; also erzeugt eine solche Ursache nicht von sich aus die Wirkung.

12 Aber dagegen steht, was Augustinus in Buch 12, Kapitel 6 des *Gottesstaates* sagt: Wenn zwei [Männer] in jeder Hinsicht gleich disponiert sind, warum fällt einer und der andere nicht?[12] Es gibt keinen anderen Grund als den, dass der Wille frei ist; aber das Objekt ist dasselbe und verhält sich auf die gleiche Weise; also prägt es nicht [im Willen] den Akt ein. – Auf dieser Grundlage wird so argumentiert: Ein naturhaftes Tätiges, das in Bezug auf etwas gleichermaßen Disponiertes tätig ist, ist auf die gleiche Weise tätig.[13] Aber aufgrund der Hypothese ist beider Männer Wille gleichermaßen disponiert. Wenn also das Objekt in ihnen den Willensakt verursacht, verursacht es ihn auf gleiche Weise. Aber das ist falsch, denn der eine fällt und der andere nicht.

13 Das wird auch durch viele andere Autoritäten bewiesen, zum Beispiel durch Anselm, *Über die jungfräuliche Empfängnis* 4, wonach der Wille ein selbstbewegendes Instrument ist.[14]

14 Ferner sagt Augustinus im 3. Buch von *Über die Wahlfreiheit*: »Wenn die willentliche Bewegung, durch die der Wille hin und her gewendet wird, nicht in unserer Verfügung wäre, dann wären wir weder zu loben noch zu tadeln.«[15] Dementsprechend wird so argumentiert: Es ist nicht in der Verfügung des Passiven, dass ihm etwas widerfährt, denn es ist nicht in der Verfügung des Passiven, dass das Aktive aktiv wird. Insofern aber das Aktive eine Aktivität ausübt, folgt mit der Notwendigkeit der Folge, dass dem Passiven [die Wirkung] widerfährt, denn sonst gäbe es eine Aktivität ohne Passivität.

---

[14] Anselm von Canterbury, *De conceptu virginali* c. 4, Opera omnia 2, S. 143–144. Anselm spricht dort zwar vom Willen als Instrument des Wollens, aber von Selbstbewegung ist da nicht die Rede.

[15] Augustinus, *De libero arbitrio* III, c. 1 § 13, CCSL 29, S. 276.

15 Item, Augustinus *De vera religione*, Augustinus I *Retractationum* 13: »Nihil tam est in potestate voluntatis« etc.; *83 Quaestionum* quaestione 8.

16 [233] Item, Bernardus *De libero arbitrio*.

17 Item Philosophus IX *Metaphysicae* cap. 4: ›Potestas rationalis est ad oppositum‹.

18 Praeterea, per rationem:
Obiectum voluntatis, ut voluntatis est, habet rationem finis, ut patet XII *Metaphysicae* de balneo; sed finis movet metaphorice, ex I *De generatione;* ergo non effective. Probatio consequentiae: omne movens effective, movet propter finem, et per consequens ens est ad finem; sed ex hoc quod est finis, non est ens ad finem; ergo etc.

19 Praeterea, si obiectum causaret, non esset in se sed in voluntate, et per consequens volitio non esset actio sed factio, causata in voluntate.

20 [234] Praeterea, actus voluntatis non esset actus vitalis, quia effectus non excedit suam causam, et vitale est nobilius quam nonvitale. Sed obiectum est non-vitale; ergo etc.

21 Praeterea, illa potentia quae est nobilissima et consequitur formam nobilissimam, non est passiva tantum (quia non est potentia naturae infimae et potentiae infimae, scilicet materiae primae), quia

---

[16] Augustinus, *De vera religione* c. 14 § 27, CCSL 32, 204. – Das Zitat »Nichts ist so sehr in unserer Verfügung wie der Wille selbst« findet sich in *De libero arbitrio* III c. 3 § 27, CCSL 29, S. 279 und wird zitiert in *Retractationes* I c. 9 § 3, CCSL 57, S. 25. – Die dritte Textstelle ist aus *De diversis quaestionibus octoginta tribus* q. 8, CCSL 44A, S. 15.

[17] Bernhard von Clairvaux spricht nicht von den Ursachen des Willensakts, sondern nur davon, dass der Konsens des Willens frei *(spontaneus)* ist, siehe zum Beispiel *De gratia et libero arbitrio* c. 2 § 3; c. 4 § 9, SC 393, S. 248; S. 264–266.

[18] Aristoteles, *Met.* IX 5, 1048a8–10 (AL XXV/3.2, S. 184).

[19] Averroes, *In Met.* XII com. 36 ed. Juntina VIII, fol. 318 I–K. In dieser beliebten Textstelle unterscheidet Averroes zwei Weisen der Kausalität eines Zieles, je nachdem, ob das begehrte Objekt (in seinem Beispiel ein Bad) in seiner realen oder mentalen Seinsweise betrachtet wird. Als reales Bad übt es nach Averroes Zielursächlichkeit aus; in seiner mentalen Existenz übt es als Gewünschtes Wirkursächlichkeit auf das Strebevermögen aus.

[20] Aristoteles, *GC* I 7, 324b13–15.

[21] Das Argument richtet sich gegen Gottfried von Fontaines' Auffassung, das Objekt des Willens wirke wirkursächlich, nicht bloß – wie Scotus annimmt – als Zielursache.

25. Distinktion, einzige Quästion

15 Siehe auch Augustinus, *Über die wahre Religion*, sowie Augustinus, das erste Buch der *Überarbeitungen*, Kapitel 13: »Nichts ist so sehr in der Verfügung des Willens« usw.; *Dreiundachtzig Fragen*, Frage 8.[16]

16 Ferner, siehe Bernhard von Clairvaux, *Über die Wahlfreiheit*.[17]

17 Ferner schreibt der Philosoph im 9. Buch der *Metaphysik*, 4. Kapitel: »Das rationale Vermögen bezieht sich auf das Gegenteil.«[18]

18 Außerdem [wird das] durch eine Vernunftüberlegung [bewiesen]:

Das Objekt des Willens, sofern es das Objekt des Willens ist, hat den Sinngehalt des Zieles, wie es im 12. Buch der *Metaphysik* bezüglich des Bades heißt;[19] das Ziel bewegt aber im übertragenen Sinne, nach dem 1. Buch von *Über die Entstehung;*[20] also nicht wirkursächlich. Beweis der Folgerung: Alles, was wirkursächlich bewegt, bewegt um des Zieles willens und ist folglich etwas auf das Ziel Hingeordnetes. Aber [umgekehrt] impliziert die Tatsache, dass es ein Ziel gibt, nicht, dass es etwas auf das Ziel Hingeordnetes gibt; also usw.[21]

19 Außerdem, wenn das Objekt [den Willensakt] verursachte, dann wäre das nicht in ihm selbst, sondern im Willen, und folglich wäre der Willensakt keine Tätigkeit, sondern eine Erzeugung, die im Willen verursacht wird.[22]

20 Außerdem wäre der Willensakt kein lebensspezifischer Akt,[23] denn die Wirkung übertrifft nicht ihre Ursache, und das Lebendige ist vortrefflicher als das Nicht-Lebendige. Das Objekt ist aber nicht-lebendig, also usw.

21 Außerdem ist jenes Vermögen, das am vortrefflichsten ist und der vortrefflichsten Form entspringt, nicht bloß passiv, denn es ist nicht das Vermögen der niedrigsten Natur und des niedrigsten Vermögens, nämlich des Ersten Stoffes. Ich sehe nämlich, dass eine unvollkommenere Form aktiv ist, und zwar die vegetative Seele.[24] Aber

---

[22] Zum Unterschied zwischen Tätigkeit und Erzeugung siehe S. 58, Anm. 9.

[23] Lebensspezifische Akte *(actus vitales)* sind nach Scotus solche, die nicht auf leblose Prinzipien zurückzuführen sind, sondern zumindest als Teilursache das Lebensprinzip (das heißt die Seele) haben. Scotus nennt als Beispiele Erkenntnis und Sinneswahrnehmung, siehe *Lect.* I d. 3 p. 3 q. 2 § 399, Vat. 16, S. 381; *Ord.* I d. 17 p. 1 q. 2 § 13, Vat. 5, S. 144.

[24] Die vegetative Seele, die für Wachstum und Verdauung zuständig ist, gilt bei den Scholastikern allgemein als aktives Vermögen.

video quod ›forma imperfectior‹ activa est, ut anima vegetativa; sed voluntas consequitur formam nobilissimam; igitur est potentia activa.

[**I. – Ad quaestionem**

A. – Opinio prima

1. – Opinionis expositio]

22 Ad hanc quaestionem dicunt quidam quod tota causa actualitatis in actu voluntatis est ex parte obiecti voluntatis, ita quod tota vis est in obiecto cognito respectu actus voluntatis. Habent autem rationes pro se, quae factae sunt ad quaestionem.

23 Isti autem qui sic dicunt, discordant inter se.
[235] Dicunt enim aliqui quod obiectum cognitum movet voluntatem ad actum volendi.
24 Quod probant per Commentatorem XII *Metaphysicae* commento 35, de balneo, quod balneum, secundum quod est in intellectu, effective movet voluntatem, sed extra exsistens, ut finis, movet voluntatem metaphorice.

25 Alii dicunt quod non solum est impossibile quod idem sit movens et motum, sed requiritur quod movens et motum distinguantur subiecto; et ideo nulla potentia organica aut non-organica movet se, nec intellectus agens possibilem, ita quod potentia non-organica non movet potentiam aliam non-organicam, nec etiam potentia non-organica movet potentiam organicam, quia omnia haec non distinguuntur subiecto; sed idem est quod causat actum in intellectu et in voluntate, et hoc est obiectum movens, habens esse in phantasmate.

---

[25] Die hier genannte Meinung wird von Gottfried von Fontaines referiert, siehe *Quodl.* VI q. 7, PhB 3, S. 163–164. Sie lässt zu, dass Beweger (das gewollte Objekt) und Bewegtes (der Wille) beide im selben Subjekt (nämlich in der Geistseele) sind. Das gewollte Objekt (z. B. das Bad) bewegt nicht in seiner realen Existenz, sondern als vom Intellekt Gedachtes. Gottfried selbst erlaubt hingegen nicht, dass Beweger und Bewegtes im selben Subjekt sind (siehe Scotus' Darstellung in § 25). – Für das Averroes-Zitat, siehe S. 104, Anm. 19.

der Wille entspringt der vortrefflichsten Form; also ist er ein aktives Vermögen.

[I. – Zur Frage

A. – Die erste Meinung

1. – Darstellung der Meinung]

22 Zu dieser Frage sagen einige, die ganze Ursache dafür, dass der Willensakt im Akt ist, stamme vom Objekt des Willens, so dass die gesamte Wirkkraft gegenüber dem Willensakt im erkannten Objekt ist. Für ihre Auffassung sprechen die Überlegungen, die eingangs zu dieser Quästion angeführt wurden [§ 2–11].

23 Die Vertreter dieser Auffassung sind sich allerdings untereinander uneins.
Einige sagen nämlich, das erkannte Objekt bewege den Willen zum Willensakt.
24 Das beweisen sie durch den Kommentator im 12. Buch der *Metaphysik* im 35. Kommentar, über das Bad: Sofern das Bad im Intellekt ist, bewegt es den Willen wirkursächlich; sofern es außerhalb [der Seele] existiert, und zwar als Ziel, bewegt es den Willen im übertragenen Sinn.[25]

25 Andere sagen, es sei nicht nur unmöglich, dass dasselbe bewegend und bewegt ist, sondern das Bewegende und das Bewegte müssten auch dem Subjekt nach verschieden sein. Deshalb bewege sich kein organisches oder unorganisches Vermögen selbst, und auch der tätige Intellekt bewege nicht den möglichen Intellekt. Insofern bewege ein unorganisches Vermögen kein anderes unorganisches Vermögen, und ein unorganisches Vermögen bewege auch kein organisches, denn all dies sei dem Subjekt nach nicht verschieden. Vielmehr sei es dasselbe, das den Akt im Intellekt und im Willen verursacht, und zwar das bewegende Objekt, das im Vorstellungsbild da ist.[26]

---

[26] Dies ist die Theorie Gottfried von Fontaines'; siehe dazu Einleitung, S. 21–23.

26 [236] Sed quomodo est hoc possibile quod phantasma movet intellectum, cum intellectus subiecto non distinguatur a potentia phantastica?

27 Dicit iste doctor quod licet una potentia organica non movet se nec etiam potentia non-organica movet potentiam organicam, tamen una potentia organica movet aliam potentiam organicam, quia distinguuntur subiecto, et ita etiam potentia organica potest movere potentiam non-organicam, quia licet anima sit ubique in corpore, tamen anima est extra potentiam organicam, et secundum hoc potest potentia organica movere potentiam non-organicam. Solum igitur phantasma, secundum ipsum, causat volitionem.

[2. – Opinionis improbatio

a. – Contra opinionem in communi]

28 Contra istud.

[Ratio prima] – Primo: non est in potestate patientis pati (patiens enim non dominatur suae passioni); si igitur velle voluntatis comparatur tantum ad voluntatem ut passio eius, sequitur quod non erit in potestate voluntatis actus volendi, – et tunc tollitur laus et vituperium, meritum et demeritum. Haec videtur esse intentio Augustini III *De libero arbitrio*, post principium, ubi vult quod nisi esset velle in potestate nostra, nec mereremur nec demereremur. Hinc etiam est – quod philosophi impugnant – quod non essemus domini actuum nostrorum.

29 [237] Dicunt – propter istam rationem et libertatem voluntatis salvandam – quod licet voluntas determinetur ad principia practica,

---

[27] Siehe Einleitung, S. 22–23.
[28] Scotus behandelt zunächst den generellen Aspekt der Theorie, der Willensakt sei vom Objekt verursacht (§ 28–37). Später diskutiert er je für sich die beiden Varianten, nämlich die von Gottfried referierte Theorie (§ 38–39) sowie Gottfrieds eigene Theorie (§ 40–50).
[29] Siehe § 14 (oben S. 103).

25. Distinktion, einzige Quästion

26 Aber wie ist dies möglich, dass das [Objekt im] Vorstellungsbild den Intellekt bewegt, wo doch der Intellekt nicht dem Subjekt nach vom Vorstellungsvermögen verschieden ist?

27 Jener Doktor sagt, zwar bewege ein organisches Vermögen nicht sich selbst, und auch ein unorganisches Vermögen bewege nicht ein organisches Vermögen, aber dennoch bewege ein organisches Vermögen ein anderes organisches Vermögen, da sie dem Subjekt nach verschieden seien, und auf diese Weise könne auch ein organisches Vermögen ein unorganisches Vermögen bewegen. Obwohl nämlich die Seele im Körper allgegenwärtig ist, sei sie dennoch außerhalb eines organischen Vermögens, und insofern könne ein organisches Vermögen ein unorganisches bewegen. Nach seiner Auffassung verursacht also nur das Vorstellungsbild den Willensakt.[27]

[2. – Widerlegung der Meinung

a. – Gegen die Meinung im Allgemeinen]

28 Gegen diese Auffassung [§ 22].[28]

[Erstes Argument] – Erstens verfügt das Passive nicht darüber, ob es etwas erleidet; das Passive hat nämlich keinen Einfluss darauf, was ihm widerfährt. Betrachtet man also das Wollen des Willens lediglich als das, was dem Willen widerfährt, folgt daraus, dass der Wille nicht über den Willensakt verfügt. Dann entfallen aber Lob und Tadel, Verdienst und Bestrafung. Dies scheint der Gedanke des Augustinus im 3. Buch *Über die Wahlfreiheit* (nach dem Anfang) zu sein;[29] dort behauptet er, wenn wir nicht über das Wollen verfügten, dann gebührten uns weder Verdienst noch Bestrafung. Außerdem wären wir dann nicht Herr unserer Akte; diese Schlussfolgerung bestreiten aber die Philosophen.[30]

29 Aufgrund dieser Überlegung, und um die Freiheit des Willens zu gewährleisten, sagen sie, der Wille werde zwar in Bezug auf die prak-

---

[30] Aristoteles widmet *EN* III 7 dem Thema, dass unser Tun und Lassen in unserer eigenen Verfügung ist; siehe insbesondere 1113b3–30 (AL XXVI/3, S. 187–188).

non tamen quantum ad conclusiones: potest enim voluntas intellectum avertere ad consentiendum uni conclusioni et non alteri.

31 [238] Contra:

Quaero quomodo potest movere aut imperare intellectui ad intelligendum vel non intelligendum? Voluntas, secundum illam viam, non potest movere nisi mota; illam motionem voluntatis praecessit cognitio. Aut igitur illa cognitio est in potestate voluntatis, – aut non in potestate eius, quia est ante volitionem et ad illam movet obiectum. Si non est in potestate eius, non potest movere intellectum ad intelligendum vel non intelligendum. Vel ergo erit processus in infinitum, vel non erit in potestate eius aliqua motio.

30 [237] Praeterea, quandocumque agens sufficiens agit, patiens patitur, quia – ex opposito – si patiens non patitur, igitur agens non sufficienter agit, sed oportet aliud; ergo in cuius potestate non est quod agens agat, in potestate eius non est quod patiens patiatur (quia in cuius potestate non est ›prius‹, nec ›posterius‹ quod[a] necessario sequitur illud ›prius‹). Sed non est in potestate patientis actio agentis sufficientis, quando ›agens‹ est aliquid naturale, et hoc praecipue in proposito, cum actus[b] praecedat omnem volitionem et actionem intellectus; igitur non est in potestate voluntatis prima volitio, tamen volitio reflexiva est. Unde volitio quae est ab obiecto, non est in potestate eius; in potestate tamen eius est quod voluntas faciat intelligere intellectum vel non intelligere, in operando.

32 [238] Praeterea, secundum Augustinum I *Retractationum* 9: »Nihil tam est in potestate voluntatis quam ipsa voluntas«; sed – per

---

[a] quod] V quia *ed.*   [b] actus] V actio agentis naturalis *ed.*

---

[31] Siehe Gottfried von Fontaines, *Quodl.* VI q. 7, PhB 3, S. 159–160.
[32] Der Abschnitt § 31 gehört vor § 30, siehe Anm. 33.
[33] Dieser Abschnitt scheint ein Zusatz zu sein. Offensichtlich muss nämlich § 31 vor § 30 gelesen werden, denn § 31 enthält das »Contra«, das sich wie § 30 gegen die Behauptung in § 29 richtet. Möglicherweise war § 30 im Exemplar, von dem die uns vorliegende Handschrift abgeschrieben wurde, auf einem losen Blatt oder am Rand notiert, woraufhin der Kopist die intendierte Reihenfolge nicht verstanden hat. Übrigens sind § 29–31, sowie zahlreiche andere Abschnitte oder Sätze, nur in einer der beiden Handschriften enthalten. Siehe dazu Einleitung, S. 47, Anm. 98.

tischen Prinzipien determiniert, nicht aber in Bezug auf die Schlussfolgerungen. Der Wille könne nämlich den Intellekt abwenden, so dass er einer Schlussfolgerung zustimmt, aber nicht einer anderen.³¹

31 Dagegen:³²
Ich frage, wie der Wille den Intellekt bewegen oder ihm befehlen kann, zu erkennen oder nicht zu erkennen? Der Wille kann nach dieser Theorie nicht bewegen, sofern er nicht bewegt ist; jener Bewegung des Willens geht Erkenntnis voraus. Entweder verfügt der Wille über jene Erkenntnis oder er verfügt nicht darüber, denn sie geht dem Willensakt voraus, und zu jenem Willensakt bewegt [angeblich] das Objekt. Wenn sie nicht in seiner Verfügung ist, dann kann der Wille den Intellekt nicht dazu bewegen zu erkennen oder nicht zu erkennen. Also gibt es entweder einen unendlichen Regress oder der Wille verfügt über überhaupt keine Bewegung.

30 Außerdem³³ widerfährt dem Passiven immer dann, wenn etwas hinreichend Aktives wirksam ist, die Wirkung – denn es gilt auch umgekehrt: wenn dem Passiven keine Wirkung widerfährt, dann ist das Aktive nicht hinreichend wirksam, sondern es ist etwas anderes [dazu] erforderlich. Wer also nicht darüber verfügt, dass das Aktive wirksam ist, der verfügt auch nicht darüber, dass dem Passiven eine Wirkung widerfährt. Wer nämlich nicht über das Frühere verfügt, der verfügt auch nicht über das Spätere, das notwendigerweise auf das Frühere folgt. Aber das Passive verfügt nicht über die Tätigkeit des hinreichend Aktiven, wenn das Aktive etwas Naturhaftes ist. Genau das gilt im vorliegenden Fall, denn die Aktivität [des Objekts] geht jedem Willensakt und jeder Tätigkeit des Intellekts voraus. Daher verfügt der Wille nicht über den ersten Willensakt, und dennoch ist der Willensakt [angeblich] reflexiv. Daher verfügt der Wille nicht über den Willensakt, der vom Objekt [verursacht] ist; und trotzdem verfügt er [angeblich] darüber, dass der Wille durch seine Tätigkeit den Intellekt erkennen oder nicht erkennen lässt.³⁴

32 Außerdem schreibt Augustinus im 1. Buch der *Überarbeitungen*, im 9. Kapitel: »Über nichts verfügt der Wille so sehr wie über den

---

³⁴ Wie in § 31 gibt Scotus hier zu bedenken, wie der Wille denn den Intellekt auf freie Weise lenken soll, wenn seine eigene Aktivität doch nur auf die naturhafte Aktivität des Objekts zurückzuführen ist.

te – in potestate voluntatis est aliqua intellectio, quam potest imperare; igitur in potestate sua est actus suus proprius.

33 Praeterea, ex hoc quod ratio diversa potest cognoscere et discernere, et voluntas non, non est libertas in voluntate, quia secundum Anselmum *De casu diaboli* cap. 12, si esset angelus habens instrumentum cum affectione commodi, posset ratiocinare, et non esset libertas nec peccatum in eo (secundum Anselmum), sed tantum esset ibi inclinatio sicut appetitus sensitivus inclinatur, et tamen intellectus esset indifferens ad cognoscendum alia; igitur per istam indifferentiam ad cognoscendum, a qua non salvatur libertas in voluntate (nec appetitus sensitivus), quia tantum inclinaretur ad intelligibilia (ita tamen naturaliter [239] ad intelligibilia sicut appetitus sensitivus ad sensibilia), nondum esset liber. Igitur non quia est potentia intellectualis, ideo est libera.

34 Item, haec indifferentia potest esse in appetitu sensitivo circa diversa obiecta, quia nunc – propter indispositionem organi – potest unum appetere, nunc oppositum (sic etiam vis apprehensiva sensitiva); igitur si talis indifferentia sufficeret ad libertatem, in appetitu sensitivo esset libertas.

35 Item, ratio non potest demonstrative syllogizare nisi de oppositis, sed de altero sophistice et defective; igitur si propter talem indifferentiam in intellectu ›quia potest iudicare de oppositis‹, esset libertas in voluntate, sequeretur quod libertas esset in voluntate ›quia habet cognitionem defectibilem‹, et haec misera esset libertas!

---

[35] Siehe § 15 (oben, S. 105).
[36] Siehe S. 110, Anm. 31.
[37] Vgl. Gottfried von Fontaines, *Quodl.* VI q. 7, PhB 3, S. 161.
[38] Anselm von Canterbury, *De casu diaboli* c. 13, Opera omnia 1, S. 255–257.
[39] Während im 13. Jahrhundert der geläufige Willensbegriff jener des rationalen bzw. intellektuellen Strebevermögens *(appetitus rationalis / intellectualis)* ist, hält Scotus diesen Begriff für unzulänglich, da darin noch nicht die Freiheit des Willens ausgedrückt sei. Etwas könnte nämlich fähig sein, auf höchst vernünftige Weise die besten Mittel zu einem Ziel zu finden, ohne dabei auch frei zu sein (das heißt für Scotus: ohne Handlungsalternativen zu haben). Dieses Argument entwickelt Scotus ausführlich in *Ord.* II d. 6 q. 2 §49–51 (unten, S. 183–187). Siehe auch Einleitung, S. 30–32.
[40] Nach Scotus genügt es nicht, unter jeweils anderen Umständen verschiedene Willensakte zu haben (»diachrone Kontingenz«). Dies wäre nämlich mit Notwendigkeit und Fremdbestimmung vereinbar. Siehe Einleitung, S. 17–18.

Willen selbst.«[35] Nach deiner Auffassung verfügt der Wille aber über einen gewissen Erkenntnisakt, den er befehlen kann;[36] also verfügt er über seinen eigenen Akt.

33 Außerdem ist der Grund dafür, dass es Freiheit im Willen gibt, nicht der, dass die Vernunft Verschiedenes erkennen und unterscheiden kann, der Wille aber nicht.[37] Anselm sagt nämlich in *Vom Fall des Teufels* im 12. Kapitel: Wenn es einen Engel gäbe, der ein [Willens]instrument [nur] mit dem Hang zum Angenehmen hätte, könnte er [zwar praktische] Überlegungen anstellen, aber es gäbe in ihm nach Anselm keine Freiheit und keine Sünde, sondern es gäbe dort nur eine Neigung in der Weise, wie das sinnliche Strebevermögen [von seinem Objekt] geneigt wird.[38] Dennoch wäre aber der Intellekt indifferent, anderes zu erkennen [als er gerade erkennt]. Deshalb wäre [der Engel] nur aufgrund dieser Indifferenz hinsichtlich der Erkenntnis noch nicht frei, denn durch diese Indifferenz wird nicht die Freiheit im Willen gewährleistet ([der ja] kein sinnliches Strebevermögen [ist]), denn der Wille würde bloß auf die Erkenntnisgegenstände hingeneigt, allerdings auf naturhafte Weise, so wie das sinnliche Strebevermögen auf die Sinnesgegenstände [naturhaft hingeneigt ist]. Daher ist der Wille nicht deswegen frei, weil er ein intellektuelles Vermögen ist.[39]

34 Ferner könnte sich diese Indifferenz im sinnlichen Strebevermögen auf verschiedene Gegenstände beziehen, denn einmal kann es aufgrund der fehlenden Disponiertheit des Sinnesorgans ein Ding erstreben und ein anderes Mal das Gegenteil. Dasselbe gilt auch für das sinnliche Erkenntnisvermögen. Wenn also eine solche Indifferenz für die Freiheit hinreichend wäre, dann gäbe es Freiheit im sinnlichen Strebevermögen.[40]

35 Außerdem kann die Vernunft nicht Gegenteiliges beweisen; vielmehr gelangt es zu einem der gegenteiligen Ergebnisse nur[41] durch Täuschung oder durch einen Fehlschluss. Wenn also im Willen die Freiheit aufgrund einer solchen Indifferenz im Intellekt wäre, nämlich zu gegenteiligen Urteilen zu kommen, dann folgte daraus, dass im Willen Freiheit wäre, weil [der Intellekt] eine fehlbare Erkenntnis hat – und das wäre eine erbärmliche Freiheit![42]

---

[41] Die Übersetzung korrigiert die Fehlstellung von »nisi« (nur).
[42] Scotus behandelt hier die praktische Erkenntnis, als entwickelte sie sich wie apodiktische theoretische Erkenntnis. Siehe auch seine Behandlung der Klugheit in *Ord.* III d. 36 q. un. §86–100 (unten, S. 255–263).

36 [Ratio secunda] – Praeterea, secundo principaliter arguitur contra praedictam opinionem sic: agens naturale – idem et non impeditum – in eodem passo aequaliter disposito non potest causare opposita (hoc enim est de ratione agentis naturalis; unde II *De generatione:* »Idem in quantum idem natum est semper facere idem«; et hoc specialiter intelligitur de agente naturali); sed obiectum est mere agens naturale; igitur in eodem passo idem manens non potest causare opposita; igitur si obiectum cognitum causat in voluntate nolle, non potest causare velle, vel e contra. Sed hoc ponere est tollere omnem libertatem a voluntate et contingentiam in actibus humanis, qui sunt in potestate hominis; nec potest poni malum causa nolitionis vel odii, quia est privatio. – [240] Haec videtur ratio Augustini XII *De civitate Dei* cap. 6, de ›aequaliter affectis‹, ubi obiectum est idem et voluntas aequaliter affecta, et tamen unus cadit et alius non; igitur obiectum non est causa.

37 [Ratio tertia] – Praeterea, illa opinio non solum est contra multa dicta sanctorum (ut supra, contra Augustinum *83 Quaestionum* quaestione 8, et alibi multa alia), sed etiam est contra Philosophum IX *Metaphysicae* cap. 4, qui vult quod potentia rationalis ex se non exit in actum, quia est oppositorum: si tunc ex se exiret in actum, exiret in opposita (unde scientia non magis determinatur ad unum oppositorum quam ad aliud). Ista consequentia tenet per hoc quod potentia rationalis naturaliter est oppositorum, et ita si posset ex se in actum, exiret in opposita, – sicut sol habet naturam causandi opposita in diversis passis, et ideo ex se (si non impediatur) causat

---

[43] Aristoteles, *GC* II 10, 336a27–28.
[44] Siehe § 12 (oben, S. 103) und Anm. 12.
[45] Siehe § 17 (oben, S. 105) und Anm. 18. Siehe auch *In Met.* IX q. 15 § 46–53 (oben, S. 79–85).
[46] Sofern Scotus hier das vernünftige Vermögen als naturhaft tätig darstellt, präsentiert er es nicht im Sinne des »vollständigen rationalen Vermögens«, das nur der Wille ist, nach *In Met.* IX q. 15 § 47 (oben, S. 81). Möglicherweise hat Scotus diese Theorie zum Zeitpunkt der Abfassung von *Lect.* II d. 25 noch nicht entwickelt. (Der Text von *In Met.* IX q. 15 ist mit Sicherheit später als *Lect.* II d. 25, denn die Theorie der Selbstbewegung, die Scotus in *In Met.* IX q. 14 vorstellt und auch in *Rep.* II A d. 25 vertritt, ist in *Lect.* II d. 25 noch nicht zu finden.)

25. Distinktion, einzige Quästion

36 [Zweites Argument] – Das zweite Hauptargument gegen die vorher genannte Auffassung lautet so: Das gleiche naturhaft Tätige kann – sofern es unbehindert ist – im selben Passiven, das gleichermaßen disponiert ist, nicht Gegenteiliges verursachen. Das gehört nämlich zum Begriff des naturhaft Tätigen; deshalb heißt es im 2. Buch von *Über die Entstehung:* »Dasselbe, sofern es dasselbe ist, ist von Natur aus darauf angelegt, immer dasselbe hervorzubringen«[43]; und diese Aussage bezieht sich insbesondere auf das naturhaft Tätige. Das Objekt ist aber ein bloß naturhaft Tätiges. Sofern es also im selben Passiven gleich bleibt, kann es nicht Gegenteiliges verursachen. Wenn also das erkannte Objekt im Willen einen Widerwillen verursacht, kann es kein Wollen verursachen, und umgekehrt gilt das auch. Aber diese Annahme bedeutet, den Willen jeglicher Freiheit zu berauben sowie die Kontingenz in den menschlichen Handlungen, über die die Menschen verfügen, aufzugeben. Man kann auch nicht das Böse als Ursache des Widerwillens oder des Hasses annehmen, weil es eine Privation ist. – Dies scheint das Argument des Augustinus im 12. Buch des *Gottesstaates* im 6. Kapitel zu sein, wo es um die beiden Männer geht, die in den gleichen Zustand versetzt sind. Das Objekt ist dort dasselbe und der Wille ist denselben Einflüssen ausgesetzt, und dennoch fällt der eine und nicht der andere.[44] Also ist das Objekt nicht die Ursache.

37 [Drittes Argument] – Außerdem widerspricht diese Auffassung nicht nur vielen Aussagen der Heiligen (wie oben bemerkt wurde [§ 15], widerspricht sie Augustinus, *Dreiundachtzig Fragen*, Frage 8, und vielen anderen Aussagen anderswo), sondern sie widerspricht auch dem Philosophen im 9. Buch der *Metaphysik* im 4. Kapitel.[45] Nach seiner Auffassung geht ein rationales Vermögen nicht von sich aus in den Akt über, weil es sich auf Gegenteiliges richtet; wenn es nämlich von sich in den Akt überginge, dann würde es [zugleich] gegenteilige Zustände bewirken. Deshalb ist auch wissenschaftliche Erkenntnis nicht auf eine von zwei gegenteiligen [Aussagen] mehr festgelegt als auf die andere. Diese Schlussfolgerung gilt deshalb, weil sich ein rationales Vermögen naturhaft auf Gegenteiliges richtet.[46] Wenn es daher von sich aus in den Akt übergehen könnte, so würde es in Gegenteiliges übergehen, so wie die Sonne die Natur hat, Gegenteiliges in verschiedenen empfänglichen Dingen zu bewirken, und deswegen von sich aus (sofern sie nicht behindert wird) Gegenteiliges

opposita in diversis passis approximatis. Ita de scientia sive intellectu habente scientiam: scientia enim, cuius est, est eius per modum naturae, et ita est principium agendi per modum naturae; necesse est igitur – secundum Philosophum – quod determinetur, et hoc ab appetitu sive prohaeresi, secundum Philosophum. Sed non determinatur per appetitum in quantum determinatur per scientiam, quia si scientia determinaret, cum ipsa aequaliter se habeat ad opposita, sequitur quod determinaret ad opposita; igitur voluntas determinat potentiam rationalem, ita quod voluntas nullam determinationem capit a scientia nec ab alio.

[b. – Contra opinionem in speciali]

38 [241] Contra praedictam opinionem in speciali.

[Contra primum modum dicendi] – Contra hoc quod dicitur quod finis ut est in intellectu, sive obiectum ut actualiter cognitum, movet voluntatem ad actum volendi:
Finis enim, in quantum finis, est alia causa ab efficiente et aliam habet causalitatem; sed causalitas finis est movere efficientem ad causandum; igitur alia erit causalitas efficientis; igitur finis non effective movet efficientem.

39 Praeterea, omne per se agens agit propter finem; sed si ponatur finis movere effective et esse agens, erit agens per se, quia non per alterum (tunc enim esset aliqua alia causa prior movens quam finis; sed sic finis moveret per accidens, quia omne ›per accidens‹ reducitur ad ›per se‹). Sed prima motio est a fine; igitur si finis moveret effective, per se moveret, et per consequens finis moveret propter finem.

---

[47] Vgl. *In Met.* IX q. 15 § 17; § 40 (oben, S. 61; S. 73).
[48] Siehe Aristoteles, *Met.* II 2, 994b13–16; *Phys.* II 8, 199a8–20. Das »An-sich-Tätige« steht im Gegensatz zum beiläufig, das heißt zufällig Tätigen.

in verschiedenen empfänglichen Dingen, die ihr ausgesetzt sind, bewirkt. Das gilt auch für die wissenschaftliche Erkenntnis oder den Intellekt, der über wissenschaftliche Erkenntnis verfügt. Jemand, der eine wissenschaftliche Erkenntnis hat, hat sie nämlich auf naturhafte Weise, und daher ist sie auf naturhafte Weise das Tätigkeitsprinzip. Es ist deswegen nach dem Philosophen notwendig, dass sie determiniert wird, und zwar seiner Meinung nach vom Strebevermögen oder von der *Prohairesis*.[47] Sie wird aber nicht vom Strebevermögen determiniert, sofern dieses von der wissenschaftlichen Erkenntnis determiniert wird, denn wenn die wissenschaftliche Erkenntnis determinierte, so folgte, dass sie auf Gegenteiliges hin determiniert, weil sich die wissenschaftliche Erkenntnis ja gleichermaßen auf Gegenteiliges bezieht. Daher determiniert der Wille das rationale Vermögen, ohne dass ihm selbst irgendeine Determination von der wissenschaftlichen Erkenntnis oder von etwas anderem widerfährt.

[b. – Gegen die Meinung im Besonderen]

38 Gegen die oben genannte Meinung im Besonderen.

[Gegen die erste Variante] – Gegen die Behauptung, das Ziel, wie es im Intellekt ist, oder das Objekt, wie es aktuell erkannt ist, bewege den Willen zum Willensakt [§ 23]:

Das Ziel ist nämlich als solches eine andere Ursache als die Wirkursache, und es hat eine andere Ursächlichkeit. Die Ursächlichkeit des Zieles besteht aber darin, die Wirkursache zum Verursachen zu bewegen; also hat die Wirkursache eine andere Ursächlichkeit; also bewegt das Ziel nicht die Wirkursache auf wirkursächliche Weise.

39 Außerdem ist jedes an sich Tätige im Hinblick auf ein Ziel tätig.[48] Wenn aber angenommen wird, das Ziel bewege auf wirkursächliche Weise und es sei etwas Tätiges, dann ist es ein an sich Tätiges, denn es ist nicht kraft eines anderen tätig (denn dann gäbe es eine andere Ursache, die früher bewegt, als das Ziel; aber in dem Fall würde das Ziel beiläufig bewegen, denn alles Beiläufige geht auf ein »An sich« zurück). Aber die erste Bewegung kommt vom Ziel; wenn also das Ziel auf wirkursächliche Weise bewegte, dann würde es an sich bewegen, und folglich würde das Ziel im Hinblick auf ein Ziel bewegen. Also bewegt es entweder um seiner selbst willen oder im Hinblick auf etwas anderes; wenn um seiner selbst willen, dann ist es

Aut igitur propter se, aut propter aliud: si propter se, erit finis et causa sui ipsius; si propter aliud, erit processus in infinitum.

40 [Contra secundum modum dicendi] – Contra alium modum ponendi, in speciali:
›Quod phantasma causat omnem actum in voluntate, quia movens et motum debent distingui subiecto‹, – contra: secundum hanc opinionem esset dicendum quod angelus non posset habere novam volitionem nec intellectionem, quia ibi movens et motum non possunt distingui subiecto, sed oporteret Deum facere miraculum in omni volitione nova angeli, creando eam; et tunc sequitur quod Deus creavit actum quo angelus peccavit, – vel si actus voluntatis in angelo sit ab aliis, non erit in potestate angeli.

41 [242] Dicit tamen iste quod tantum est creditum quod angelus possit habere novam intellectionem, nec a Philosopho hoc habetur nec per rationem naturalem.

42 Dico quod potest ostendi per rationem naturalem quod anima rationalis saltem novam volitionem potest habere. Unde opinio quae ponit quod phantasma sit tota causa volitionis et intellectionis, nimis vilificat animam nostram, quia ponit quod non plus quam boves habemus actus nostros.

43 Item, angelus intelligit se; et sive intellectio sit ab obiecto sive ab intellectu, idem movet se. Et esto quod Philosophus negaret intellectionem esse accidens, numquam negaret immateriale intelligere se, si poneret intellectionem esse accidens.

44 Praeterea, effectus non est perfectior sua causa aequivoca totali; igitur cum phantasma sic sit causa respectu volitionis et intellectio-

---

[49] Ein entsprechendes Argument bringt Scotus in seiner Kritik der Erkenntnislehre Gottfrieds; siehe *Ord.* I d. 3 p. 3 q. 2 § 430–432, Vat. 3, S. 262–263.
[50] Gottfried von Fontaines, *Quodl.* VI q. 7, PhB 3, S. 168–169.
[51] Siehe *Auctoritates Aristotelis*, ex *Met.* § 276; ex *An.* § 148, ed. Jacqueline Hamesse, S. 138; S. 186: »In separatis a materia idem est intelligens et intellectum. (In dem, was vom Stoff getrennt ist, sind das Erkennende und Erkannte identisch.)« Außerhalb des Kontexts könnte diese Aussage auf Engel (das heißt vom Stoff getrennte Substanzen) angewandt werden, wenngleich bei Aristoteles der Sinn ein anderer ist, siehe *Met.* XII 9, 1075a3–4; *An.* III 4, 430a3–4.
[52] Bei univoken Ursachen gehört die Wirkung derselben Art an wie die Ursache und ist deshalb genauso vollkommen; zum Beispiel erzeugt Wärme Wär-

Ziel und Ursache seiner selbst; wenn im Hinblick auf etwas anderes, dann gibt es einen unendlichen Regress.

40 [Gegen die zweite Variante] – Gegen die andere Variante [§ 25–27] speziell betrachtet:
Gegen die Behauptung, das Vorstellungsbild verursache jeden Akt im Willen, weil das Bewegende und das Bewegte dem Subjekt nach verschieden sein müssen: Nach dieser Auffassung müsste man sagen, ein Engel könne keinen neuen Willensakt und auch keinen neuen Erkenntnisakt haben, denn bei ihm können das Bewegende und Bewegte nicht dem Subjekt nach verschieden sein; vielmehr müsste Gott bei jedem neuen Willensakt ein Wunder vollbringen, indem er den Willensakt erschafft.[49] Dann folgt daraus, dass Gott den Akt geschaffen hat, durch den der Engel gesündigt hat – oder wenn der Willensakt im Engel von anderen [Ursachen] stammt, dann ist er nicht in der Verfügung des Engels.

41 Dieser [Magister] sagt nämlich, es sei bloß Glaubensinhalt, dass ein Engel einen neuen Erkenntnisakt haben kann; man könne sich dafür weder auf den Philosophen berufen, noch auf die natürliche Vernunft.[50]

42 Ich sage, man könne durch die natürliche Vernunft zeigen, dass wenigstens die Vernunftseele einen neuen Willensakt haben kann. Daher wertet diese Meinung, die annimmt, das Vorstellungsbild sei die Totalursache des Willens- und Erkenntnisakts, unsere Seele zu sehr ab, denn sie nimmt an, dass wir unsere Akte nicht auf bessere Weise als Rindviecher haben.

43 Ferner erkennt der Engel sich selbst; und egal, ob der Erkenntnisakt vom Objekt oder vom Intellekt ist, bewegt etwas Identisches sich selbst. Selbst zugegeben, dass der Philosoph verneinen würde, dass [bei immateriellen Substanzen] der Erkenntnisakt ein Akzidens ist,[51] so würde er jedoch niemals leugnen, dass etwas Immaterielles sich selbst erkennt, wenn er annähme, der Erkenntnisakt sei ein Akzidens.

44 Außerdem ist die Wirkung nicht vollkommener als ihre äquivoke Totalursache;[52] sollte also das Vorstellungsbild auf diese Weise die

---

me. Bei äquivoken Ursachen ist die Wirkung anderer Art und weniger vollkommen als die Ursache. Siehe *Lect.* I d. 3 p. 3 q. 2–3 § 337, Vat. 16, S. 359.

nis, non erit aliqua volitio aut intellectio perfectior phantasmate, et ita – per consequens – cum bos possit habere phantasma [243] perfectius quam nos, actus volendi aut intelligendi noster erit imperfectior phantasiā aut phantasmate bovis.

45 Nec valet dicere quod intellectus agens concurrit, quia nihil agit in phantasia nec in intellectu possibili, cum – secundum eos – sint indistincta subiecto; et posito quod aliquid causaret in phantasia, adhuc esset illud perfectius intellectione, et sic sequitur quod ›felicitas‹ philosophorum sit imperfectior phantasmate.

46 Praeterea, principium cui innituntur, falsum est, quod ›movens et motum distinguantur subiecto‹. Hoc est enim falsum in multis, et contra Philosophum, nam subiectum respectu propriae passionis non tantum habet rationem causae materialis, sed efficientis, – aliter non necessario inesset subiecto suo, nisi necessario causaretur ab eo, quia numquam potentia passiva (quae est de se »potentia contradictionis«) est causa necessitatis alicuius sibi inhaerentis, sed magis oppositi. Habet etiam instantiam in gravibus et levibus, quae effective moventur a se, ut supra dictum est.

---

[53] Scotus versteht Gottfried fälschlich so, als könnten unorganische Vermögen nicht auf organische Vermögen einwirken (vgl. S. 108, Anm. 27). In jedem Fall hat Gottfrieds Theorie das Problem, den intellektuellen Akt des Erkennens als gänzlich vom Vorstellungsbild verursacht aufzufassen. Da das Vorstellungsbild nur eine äquivoke Ursache des Erkenntnisakts sein kann, muss das Erkennen weniger vollkommen sein als die Vorstellung. In der Theorie der nichtchristlichen Philosophen (wie zum Beispiel des Aristoteles in *EN* X 7, 1177a12–17) wird das höchste menschliche Glück aber als Erkenntnis angesetzt. Also wäre ein solches Glück weniger vollkommen als das Vorstellungsbild, das dieses Glück mittels der Erkenntnisakte bewirkt. Siehe auch *Lect.* I d. 3 p. 3 q. 2 § 326; § 336, Vat. S. 335; S. 359.

[54] Alle passiven Vermögen richten sich auf gegenteilige Zustände; siehe *Met.* IX 8, 1050b8–9 (AL XXV/3.2, S. 190). Bei den aktiven Vermögen gilt das nur für die rationalen Vermögen; siehe *Met.* IX 2.

[55] Gottfried leugnet, dass schwere Dinge (z. B. Steine) und leichte Dinge (z. B. Feuer) sich selbst abwärts bzw. aufwärts bewegen; siehe *Quodl.* VI q. 7, PhB 3, S. 156. Scotus verteidigt hingegen die Selbstbewegung der schweren und leichten Dinge im Zusammenhang mit der örtlichen Selbstbewegung der Engel in *Lect.* II d. 2 p. 2 q. 5–6 § 306–322, Vat. 18, S. 191–196), *Ord.* II d. 2 p. 2 q. 6 § 466–464, Vat. 7, S. 353–362. Scotus verteidigt auch die Selbstbewegung des Willens, siehe § 88 (unten, S. 145).

[Total]ursache in Bezug auf den Willens- und Erkenntnisakt sein, dann ist kein Willens- oder Erkenntnisakt vollkommener als das Vorstellungsbild. Da aber ein Rindvieh ein vollkommeneres Vorstellungsbild als wir haben könnte, ist folglich unser Willens- oder Erkenntnisakt unvollkommener als das Vorstellungsvermögen oder das Vorstellungsbild eines Rindviehs.

45 Zu sagen, der tätige Intellekt wirke [mit dem Vorstellungsbild] zusammen, hat keinen Wert. Er bewirkt nämlich nichts im Vorstellungsvermögen oder im möglichen Intellekt, da sie – nach deren Theorie – dem Subjekt nach ununterschieden sind [§ 25]. Selbst angenommen, der [tätige Intellekt] bewirke etwas im Vorstellungsvermögen, so wäre das dort Bewirkte trotzdem vollkommener als der Erkenntnisakt, und so folgt, dass das Glück der Philosophen unvollkommener als das Vorstellungsbild ist.[53]

46 Außerdem ist das Prinzip falsch, auf das sie sich berufen, nämlich dass das Bewegende und das Bewegte dem Subjekt nach verschieden sein sollen [§ 25]. Dies ist nämlich in vieler Hinsicht falsch, und es widerspricht dem Philosophen. Ein Subjekt hat ja gegenüber seiner eigentümlichen Eigenschaft nicht bloß den Sinngehalt der Stoffursache, sondern auch der Wirkursache. Denn sonst, [nämlich] wenn die eigentümliche Eigenschaft nicht notwendigerweise von ihrem Subjekt verursacht würde, wäre sie nicht notwendigerweise in ihrem Subjekt. Ein passives Vermögen (das von sich aus eine »Fähigkeit für Gegenteiliges« ist[54]) ist nämlich niemals die Ursache der Notwendigkeit von etwas, das ihm inhäriert, sondern eher des Gegenteils. Das Prinzip hat auch den Einwand von den schweren und leichten Körpern, die wirkursächlich von selbst bewegt werden, wie oben gesagt worden ist.[55]

Lectura II

47 Dices quod non moventur effective a se, sed tantum consecutive, [244] semper in ›ubi‹: generans enim dat formam gravi, ad quam consequitur esse in ›ubi‹, si non impediatur.

48 Contra: illud ›consecutive‹, si est a nullo et aliquid est, tunc est, et a nullo effective; igitur est Deus!

49 Praeterea, si non esset ibi impedimentum, generans generaret grave et effective faceret ipsum deorsum; igitur similiter, soluto impedimento, effective movebitur.

50 Item, sic dicerem quod omnia fiunt consecutive, si ›habere aliquid consecutive‹ non sit ›habere effective‹; similiter in angelo, et in multis aliis, patitur instrumentum, si movens et motum distinguantur subiecto.

[3. – Opinio incidens in praedictam]

51 Alii incidunt in praedictam opinionem, licet dicant alia verba. Dicunt enim quod ab obiecto cognito causatur in voluntate affectio, quae sit causa volitionis necessaria.

52 [245] Haec opinio idem in re ponit cum praedicta, et eo minus bene quod ponit plura sine necessitate: nam sequitur quod agit et causabit illam affectionem per modum agentis naturalis, et illa affectio erit – ut naturale agens – principium eliciendi volitionem; unde contra hanc viam sunt rationes factae contra opinionem priorem, sicut patet intuenti.

53 Si autem ponant quod in voluntate causatur quaedam complacentia aut pondus quoddam vel passio sive delectatio ante volitionem

---

[56] Thomas von Sutton, *Quaestiones ordinariae* q. 7, ed. Johannes Schneider, S. 215–216. Nach Suttons Theorie hat das Schwere als natürliche Form die *gravitas*, wodurch es sich »konsekutiv«, gewissermaßen der Reihe nach, abwärts bewegt. Seine Erklärung dieser Theorie ist unklar. Jedenfalls hofft Sutton dadurch eine gewisse Selbstbewegung ansetzen zu können, ohne dass sich etwas von selbst von der Potenz in den Akt überführt.

[57] Dies ist eine Anspielung auf den Sündenfall der Engel. Wer die Passivität des Willens betont, muss auch zugeben, dass dem Willen Luzifers die Wirkung, nämlich der sündhafte Willensakt, nur passiv widerfährt als etwas, das nicht aus dem Willen selbst hervorgeht, sondern von außen kommt.

[58] Scotus referiert die Theorie des Johannes von Murro. Wahrscheinlich ist Scotus' nicht ganz korrekte Wiedergabe dieser Theorie von Heinrich von Gents Darstellung beeinflusst, siehe Einleitung, S. 23–24.

47 Du wirst sagen, dass [schwere und leichte Dinge] nicht wirkursächlich von selbst bewegt werden, sondern nur konsekutiv, und zwar immer auf ein »Wo« hin. Das Zeugende gibt nämlich dem Schweren die Form, woraufhin es an einem bestimmten Ort ist, sofern es nicht behindert wird.[56]

48 Dagegen: Wenn jenes »Konsekutive« aus dem Nichts kommt und trotzdem etwas ist, dann ist es wirkursächlich aus dem Nichts; also ist es Gott!

49 Außerdem, wenn es dort kein Hindernis gäbe, dann würde das Zeugende das Schwere erzeugen und es wirkursächlich nach unten fallen lassen; also ist es ebenso der Fall, dass es wirkursächlich bewegt wird, wenn das Hindernis aufgehoben wird.

50 Ferner sage ich dann, dass alles konsekutiv geschieht, wenn »etwas konsekutiv zu erlangen« nicht bedeutet, es wirkursächlich zu erlangen. Ebenso widerfährt dem [Willens]instrument im Engel die Wirkung (und ebenso in vielen anderen Dingen), wenn sich das Bewegende und Bewegte dem Subjekt nach unterscheiden.[57]

[3. – Eine mit der vorher genannten übereinstimmende Meinung]

51 Andere kommen mit der vorher genannten Meinung [§ 22] überein, obgleich sie andere Worte verwenden. Sie sagen nämlich, vom erkannten Objekt werde im Willen eine Neigung verursacht, die eine notwendige Ursache für den Willensakt ist.[58]

52 Diese Meinung nimmt sachlich dasselbe an wie die vorher genannte, und zwar insofern weniger plausibel, als sie ohne Notwendigkeit eine größere Anzahl von Dingen annimmt. Es folgt nämlich, dass [das erkannte Objekt] auf naturhafte Weise tätig ist und naturhaft jene Neigung verursacht, und jene Neigung ist dann als naturhaft Tätiges das Prinzip für die Ausübung des Willensakts. Also gelten gegen diese Theorie die Argumente, die gegen die vorherige Meinung angeführt wurden, wie es dem, der das betrachtet, klar ist.

53 Wenn sie aber annehmen, bevor der Willensakt erfolgt werde im Willen vom Objekt eine gewisse Sympathie oder ein gewisses Gewicht oder ein Affekt oder ein Lustempfinden verursacht, ohne dass dies eine notwendige Ursache für den Willensakt ist, sondern dass der Wille seine Freiheit behält zu wollen oder nicht zu wollen, dann

ab obiecto, quae non sit necessaria causa ad volitionem, sed quod voluntas remaneat in sua libertate ad volendum vel non volendum, – non incidunt in praedictam opinionem; sed de hoc discutere non est modo ad propositum, quia quaestio tantum est de actu voluntatis ›a quo sit effective‹.

[**B. – Opinio secunda**

1. – Opinionis expositio]

54 [246] Alia opinio – Gandavi – extrema est, quod sola voluntas est causa effectiva respectu actus volendi, et obiectum cognitum est tantum causa ›sine qua non‹, et intellectus intelligens ›amotio impedimenti‹; et ideo dicunt quod obiectum cognitum est ›sine quo non‹ et intellectus intelligens ut amovens impedimentum: si enim obiectum non habet ›esse cognitum‹ in intellectu, non erit volitio, – si etiam intellectus non intelligat, voluntas non potest velle, quia tunc impeditur.

[2. – Opinionis improbatio]

55 [247] Sed contra hanc opinionem arguitur:

[Ratio prima] – Philosophus II *De anima* probat quod sensus non est potentia activa, quia tunc semper sentiret, – sicut si combustibile haberet potentiam activam comburendi, semper se combureret. Et hoc probatur per hoc quod actio non dependet nisi ab agente et passo approximato et disposito, ita quod si sit actio naturalis, sequitur necessario ex istis, – si actio libera, potest sequi. Si igitur sola voluntas sit sufficiens causa respectu actus volendi et ipsamet est sufficiens passum ad recipiendum illum actum, igitur voluntas semper potest velle, – sicut combustibile semper comburit se, si habet

---

[59] Zur Theorie Heinrich von Gents, siehe Einleitung, S. 20–21.
[60] Aristoteles, *An.* II 5, 417a2–9; Averroes, *In An.* II com. 52, ed. F. Stuart Crawford, S. 209–210.
[61] Vgl. Aristoteles, *Met.* IX 5, 1048a2–8 (AL XXV/3.2, S. 184).

stimmen sie mit der vorher genannten Meinung [§ 22] nicht überein. Aber darüber zu befinden gehört jetzt nicht zum Thema, denn die Frage bezieht sich nur darauf, woher der Willensakt wirkursächlich stammt.

[B. – Die zweite Meinung

1. – Darstellung der Meinung]

54 Eine andere extreme Meinung ist jene Heinrich von Gents, wonach der Wille allein die Wirkursache des Willensakts ist, während das erkannte Objekt bloß die »Bedingungs-Ursache« und der erkennende Intellekt die »Beseitigung des Hindernisses« ist. Deshalb sagen sie, das erkannte Objekt sei die notwendige Bedingung, und der erkennende Intellekt sei gleichsam das, was das Hindernis beseitigt: Wenn nämlich das Objekt kein »Erkanntsein« im Intellekt hat, dann gibt es keinen Willensakt; ebenso kann der Wille nicht wollen, wenn der Intellekt nicht erkennt, weil er dann verhindert wird.[59]

[2. – Widerlegung der Meinung]

55 Aber gegen diese Meinung wird argumentiert:

[Erstes Argument] – Der Philosoph beweist im 2. Buch von *Über die Seele*, dass das Sinnesvermögen kein aktives Vermögen ist, denn sonst würde es andauernd sinnlich wahrnehmen, so wie der Brennstoff, wenn er das aktive Vermögen zum Brennen hätte, ständig brennen würde.[60] Und das wird dadurch bewiesen, dass eine Tätigkeit nur vom Tätigen und vom angenäherten und wohldisponierten Empfänglichen abhängt, so dass dann, wenn es sich um eine naturhafte Tätigkeit handelt, sich notwendigerweise unter diesen Gegebenheiten eine Tätigkeit ergibt, und wenn es sich um eine freie Tätigkeit handelt, dann kann sie sich ergeben [oder nicht].[61] Wenn also der Wille für sich die hinreichende Ursache hinsichtlich des Willensakts wäre, und wenn er ebenso das hinreichende Empfängliche wäre, um jenen Akt aufzunehmen, dann könnte der Wille immer wollen, so wie der Brennstoff immer brennen würde, wenn er das aktive Vermögen zum

potentiam activam comburendi. Et hoc est sic arguere: si voluntas esset potentia activa sufficiens ad causandum actum volendi, igitur esset in potentia accidentali ad volendum; sed quod est in potentia accidentali, ex se potest exire in actum; igitur voluntas semper de se potest velle.

56 [248] Dicit quod voluntas impeditur dum intellectus non intelligit; unde requiritur – ad hoc quod voluntas velit – ut habeat sine quo non potest velle.

57 Contra hoc arguitur per rationem aliorum, tenentium partem oppositam, quod tunc potest dici quod quidlibet transmutat se, ut quod lignum calefaciat se praesente igne, quia tunc non sequitur secundum istam viam ›praesente igne lignum calefit, amoto igne non calefit, igitur ignis calefacit lignum‹, sed stat secundum istam viam quod ›lignum calefaciat se‹ et quod ›ignis sit sine quo non‹ (sicut non sequitur per te ›posito obiecto cognito ab intellectu, ponitur volitio, et amoto eo, amovetur volitio, igitur est causa volitionis‹; sed stat quod sit ›sine quo non‹).

58 Praeterea, praeter quattuor genera causarum oporteret ponere aliam causam, vel reducere ›causam sine qua non‹ ad aliquam illarum, quia positis omnibus causis oportet ponere effectum; unde ›causa sine qua non‹ vel pertinet ad removentem prohibens (sicut removens trabem est ›causa sine qua non‹ quod grave movetur), vel reducitur ad approximationem passi; igitur oportet dicere quod ›obiectum cognitum‹ sit causa volitionis, vel quod sit secunda causa.

59 [249] Praeterea, tu ponis quod voluntas sit potentia superior. Nunc autem potentia superior non impeditur per inferiorem; igitur

---

[62] Wer sich Wissen angeeignet hat, ist nach scholastischem Sprachgebrauch in »akzidenteller Potenz«, an den Gegenstand des Wissens zu denken, das heißt, er kann jederzeit von seinem Wissen Gebrauch machen. Vor der Aneignung des Wissens war er diesbezüglich in »wesentlicher Potenz«. Siehe *Lect.* I d. 3 p. 3 q. 1 § 255, Vat. 16, S. 327; *Lect.* II d. 2 p. 2 q. 5–6 § 306, Vat. 18, S. 191; Aristoteles, *Phys.* VIII 4, 255a30–255b5. Sofern Heinrichs Theorie nach Scotus impliziert, dass der Wille in akzidenteller Potenz zum Wollen ist, kann er jederzeit wollen und braucht dafür kein Objekt, das das Wollen veranlassen würde.
[63] Siehe Heinrich von Gent, *Quodl.* XIII q. 11 ad 3, Opera omnia 18, S. 131.
[64] Siehe Gottfried von Fontaines, *Quodl.* VI q. 7, PhB 3, S. 152; S. 158.
[65] Die vier aristotelischen Ursachen sind Stoff-, Form-, Wirk- und Zielursache; siehe *Phys.* II 3, 194b23–195a3; *Met.* V 2, 1013a24–1013b3.
[66] Nach Heinrich von Gent ist der Wille das vortrefflichste Seelenvermögen, siehe *Quodl.* I q. 14, Opera omnia 5, S. 83–90.

Brennen hätte. Und das läuft auf folgende Argumentation hinaus: Wenn der Wille ein aktives Vermögen wäre, das hinreichend zur Verursachung eines Willensakts ist, dann wäre es in akzidenteller Potenz zum Wollen; was aber in akzidenteller Potenz ist, kann von selbst in den Akt übergehen; also kann der Wille immer von selbst wollen.[62]

56 Er sagt, der Wille würde [an der Ausübung seines Akts] gehindert, solange der Intellekt nicht erkennt; daher sei dafür, dass der Wille will, erforderlich, dass er das habe, ohne das er nicht wollen kann.[63]

57 Dagegen wird mit dem Argument der anderen argumentiert, die die entgegengesetzte Auffassung vertreten [§ 25]. Dann kann nämlich gesagt werden, dass Jegliches sich selbst verändert, zum Beispiel, dass Holz sich selbst erwärmt, wenn das Feuer gegenwärtig ist. Gemäß dieser Theorie [§ 54] stimmt dann diese Folgerung nicht: »Wenn Feuer da ist, erwärmt es das Holz, und wenn kein Feuer da ist, erwärmt es [das Holz] nicht; also erwärmt das Feuer das Holz.« Vielmehr gilt entsprechend dieser Theorie: »Das Holz erwärmt sich selbst« und »Das Feuer ist die notwendige Bedingung«.[64] Denn nach deiner Auffassung [§ 54] gilt ja diese Folgerung nicht: »Sofern das vom Intellekt erkannte Objekt da ist, gibt es einen Willensakt, und sofern es nicht da ist, gibt es keinen Willensakt, also ist [das erkannte Objekt] die Ursache des Willensakts.« Es gilt hingegen nach deiner Auffassung, dass [das erkannte Objekt] die notwendige Bedingung ist.

58 Außerdem müsste man über die vier Arten von Ursachen hinaus eine weitere Ursache annehmen,[65] oder man müsste die »Bedingungs-Ursache« auf eine von ihnen zurückführen, denn wenn alle Ursachen gegeben sind, muss die Wirkung stattfinden. Die »Bedingungs-Ursache« gehört also entweder zu dem, was das Hindernis beseitigt (zum Beispiel ist die Beseitigung des Balkens die »Bedingungs-Ursache« für die Bewegung der [vom Balken getragenen] Last), oder sie wird auf die Annäherung des Empfänglichen zurückgeführt. Daher muss man entweder sagen, das erkannte Objekt sei die Ursache des Willensakts [vgl. § 22], oder es sei die zweite Teilursache [vgl. § 69].

59 Außerdem nimmst du an, der Wille sei das überlegene Vermögen.[66] Nun wird aber das überlegene Vermögen nicht durch ein niedrigeres [an der Ausübung seines Akts] gehindert; daher wird der Wille nicht dadurch [am Wollen] gehindert, dass der Intellekt nicht erkennt, sondern dadurch, dass die Ursache nicht tätig ist. Man

voluntas non impeditur per hoc quod intellectus non intelligit, sed sic causa non agit. Dicitur enim impediri per actionem contrarii agentis: ut si sol intendit causare effectum calidum, sed cum causat, Saturnus – in virtute frigidus – impedit solem per contrariam actionem; similiter, si grave superponatur trabi et gravitas sua non vincit supportantem, impeditur a motu suo; igitur per solam non-considerationem non potest dici voluntas impediri.

60 [Ratio secunda] – Praeterea, secundo arguitur sic contra praedictam opinionem: si obiectum cognitum sit tantum causa ›sine qua non‹ respectu volitionis, igitur volitiones non distinguerentur formaliter ab obiectis.

61 Sed hoc est inconveniens:

Primo, quia tunc sequitur quod habitus in voluntate non distinguerentur per obiecta, quia habitus generantur ex actibus per modum naturae: quia enim talis actus est, generat habitum; unde et aliquis errans circa temperantiam, potest per actus generare sibi habitum, qui postea, dimisso errore, inclinat in actus temperantiae rectos; unde habitus generatur ex actibus in quantum natura quaedam est. Consequentia prima patet, quia voluntas – [250] per te – est causa sufficiens volitionis, et obiectum ›sine quo non‹; igitur non distinguuntur per obiecta, quia non distinguuntur nisi per causam activam per se.

62 Secundo sequitur aliud inconveniens: quod non esset actus nec habitus simpliciter perfectior, qui est respectu perfectioris obiecti, – et sic in amando muscam posset esse tanta beatitudo, sicut in aman-

---

[67] Der Saturn wird hier nicht an sich kalt genannt, sondern nur »dem Wirkvermögen nach«. Da die Himmelskörper nach aristotelisch-scholastischer Auffassung das ganze Potential des Stoffes, dessen Form sie sind, ausfüllen, sind sie unvergänglich. Wärme und Kälte sind aber vergänglich, und daher können die Himmelskörper weder warm noch kalt sein. Sie können aber Wärme und Kälte bewirken. Dem Wirkvermögen nach gilt die Sonne als warm und der Saturn als kalt. Siehe dazu *In Met.* IX q. 14 § 103, OPh. 4, S. 665; *Ord.* I d. 3 p. 3 q. 2 § 515, Vat. 3, S. 306.

[68] Das heißt, die Habitus unterscheiden sich nicht aufgrund einer beiläufigen Ursache, wie es das Objekt in der Theorie Heinrichs ist.

[69] In dieser Argumentation setzt Scotus voraus, dass die Glückseligkeit in einem Akt der Liebe besteht (und zwar Liebe Gottes um seiner selbst willen), nicht wie bei Aristoteles und Thomas von Aquin in einem Erkenntnisakt. Siehe dazu *Ord.* IV d. 49 q. 5, Viv. 21, S. 170b–177b (= *Ord.* IV d. 49 p. 1 q. 6, Vat. 14).

spricht nämlich von Hinderung aufgrund der Tätigkeit eines gegenläufig Tätigen. Zum Beispiel: Die Sonne zielt darauf ab, eine heiße Wirkung zu verursachen, aber während sie wirkt, hindert sie daran der Saturn, der dem Wirkvermögen nach kalt ist, durch eine gegenläufige Tätigkeit.[67] Dementsprechend wird eine Last an ihrer Bewegung gehindert, wenn sie auf einen Balken gesetzt wird und wenn ihr Gewicht den stützenden [Balken] nicht überlastet. Daher kann man nicht vom Willen sagen, er werde allein durch die fehlende Betrachtung [des Objekts] gehindert [den Willensakt auszuüben].

60 [Zweites Argument] – Außerdem wird zweitens gegen die vorher genannte Meinung argumentiert: Wenn das erkannte Objekt nur die »Bedingungs-Ursache« in Bezug auf den Willensakt ist, dann sind die Willensakte nicht formal aufgrund der Objekte unterschieden.

61 Aber das ist abwegig:

Erstens, weil dann folgt, dass sich die Habitus im Willen nicht durch die Objekte unterscheiden, denn ein Habitus entsteht aus den Akten auf naturhafte Weise; weil es nämlich ein so und so beschaffener Akt ist, bildet er den [entsprechenden] Habitus. Insofern kann jemand, der sich hinsichtlich der Mäßigung täuscht, durch die Akte [der vermeintlichen Mäßigung] für sich einen Habitus bilden, der nachher, wenn der Irrtum überwunden ist, zu richtigen Akten der Mäßigung hinneigt. Daher wird ein Habitus von Akten gebildet, sofern er eine gewisse Natur ist. Die erste Folgerung [dass die Willensakte nicht aufgrund der Objekte unterschieden sind] ist offensichtlich, denn der Wille ist – nach deiner Auffassung – eine hinreichende Ursache des Willensakts, und das Objekt ist eine notwendige Bedingung; daher sind die Habitus nicht durch Objekte unterschieden, denn sie sind nur durch eine aktive wesentliche Ursache unterschieden.[68]

62 Zweitens ergibt sich eine weitere abwegige Konsequenz: Es gäbe keinen Akt und keinen Habitus, der schlechthin vollkommener wäre, [sofern] er sich auf ein vollkommeneres Objekt bezieht – und dann könnte es genauso viel Glückseligkeit bedeuten, eine Fliege zu lieben, wie Gott zu lieben, denn nach dieser Theorie ist der Willensakt nicht vollkommener, weil er sich auf ein vollkommeneres Objekt bezieht, sondern weil er vom Willen als Totalursache mit mehr oder weniger Anstrengung ausgeht.[69] Daher würde folgen, dass der Wil-

do Deum, quia secundum hanc viam ›non est perfectior actus volendi quia est perfectioris obiecti, sed quia est a voluntate sicut a totali causa cum maiore nisu vel minore‹; unde sequeretur quod volitio et dilectio muscae esset perfectior, si esset intensior.

63 Item, sequeretur quod omnes volitiones essent eiusdem speciei, et sic etiam omnes habitus essent eiusdem speciei; sed hoc falsum est, quia species habent ordinem essentialem in universo, et volitio Dei est nobilior quam alicuius alterius; igitur habent distinctionem specificam ab obiecto. Perfectio enim requirit ordinem essentialem, – et ita si volitiones sic se habent quod una sit perfectior alia, sequitur quod habent ordinem essentialem, et sic quod specie distinguuntur.

64 Dices quod voluntas habet indeterminationem ad causandum multas volitiones distinctas specie, sicut sol ad causandum diversa specie.

65 [251] Contra: sequeretur quod voluntas haberet infinitam virtutem causandi, vel quod posset aliquid esse volibile quod non potest esse volitum a voluntate. Probatio: si voluntas habeat virtutem determinatam et limitatam respectu volitionum determinatarum, cum ultra numerum determinatum specierum posset esse alia species, sequeretur quod illa non posset esse volita a voluntate; si autem detur quod habeat virtutem volitivam respectu infinitarum volitionum diversarum specie, tunc sequitur quod sit infinitā virtute (quia maioris perfectionis est habere duas volitiones diversarum specierum quam unam, et tres quam duas; et – in volendo – secundam non adaequat qui requirit aliam virtutem, quam non habuit) et est causa totalis respectu omnium et totam virtutem simul habet; ergo in se erit infinitae virtutis, si sit totalis causa respectu omnium, – sed non si causa partialis, quia tunc concurrent cum ea aliae causae infinitae partiales, diversae specie.

---

[70] Zwar entsteht der Habitus aus den Akten auf naturhafte Weise (§ 61), aber die Akte selbst sind vom Willen ausgeübt oder veranlasst, weshalb letztlich der Wille die Habitus verursacht. Siehe zum Beispiel *Ord.* III d. 33 q. un. § 43–45, Vat. 10, S. 161–163.

[71] Nach Scotus ist eine Wesensordnung ein wesentliches (und nicht nur beiläufiges) Verhältnis zwischen etwas Früherem und Späteren. Dies ist entweder ein Verhältnis des Vorrangs, das heißt die Zuordnung verschiedener Vollkommenheitsgrade, wie hier in § 63, oder ein Abhängigkeitsverhältnis, also eine der vier Ursachen, wie in § 90 (unten, S. 147). Siehe dazu *De primo principio* c. 1, ed. Wolfgang Kluxen, S. 2–8.

lensakt und die Liebe der Fliege vollkommener ist [als die Liebe Gottes], wenn der Akt intensiver ist.

63 Es würde ferner folgen, dass alle Willensakte gleicher Art sind, und so wären auch alle Habitus gleicher Art.[70] Aber das ist falsch, denn die Art hat eine Wesensordnung im Universum, und Gott zu wollen ist vornehmer als irgendetwas anderes zu wollen; daher haben sie den spezifischen Unterschied vom Objekt. Die Vollkommenheit erfordert nämlich eine Wesensordnung, – und wenn sich daher alle Willensakte so [zueinander] verhalten, dass einer vollkommener als der andere ist, folgt, dass sie eine Wesensordnung haben, und dass sie sich daher der Art nach unterscheiden.[71]

64 Du wirst entgegnen, der Wille habe eine Unbestimmtheit in Bezug auf die Verursachung vieler der Art nach verschiedener Willensakte, so wie die Sonne bezüglich der Verursachung der Art nach verschiedener Dinge.

65 Dagegen: Es würde entweder folgen, dass der Wille ein unendliches Vermögen hat, [Willensakte] zu verursachen, oder dass es etwas gibt, was gewollt werden kann, aber nicht vom Willen. Beweis: Über eine begrenzte Anzahl von Arten hinaus kann es eine weitere Art geben; wenn nun der Wille ein fest bestimmtes und begrenztes Vermögen in Bezug auf fest bestimmte Willensakte hätte, würde folgen, dass diese [zusätzliche] Art nicht vom Willen gewollt werden könnte. Wenn aber angenommen wird, der Wille habe ein Willensvermögen in Bezug auf unendlich viele Willensakte verschiedener Art, dann folgt, dass er ein unendliches Vermögen hat. Es bedeutet nämlich eine größere Vollkommenheit, zwei Willensakte unterschiedlicher Art zu haben, als einen einzigen, und [ebenso] drei, als zwei, und wer für das Wollen des zweiten eine größere Wirkkraft braucht, als er hat, ist dem nicht gewachsen. Und [angeblich] ist [der Wille] die Totalursache für alle [Willensakte], und er hat [seine] gesamte Wirkkraft auf einmal; also hat er in sich selbst ein unendliches Wirkvermögen, wenn er die Totalursache für alle [Willensakte] ist. Das ist aber nicht der Fall, wenn [der Wille] eine Teilursache ist, denn dann wirken unendlich viele andere Teilursachen, die der Art nach verschieden sind, mit ihm zusammen.

66 [Ratio tertia] – Praeterea, arguitur sic contra illam opinionem: actus volendi essentialiter refertur ad obiectum ut mensuratum ad mensuram, et non e contra (ex hoc enim quod lapis est volitus, non dependet a voluntate); sed mensuratum dependet a mensura vel sicut causatum posterius refertur ad causatum prius, vel sicut causatum ad causam (non loquendo de illa prioritate secundum quam natura humana dependet a supposito Verbi et accidens a subiecto, sicut dicendum est in III quaestione 1). Non autem dependet actus voluntatis ab obiecto cognito ut a causato priore; igitur sicut [252] a causa, – et non est dare nisi in respectu causae efficientis, ut patet discurrendo.

67 [Ratio quarta] – Praeterea, quarto arguitur sic: si voluntas sit tota causa activa respectu actus volendi et obiectum cognitum sit tantum ›sine quo non‹, igitur perfectio in actu volendi non erit effective ab obiecto sed tota a voluntate, et sic quando voluntas vult maiore conatu, erit perfectior actus volendi; sed voluntas potest aeque intense diligere obiectum aenigmatice cognitum sicut obiectum cognitum cognitione clara (quia si diceretur quod in cognitione clara quae erit in patria, obiectum ibi causet actum, tunc recederetur a priore opinione); igitur dilectio illa perfecta potest sequi cognitionem fidei sicut cognitionem claram, et sic possumus esse beati in via! Aut si dicatur quod Deus per miraculum potest causare dilectionem perfectiorem, saltem sequitur quod voluntas potest habere dilectionem aeque perfectam circa bonum delectabile absens sicut circa bonum delectabile praesens exsistens, si maiore conatu feratur in ipsum, – quod falsum est, quia perfectius potest amari bonum delectabile quando est praesens quam quando est absens.

---

[72] *Lect.* III d. 1 q. 1 §17–22, Vat. 20, S. 6–7; siehe auch *Ord.* III d. 1 p. 1 q. 1 §14–16. Vat. 9, S. 5–7.

66 [Drittes Argument] – Außerdem wird gegen jene genannte Meinung wie folgt argumentiert: Ein Willensakt bezieht sich wesenhaft so auf ein Objekt wie das Gemessene auf das Maß, aber nicht umgekehrt (bloß weil der Stein gewollt ist, hängt er ja nicht vom Willen ab). Das Gemessene hängt aber vom Maß ab, und zwar entweder so, wie das später Verursachte eine Beziehung zum früher Verursachten hat, oder wie das Verursachte eine Beziehung zur Ursache hat. (Hier geht es nicht um jenes Prioritätsverhältnis, gemäß dem die menschliche Natur [Christi] vom Suppositum des Wortes oder das Akzidens vom Subjekt abhängt, wie in Buch III in der 1. Distinktion gesagt werden wird.)[72] Der Willensakt hängt aber nicht vom erkannten Objekt als dem ab, was vorher verursacht wird; also hängt er von ihm als Ursache ab, und zwar nur hinsichtlich der Wirkursache, wie es klar ist, wenn man [die vier Ursachen] der Reihe nach betrachtet.

67 [Viertes Argument] – Außerdem wird viertens so argumentiert: Wenn der Wille die aktive Totalursache hinsichtlich des Willensakts ist, und wenn das erkannte Objekt nur die notwendige Bedingung ist, dann stammt die Vollkommenheit im Willensakt nicht wirkursächlich vom Objekt, sondern ganz vom Willen, und wenn dann der Wille mit größerer Anstrengung will, dann ist der Willensakt vollkommener. Der Wille kann aber mit gleicher Intensität ein undeutlich erkanntes Objekt wie ein deutlich erkanntes Objekt lieben. (Wenn man sagt, bei der deutlichen Erkenntnis in der himmlischen Heimat werde das Objekt den Akt verursachen, dann nimmt man von der vorherigen Meinung [§ 54] Abstand.) Also kann die vollkommene Liebe [Gottes] sowohl auf die Erkenntnis des Glaubens, also auch auf die deutliche Erkenntnis folgen, und insofern können wir auf dem Erdenweg glückselig sein![73] Oder wenn gesagt wird, Gott könne [in der himmlischen Heimat] durch ein Wunder eine vollkommenere Liebe erzeugen, so folgt zumindest Folgendes: Der Wille könnte dann eine Liebe für ein genussvolles Gut haben, die genauso vollkommen ist, wenn das Gut abwesend ist wie wenn es gegenwärtig ist, sofern es sich ihm nur mit größerer Anstrengung zuwendet. Das ist aber falsch, denn ein genussvolles Gut kann vollkommener geliebt werden, wenn es gegenwärtig ist, als wenn es abwesend ist.

---

[73] Siehe S. 128, Anm. 69.

Lectura II

68 [Ratio quinta] – Praeterea, arguitur ultimo sic: ›agere libere‹ est per cognitionem, – unde volens libere, ex hoc quod libere vult, non est caecus; ex hoc igitur quod quis libere vult, sequitur quod vult illud cognoscendo, ita quod in libertate includitur cognitio; igitur obiectum cognitum sive cognitio obiecti non requiritur ad actum voluntatis ut illud ›sine quo non‹ tantum, sed tamquam aliqua causa inclusa in libertate et potestate liberi arbitrii.

[C. – Opinio propria]

69 [253] Respondeo igitur ad quaestionem quod causa effectiva actus volendi non est tantum obiectum aut phantasma (quia hoc nullo modo salvat libertatem), prout ponit prima opinio, – nec etiam causa effectiva actus volendi est tantum voluntas, quemadmodum ponit secunda opinio extrema, quia tunc non possunt salvari omnes condiciones quae consequuntur actum volendi, ut ostensum est. Ideo teneo viam mediam, quod tam voluntas quam obiectum concurrunt ad causandum actum volendi, ita quod actus volendi est a voluntate et ab obiecto cognito ut a causa effectiva.

70 Sed quomodo potest hoc esse de obiecto? Nam obiectum habet esse abstractum in intellectu, et oportet agens esse hoc-aliquid et in actu. Ideo dico quod cum voluntate in ratione causae effectivae concurrit intellectus – actu intelligens obiectum – ad causandum actum volendi, ut sic breviter ›natura actu intelligens obiectum et libera‹ est causa velle et nolle; et in hoc consistit liberum arbitrium, sive in nobis sive in angelis.

71 Quomodo autem ista plura possunt concurrere ut una causa totalis ad actum volendi, patet:

Nam aliquando multa concurrunt ad unum effectum causandum, quae tantum habent ordinem per accidens, – et tunc multa concurrunt per accidens (quia si tota virtus esset in uno, illud faceret totum effectum), sicut est de multis trahentibus navem. Et sic non est in

25. Distinktion, einzige Quästion

68 [Fünftes Argument] – Außerdem wird zuletzt wie folgt argumentiert: freies Handeln geschieht aufgrund von Erkenntnis; daher ist ein freier Wollender, eben weil er auf freie Weise will, nicht blind. Daraus, dass jemand auf freie Weise will, folgt also, dass er beim Wollen erkennt; daher gehört Erkenntnis zur Freiheit dazu. Deshalb ist das erkannte Objekt oder die Erkenntnis des Objekts nicht bloß für den Willensakt als notwendige Bedingung erforderlich, sondern als Ursache, die zur Freiheit und zum Vermögen der Wahlfreiheit dazugehört.

[C. – Die eigene Meinung]

69 Ich antworte also auf die Frage: Die Wirkursache des Willensakts ist nicht bloß das Objekt oder das Vorstellungsbild, wie es die erste Meinung annimmt, denn das gewährleistet keineswegs die Freiheit. Die Wirkursache des Willensakts ist auch nicht der Wille allein, wie es die zweite extreme Meinung annimmt, denn dann können nicht alle Aspekte gewährleistet werden, die mit dem Willensakt verbunden sind, wie gezeigt worden ist [§ 55, § 60–68]. Deshalb vertrete ich einen Mittelweg, nämlich dass sowohl der Wille als auch das Objekt bei der Verursachung des Willensakts zusammenwirken, so dass der Willensakt vom Willen und vom erkannten Objekt als Wirkursache herstammt.

70 Aber wie kann das bezüglich des Objekts der Fall sein? Denn das Objekt hat ein Abstrakt-Sein im Intellekt, während die Wirkursache etwas Bestimmtes sein muss sowie etwas, das im Akt [und nicht in der Potenz] ist. Deshalb sage ich, dass der Intellekt, der aktuell ein Objekt erkennt, mit dem Willen als Wirkursache bei der Verursachung des Willensakts zusammenwirkt, und entsprechend ist – kurz gesagt – »die Natur, die aktuell das Objekt erkennt und frei ist« die Ursache des Wollens oder des Widerwillens. Darin besteht nämlich die Wahlfreiheit, sowohl für uns [Menschen] als auch für die Engel.

71 Wie sie nun als vereinte Totalursache des Willensakts zusammenwirken können, ist klar:

Bei der Verursachung einer Wirkung wirken manchmal mehrere Dinge zusammen, die nur einen beiläufigen Zusammenhang haben, und dann wirken sie beiläufig zusammen. Wenn nämlich die gesamte Wirkkraft in einem einzigen Ding wäre, würde es die gesamte Wir-

proposito, quia hic est per se ordo et una causa partialis praesupponit aliam.

72 [254] Alio modo, aliquando multa concurrunt ad unum effectum causandum, ita quod unum ab alio capit virtutem effectivam causandi, sicut corpus caeleste et agens particulare aliquod (ut elementum vel aliquod mixtum) respectu actus causandi. Et sic etiam non est in proposito, quia obiectum ›cognitum ab intellectu actu‹ non habet virtutem causandi a voluntate, nec e contra, quantum ad actum primum.

73 Tertio modo, aliquando plura agentia concurrunt in causando, ita quod alterius ordinis sunt aut rationis (contra primum modum), quorum neutrum capit ab alio virtutem activam, sed utrumque habet causalitatem propriam, perfectam in suo genere, – unum tamen est agens principale et aliud minus principale, ut pater et mater ad productionem prolis, et stilus et penna ad scribendum, et vir et mulier ad regimen domus. Sic in proposito voluntas habet rationem unius causae, scilicet causae partialis, respectu actus volendi, et natura ›actu cognoscens obiectum‹ rationem alterius causae partialis, – et utraque simul est una causa totalis respectu actus volendi. Voluntas tamen est causa principalior, et ›natura cognoscens‹ minus principalis, quia voluntas libere movet, ad cuius motionem movet aliud (unde determinat aliud ad agendum); sed natura ›cognoscens obiectum‹ est naturale agens, quod – quantum est ex parte sui – agit semper: numquam tamen potest esse sufficiens ad actum eliciendum, nisi concurrente voluntate; et ideo voluntas est causa principalior. – Et hoc etiam patet per ea quae dicta sunt distinctione 3 primi libri, quod intellectus est causa principalior quam obiectum, respectu actus intelligendi.

---

[74] Schiffe wurden auf sogenannten Leinpfaden (auch Treidelpfade genannt) dem Ufer entlang von mehreren Menschen oder Tieren flussaufwärts gezogen.

[75] Der »erste Akt« eines Seelenvermögens ist sein Sein. Der erste Akt des Willens ist seine Existenz als aktives Vermögen und damit seine Wirkfähigkeit. Hingegen ist der »zweite Akt« eine bestimmte Tätigkeit des Seelenvermögens, nämlich Wollen für den Willen und Erkennen für den Intellekt. Scotus sagt hier, das erkannte Objekt habe seine Wirkkraft nicht vom Willen, und sofern die Wirkkraft des Willens zu seinem Wesen und nicht zu seiner Tätigkeit gehört, stamme diese auch nicht vom Objekt.

[76] Der Intellekt und das Erkenntnisobjekt sind für Scotus auf ähnliche Weise Teilursachen des Erkenntnisakts wie Wille und erkanntes (und gewolltes) Objekt Teilursachen des Willensakts sind. Siehe *Lect.* I d. 3 p. 3 q. 2–3 § 365–368, Vat. 16, S. 367–368; *Ord.* I d. 3 p. 3 q. 2 § 494–498, Vat. 3, S. 292–295.

kung hervorbringen, wie es bei mehreren der Fall ist, die ein Schiff ziehen.[74] Aber das trifft bei dem hier untersuchten Problem nicht zu, denn es handelt sich hier um einen Zusammenhang [zwischen den Teilursachen], der an sich besteht; eine Teilursache setzt nämlich die andere voraus.

72 Auf andere Weise wirken manchmal mehrere Dinge bei der Verursachung einer einzigen Wirkung zusammen, so dass eines vom anderen die Wirkkraft für die Verursachung empfängt, wie zum Beispiel ein Himmelskörper und irgendein bestimmtes Wirkendes (etwa ein Element oder etwas Gemischtes) in Bezug auf den Akt der Verursachung. Dies trifft aber auf den hier untersuchten Fall nicht zu, denn das Objekt, das vom Intellekt aktuell erkannt wird, hat die Wirkkraft nicht vom Willen und auch nicht umgekehrt, was den ersten Akt betrifft.[75]

73 Drittens wirken gelegentlich mehrere Wirkende bei der Verursachung insofern zusammen, als sie – im Gegensatz zur ersten Weise [§ 71] – einer unterschiedlichen Ordnung angehören oder verschiedener Art sind und keines vom anderen die Wirkkraft empfängt, sondern jedes eine eigene Ursächlichkeit hat, die in der betreffenden Gattung vollkommen ist. Dennoch ist eines [von ihnen] das maßgebendere Wirkende und das andere weniger maßgebend, zum Beispiel der Vater und die Mutter bei der Zeugung des Nachkommens, der Griffel und die Feder beim Schreiben und der Mann und die Frau bei der Führung des Haushalts. So hat im vorliegenden Fall der Wille in Bezug auf den Willensakt die Rolle einer Ursache, nämlich einer Teilursache, und die Natur, die aktuell das Objekt erkennt, die Rolle einer anderen Teilursache, und beide zugleich sind eine Totalursache hinsichtlich des Willensakts. Der Wille ist aber die maßgebendere Ursache und die erkennende Natur die weniger maßgebende, denn der Wille bewegt frei, und entsprechend dieser Bewegung bewegt er etwas anderes und determiniert es insofern zu dessen Tätigkeit. Die Natur, die das Objekt erkennt, ist aber ein naturhaft Tätiges, das – was seinen Beitrag betrifft – immer tätig ist. Es kann allerdings nie hinreichend zur Ausübung des Akts sein, wenn der Wille nicht zusammenwirkt, und insofern ist der Wille die maßgebendere Ursache. – Und das ist auch durch das in der dritten Distinktion des ersten Buches Gesagte klar, wonach der Intellekt in Bezug auf den Erkenntnisakt eine maßgebendere Ursache als das Objekt ist.[76]

74 [255] Ex hoc patet quomodo est libertas in voluntate. Nam ego dicor ›libere videre‹, quia libere possum uti potentia visiva ad videndum; sic in proposito, quantumcumque aliqua causa sit naturalis et semper uniformiter agens (quantum est ex parte sui), quia tamen non determinat nec necessitat voluntatem ad volendum, sed voluntas ex libertate sua potest concurrere cum ea ad volendum vel non volendum et sic libere potest uti ea, ideo dicitur ›libere velle et nolle‹ esse in potestate nostra.

75 Haec autem opinio confirmatur per rationes supra factas; et etiam per intentionem Augustini IX *De Trinitate* cap. ultimo et XV *De Trinitate* cap. ultimo, quod ›amor procedit a mente, sed non ut imago‹, quia non gignitur nec exprimitur; ad actum ergo amoris concurrit mens, et non sola voluntas.

76 Dices quod voluntas concurrit ut una causa, sed mens ut ›sine quo non‹ tantum, ita quod ibi cognitio est ›sine quo non‹.

77 Contra: tunc similiter in Trinitate Spiritus Sanctus procederet a Patre essentialiter, sed a Verbo (ut a notitia genita) ut ›sine quo non‹!

78 Item, Augustinus XV *De Trinitate* cap. 64 ›de parvis‹: »Numquid dicturi sumus« etc.; ibi vult Augustinus quod voluntas habet memoriam; sed hoc non potest esse nisi quia cum voluntate [256] concurrit ad causandum actum volendi, aliter enim liberum arbitrium esset caecum (quia libere volens, in quantum libere volens est, esset caecus); et ideo liberum arbitrium non tantum includit voluntatem, sed etiam cognitionem. Et hoc patet per Magistrum, qui dicit quod »liberum arbitrium est facultas voluntatis et rationis« etc. Unde secundum Augustinum ›voluntas, quando recta est, novit quid appetit‹.

---

[77] Augustinus, *De Trinitate* IX c. 12 §18, CCSL 50, S. 309–310; XV c. 27 §50, CCSL 50A, S. 532–533.
[78] Siehe S. 70, Anm. 26.
[79] Augustinus, *De Trinitate* XV c. 21 §41, CCSL 50A, S. 518.
[80] Petrus Lombardus, *Sent.* II d. 24 c. 3 §1; d. 25 c. 1 §2, Bd. 1, S. 452; S. 461.

74 Und so wird deutlich, auf welche Weise im Willen Freiheit ist. Man kann von mir sagen, ich sei frei zu sehen, weil ich frei das Sehvermögen zum Sehen verwenden kann. So verhält es sich auch im vorliegenden Fall: Wie sehr auch immer eine Ursache naturhaft und immer gleichförmig tätig sein mag (was ihren Beitrag betrifft), so determiniert und nötigt sie dennoch nicht den Willen zum Wollen. Vielmehr kann der Wille aus seiner Freiheit mit ihr zusammenwirken, [etwas] zu wollen oder nicht, und er kann sie insofern frei verwenden. Und deshalb wird gesagt, es stehe in unserer Verfügung, [etwas] frei zu wollen oder frei [gegenüber etwas] Widerwillen zu haben.

75 Diese Meinung [§ 69] wird durch die oben vorgebrachten Argumente [§ 65–68] bestätigt, und auch durch die Auffassung des Augustinus im 9. Buch von *Über die Dreifaltigkeit* im letzten Kapitel sowie im 15. Buch von *Über die Dreifaltigkeit* im letzten Kapitel, wonach »die Liebe aus dem Verstand hervorgeht, aber nicht so wie ein Abbild«, denn sie wird nicht gezeugt und auch nicht ausgedrückt.[77] Der Verstand wirkt also im Hinblick auf den Akt der Liebe mit, und nicht nur der Wille.

76 Du wirst sagen, der Wille wirke als Ursache zusammen, aber der Verstand nur als notwendige Bedingung, so dass dort die Erkenntnis eine notwendige Bedingung ist.

77 Dagegen: Dann würde ebenso in der Dreifaltigkeit der Heilige Geist wesenhaft vom Vater hervorgehen, und vom Wort (oder von der gezeugten Erkenntnis) würde er nur als notwendige Bedingung hervorgehen![78]

78 Ferner, bei Augustinus im 15. Buch von *Über die Dreifaltigkeit* im 64. Kapitel (nach der feingliedrigen Zählung): »Sollen wir sagen« usw.[79] Dort behauptet Augustinus, der Wille habe Gedächtnis. Aber das kann nur sein, weil das Gedächtnis mit dem Willen im Hinblick auf die Verursachung des Willensakts zusammenwirkt, denn sonst wäre die Wahlfreiheit blind (denn etwas, das frei will, wäre als solches blind); deshalb beinhaltet die Wahlfreiheit nicht bloß den Willen, sondern auch Erkenntnis. Und das ist durch den Magister klar, der sagt, »die Wahlfreiheit ist ein Vermögen des Willens und des Verstands« usw.[80] Und nach Augustinus »erkennt der Wille, wenn er

›Natura igitur intelligens libera‹ est huiusmodi causa actus volendi (sive nolitionis, propter angelos), ita quod liberum arbitrium complectitur illas duas potentias, scilicet intellectum et voluntatem.

79 Praeterea, voluntas potest intensius diligere bonum delectabile praesens quam absens, aenigmatice cognitum; sed si ›cognitio actualis‹ obiecti praesentis esset tantum ›sine quo non‹ respectu actus volendi, non esset possibile assignare rationem quare dilectio est perfectior respectu boni praesentis quam respectu eiusdem absentis, tantum aenigmatice cogniti; et ideo utrumque est causa. Et propter hoc, quando obiectum – quod est bonum delectabile – est praesens et praesentialiter cognitum, tunc sequitur actus diligendi perfectior, quia ›perfectius cognitum‹ perfectius amatur si aeque intense ametur.

80 Item, haec opinio confirmatur per Philosophum IX *Metaphysicae*, qui ibi, cap. 2, docet quae est potentia rationalis, et quod illa de se non exit in actum (ut intellectus intelligens et habens [257] scientiam); et ideo non est causa per se, quia secundum se in nihil potest; sed potentia irrationalis de se potest in actum, ut forma naturalis. Sed in 4 cap. eiusdem docet quomodo potentia rationalis determinatur ad actum, et hoc ab appetitu sive voluntate. Voluntas igitur cum potentia rationali concurrit ut una causa, et una sine altera est tantum causa remota; unde potentia rationalis cum voluntate determinante est ›causa per se‹ actus communiter volendi.

[**II. – Ad argumenta principalia utriusque partis**

A. – Ad argumenta prioris partis]

81 Ad auctoritatem primae partis patet responsio quod est pro hac via, quod ›obiectum movet simul cum voluntate respectu actus

---

[81] Siehe Anm. 79.
[82] Scotus scheint sich auf die Verstocktheit der gefallenen Engel zu beziehen; siehe vor allem *Lect.* II d. 7 q. un. §25–32, Vat. 19, S. 7–11; *Ord.* II d. 7 q. un. §42–61, Vat. 8, S. 94–105.
[83] Vgl. *In Met.* IX q. 15 §41; §46–53 (oben, S. 73–75; S. 79–85).

recht ist, wonach er strebt.«[81] Also ist die freie erkennende Natur diese Ursache des Willensakts (oder des Widerwillens, wegen der Engel[82]), so dass die Wahlfreiheit diese beiden Vermögen umfasst, nämlich den Intellekt und den Willen.

79 Außerdem kann der Wille ein genussvolles Gut, das vorliegt, intensiver lieben als eines, das nicht vorliegt und nur undeutlich erkannt ist. Wenn aber die »aktuelle Erkenntnis« des vorliegenden Objekts nur eine notwendige Bedingung für den Willensakt wäre, könnte man keinen Grund dafür angeben, dass die Liebe von einem Gut vollkommener ist, wenn es vorliegt, als wenn es nicht vorliegt und nur undeutlich erkannt ist. Deshalb sind beide [Objekt und Wille] die Ursache [des Willensakts]. Wenn daher das Objekt, das ein genussvolles Gut ist, vorliegt und gegenwärtig erkannt wird, dann folgt ein vollkommenerer Akt der Liebe, denn etwas, das vollkommener erkannt wird, wird vollkommener geliebt (sofern es [ansonsten] gleich intensiv geliebt wird).

80 Ferner wird diese Meinung [§ 69] durch den Philosophen im 9. Buch der *Metaphysik* bestätigt, der dort im 2. Kapitel lehrt, was ein rationales Vermögen ist, und dass es nicht von selbst in den Akt übergeht (zum Beispiel der Intellekt, der erkennt und wissenschaftliche Erkenntnis hat); und deshalb ist es keine wesentliche Ursache, da es von sich aus keine Wirkung hervorbringen kann. Das irrationale Vermögen kann jedoch von sich aus in den Akt übergehen, zum Beispiel eine natürliche Form. Aber im 4. Kapitel desselben Buches lehrt er, wie ein rationales Vermögen zum Akt determiniert wird, und zwar durch ein Strebevermögen beziehungsweise den Willen. Der Wille wirkt also mit dem rationalen Vermögen als einförmige Ursache zusammen, und getrennt sind sie jeweils nur entfernte Ursache. Daher ist das rationale Vermögen zusammen mit dem determinierenden Willen eine wesentliche Ursache des Akts, gemeinsam zu wollen.[83]

[**II. – Antwort auf die Hauptargumente**

A. – Antwort auf die Argumente, das Objekt verursache den Willensakt]

81 In Bezug auf das Autoritätsargument des ersten Teils [der Hauptargumente] [§ 2] ist die Antwort klar: Es spricht für die Lösung,

volendi‹; unde ista opinio habet pro se rationes affirmativas et etiam negativas.

82 Sed quando arguitur, secundo, quod voluntas non est potentia activa quia non est principium transmutandi aliud (ut obiectum suum), dicitur a quibusdam quod voluntas consideratur dupliciter: uno modo ut appetitus, alio modo ut libera est, et haec differunt ratione vel intentione; voluntas igitur movet obiectum – actum eliciendo – in quantum libera est, sed movetur et actum recipit in quantum appetitus est, et sic etiam salvatur quod ›potentia activa est principium movendi aliud in quantum aliud‹.

83 [258] Contra: per se passio alicuius subiecti consequitur ipsum secundum propriam rationem et formam illius subiecti, et non secundum rationem generis; si ergo actus volendi recipiatur in voluntate, non recipitur secundum rationem sui generis, sed secundum rationem propriam, – aliter enim non haberet in se velle ut voluntas, sed ut appetitus.

84 Praeterea, maior est differentia formae et materiae quam voluntatis ut voluntas et ut appetitus; sed differentia non obstante prima, forma non movet materiam; igitur similiter secunda differentia non sufficiet ad salvandum differentiam moventis et moti.

85 Praeterea, tunc etiam species quaelibet posset se movere, quia habet genus et differentiam, et posset se tunc movere in quantum est in actu per differentiam et moveri in quantum est in potentia per genus.

---

[84] Für Gottfried von Fontaines müssen Beweger und Bewegtes real verschieden sein. Für Heinrich genügt ein geringerer als realer Unterschied, wobei allerdings ein rein gedanklicher Unterschied nicht ausreicht. Eine solche gleichsam mittlere Unterscheidung ist Heinrichs »intentionale Unterscheidung«, die er hier zwischen dem »Willen als Strebevermögen« und dem »Willen als frei« ansetzt. Siehe dazu ausführlicher Einleitung, S. 24–25.

[85] Die Gattung des Willens ist »Strebenatur«, während nach Scotus seine spezifische Eigenschaft »Freiheit« ist. Nach Heinrichs Theorie (siehe Anm. 84) ist bei der Selbstbewegung des Willens die aktive Dimension im Artunterschied »vernunftbegabt« (bzw. »frei«) gegeben, während die passive Dimension in der Gattung »Strebevermögen« gegeben ist. Scotus widerspricht Heinrich und fordert, dass auch die passive Dimension, nämlich jene, die das Wollen aufnimmt, frei sein muss.

[86] Demnach könnte es Erkenntnis geben, die nicht von einem Erkenntnisobjekt verursacht wird.

[87] Heinrich von Gent, *Quodl.* XIII q. 11 ad 3, Opera omnia 18, S. 128.

wonach das Objekt zusammen mit dem Willen zum Willensakt bewegt [§ 69]. Daher sprechen sowohl die zustimmenden [§ 2–11] als auch die verneinenden [§ 12–20] Argumente für diese Meinung.

82 Wenn aber zweitens argumentiert wird, der Wille sei kein aktives Vermögen, weil er kein Prinzip der Veränderung eines anderen (nämlich seines Objekts) ist [§ 5], so wird von einigen behauptet, der Wille könne auf zwei Weisen verstanden werden: einerseits als Strebevermögen, andererseits, sofern er frei ist; diese Weisen seien nur gedanklich oder intentional verschieden. Der Wille bewege also das Objekt, indem er seinen Akt ausübt, und zwar sofern er frei ist; aber er werde bewegt und nehme den Akt auf, sofern er ein Strebevermögen ist. Auf diese Weise sei auch der Grundsatz gewährleistet, dass ein aktives Vermögen ein Prinzip der Bewegung eines anderen ist, sofern es anders ist.[84]

83 Dagegen: Die wesentliche Eigentümlichkeit eines Subjekts ergibt sich aus dem Subjekt gemäß dem eigenen Sinngehalt und der eigenen Form jenes Subjekts, und nicht gemäß dem Sinngehalt der Gattung. Wenn also ein Willensakt im Willen aufgenommen wird, so wird er nicht gemäß dem Sinngehalt der Gattung, sondern gemäß dem eigenen Sinngehalt aufgenommen. Denn sonst hätte der Wille in sich das Wollen nicht als Wille, sondern als Strebevermögen.[85]

84 Außerdem ist der Unterschied zwischen Form und Stoff größer als der zwischen »Wille als [freier] Wille« und »Wille als Strebevermögen«. Aber die Form bewegt nicht den Stoff, obwohl der Unterschied zwischen Form und Stoff [größer ist]. Also genügt auch der Unterschied zwischen »Wille als [freier] Wille« und »Wille als Strebevermögen« nicht dafür, die Verschiedenheit von Beweger und Bewegtem zu gewährleisten.

85 Außerdem könnte dann jegliches Erkenntnisbild sich selbst bewegen, denn es hat eine Gattung und einen Artunterschied, und so könnte es bewegen, sofern es im Akt aufgrund des Artunterschieds ist, und es könnte bewegt werden, sofern es in Potenz aufgrund der Gattung ist.[86]

86 Außerdem hat der Wille, sofern er als Wille und als Strebevermögen betrachtet wird, [den Vertretern jener Meinung zufolge] nur einen gedanklichen oder intentionalen Unterschied. Sie selbst behaupten aber, dass solch ein Unterschied aufgrund der Tätigkeit des Intellekts zustande kommt.[87] Aber die Betrachtung des Intellekts al-

86 Praeterea, voluntas – considerata ut voluntas et ut appetitus – solum habet differentiam secundum rationem aut intentionem, quam etiam differentiam ponunt esse per operationem intellectus; sed sola conceptio intellectus non facit ut idem posset movere et moveri, quia haec requirunt differentiam realem.

87 Respondeo igitur et dico quod voluntas est potentia activa, sed non respectu obiecti ad transmutandum obiectum, nam illa definitio potentiae activae non est respectu obiecti, sed tantum in potentiis activis factivis; unde ›potentia activa factiva est principium transmutandi aliud‹. Sed ista definitio potentiae activae factivae non est respectu sui ipsius, ita quod ipsum est suum passum. [259] Et ideo male truncatur illa definitio ab aliquibus dicentibus quod ›potentia activa est principium transmutandi aliud in quantum aliud‹: deficit enim ibi »aut«. Unde Philosophus dicit quod est »principium transmutandi aliud aut in quantum aliud«. Et prima particula convenit potentiae ›activae factivae‹, et secunda potentiae ›activae non factivae‹ (unde est principium transmutandi idem in quantum aliud, ut cum medicus sanat se).

88 Sed quomodo voluntas movet se in quantum aliud?

Dico quod voluntas habet actum primum et est in actu primo et habet effectum aequivocum, ut volitionem; movet igitur in quantum est in actu primo, sed movetur in quantum est in potentia ad actum secundum; et sic non movetur secundum quod est in actu, quia non movetur secundum actum primum, sed movet secundum illum, sed est in potentia ad actum secundum et secundum hoc movetur; unde exsistens in actu primo, movetur in quantum est in potentia ad actum secundum.

---

[88] Zum Begriff der Erzeugung (im Gegensatz zur Tätigkeit) siehe S. 58, Anm. 9.

[89] Gottfried von Fontaines *Quodl.* VI q. 7, PhB 3, S. 152; S. 161; *Quodl.* VIII q. 2, PhB 4, S. 18–19.

[90] Scotus' Textkritik ist korrekt. Der kritische Text hat bei *Met.* IX 1, 1046a11 »ἀρχὴ μεταβολῆς ἐν ἄλλῳ ἢ ᾗ ἄλλο«. Die Worte »ἢ ᾗ ἄλλο« (»oder insofern es anders ist«) kommen auch in 1046a13, a14 und b4 vor; in einigen griechischen Handschriften fehlt allerdings die Partikel »ἤ« (»oder«). Siehe *Aristotelis Metaphysica*, ed. Werner Jaeger, S. 177–178. Die anonyme Übersetzung und die Rezension Wilhelms von Moerbeke hat für 1046a11 »principium transmutationis in alio in quantum aliud est«; siehe AL XXV/2, S. 168; AL XXV/3.2, S. 180. Moerbekes Text hat aber für 1046b4 im Gegensatz zur anonymen Übersetzung die Partikel »aut« (»oder«); siehe AL XXV/3.2, S. 181. –

25. Distinktion, einzige Quästion

lein macht es nicht möglich, dass dasselbe bewegt und bewegt wird, denn das verlangt einen realen Unterschied.

87 Ich antworte also und sage, dass der Wille ein aktives Vermögen ist, aber nicht insofern er das Objekt verändern würde. Jene Definition des aktiven Vermögens [§ 5] handelt nämlich nicht [generell] von der [Veränderung] eines Objekts, sondern [nur speziell] bei *erzeugenden* aktiven Vermögen.[88] Das erzeugende aktive Vermögen ist also ein Prinzip der Veränderung von etwas Verschiedenem. Aber diese Definition des erzeugenden aktiven Vermögens handelt nicht [von Veränderung] seiner selbst, als wäre es das, was seine eigene Wirkung empfängt. Und deshalb wird jene Definition zu Unrecht von einigen abgekürzt,[89] die sagen, »das aktive Vermögen sei ein Prinzip der Veränderung von etwas Verschiedenem als Verschiedenem«, denn dort fehlt das Wort »oder«. Der Philosoph sagt nämlich, es sei ein »Prinzip der Veränderung von anderem *oder* sofern es verschieden ist«.[90] Und der erste Teilsatz [»Veränderung von anderem«] trifft auf das erzeugende aktive Vermögen zu, während der zweite Teilsatz [»sofern es verschieden ist«] auf ein nicht erzeugendes aktives Vermögen zutrifft. Also ist [das nicht erzeugende aktive Vermögen] Prinzip der Veränderung ein und desselben Dinges unter dem Gesichtspunkt, unter dem es verschieden ist, wie wenn der Arzt sich selbst heilt.

88 Aber wie bewegt sich der Wille, »sofern er verschieden ist«?

Ich sage, dass der Wille einen ersten Akt hat, und im ersten Akt hat er eine äquivoke Wirkung, nämlich den Willensakt. Er bewegt also, sofern er im ersten Akt ist, und er wird bewegt, sofern er in Potenz zum zweiten Akt ist. Insofern wird er nicht unter der Hinsicht bewegt, unter der er im Akt ist, denn er wird nicht gemäß dem ersten Akt bewegt, sondern er bewegt gemäß dem ersten Akt. Aber er ist in Potenz zum zweiten Akt, und in dieser Hinsicht wird er bewegt. Als etwas, das im ersten Akt ist, wird er also bewegt, sofern er in Potenz zum zweiten Akt ist.[91]

Zu Scotus' Exegese dieser Stelle, siehe auch *In Met.* IX q. 3–4 § 48, OPh. 4, S. 556–557.

[91] Für die Unterscheidung zwischen äquivoken und univoken Wirkungen, siehe S. 118, Anm. 52. Warum es bei äquivoken, aber nicht bei univoken Wirkungen Selbstbewegung geben kann, argumentiert Scotus ausführlicher in *Lect.* I d. 3 p. 3 q. 2–3 § 403, Vat. 16, S. 382–384.

89 Ad aliud, quando arguitur quod tunc idem respectu eiusdem esset in potentia et in actu, quia respectu actus volendi, dicendum quod si accipiuntur potentia et actus ut differentiae entis, sic inconveniens est ut idem sit in potentia et in actu, nec hoc sequitur; inconveniens enim est quod idem sit in potentia album et in actu album; si tamen potentia accipiatur pro principio passivo, sic necessarium est quod idem sit potentia receptiva alicuius et tamen principium [260] activum quo aliquid sit in actu (sicut subiectum respectu accidentis). – Sed de hac materia prius dictum est frequenter.

90 Ad aliud, quando arguitur quod in eodem non possunt esse relationes reales oppositae, dico quod quando relativa habent ordinem essentialem, ut generans et genitum, impossibile est quod relationes reales oppositae sint in eodem; sed ubi relationes non requirunt ordinem nec dependentiam essentialem inter relativa, sed tantum secundum quid, ibi possunt esse in eodem, sicut est de movente et moto, quia non oportet motum semper essentialiter dependere a movente, sed secundum quid, scilicet secundum aliquam perfectionem accidentalem; et ideo ex ratione relationum oppositarum non potest concludi quod non possunt esse in eodem.

91 Ad aliud, quando arguitur quod ›accidens per accidens‹ non causatur ex per se principiis subiecti, dicendum est quod verum est, communiter loquendo: principia per se subiecti non efficiunt accidentia per accidens, sed sunt ab extrinseco, communiter loquendo; sed tamen aliquando, quando principia subiecti habent causalitatem activam ad ea quae contingenter insunt subiecto, tunc potest causari ex principiis subiecti tale accidens. Unde dicendum quod illud quod

---

[92] Siehe *Lect.* I d. 7 q. un. §83, Vat. 16, S. 502; *Lect.* I d. 20 q. un. §10, Vat. 17, S. 285; *Lect.* II d. 12 q. un. §38, Vat. 19, S. 82.

89 Auf das andere Argument, wenn argumentiert wird, dass dann ein und dasselbe in der gleichen Hinsicht in Potenz und im Akt wäre, nämlich in Hinsicht auf den Willensakt [§ 6], ist Folgendes zu sagen. Wenn Potenz und Akt als Unterschiede des Seins verstanden werden, dann ist es widersinnig, dass ein und dasselbe in Potenz und im Akt sind, und das folgt auch nicht [aus der Hypothese]. Es ist nämlich widersinnig, dass dasselbe potenziell weiß und aktuell weiß ist. Wenn aber Potenz als passives Prinzip verstanden wird, dann ist notwendigerweise ein und dasselbe das Aufnahmevermögen von etwas und dennoch das aktive Prinzip, wodurch etwas im Akt ist (so wie das Subjekt hinsichtlich eines Akzidens). – Aber von diesem Thema ist zuvor schon oft die Rede gewesen.[92]

90 Auf das andere Argument, wenn argumentiert wird, in ein und demselben Ding könnten keine realen Gegensatzrelationen sein [§ 7], antworte ich: Wenn miteinander in Relation stehende Dinge eine Wesensordnung [zueinander] haben, wie etwa der Zeuger und das Gezeugte, dann ist es unmöglich, dass reale Gegensatzrelationen in ein und demselben Ding sind.[93] Aber bei den Relationen, in denen die Ordnung oder Abhängigkeit des in Relation Stehenden nicht unbedingt wesentlich ist, sondern nur eine bestimmte Hinsicht betrifft, da können sie in ein und demselben Ding sein, wie zum Beispiel beim Beweger und Bewegten. Das Bewegte muss nämlich nicht immer wesentlich vom Beweger abhängen, sondern es reicht die Abhängigkeit in einer bestimmten Hinsicht, nämlich gemäß einer beiläufigen Eigenschaft. Und deshalb kann aus dem Begriff der Gegensatzrelationen nicht geschlossen werden, dass sie nicht in ein und demselben Ding sein können.

91 Auf das andere Argument, wenn argumentiert wird, ein akzidentelles Akzidens sei nicht von den Wesensprinzipien des Subjekts verursacht [§ 8], ist zu sagen: Allgemein gesprochen ist es wahr, dass die Wesensprinzipien des Subjekts keine akzidentellen Akzidenzien verursachen, sondern dass [Letztere] von außerhalb [des Wesens] kommen. Aber in manchen Fällen, [nämlich] wenn die Prinzipien des Subjekts eine aktive Ursächlichkeit gegenüber dem haben, was dem Subjekt auf kontingente Weise zukommt, dann kann ein solches Akzidens durchaus von den Prinzipien des Subjekts verursacht werden. Daher ist zu sagen, dass das, was auf notwendige Weise aus den

---

[93] Zum Begriff der Wesensordnung, siehe S. 130, Anm. 71.

causatur ex principiis subiecti necessario, illud est propria passio subiecti, et non ›accidens per accidens‹; sed hoc non est in proposito.

92 Ad aliud, quando arguitur quod illud quod est indeterminatum et in potentia contradictionis ad alia, oportet quod aliunde determinetur, dicendum quod indeterminatio duplex est. Quaedam est potentiae passivae, et ista indeterminatio est ex carentia actus; et quod sic est indeterminatum, non potest esse principium actionis. Alia est indeterminatio potentiae activae, quae non est [261] ex carentia formae, sed ex aliqua illimitatione et perfectione formae et actus ad diversos effectus et oppositos, ut solis ad causandum diversos effectus et oppositos in diversis passis; et licet indeterminatum primo modo non determinetur ex se, tamen indeterminatum secundo modo ex se potest determinari, sed diversimode: si enim sit potentia naturalis, tunc – praesente passo – ex se determinatur determinatione opposita contradictioni; sed voluntas, quae est libere agens et indeterminata ad opposita et ex actualitate sua libera, determinatur a se.

93 Unde non oportet hic sic arguere; non enim invenitur sic in aliis: voluntas est agens alterius rationis a toto quod est in universo. Unde Philosophus VIII *Topicorum* reprehenderet ›inferre – scilicet instrumenta – in aliis, et dicere quod tunc sic est in proposito‹. Et ita dico quod voluntas est virtus activa indeterminata, indeterminatione alterius rationis ab indeterminatione cuiuslibet alterius causae; unde est potentia activa indifferenter respiciens opposita, quae potest determinare se ad alterum illorum.

---

[94] Akzidentelle Akzidenzien können nach Scotus genau dann aus dem Wesen eines Dinges hervorgehen, wenn sie – im Gegensatz zu den wesentlichen Akzidenzien (das heißt Eigentümlichkeiten, *propria*) – kontingent sind. Der Willensakt entstammt dem Wesen des Dings, sofern er selbstverursacht ist, und er ist kontingent, sofern er frei selbstverursacht ist.

[95] Hier ist die Idee der »Unbestimmtheit aus überreicher Hinlänglichkeit« (siehe *In Met.* IX q. 15 § 31–34, oben, S. 67–69) angedeutet, aber noch nicht entwickelt.

[96] Wenn ein Argument nur scheinbar von etwas handelt, das eine behauptete Schlussfolgerung begründet, in Wirklichkeit aber von etwas anderem handelt, wodurch sich eine andere Schlussfolgerung ergibt, liegt nach Aristoteles ein Fehlschluss vor; siehe *Top.* VIII 11, 162a12–15. (Von den verschiedenen Mitteln zur syllogistischen Beweisführung spricht Aristoteles in *Top.* I 13, 105a20–23). Wenn man anhand der Charakteristika der naturhaften aktiven Vermögen die Charakteristika des Willens, nämlich des freien aktiven Vermögens beweisen möchte, begeht man einen solchen Fehlschluss.

Prinzipien des Subjekts versursacht wird, kein akzidentelles Akzidens ist, sondern die Eigentümlichkeit des Subjekts. Das trifft aber auf den hier untersuchten Fall nicht zu.[94]

92 Auf das andere Argument, wenn argumentiert wird, dass das, was indeterminiert ist und sich in Potenz zu kontradiktorischen Möglichkeiten befindet, von anderswoher determiniert werden muss [§ 9], ist zu sagen, dass es zwei Arten von Unbestimmtheit gibt. Eine ist [die Unbestimmtheit] eines passiven Vermögens, und diese Unbestimmtheit kommt vom Fehlen des Akts. Was auf diese Weise unbestimmt ist, kann kein Prinzip einer Tätigkeit sein. Die andere ist die Unbestimmtheit eines aktiven Vermögens, und diese Unbestimmtheit kommt nicht vom Fehlen einer Form, sondern von einer gewissen Unbegrenztheit und von einer Vollkommenheit der Form und des Akts gegenüber verschiedenen und gegenteiligen Wirkungen.[95] So ist es auch bei der Sonne der Fall, und zwar hinsichtlich der Verursachung verschiedener und gegenteiliger Wirkungen in den verschiedenen Dingen, die der Sonne ausgesetzt sind. Während sich das auf die erste Art Unbestimmte nicht von selbst bestimmen kann, kann sich das auf die zweite Art Unbestimmte von selbst bestimmen, allerdings in unterschiedlicher Weise. Wenn es nämlich ein naturhaftes Vermögen ist, dann wird es dann, wenn das für die Wirkung Empfängliche vorliegt, von sich aus bestimmt, und zwar auf eine Weise, die nicht für kontradiktorische Zustände offen ist. Aber der Wille, der frei tätig, gegenüber Gegenteiligem unbestimmt und von seinem Aktsein her frei ist, bestimmt sich von selbst.

93 Daher muss man im vorliegenden Fall nicht so [wie in jenem Argument (§ 9)] argumentieren, denn es verhält sich [hier] nicht wie bei anderen [aktiven Vermögen]. Der Wille ist [nämlich] ein Tätiges, das seiner Wesensnatur nach von allem, was im Universum ist, verschieden ist. Daher würde es der Philosoph im 8. Buch der *Topik* beanstanden, wenn jemand in Bezug auf andere Dinge Mittel [für Schlussfolgerungen] vorbringt und dann sagt, es verhalte sich genauso im vorliegenden Fall.[96] Und daher sage ich, dass der Wille eine unbestimmte aktive Wirkkraft ist, und zwar mit einer Unbestimmtheit, die von anderer Wesensnatur ist als die Unbestimmtheit jeglicher anderer Ursache. Daher ist er ein aktives Vermögen, das sich auf Gegenteiliges in indifferenter Weise richtet und das sich auf eine Alternative festlegen kann.

94 Ad probationem patet quod potentia rationalis est de se indeterminata ad opposita, et ideo determinatur ad alterum a voluntate, quia potentia rationalis (ut scientia) indifferenter se habet ad opposita, nec est in potestate sua magis unum quam aliud.

95 Ad aliud, quando arguitur quod nullus effectus est ab aliqua causa quae indifferenter se habet ad non-esse eius sicut ad esse, verum est a causa quae sic se habet quando effectus producitur; [262] unde voluntas indifferens non producit, sed se ipsam determinans. Sed tamen prius naturā est indifferens ad esse et non-esse quam effectus producatur, et ipsam determinari ad effectum est effectum esse. Unde non est imaginandum quod causa prius determinetur et moveatur ad esse determinatum quam effectus producatur: tunc enim oporteret ponere quod causa mutaretur et moveretur antequam causaret, quod non est verum, – sed ipsam determinari ad effectum producendum est effectum produci.

[B. – **Ad argumenta alterius partis**]

96 Ad auctoritates et rationes in oppositum, quae poterant adduci pro secunda opinione, dicendum est ad omnes auctoritates quod non probant plus nisi quod voluntas est causa activa partialis suae volitionis.

97 Sed quia rationes ibi videntur concludere quod voluntas sit sola causa, ideo respondeo ad primam: quando arguitur de balneo, potest dici – uno modo – quod balneum ›extra‹ habet rationem finis et sic movet metaphorice; sed ›intra‹, in intellectu, habet rationem

---

[97] Das rationale Vermögen ist gemäß diesem Text vom Willen verschieden. Scotus spricht also noch nicht vom rationalen Vermögen im Sinn von *In Met.* IX q. 15, wo das »vollständige« rationale Vermögen der Wille ist, weil er sich von selbst auf alternative Möglichkeiten festlegen kann, während die Vernunft das »unvollständige« rationale Vermögen ist, das deterministisch tätig ist (§ 46–50, oben, S. 79–83).

94 In Bezug auf den Beweis [§ 10] ist klar, dass ein rationales Vermögen von sich aus gegenüber Gegenteiligem unbestimmt ist, und daher wird es vom Willen auf eine Alternative bestimmt. Ein rationales Vermögen, wie zum Beispiel wissenschaftliche Erkenntnis, verhält sich nämlich indifferent gegenüber Gegenteiligem, und eine Alternative liegt nicht mehr in seiner Fähigkeit als die andere.[97]

95 Auf das andere Argument, wenn argumentiert wird, dass keine Wirkung von einer Ursache stammt, die sich genauso indifferent gegenüber dem Nichtsein und dem Sein der Wirkung verhält [§ 11]: Für eine Ursache, die sich bei der Hervorbringung der Wirkung auf diese Weise verhält, trifft dies zu. Daher bringt nicht der indifferente Wille [die Wirkung] hervor, sondern [der Wille], der sich selbst bestimmt. Aber dennoch ist die Ursache der Natur nach früher gegenüber dem Sein und Nichtsein [der Wirkung] indifferent, als die Wirkung hervorgebracht wird, und die Tatsache, dass der Wille auf eine Wirkung festgelegt wird, bedeutet, dass die Wirkung erfolgt. Daher soll man sich das nicht so vorstellen, als ob die Ursache vorher determiniert wird und zu einem bestimmten Zustand bewegt wird, bevor die Wirkung hervorgebracht wird, denn dann müsste man annehmen, dass die Ursache verändert und bewegt wird, bevor sie [die Wirkung] verursacht, was nicht stimmt. Vielmehr bedeutet die Tatsache, dass die Ursache auf eine Wirkung festlegt wird, dass die Wirkung erfolgt.

[B. – Antwort auf die Argumente, der Wille allein verursache den Willensakt]

96 Zu den Autoritätsargumenten und den Vernunftargumenten für die gegenteilige Auffassung [§ 12–21], die zugunsten der zweiten Meinung [§ 54] herangezogen werden konnten – zu allen Autoritätsargumenten [§ 12–17] ist zu sagen, dass sie nichts weiter beweisen, als dass der Wille eine aktive Teilursache seines Willensakts ist.

97 Aber weil die Vernunftargumente dort [§ 18–21] scheinbar zum Ergebnis kommen, dass der Wille die alleinige Ursache [seines Akts] ist, deshalb antworte ich auf das erste Argument. Eine mögliche Antwort auf das Argument mit dem Bad [§ 18] ist folgende: Das Bad außerhalb [der Seele] hat den Sinngehalt des Zieles, und insofern bewegt es im übertragenen Sinn; aber innerhalb [der Seele, das heißt]

obiecti, et sic rationem efficientis, ut praedictum est. Aliter dico quod non semper obiectum voluntatis habet rationem finis, sed aliquando est ipsum quod scilicet est volitum, – et tunc potest dici quod habet rationem efficientis praedicto modo respectu actus volendi; alio modo habet rationem volendi ›cur‹, scilicet gratia cuius vult aliquid: et sic, ut ›quod‹, habet rationem efficientis, – sed, ut ›cur‹, habet rationem finis; sed aliquando concurrunt efficiens et finis.

98 Ad aliud, quando arguitur quod forma imperfectior (ut calor et anima vegetativa) est efficiens causa sui actus, dicendum quod [263] non est simile, nam huiusmodi causa naturalis ›imperfecta‹ tantum est respectu determinati effectus, et ideo non mirum si sit tota causa respectu illius. Sed causa quae ordinatur ad totum ens et quae capit totum ens, non potest esse causa totalis, nisi sit causa infinita; sed intellectus et voluntas capiunt totum ens, unde ordinantur ad tot obiecta capienda quot possunt esse, – et ideo ad causandum actus volendi aut intelligendi respectu omnium, requiritur quod concurrat obiectum: aliter enim voluntas esset infinita; sed quia respectu infinitorum ›actuum volendi‹ concurrunt etiam infinita obiecta, ideo non sequitur quod voluntas in se sit infinita.

99 Ad alia patet responsio per iam dicta, quod concludunt quod obiectum requiritur, – et hoc concedendum est.

---

[98] Ziel und Gewolltes sind dasselbe, wenn man zum Beispiel einfach Boot fahren will. Ziel und Gewolltes sind verschieden, wenn man Boot fahren will, um ans andere Ufer zu gelangen.

[99] Eigentlich ist das Beweisziel im letzten Satz umgekehrt; nicht deswegen, weil Objekte Teilursachen sind, ist der Wille nicht unendlich, sondern weil der Wille nicht unendlich ist, kann er nicht (wie Gottes Wille) Totalursache seines Willensakts sein, sondern braucht für jeden der unendlich vielen möglichen Willensakte ein bestimmtes Objekt, das mit ihm zur Erzeugung des Willensakts zusammenwirkt.

25. Distinktion, einzige Quästion

im Intellekt, hat es den Sinngehalt des Objekts, und insofern den Sinngehalt der Wirkursache, wie vorher gesagt worden ist [§ 24]. Ich gebe [aber] eine andere Antwort: Das Objekt des Willens hat nicht immer den Sinngehalt des Zieles. In manchen Fällen sind das Ziel und das Gewollte dasselbe, und dann kann man sagen, das Ziel habe hinsichtlich des Willensakts den Sinngehalt der Wirkursache in der vorher genannten Weise [§ 24]. In anderen Fällen ist das Ziel ein [entfernterer] Motivationsgrund, nämlich das, um wessentwillen der Wille etwas will.[98] Insofern hat das Ziel als das, »was [gewollt wird]« den Sinngehalt der Wirkursache und als »weswegen [etwas gewollt wird]« den Sinngehalt der Zielursache. Gelegentlich verursachen aber die Wirkursache und die Zielursache zusammen.

98 Auf das andere Argument, wenn argumentiert wird, eine unvollkommenere Form (zum Beispiel die Wärme oder die vegetative Seele) sei die Wirkursache ihres eigenen Akts [§ 21], ist zu erwidern, dass es [sich mit dem Willen] keineswegs ähnlich [verhält]. Eine solche naturhafte, unvollkommene Ursache verursacht nämlich nur eine bestimmte Wirkung, und deswegen ist es nicht verwunderlich, dass sie die Totalursache hinsichtlich dieser Wirkung ist. Aber die Ursache, die auf das ganze Seiende hingeordnet ist und die das ganze Seiende erfasst, kann keine Totalursache sein, es sei denn, sie ist unendlich. Nun erfassen aber der Intellekt und der Wille das ganze Seiende, und insofern sind sie darauf hingeordnet, so viele Objekte zu erfassen, wie es geben kann. Deswegen ist zur Verursachung des Willens- und Erkenntnisakts hinsichtlich jeglicher Dinge erforderlich, dass das Objekt [als Teilursache] mitwirkt, denn sonst wäre der Wille unendlich. Weil aber in Bezug auf unendlich viele Willensakte auch unendlich viele Objekte mitwirken, deshalb folgt nicht, dass der Wille in sich unendlich ist.[99]

99 Die Antwort auf die anderen Argumente [§ 19–20] ist durch das bereits Gesagte klar [§ 97–98], und zwar, dass sie beweisen, dass das Objekt erforderlich ist. Und das ist einzuräumen.

[Ordinatio, Liber Secundus Distinctio sexta

Quaestio 1

Utrum angelus malus potuerit appetere aequalitatem Dei]

1 [Vat. 6, 25] Circa distinctionem sextam quaero utrum angelus malus potuerit appetere aequalitatem Dei.

2 Quod non:
Intellectus intelligendo summum verum non errat, ergo nec voluntas amando summum bonum peccat: ergo appetendo aequalitatem Dei non peccaret; ergo angelus in primo actu peccandi non potuit appetere aequalitatem Dei.

3 Ad oppositum est Magister in littera.

[**I. – Ad quaestionem**

A. – Opinio aliorum]

4 [26] Hic dicitur quod non potuit aequalitatem illam appetere.
5 Ad quod videntur esse quattuor rationes:
Prima, quia non peccavit ex passione (patet), nec ex ignorantia (quia poena non praecessit culpam), – ergo ex electione; sed »electio

---

[1] Petrus Lombardus schließt an eine patristische exegetische Tradition an, wonach eine Stelle bei Jesaja als Aussage über Luzifers Streben nach Gottgleichheit gedeutet wird, siehe Jes 14, 13–14 (EÜ): »Du aber hattest in deinem Herzen gedacht: / Ich ersteige den Himmel; dort oben stelle ich meinen Thron auf […] um dem Höchsten zu gleichen.« Siehe dazu Petrus Lombardus, *Sent.* II d. 6 c. 1 § 3, Bd. 1, S. 355.

[Ordinatio, Buch II
Sechste Distinktion

Erste Quästion

Konnte der böse Engel die Gottgleichheit erstreben?]

1 Zur sechsten Distinktion frage ich, ob der böse Engel die Gottgleichheit erstreben konnte.

2 Argumente dagegen:
Der Intellekt irrt nicht bei der Erkenntnis des höchsten Wahren, also sündigt auch nicht der Wille bei der Liebe des höchsten Guten. Folglich würde der Wille beim Streben nach Gottgleichheit nicht sündigen; also konnte der Engel im ersten Akt der Sünde nicht die Gottgleichheit erstreben.

3 Als Gegenargument gilt, was der Magister im Basistext schreibt.[1]

[**I. – Zur Frage**

A. – Die Meinung anderer]

4 Hier wird gesagt, er habe die Gottgleichheit nicht erstreben können.[2]

5 Dies scheinen vier Argumente zu beweisen.
Erstens, weil er weder aus Affekt gesündigt hat (was klar ist), noch aus Unwissenheit (denn die Strafe geht nicht der Schuld voraus); also

---

[2] Nach Thomas von Aquin konnte Luzifer nur im übertragenen Sinn Gottgleichheit erstreben, nämlich insofern er ein Privileg wollte, das nur Gott zukommt; siehe *In Sent.* II d. 5 q. 1 a. 2, ed. Pierre Mandonnet, Bd. 2, S. 145–147; *S. theol.* I q. 63 a. 3, Leon. 5, S. 126a–b; *De malo* q. 16 a. 3, Leon. 23, S. 291b–296a.

Ordinatio II

non est impossibilium«, ex III *Ethicorum;* angelum autem esse Deo aequalem, est impossibile, – ergo circa illud non peccavit.

6 Secunda, quia ›angelum esse aequalem Deo‹ includit contradictionem, ergo non includit aliquam rationem entis; ergo nullo modo continetur sub primo obiecto voluntatis, – ergo non est aliquo modo volibile.

7 Tertia. Nihil potest voluntas velle nisi quod est praeintellectum; ergo angelum esse aequalem Deo, est praeintellectum vel praeostensum [27] ab intellectu: aut igitur ab intellectu errante, et tunc est poena ante culpam; vel ab intellectu non errante, – et hoc est impossibile, quia intellectus ›non errans‹ non potest ostendere illud quod includit contradictionem.

8 Quarta, quia angelum esse Deo aequalem, includit angelum non esse, quia angelus non potest esse angelus nisi sit inferior Deo; sed nullus potest appetere ›se non esse‹, per Augustinum III *De libero arbitrio;* ergo nullus ›inferior Deo‹ potest appetere aequalitatem Dei.

[B. – Opinio propria]

9 Quia tamen istae rationes non cogunt, potest aliter responderi ad quaestionem, quod angelus potuit appetere aequalitatem Dei.

---

[3] Die Scholastiker unterscheiden drei psychologische Ursachen der Sünde, nämlich Unwissenheit, Schwäche und Bosheit, je nachdem, ob die unmittelbare Ursache für die Sünde in der Vernunft, im sinnlichen Strebevermögen (das heißt in den Affekten) oder im Willen zu finden ist; siehe Thomas von Aquin, *S. theol.* I–II q. 76 prol., Leon. 6, S. 52a–b; Duns Scotus, *Ord.* II d. 43 q. un. § 5, Vat. 8, S. 485. Die »Sünde aus Bosheit« *(peccatum ex malitia)* wird auch häufig Sünde »aus Wahl« *(ex electione)* genannt.

Auch die schlechten Engel litten zumindest vor ihrer Sünde nicht an Unwissenheit und Irrtum, da ihnen alles für sie relevante Wissen im Moment ihrer Schöpfung eingegossen wurde und, wie Thomas lehrt, die Vollkommenheit ihres Intellekts keinen Irrtum zulässt; siehe *S. theol.* I q. 58 a. 1; a. 5; Leon. 5, S. 80a–b; S. 87a–b. Erst Johannes Pecham begründete das damit, dass die Strafe (nämlich Unwissenheit) nicht der Sünde vorausgeht; siehe *Quodl.* I q. 4 § 3, BFSMA 25, S. 11.

[4] Für das Aristoteles-Zitat, siehe *EN* III 4, 1111b20–23 (AL XXVI/3, S. 183). – Die vier Argumente scheint Scotus von Argumenten kompiliert zu haben, die Thomas von Aquin zu Beginn seiner dieser Thematik gewidmeten Quästionen erwähnt und denen Thomas insofern beipflichtet, als sie die Möglich-

aus Wahl.³ Die Wahl richtet sich aber nicht auf Unmögliches, nach dem 3. Buch der *Ethik;* es ist aber für einen Engel unmöglich, Gott gleich zu sein; also bestand seine Sünde nicht in diesem Streben.⁴

6 Zweitens, weil es einen Widerspruch bedeutet, dass ein Engel Gott gleich ist; also beinhaltet dies nicht irgendeinen Sinngehalt des Seins; also ist es überhaupt nicht im ersten Objekt des Willens enthalten; folglich ist es in keiner Weise ein möglicher Gegenstand des Wollens.⁵

7 Drittens kann der Wille nichts wollen, was nicht zuvor erkannt ist; also ist die Tatsache, dass der Engel Gott gleich ist, zuvor vom Intellekt erkannt oder aufgezeigt; und zwar entweder vom irrenden Intellekt, und dann gibt es Strafe vor Schuld, oder vom nicht irrenden Intellekt. Letzteres ist aber unmöglich, denn der nicht-irrende Intellekt kann nicht das aufzeigen, was einen Widerspruch beinhaltet.⁶

8 Viertens, weil die Tatsache, dass der Engel Gott gleich ist, beinhaltet, dass der Engel nicht existiert, denn ein Engel kann nicht Engel sein, ohne geringer als Gott zu sein. Aber niemand kann erstreben, nicht zu existieren, nach Augustinus im 3. Buch von *Über die Wahlfreiheit.*⁷ Also kann keiner, der geringer als Gott ist, die Gottgleichheit erstreben.⁸

[**B. – Die eigene Meinung**]

9 Weil aber diese Argumente nicht stringent sind, kann auf die Frage anders geantwortet werden, nämlich dass der Engel die Gottgleichheit erstreben konnte.

---

keit des Strebens nach Gottgleichheit im wörtlichen Sinne widerlegen. Für das erste Argument siehe *In Sent.* II d. 5 q. 1 a. 2 arg. 3, ed. Pierre Mandonnet, Bd. 2, S. 146; *De malo* q. 16 a. 3 arg. 8; arg. 9, Leon. 23, S. 292b. Siehe auch *S. theol.* I q. 63 a. 3 arg. 3, Leon. 5, S. 126a.

⁵ Vgl. Thomas von Aquin, *In Sent.* II d. 5 q. 1 a. 2 arg. 2, ed. Pierre Mandonnet, Bd. 2, S. 145; *S. theol.* I q. 63 a. 3 arg. 1, Leon. 5, S. 126a; *De malo* q. 16 a. 3 arg. 7, Leon. 23, S. 292a.

⁶ Vgl. Thomas von Aquin, *De malo* q. 16 a. 3 arg. 8; arg. 9, Leon. 23, S. 292b.

⁷ Augustinus, *De libero arbitrio* III c. 6–8 § 18–23, CCSL 29, S. 285–289.

⁸ Vgl. Thomas von Aquin, *Sent.* II d. 5 q. 1 a. 2 in corp., ed. Pierre Mandonnet, Bd. 2, S. 146; *S. theol.* I q. 63 a. 3 in corp., Leon. 5, S. 126a–b; *De malo* q. 16 a. 3 in corp., Leon. 23, S. 293b–294a.

10 Quod persuadetur:

Primo sic, quia voluntas habet duplicem actum, actum amandi amore amicitiae et actum concupiscendi aliquid amato, – et secundum utrumque actum habet totum ens pro obiecto, ita quod sicut quodcumque ens potest aliquis amare amore amicitiae, ita quodcumque [28] ens potest ipse concupiscere ipsi amato; ergo angelus potuit se ipsum amare amore amicitiae, potuit etiam sibi concupiscere quodcumque bonum concupiscibile, – et ita, cum aequalitas Dei sit quoddam bonum concupiscibile secundum se, sibi potuit angelus illud bonum concupiscere.

11 Praeterea, si aequalitas Dei esset possibilis angelo, posset angelus sibi eam concupiscere (planum est); sed huiusmodi impossibilitas non prohibet quin angelus posset hoc velle, quia ›voluntas potest esse impossibilium‹ secundum Philosophum III *Ethicorum* et Damascenum cap. 38.

12 Hoc etiam probatur, quia damnati odiunt Deum (quia, ex illo Ps., superbia eorum qui te oderunt, ascendit semper); odiens autem vult oditum non esse, secundum Philosophum II *Rhetoricae;* ergo volunt Deum non esse. Sed hoc in se est omnino impossibile et incompossibile; ergo impossibilitas huius appetibilis non prohibet quin posset appeti a voluntate peccante.

13 Hoc etiam confirmatur, quia voluntas peccans potuit velle Deum [29] non esse, et potuit etiam – cum hoc – velle illum gradum et illam eminentiam Dei esse in aliquo; igitur potuit eam velle esse in se sicut in alio, et ita potuit sibi velle eminentiam Dei.

---

[9] Freundschaftsliebe *(amor amicitiae)* bezieht sich auf die Person, für die man etwas Gutes wünscht, Begehrensliebe *(amor concupiscentiae)* bezieht sich auf das Gute, das man für diese Person will. Freundschaftsliebe kann auch Eigenliebe sein, nämlich wenn man etwas für sich wünscht, wie es Scotus hier von Luzifer behauptet; siehe auch § 37 (unten, S. 175–177). In § 34 (unten, S. 173) spricht Scotus von Freundschafts- und Begehrenswollen *(velle amicitiae / concupiscentiae)* und erklärt die Begriffe ausführlicher.

[10] Aristoteles, *EN* III 4, 1111b22–23 (AL XXVI/3, S. 183); Johannes von Damaskus, *De fide orthodoxa, Burgundionis Versio* c. 36 § 10, ed. Eligius M. Buytaert, S. 136–137. Nach Aristoteles kann man Unmögliches wie zum Beispiel Unsterblichkeit wünschen, aber nicht wählen, das heißt man kann keine Mittel wählen, durch die dieser Wunsch erreichbar wäre.

10 Das wird wie folgt einsichtig gemacht:
Zunächst so. Der Wille hat nämlich zwei Arten von Akten, einerseits den Akt, etwas mit Freundschaftsliebe zu lieben, und andererseits den Akt, etwas für den Geliebten zu begehren. Hinsichtlich jedes der beiden Akte hat der Wille das gesamte Seiende zum Gegenstand; von daher kann man jegliches Seiende mit Freundschaftsliebe lieben, und genauso kann man jegliches Seiende für den Geliebten begehren. Also konnte der Engel sich selbst mit Freundschaftsliebe lieben und auch jegliches begehrenswerte Gute für sich begehren. Insofern Gottgleichheit für sich genommen ein begehrenswertes Gut ist, konnte der Engel dieses Gut für sich begehren.[9]

11 Außerdem, wäre die Gottgleichheit für den Engel möglich, dann könnte der Engel sie für sich begehren (was offensichtlich ist). Die Unmöglichkeit der Gottgleichheit für den Engel hindert ihn aber nicht, dies zu wünschen, denn der Wunsch kann sich auf Unmögliches richten, nach dem Philosophen im 3. Buch der *Ethik* und nach Johannes von Damaskus im 38. Kapitel.[10]

12 Ein weiterer Beweis ist, dass die Verdammten Gott hassen (nach dem Psalmenwort »der Hochmut jener, die dich hassen, steigt ständig auf«[11]); der Hassende will aber, dass der Gehasste nicht existiert, gemäß dem Philosophen im 2. Buch der *Rhetorik*;[12] also wollen die Verdammten, dass Gott nicht existiert. Das ist aber in sich ganz und gar unmöglich und inkohärent. Also hindert die Unmöglichkeit dieses Sachverhalts nicht, dass er vom sündigen Willen erstrebt wird.

13 Das wird auch bestätigt, denn der sündigende Wille konnte wollen, dass Gott nicht existiert, und er konnte auch im Zusammenhang damit wollen, dass jener Grad und jene Erhabenheit Gottes in etwas [Anderem] sind. Also konnte er wollen, dass er jenes Andere sei, in dem sie ist, und so konnte er für sich die Erhabenheit Gottes wollen.

---

[11] Ps 73, 23.
[12] Aristoteles, *Rhet.* II 4, 1382a15 (AL XXXI/2, S. 75).

[C. – Ad argumenta pro opinione aliorum]

14 Ad argumenta primae opinionis.

Ad primum potest dici quod electio aequivoce accipitur: uno modo pro actu voluntatis consequente plenam apprehensionem intellectus, quo modo dicitur quis peccare ex electione quando non est passio perturbans intellectum, nec ignorantia; alio modo sumitur electio pro actu voluntatis consequente conclusionem syllogismi practici, quae electio non est nisi volitio efficax obiecti, quae est ad inquirendum medium per quod possit attingi obiectum. Primo modo electio est impossibilium, sicut dicit Philosophus III *Ethicorum* quod »voluntas est impossibilium«, – non tantum voluntas errans, sed voluntas ›praesupposita plena apprehensione intellectus‹. Secundo modo electio non est impossibilium, quia nullus de impossibilibus syllogizat practice; syllogismus enim practicus ex fine concludit illud quod est ad finem, ut per ›hoc quod est ad finem‹ deveniatur ad finem, – et talis discursus numquam habetur propter ›impossibile‹.

15 [30] Vel potest planius dici quod est electio ›praecise dicens plenam acceptationem‹, vel ›volitio efficax consequens syllogismum practicum‹. Primo modo potest esse cuiuscumque, cui praesupponitur notitia perfecta obiecti. Secundo modo non potest esse alicuius, nisi ad cuius ›esse‹ voluntas operatur quantum potest, quia nihil vult effective nisi ad quod disponit media per quae potest deduci; et talis ›volitio efficax‹ numquam est alicuius impossibilis: nullus enim consiliatur de impossibilibus, nec praecipit intellectui practico ad inquirendum media ad illud, – et hoc modo habet intelligi illud Philosophi ›electio non est impossibilium‹. Hoc modo angeli non peccaverunt ex electione, hoc est ex volitione efficaci, per quam vellent niti consequi propositum, impugnando et surripiendo sibi eminentiam eius; potuerunt tamen peccare ex electione, hoc est ex non-surreptione, sed ex perfecta volitione illius aequalitatis.

---

[13] Siehe S. 156, Anm. 3.
[14] Siehe S. 158, Anm. 10.

6. Distinktion, erste Quästion

[C. – Antwort auf die Argumente für die Meinung der anderen]

14 Antwort auf die Argumente der ersten Meinung [§ 5–8].

Auf das erste Argument [§ 5] kann man antworten, dass »Wahl« mehrdeutig verwendet wird: einerseits als Willensakt, der auf die volle Erkenntnis des Intellekts folgt, und in diesem Sinne wird gesagt, jemand sündige aus Wahl, wenn kein Affekt da ist, der den Intellekt verwirrt, und auch keine Unwissenheit.[13] Andererseits wird »Wahl« als Willensakt verstanden, der auf die Schlussfolgerung des praktischen Syllogismus folgt. Diese Wahl ist nichts anderes als das wirksame Wollen eines Objekts, das die Suche nach einem Mittel zur Erlangung des Objekts betrifft. Wahl im zuerst genannten Sinn richtet sich [auch] auf unmögliche Dinge, wie der Philosoph im 3. Buch der *Ethik* sagt, der Wunsch richte sich [auch] auf unmögliche Dinge,[14] und zwar nicht nur [sofern] der Wille irrt, sondern auch [sofern] dem Willen die volle Erkenntnis des Intellekts vorausgeht. Wahl im zweiten Sinn bezieht sich nicht auf unmögliche Dinge, denn niemand stellt in Bezug auf Unmögliches praktische Überlegungen an. Der praktische Syllogismus schließt nämlich ausgehend vom Ziel auf die Mittel zum Ziel, um so durch diese Mittel zum Ziel zu gelangen. Man macht aber eine solche Überlegung nie um eines unmöglichen Zieles willen.

15 Man kann es auch deutlicher ausdrücken. Es handelt sich entweder um die Wahl, die ausschließlich eine volle Akzeptanz besagt, oder um das wirksame Wollen, das auf den praktischen Syllogismus folgt. Auf die erste Weise kann sich die Wahl auf alles beziehen, vorausgesetzt, es gibt eine vollendete Kenntnis des Objekts. Auf die zweite Weise kann sie sich nur auf das beziehen, demgegenüber der Wille so weit es geht tätig wird, denn er will nichts auf wirksame Weise, woraufhin er keine Mittel arrangiert, durch die es erreichbar wird. Ein solches wirksames Wollen richtet sich nie auf irgendetwas Unmögliches, denn niemand stellt praktische Überlegungen in Bezug auf Unmögliches an oder gebietet dem praktischen Intellekt, die Mittel dazu zu ermitteln. Auf diese Weise ist die Aussage des Philosophen zu verstehen, die Wahl betreffe nicht Unmögliches. In diesem Sinne haben die Engel nicht aus Wahl gesündigt, das heißt aus wirksamem Wollen, durch das sie das Erlangen einer Absicht angestrebt hätten, indem sie Gott angreifen und ihm seine Erhabenheit entreißen. Sie konnten jedoch aus Wahl sündigen, das heißt nicht unbemerkt, sondern aus dem vollkommenen Wunsch der Gleichheit mit Gott.

16 Per hanc distinctionem respondendum est ad quaestionem quod angelus volitione efficaci non potuit appetere aequalitatem Dei, quia obiectum non ostenditur ut possibile; potest tamen volitione simplici (quae est respectu impossibilium), in qua etiam potest esse meritum et demeritum, – et per hoc concludunt argumenta secunda.

17 [31] Ad secundum dico quod sicut duplex est intellectio, absoluta et comparativa (absoluta quidem non est nisi alicuius obiecti simplicis, contenti sub obiecto intellectus, – comparativa sive collativa intellectio potest esse ad quodcumque, et hoc sive illa comparatio sit ›possibilis‹ sive ›impossibilis‹; non enim intellectus tantum componit propositiones possibiles, sed impossibiles), – ita est aliqua volitio absoluta, et illa non est nisi alicuius obiecti simplicis, contenti sub primo volibili; aliqua est comparativa, et illa potest comparare quodcumque volibile simplex ad quodcumque, licet in illa comparatione includatur contradictio. Loquendo autem de prima volitione, hoc complexum non est volibile, quia non est aliquod ›simplex‹ includens in se rationem primi obiecti, sed tantum est quaedam habitudo obiecti simplicis ad obiectum, – quorum utrumque ›obiectum simplex‹ est per se volibile, nam et illud quod vult et illud cui vult est per se volibile. Quando ergo dicit quod ›hoc totum non includit rationem primi obiecti‹, falsum est loquendo de partibus totius: utraque enim pars – scilicet ›quod‹ et ›cui‹ in se – includit per se obiectum voluntatis, et hoc sufficit ut voluntas velit unam partem in ordine ad aliam.

18 [32] Ad tertium dico quod intellectus simplex potest apprehendere aequalitatem Dei sine errore; et talis simplex apprehensio sufficit ad hoc quod appetitus appetat ›illud apprehensum‹ alteri, – sicut intellectus apprehendens albedinem et apprehendens corvum, potest velle albedinem inesse corvo. Aequalitas autem Dei potest apprehendi

---

[15] Das erste Objekt des Wollens ist für Scotus jegliches Seiende; siehe § 10 (oben, S. 159).

[16] Scotus konzipiert die mentalen Relationen, die der Wille erzeugt, wenn er etwas in Bezug auf etwas anderes will, in Analogie zu den mentalen Relationen, die der Intellekt erzeugt, wenn er bestimmte Begriffe miteinander verbindet. Siehe dazu Einleitung, S. 28–29.

6. Distinktion, erste Quästion

16 Anhand dieser Unterscheidung ist auf die Frage zu antworten, dass der Engel die Gottgleichheit nicht mit einem wirksamen Wollen erstreben konnte, weil sich dieses Objekt nicht als etwas Mögliches zeigt. Er kann [dies] aber mit einem einfachen Wunsch – der sich auch auf Unmögliches richten kann – wollen. In Bezug auf diesen Wunsch kann es durchaus Verdienst und Bestrafung geben, und insofern ist die zweite Serie von Argumenten [§ 10–13] schlüssig.

17 Zum zweiten Argument [§ 6] sage ich, dass es zwei Arten von Erkenntnis gibt, eine absolute und eine vergleichende. Die absolute Erkenntnis betrifft nur ein einfaches Objekt, das im [ersten] Objekt des Intellekts enthalten ist; die vergleichende oder verknüpfende Erkenntnis kann sich auf jegliches richten, egal, ob sich der Vergleich auf etwas Mögliches oder Unmögliches bezieht; der Intellekt bildet nämlich nicht nur mögliche, sondern auch unmögliche Sätze. Ebenso gibt es einerseits ein absolutes Wollen, und dies richtet sich nur auf ein einfaches Objekt, das im ersten Objekt des Wollens enthalten ist;[15] andererseits gibt es ein vergleichendes Wollen, und dies kann zwei beliebige einfache Objekte des Wollens miteinander vergleichen, selbst wenn dieser Vergleich einen Widerspruch beinhaltet. Ist also von der ersten Art des Wollens die Rede, so kann der Sachverhalt [dass ein Engel Gott gleich ist] nicht gewollt werden, weil er nicht etwas Einfaches ist, das in sich den Sinngehalt des ersten Objekts [des Willens] enthält. Dieser Sachverhalt ist nämlich nur ein gewisses Verhältnis zwischen zwei einfachen Objekten, die jeweils als einfache Objekte an sich gewollt werden können; sowohl »was« man will als auch »für wen« man will, kann nämlich an sich gewollt werden. Wenn er also sagt, dieses Ganze beinhalte nicht den Sinngehalt des ersten Objekts [des Willens] [§ 6], so stimmt das nicht für die Teile des Ganzen. Jeder Teil – nämlich das »was« und das »für wen« je für sich – beinhaltet an sich das [erste] Objekt des Willens, und das genügt dafür, dass der Wille einen Teil in Bezug auf den anderen Teil will.[16]

18 Zum dritten Argument [§ 7] sage ich, dass der einfache Intellekt die Gottgleichheit ohne Irrtum erkennen kann, und diese einfache Erkenntnis genügt dafür, dass das Strebevermögen dieses Erkannte für jemanden anderen erstreben kann. Das ist so, wie wenn der Intellekt die weiße Farbe und einen Raben erkennt und dann der Wille wollen kann, dass die weiße Farbe dem Raben zukommt. Die Gottgleichheit kann aber ohne Irrtum erkannt werden, denn in je-

sine errore, quia in aliquo est sine errore: nam Filius Dei est aequalis Patri, et ille potest apprehendi. Vel si nihil esset aequale, adhuc aequalitas posset apprehendi absolute; nec in illa simplici apprehensione est error nec falsitas, et tamen illa simplex apprehensio sufficit ad volitionem illius simplicis cuicumque intellecto et amato.

19 Si autem arguas ›a quo intellectu ostenditur hoc, ab errante vel non errante?‹, – dico quod a ›non errante‹, sed simplici, cuius non est errare nec verum dicere (istae enim sunt condiciones intellectus componentis et dividentis); et non oportet intellectum ante apprehendere hoc huic componere vel dividere hoc ab illo, sed sufficit voluntatem comparare hoc ad illud, quia voluntas est vis collativa [33] sicut intellectus, – et per consequens, potens conferre quomodocumque simplicia sibi ostensa, sicut intellectus potest.

20 Ad quartum posset dici quod voluntas posset velle consequenter ›se non esse‹, quia quilibet ›peccans mortaliter‹ vult aliquid in quo non vult subesse Deo; et in hoc – ex consequenti – vult ›se non esse‹, quia non potest esse nisi subsit Deo.

21 Ad formam tamen argumenti potest dici quod non oportet quod velit consequens, si velit antecedens, quando consequens non est de per se intellectu antecedentis, – sicut ponitur exemplum quod aliquis potest appetere episcopatum non volendo sacerdotium. Et ratio est ista, quia sicut ad ›scire antecedens‹ non sequitur scire consequens, nisi sciatur consequentia huius ex illo, – sic ex ›velle antecedentis‹ non sequitur velle consequentis, nisi sit ›velle huius consequentiae‹; si enim nesciatur consequentia (vel non sit ›velle consequentiae‹), non oportet – propter velle antecedens – velle consequens. Nunc autem, in proposito, consequens non est de per se intellectu antecedentis; nec, si esset, esset illa per se habitudo cognita vel volita, – et ideo non oportet velle consequens.

22 [34] Ad illud Anselmi cap. 60 *De similitudinibus*, dicitur quod

---

[17] Mithilfe der mentalen Relationen des Willens, die Scotus in § 17 erwähnt hat, kann er sowohl erklären, wie etwas, das nicht erkannt ist, gewollt werden kann, als auch, dass die Sünde des Willens keinen Irrtum im Intellekt voraussetzt. Nicht der Intellekt, sondern der Wille verknüpft »Engel« und »Gottgleichheit«. Insofern besteht der Irrtum (nämlich die unangemessene Verknüpfung) nicht im Intellekt (was dem Axiom widersprechen würde, dass vor der Sünde kein Irrtum sein kann), sondern im Willen.

[18] Nämlich, dass wer Gott gleich sein will auch die Aufhebung seiner Existenz wollen muss.

mandem ist sie, ohne einen Irrtum [zu implizieren]; der Sohn Gottes ist nämlich dem Vater gleich, und jener kann erkannt werden. Aber selbst wenn es nichts [Gott] Gleiches gäbe, könnte die Gleichheit trotzdem für sich erkannt werden, und in jener einfachen Erkenntnis gäbe es keinen Irrtum und keine Falschheit. Diese einfache Erkenntnis genügt aber dafür, dass jenes Einfache für jeden Beliebigen, der erkannt und geliebt wird, gewollt werden kann.

19 Wenn Du aber argumentierst: »Von welchem Intellekt wird dies aufgezeigt, vom irrenden oder vom nicht irrenden?« [§ 7], so antworte ich: vom nicht irrenden, einfachen Intellekt, dem es nicht zukommt, zu irren oder etwas Wahres zu sagen. Dies sind nämlich Funktionen des verbindenden und trennenden Intellekts, und der Intellekt muss nicht unbedingt vorher erkennen, dass dieses jenem zukommt oder nicht. Es genügt vielmehr, dass der Wille dieses mit jenem vergleicht, denn der Wille ist ein verknüpfendes Vermögen wie auch der Intellekt, und folglich kann er jegliche ihm aufgezeigten einfachen Dinge vergleichen, wie es der Intellekt auch kann.[17]

20 Auf das vierte Argument [§ 8] könnte man antworten, dass der Wille implizit wollen könnte, nicht zu existieren, denn jeder, der eine Todsünde begeht, möchte etwas, worin er Gott nicht untergeordnet sein will, und insofern will er implizit, dass er nicht existiert, denn er kann ja nicht existieren, ohne Gott untergeordnet zu sein.

21 Auf die Form des Arguments[18] kann man jedoch so antworten: Wenn die Folge nicht an sich in der Voraussetzung impliziert ist, muss jemand, der die Voraussetzung will, nicht unbedingt die Folge wollen. Zum Beispiel kann jemand Bischof sein wollen, ohne Priester sein zu wollen. Der Grund dafür ist folgender: Mit der Erkenntnis der Voraussetzung ergibt sich nur dann die Erkenntnis der Folge, wenn der Folgezusammenhang zwischen beiden bekannt ist. Ebenso ergibt sich mit dem Wollen der Voraussetzung nur dann das Wollen der Folge, wenn man diesen Folgezusammenhang will. Wenn man nämlich diesen Zusammenhang nicht kennt oder nicht will, dann ergibt sich nicht unbedingt aus dem Wollen der Voraussetzung das Wollen der Folge. Im hier untersuchten Fall ist aber die Folge nicht wesenhaft in der Einsicht in die Voraussetzung enthalten. Und selbst wenn sie es wäre, dann wäre dieser wesentliche Zusammenhang nicht [unbedingt] erkannt oder gewollt, und deshalb muss [der Engel] nicht unbedingt die Folge wollen.

22 Auf das Argument Anselms im 60. Kapitel von *Über die Ähn-*

non potest quis ordinate velle Petrus esse, quia ordinata voluntas non est volendo aliquid et nolendo illud quod necessario sequitur ad ipsum (sive ut intrinsecum, sive non), sed de voluntate ›non ordinata‹ non oportet.

[II. – Ad argumentum principale]

23 Ad argumentum principale dico quod intellectus intelligens summum verum de aliquo non summo vero errat, sicut intelligendo lapidem esse summum verum; non tamen errat intelligendo lapidem in se intellectione simplici, vel intellectione collativa intelligendo ipsum cui ipsum convenit. Sic voluntas, volendo primum bonum volitione [35] simplici, complacendo, non errat, – nec volendo illud alicui cui illud bonum congruit; non congruit autem illud bonum nisi ipsi soli; et ideo volendo illud cuicumque alii a se quasi volitione collativa, errat.

---

[19] Hier antwortet Scotus auf ein Argument, das er in dieser Quästion gar nicht angeführt hat. Der Verweis auf *De sancti Anselmi similitudinibus* findet sich allerdings bei den Argumenten zu Beginn der Quästion in *Rep.* II B d. 6 q. 1, Hs. Orléans, Bibliothèque publique 4F 146, fol. 19vb. Die zitierte Stelle ist in Wirklichkeit von Anselms Schüler Eadmer, *De sancti Anselmi similitudinibus* c. 64, PL 159, Sp. 639: »Wenn du dem seligen Petrus an Herrlichkeit gleich sein willst, so sei dir das gewährt. Aber ich sage, ›an Herrlichkeit [gleich]‹ denn du kannst nicht wollen, Petrus in Person zu sein. Wenn du nämlich das wolltest, so wolltest du, dass du zunichte wirst, und das kannst du unmöglich wollen.«

lichkeiten antworte ich, dass man nicht in geordneter Weise wollen kann, Petrus zu sein.[19] Ein geordneter Wille will nämlich nicht etwas, ohne das zu wollen, was notwendig darauf folgt (sei es als Instrument oder nicht). Bei einem ungeordneten Willen ist das nicht unbedingt der Fall.

[II. – Antwort auf das Hauptargument]

23 Auf das Hauptargument [§ 2] antworte ich, dass der Intellekt irrt, wenn er das höchste Wahre etwas zuschreibt, das nicht das höchste Wahre ist, zum Beispiel, wenn er denkt, ein Stein sei das höchste Wahre. Er irrt aber nicht, wenn er den Stein an sich durch eine einfache Erkenntnis denkt oder wenn er in einer verknüpfenden Erkenntnis das erkennt, was dem höchsten Wahren zukommt. Ebenso irrt der Wille nicht, wenn er das erste Gut mit einem einfachen Wollen will und daran Gefallen hat. Er irrt auch nicht, wenn er es für jemanden will, dem dieses Gut gebührt. Dieses Gut gebührt aber nur dem ersten Guten selbst, und deshalb irrt der Wille, wenn er mit einem verknüpfenden Wollen dieses Gut für jemanden anderen als für das erste Gute will.

[Quaestio 2

Utrum primum peccatum angeli fuerit formaliter superbia]

24 Secundo quaero utrum primum peccatum angeli fuerit formaliter superbia.

25 Quod sic:
Augustinus XIV *De civitate Dei* cap. 13: »Malae voluntatis initium quid potuit esse nisi superbia?«; et probat per illud Scripturae, Eccli. 10: »Initium omnis peccati superbia.« Item, in eodem capitulo: »Elationis vitium in diabolo maxime damnari, sacris Litteris edocemur«.

26 Praeterea, in canonica Ioannis: »Omne quod est in mundo, aut est [36] concupiscentia oculorum« etc. Non peccaverunt autem concupiscentia oculorum, nec concupiscentia carnis, – ergo superbia vitae.

27 Praeterea, arguitur per viam divisivam, quia non potuerunt primo peccare per aliquod nolle, et per consequens non primo per iram neque per avaritiam et huiusmodi; et probatur antecedens, quia omne nolle praesupponit aliquod velle. Nec peccaverunt aliquo ›velle inordinato‹ circa temporalia, nec peccato carnis, quia talia non sunt eis appetibilia. Igitur per divisionem, exclusis aliis, sequitur quod peccaverunt peccato superbiae.

28 Patet etiam per illud Ps. »superbia eorum qui te oderunt« etc.; sed non peccaverunt nisi unico peccato (quia alias peccatum eorum

---

[20] Augustinus, *De civitate Dei* XIV c. 13, CCSL 48, S. 434.
[21] Ecclesiasticus 10, 15, nach der Vulgata (vgl. Sir 10, 21).
[22] *De civitate Dei* XIV c. 13, CCSL 48, S. 435.
[23] 1 Joh 2, 16 (nach der Vulgata): »Alles, was in der Welt ist, ist Begierde des Fleisches und Begierde der Augen und Hochmut des Lebens.« EÜ: »Denn alles, was in der Welt ist, die Begierde des Fleisches, die Begierde der Augen und das Prahlen mit dem Besitz, ist nicht vom Vater, sondern von der Welt.«
[24] Zur Übersetzung von *nolle* mit »Widerwillen (haben)« siehe S. 66, Anm. 22. Zorn und Geiz, die Scotus hier als Ausdruck von *nolle* nennt, setzen ein *velle* voraus. Die sogenannten zornmütigen Affekte *(passiones irascibiles)*, wie etwa Zorn (vgl. § 30) und Geiz, setzen begehrende Affekte *(passiones concupiscibiles)* voraus. Um zornig oder geizig zu sein, muss man zunächst etwas

[Zweite Quästion

Bestand die erste Sünde des Engels formal im Hochmut?]

24 Zweitens frage ich, ob die erste Sünde des Engels formal im Hochmut bestand.

25 Argumente dafür:
Augustinus schreibt im 14. Buch des *Gottesstaates* im 13. Kapitel: »Was anderes als Hochmut konnte der Anfang des bösen Willens sein?«,[20] und er beweist dies anhand der Heiligen Schrift, im 10. Kapitel vom Buch Jesus Sirach: »Der Anfang jeder Sünde ist der Hochmut.«[21] Außerdem sagt er im selben Kapitel: »Wir erfahren aus der Heiligen Schrift, dass das Laster der Selbsterhebung des Teufels zuhöchst verdammt worden ist.«[22]

26 Außerdem heißt es im [Ersten] Brief des Johannes: »Alles, was in der Welt ist, ist entweder die Begierde der Augen« usw.[23] Die Engel sündigten aber weder aufgrund der Begierde der Augen noch des Fleisches, also sündigten sie aufgrund des Hochmuts.

27 Ein weiteres Argument geht alle Alternativen durch: Sie konnten nicht zuerst durch einen Widerwillen sündigen, und folglich konnten sie nicht als erstes aufgrund von Zorn oder Geiz oder dergleichen [Hauptsünden] sündigen. Die Prämisse wird so bewiesen: jeglicher Widerwille setzt ein positives Wollen voraus.[24] Sie sündigten auch nicht durch ein ungeordnetes Wollen bezüglich zeitlicher Güter und auch nicht durch eine Sünde des Fleisches, denn solche Dinge sind für sie keine Gegenstände des Strebens. Durch die Aufgliederung der Alternativen folgt, sofern die übrigen Hypothesen ausgeschlossen sind, dass sie durch eine Sünde des Hochmuts gesündigt haben.

28 Es ist auch aufgrund des Psalmenwortes klar: »Der Hochmut jener, die dich hassen« usw.[25] Sie sündigten aber durch eine einzige Sünde (sonst wäre ihre Sünde nämlich heilbar gewesen). Sie sündig-

---

lieben, über dessen Schaden oder Verlust man erzürnt oder dessen Besitz man für sich allein behalten will.
[25] Ps 73, 23; siehe § 12 (oben, S. 159).

fuisset remediabile), quia non peccaverunt simul pluribus peccatis, quia voluntas non potest simul habere duos actus perfectos sicut nec intellectus; ergo si peccaverunt pluribus peccatis, peccaverunt uno post alterum, – et ita in illo instanti secundo potuerunt poenitere (et ideo peccaverunt post primum instans), quod communiter tenetur [37] pro inconvenienti, quia tenetur communiter quod peccatum eorum fuit irremediabile.

29 Ad oppositum:
Peccatum eorum fuit maximum, quia irremediabile. Superbia autem non est peccatum maximum, – quod patet, quia eius oppositum, scilicet humilitas, non est maximum bonum: tum quia humilitas potest esse informis, caritas non (ergo humilitas minus ›bona‹); tum quia, loquendo de virtutibus moralibus, humilitas est quaedam temperantia, – omnis autem temperantia est minus perfecta virtus quam amicitia, quae est perfectissima virtus sub iustitia (VIII *Ethicorum*). Ergo etc.

30 Praeterea, superbia consistit in irascibili; nullus autem actus ›irascibilis‹ potest esse primus, quia ›irascibilis‹ est propugnatrix concupiscibilis, – et ideo passiones irascibilis oriuntur ex passionibus concupiscibilis.

31 [38] Praeterea, superbia videtur esse appetitus excellentiae (quia secundum Augustinum XIV *De civitate* cap. 13: »Quid est superbia nisi perversae celsitudinis appetitus?«), – excellentia autem est respectu aliquorum quibus excellit; sed non appetebat primo aliquid in ordine ad alios, sed prius appetebat aliquid in se quam illud appe-

---

[26] Im 13. Jahrhundert scheint niemand zu lehren, dass die Engel aus dem Zustand der Sünde zur Unschuld zurückkommen können. Für Scotus selbst liegt dies jedoch nicht in einer grundsätzlichen Unfähigkeit der Engel begründet, sondern im Ratschluss Gottes, der ihnen die für die Umkehr erforderliche Gnade nicht gewährt. Siehe *Ord.* II d. 7 q. un. § 51–54; § 60, Vat. 8, S. 99–101; S. 104–105.

[27] *Caritas* ist die theologische Tugend der Liebe; siehe dazu S. 263, Anm. 85. »Ungeformt« *(informis)* ist ein Habitus, der nicht durch die *caritas* erhöht ist; siehe *Ord.* III d. 36 q. un. § 105 (unten, S. 265).

[28] Im Gegensatz zu Aristoteles konzipiert Scotus die Freundschaft als eine von drei Arten der Gerechtigkeit, siehe *Ord.* III d. 34 q. un. § 64–67, Vat. 10, S. 206–207. Für Scotus ist die Freundschaft die vollkommenste Art von Gerechtigkeit und überhaupt die vollkommenste Tugend, siehe ebd., § 58–59, Vat. 10, S. 204–205. Bei Aristoteles findet sich lediglich die Idee, dass Freund-

ten nämlich nicht gleichzeitig durch mehrere Sünden, da der Wille nicht zwei vollkommene Akte zugleich haben kann, genauso wenig wie der Intellekt. Wenn sie nämlich durch mehrere Sünden gesündigt haben, dann haben sie die Sünden nacheinander begangen, und so konnten sie in jenem zweiten Moment [ihre erste Sünde] bereuen (und deshalb sündigten sie nach dem ersten Moment). Die Hypothese ihrer Bußfähigkeit wird allgemein als unpassend angesehen, denn nach der allgemeinen Meinung war ihre Sünde unheilbar.[26]

29 Argumente dagegen:
Ihre Sünde hatte das äußerste Maß, denn sie war nicht wieder gutzumachen. Hochmut ist aber nicht die größte Sünde. Das ist deswegen klar, weil sein Gegenteil, nämlich Demut, nicht das größte Gut ist. Erstens kann Demut auch ungeformt sein, die theologische Tugend der Liebe aber nicht, und insofern ist die Demut weniger gut.[27] Zweitens ist die Demut, wenn von den moralischen Tugenden die Rede ist, eine Art von Mäßigung. Nun ist aber jede Art von Mäßigung eine weniger vollkommene Tugend als Freundschaft, die nach dem 8. Buch der *Ethik* die vollkommenste jener Tugenden ist, die zur Gerechtigkeit gehören.[28] Also usw.

30 Ferner ist der Hochmut im zornmütigen Vermögen. Kein Akt des zornmütigen Vermögens kann aber der erste sein, weil das zornmütige Vermögen die Verteidigerin des begehrenden Vermögens ist. Deshalb entspringen die Affekte des zornmütigen Vermögens aus den Affekten des begehrenden Vermögens.

31 Außerdem ist der Hochmut offenbar das Verlangen nach Vorrang. Augustinus schreibt nämlich im 14. Buch des *Gottesstaates* im 13. Kapitel[29]: »Was ist Hochmut anderes als das Streben nach verkehrter Erhabenheit?« Den Vorrang hat man aber im Vergleich zu jenen, die man übertrifft. Er erstrebte aber nicht zuerst etwas im Verhältnis zu anderen, sondern er erstrebte erst etwas in sich, bevor er es im Verhältnis zu etwas anderem erstrebte. Nichts ist auf anderes bezogen, wenn es nicht zunächst etwas in sich selbst ist, und dement-

---

schaft vollkommener als Gerechtigkeit ist, denn Freunde brauchen in der Beziehung zueinander keine (rechnerische) Gerechtigkeit, aber Gerechte brauchen Freunde, siehe *EN* VIII 1, 1155a26–28, AL XXVI/3, S. 299.
[29] *De civitate Dei* XIV c. 13, CCSL 48, S. 434.

tebat in ordine ad aliud: sicut nihil est ad alterum nisi quod prius est ad se, ita nullus appetit aliquid in ordine ad aliud nisi quia primo appetit sibi, – et per consequens primo sibi appetebat illam.

32 Praeterea, inferiores daemones non videntur appetere dominium disconveniens eis, – nec etiam consensisse dominio Luciferi, quia videtur probabile quod magis appetiverunt subesse Deo quam Lucifero; ergo primum peccatum eorum non fuit superbia.

[I. – Ad quaestionem]

33 [39] In ista quaestione tenetur communiter pars affirmativa, propter argumentum divisivum ad primam partem. Sed ad videndum veritatem quaestionis, primo videndum est quae fuit malitia in primo angelo peccante, – et secundo, ad quod genus peccati pertinebat illa malitia.

[A. – Quae fuit malitia in primo angelo peccante

1. – De actibus voluntatis ordinatis et deordinatis]

34 Circa primum videndum est primo de ordine actuum voluntatis. Et circa hoc dico quod est in communi duplex actus voluntatis, scilicet velle et nolle: est enim ›nolle‹ actus positivus voluntatis, quo fugit disconveniens sive quo resilit ab obiecto disconveniente; ›velle‹ autem est actus quo acceptat obiectum aliquod conveniens. Et est – ulterius – duplex ›velle‹, quod potest nominari velle amicitiae et velle concupiscentiae, ut dicatur ›velle amicitiae‹ esse illius obiecti cui volo bonum, et ›velle concupiscentiae‹ esse illius obiecti quod volo alicui alii amato.

---

[30] Siehe zum Beispiel *Summa Halensis* II–II §91, ed. Patres Collegii S. Bonaventurae, Bd. 3, S. 108a–109b; Bonaventura, *In Sent.* II d. 5 a. 1 q. 1, Opera omnia 2, S. 145a–147b; Thomas von Aquin, *S. theol.* I q. 63 a. 2, Leon. 5, S. 123a–b; Richard von Mediavilla, *Quaestiones disputatae* q. 26, ed. Alain Boureau, S. 128–150.

[31] Zur Übersetzung von *velle* und *nolle* siehe S. 66, Anm. 22.

sprechend erstrebt man nur dann etwas im Verhältnis zu etwas anderem, wenn man es zuvor für sich selbst erstrebt. Folglich erstrebte er als erstes jenen Vorrang für sich selbst.

32 Außerdem scheinen die geringeren Dämonen keine Herrschaft zu erstreben, die ihnen nicht zukommt. Sie scheinen auch nicht der Herrschaft Luzifers zugestimmt zu haben, denn wahrscheinlich wollten sie lieber Gott als Luzifer untergeordnet sein. Also war ihre erste Sünde nicht Hochmut.

[I. – Zur Frage]

33 Diese Frage wird allgemein bejaht aufgrund des in der ersten Gruppe von Argumenten erwähnten Arguments, das die Alternativen aufgliedert [§ 27].[30] Um die Wahrheit in dieser Frage zu sehen, müssen wir zunächst betrachten, worin die Bosheit im ersten sündigenden Engel bestand, und zweitens, zu welcher Gattung von Sünde jene Bosheit gehört.

[A. – Worin die Bosheit im ersten sündigenden Engel bestand

1. – Die geordneten und ungeordneten Willensakte]

34 Hinsichtlich des ersten Punkts ist zunächst der Zusammenhang zwischen den Willensakten zu betrachten. Und dazu sage ich, dass es allgemein betrachtet zwei Arten von Willensakten gibt, nämlich Wollen und Widerwille.[31] Der Widerwille ist nämlich ein positiver Willensakt, wodurch der Wille etwas Unzuträgliches meidet oder von einem unzuträglichen Gegenstand ablässt. Wollen hingegen ist ein Akt, wodurch der Wille einen zuträglichen Gegenstand annimmt. Und weiterhin gibt es zwei Arten von Wollen; man kann es Freundschaftswollen und Begehrenswollen nennen. Freundschaftswollen bezieht sich auf das, für das ich etwas Gutes will, und Begehrenswollen bezieht sich auf den Gegenstand, den ich für den anderen Geliebten will.[32]

---

[32] Siehe S. 158, Anm. 9.

35 [40] Et istorum ›actuum‹ patet ordo, quia omne nolle praesupponit aliquod velle: a nullo enim refugio, nisi quia non potest stare cum aliquo quod accepto tamquam conveniens; et hoc dicit Anselmus *De casu diaboli* cap. 3, ponens exemplum de avaro, nummo et pane. Et istorum ›duorum velle‹ patet ordo, quia concupiscentia praesupponit illud velle amicitiae: cum enim ›amatum‹ sit – respectu concupiti – quasi finis cui volo bonum (nam propter amatum concupisco sibi bonum, quod sibi volo), et cum finis habeat primam rationem voliti, – patet quod velle amicitiae praecedit velle concupiscentiae.

36 Et ex isto, probato, sequitur ulterius quod similis est processus in actibus voluntatis deordinatis: nullum enim ›nolle‹ est primus actus voluntatis deordinatus, quia non posset haberi ›nolle‹ nisi in virtute alicuius velle, – et si ›velle‹ esset ordinatum (acceptando obiectum cum circumstantiis debitis), ›nolle‹ quod haberetur consequenter, similiter [41] esset ordinatum; eodem modo, si velle amicitiae esset ordinatum, velle concupiscentiae consequens illud esset ordinatum, – nam si ordinate amo illud cui amo bonum, ordinate volo quod concupisco sibi cui volo bonum.

[2. – De prima inordinatione ›velle amicitiae‹]

37 Sequitur igitur quod simpliciter primus actus voluntatis inordinatus fuit ›primum velle amicitiae‹ respectu eius cui voluit bonum. Hoc autem obiectum non fuit Deus, quia non potuit Deum inordinate – ex intensione – amare ex amicitia, nam Deus est tale amabile quod ex sola ratione sui, ut obiectum est, dat completam rationem bonitatis actui perfecte intenso. Nec est verisimile quod aliquid aliud a se nimis intense dilexerit actu amicitiae: tum quia inclinatio naturalis magis inclinavit ad se quam ad aliquid aliud creatum sic aman-

---

[33] Anselm von Canterbury, *De casu diaboli* c. 3, Opera omnia 1, S. 239–240. Der Geizhals will sein Geld behalten, aber er will auch Brot, und insofern will er gewissermaßen das Geld, mit dem er es kauft, nicht behalten. Anselm erläutert anhand dieses Beispiels, wie sich diese Willensakte zueinander verhalten.
[34] Man will ein Ziel, bevor man die Mittel zum Ziel will.
[35] Wenn man in geordneter Weise etwas Gutes will, dann ist man in geordneter Weise dem für das Gute Schädlichen abgeneigt.

35 Und der Zusammenhang zwischen diesen Willensakten ist klar, denn jeglicher Widerwille setzt ein Wollen voraus. Ich vermeide etwas nämlich nur dann, wenn es mit etwas unvereinbar ist, das ich als zuträglich betrachte. Anselm sagt dies in *Vom Fall des Teufels* im 3. Kapitel, wo er das Beispiel vom Geizhals, Geldstück und Brot gibt.[33] Und der Zusammenhang zwischen den beiden Arten von positivem Wollen ist klar, denn Begehren setzt jenes Freundschaftswollen voraus. Denn weil das Geliebte im Verhältnis zum Begehrten gleichsam das Ziel ist, für das ich das Gute will (denn um des Geliebten willen begehre ich das Gute, das ich für es will), und weil das Ziel grundsätzlich als erstes gewollt wird,[34] deswegen leuchtet ein, dass Freundschaftswollen dem Begehrenswollen vorausgeht.

36 Und aus dem gerade Bewiesenen ergibt sich weiterhin, dass der Verlauf bei den ungeordneten Willensakten ähnlich ist. Kein Widerwille ist nämlich der erste ungeordnete Willensakt, denn Widerwillen kann es nur kraft irgendeines Wollens geben. Wenn also das Wollen geordnet ist (sofern das Objekt unter Berücksichtigung der gebotenen Umstände erstrebt wird), so ist der Widerwille, der sich daraus ergibt, ebenso geordnet.[35] Ebenso gilt, wenn das Freundschaftswollen geordnet ist, dass dann das darauf folgende Begehrenswollen geordnet ist. Wenn ich nämlich in geordneter Weise das liebe, wofür ich etwas Gutes wünsche, so will ich auch in geordneter Weise das, was ich für dasjenige wünsche, wofür ich das Gute wünsche.

[2. – Das erste ungeordnete Freundschaftswollen]

37 Folglich war also der schlechthin erste ungeordnete Willensakt das erste Freundschaftswollen hinsichtlich dessen, für das [Luzifer] etwas Gutes wollte. Das war aber nicht Gott, denn er konnte Gott nicht der Intensität nach ungeordnet aus Freundschaft lieben, denn Gott ist als Gegenstand der Liebe so beschaffen, dass er allein deswegen, weil sich die Liebe auf ihn bezieht, einem der Intensität nach vollkommenen Akt die vollständige Bestimmung der Gutheit verleiht. Es ist auch unwahrscheinlich, dass er etwas anderes als sich selbst zu intensiv mit einem Akt der Freundschaftsliebe liebte. Die natürliche Neigung machte [ihn] nämlich mehr zu sich selbst geneigt als zu einem anderen so zu liebendem Geschöpf; ferner hat er wohl kein anderes Geschöpf so gut erkannt wie sich selbst; außerdem

dum, – tum quia non videtur quod aliquid aliud a se ›creatum‹ sic intellexerit sicut se, – tum quia amicitia fundatur super unitatem (VIII *Ethicorum*), [42] et etiam ›amicabilia ad alterum‹ procedunt ex amicabilibus ad se ipsum (ex IX *Ethicorum*). Igitur primus actus inordinatus fuit actus amicitiae respectu sui ipsius.

38 Et hoc est quod dicit Augustinus, XIV *De civitate Dei* cap. ultimo: ›Duo amores fecerunt duas civitates: civitatem Dei amor Dei usque ad contemptum sui, et civitatem diaboli amor sui usque ad contemptum Dei‹. Prima ergo radix ›civitatis diaboli‹ fuit inordinatus amor amicitiae, quae ›radix‹ germinavit usque ad contemptum Dei, – in quo consummata est ista malitia.

Sic patet de inordinatione simpliciter prima, quae fuit simpliciter in primo velle inordinato.

[3. – De prima inordinatione ›velle concupiscentiae‹]

39 Nunc restat videre de prima inordinatione ipsius ›velle concupiscentiae‹.

[a. – De concupiscentia beatitudinis]

40 Et videtur ibi esse dicendum quod primo concupivit sibi immoderate beatitudinem. Quod probatur:

[43] Primo sic, nam primum ›concupiscere‹ inordinatum non processit ex affectione iustitiae, sicut nec aliquod peccatum processit; ergo ex affectione commodi, quia ›omnis actus voluntatis, elicitus, aut elicitur secundum affectionem iustitiae aut commodi‹, secundum Anselmum. Maximum commodum maxime appetitur a voluntate non sequente regulam iustitiae, et ita primo, quia nihil aliud regulat illam voluntatem non rectam nisi appetitus inordinatus et immoderatus illius maximi boni commodi; maximum autem commodum est beatitudo perfecta; ergo etc. – Et haec ratio habetur ab Anselmo *De casu diaboli* cap. 4 (quaere ibi).

---

[36] Vgl. *EN* VIII 11, 1159b29–30 (AL XXVI/3, S. 311).
[37] *EN* IX 4, 1166a1–29 (AL XXVI/3, S. 328–329).
[38] *De civitate Dei* XIV c. 28, CCSL 48, S. 451.
[39] *De casu diaboli* c. 4, Opera omnia 1, S. 241.

gründet Freundschaft auf einer Einheit (nach dem 8. Buch der *Ethik*),[36] und ferner entspringen die Charakteristika der Freundschaft gegenüber einem anderen aus den Charakteristika der Freundschaft gegenüber sich selbst (nach dem 9. Buch der *Ethik*).[37] Also war der erste ungeordnete Akt ein Freundschaftswollen in Bezug auf sich selbst.

38 Und das ist, was Augustinus im 14. Buch des *Gottesstaates* im letzten Kapitel sagt: »Zwei Arten von Liebe begründeten zwei Staaten; die Liebe Gottes bis zur Selbstverachtung begründete den Gottesstaat, und die Liebe seiner selbst bis zur Verachtung Gottes begründete den Staat des Teufels.«[38] Also war die erste Wurzel des Staates des Teufels die ungeordnete Freundschaftsliebe. Diese Wurzel wuchs bis zur Verachtung Gottes, worin diese Bosheit zur Vollendung gekommen ist.

Soweit ist die allererste Unordnung klar, die schlechthin im ersten ungeordneten Wollen bestand.

[3. – Das erste ungeordnete Begehrenswollen]

39 Jetzt müssen wir noch sehen, worin die erste Unordnung seines Begehrenswollens bestand.

[a. – Das Begehren der Glückseligkeit]

40 Und hierzu muss man wohl sagen, dass er als erstes für sich maßlos Glückseligkeit begehrt hat. Das wird bewiesen.

Zunächst wie folgt. Das erste ungeordnete Begehren ging nämlich nicht aus dem Hang zur Gerechtigkeit hervor, aus dem sowieso keine Sünde hervorging; also entsprang es dem Hang zum Angenehmen. Nach Anselm wird nämlich jeder Willensvollzug entweder gemäß dem Hang zur Gerechtigkeit oder dem Hang zum Angenehmen ausgeübt. Das äußerst Angenehme wird von einem Willen, der die Regel der Gerechtigkeit nicht befolgt, zuhöchst erstrebt, und daher auch als erstes. Diesen nicht rechten Willen regelt nämlich nichts anderes als das ungeordnete und ungebändigte Streben nach jenem äußerst angenehmen Gut; das äußerst Angenehme ist aber vollkommene Glückseligkeit; also usw. Und diese Begründung stammt von Anselm, *Vom Fall des Teufels* im 4. Kapitel (schau dort nach).[39]

41 Secundo probatur hoc, quia primum peccatum in ›concupiscendo‹ fuit aliquod velle; nihil enim refugit a se – hoc est ne sibi aliquid contingat – nisi quia eius oppositum concupiscit sibi. Aut ergo illud concupivit amore honesti, aut amore utilis, aut amore delectabilis (quia non est nisi iste triplex amor quo aliquid amatur): non [44] amore honesti, quia tunc non peccasset; nec amore utilis, quia ille non est primus amor (ex quo enim ›utile‹ respectu alicuius est utile, nullus primo concupiscit utile, sed illud ad quod est ›utile‹). Primo ergo peccavit amando aliquid excessive tamquam summum delectabile; delectabile autem summum est bonum honestum et ipsa beatitudo unde talis; ergo etc. – Et ista ratio potest accipi a Philosopho VIII *Ethicorum*, ex illa communi distinctione boni: utilis, delectabilis et honesti.

42 Tertio persuadetur hoc sic, quia omnis potentia appetitiva, consequens in actu suo actum potentiae apprehensivae, appetit primo delectabile convenientissimum suae cognitivae, – vel delectationem in appetibili, quia in tali appetibili maxime quietatur; quod patet de appetitu consequente apprehensionem gustus vel auditus vel tactus, – quia quilibet talis appetit obiectum perfectissimum potentiae apprehensivae, cuius actum consequitur in appetendo. Ergo voluntas separata ab omni appetitu sensitivo, primo omnino appetit illud quod est convenientissimum intellectui, cuius convenientiam sequitur [45] illud ›appetere‹, – vel primo appetit delectationem in tali obiecto, et per consequens beatitudinem, includentem obiectum et actum et delectationem consequentem.

43 Quarto persuadetur hoc sic: illud primo appetitur a voluntate non regulata per iustitiam, quod – si esset solum – appeteretur, et nihil aliud sine eo. Tale est delectatio; non enim excellentia nec quod-

---

[40] Für Scotus ist das Sittliche durchaus genussvoll. Der Besitz der Glückseligkeit und das Streben danach ist an und für sich sittlich, jedoch kann dieses sittlich Gute um des Genusses willen geliebt werden, und nicht, sofern es sittlich ist. Luzifer hat das Sittliche beziehungsweise das Glück mit Lustliebe und nicht mit sittlicher Liebe geliebt. – Der über Cicero auf Aristoteles zurückgehende Ausdruck *honestum* übersetzt das griechische *kalon*, das »schön« und insofern »anziehend« bedeutet, aber als solches auch letztlich verpflichtend ist. Die angemessenste Übersetzung von *bonum honestum* ist »sittliches Gut«, wobei dabei der Aspekt der intrinsischen Attraktivität des sittlichen Guten nicht übersehen werden darf.

[41] *EN* VIII 2, 1155b18–21 (AL XXVI/3, S. 300).

41 Zweitens wird dies bewiesen: Die erste Sünde beim Begehren bestand nämlich in einem Wollen, denn nichts vermeidet etwas von selbst, das heißt, so dass es ihm nicht zuteil wird, wenn es nicht dessen Gegenteil für sich erstrebt. Er erstrebte dies also mit einer Liebe für Sittliches, für Nützliches oder für Genussvolles (denn man kann etwas nur mit einer dieser drei Arten von Liebe lieben). Er hat weder mit einer Liebe für Sittliches geliebt, denn dann hätte er nicht gesündigt, noch mit einer Liebe für Nützliches, denn dies ist nicht die erste Liebe (sofern nämlich das Nützliche zu etwas anderem nützlich ist, begehrt niemand als erstes das Nützliche, sondern das, wozu es nützlich ist). Also sündigte er zuerst, indem er etwas über Gebühr als höchst genussvoll geliebt hat. Das höchst Genussvolle ist aber das sittlich Gute und die Glückseligkeit als solche; also usw.[40] Und diese Begründung kann man dem Philosophen im 8. Buch der *Ethik* entnehmen, aus jener allgemeinen Unterscheidung des Guten in Nützliches, Genussvolles und Sittliches.[41]

42 Drittens wird dies so einsichtig gemacht: Jedes Strebevermögen, das in seinem Akt auf einen Akt des Wahrnehmungsvermögens folgt, erstrebt als erstes etwas Genussvolles, das für sein Erkenntnisvermögen äußerst zuträglich ist, – oder es erstrebt einen Genuss im Strebevermögen, denn in einem solchen Gegenstand des Strebens kommt es maximal zur Ruhe. Dies ist klar, was das Streben betrifft, das auf die Wahrnehmung des Geschmackssinns, des Gehörsinns oder des Tastsinns folgt, denn jedes derartige Streben erstrebt das vollkommenste Objekt des [jeweiligen] Wahrnehmungsvermögens, auf dessen Akt der Vollzug des Strebens folgt. Also erstrebt der Wille, der von jeglichem sinnlichen Strebevermögen getrennt ist, als absolut erstes das, was für den Intellekt am zuträglichsten ist; dieses Streben folgt [also] auf dessen Zuträglichkeit. Mit anderen Worten, der Wille erstrebt als erstes in einem solchen Objekt den Genuss und insofern die Glückseligkeit, die ja das Objekt und den Akt und den daraus hervorgehenden Genuss mit einschließt.

43 Viertens lässt sich das so erhellen: Was ein Wille, der nicht durch die Gerechtigkeit geregelt ist, als erstes erstrebt, ist das, was auch allein angestrebt würde, wenn es das Einzige wäre; zudem würde nichts anderes angestrebt, ohne dieses auch anzustreben. Das trifft auf den Genuss zu, denn weder der Vorrang [über andere] noch ir-

cumque aliud – si esset ›triste‹ – appeteretur, sed delectatio vel aliquid tale appeteretur.

44 Quantum igitur ad istum secundum gradum, scilicet quantum ad peccatum angeli, videtur quod primo concupierunt beatitudinem:

Quia sicut primum peccatum appetitus visivi esset in appetendo pulcherrimum visibile suae cognitivae (et in quo perfectissime delectaretur, et quietaretur), ita voluntatis coniunctae appetitui sensitivo – quando ipsa non sequitur iustitiam nec regulam rationis – videtur primum appetibile esse aliquid summe delectabile illi appetitui sensitivo cui voluntas maxime conformatur in agendo. Et ideo in hominibus, secundum diversitatem complexionum, est dominium appetituum [46] sensitivorum: si quidem quaelibet cognitiva habet appetitum proprium et secundum diversitatem complexionum est diversitas dominii in cognitivis diversis et in earum appetitivis, in quolibet – inquam – voluntas, secundum praedominium appetitus sensitivi, maxime inclinatur ad actum eius; et ideo quidam, sequentes inclinationem primam sine regula iustitiae, primo inclinantur ad luxuriam, quidam primo ad superbiam et quidam aliter.

45 Voluntas igitur separata ab omni appetitu sensitivo, et per consequens ad nihil inclinata propter inclinationem appetitus sensitivi, ipsa – deserta a iustitia – sequitur inclinationem absolutam voluntatis unde voluntas; et illa videtur esse ad maximum conveniens voluntati sive potentiae appetitivae, quod etiam est maxima perfectio intellectus sive potentiae[a] cognitivae, – nam in quo maxime perficitur cognitiva, in illo maxime perficitur appetitiva correspondens illi [47] cognitivae. Fuit igitur immoderata concupiscentia beatitudinis, quia beatitudo est obiectum voluntatis.

---

[a] appetitivae – potentiae] *ed. om. codd.*

---

[42] Nämlich das ungeordnete Begehrenswollen.
[43] Die Editio Vaticana rekonstruiert hier ein Homoioteleuton (eine Auslassung aufgrund von Zeilensprung) anhand des Paralleltexts in *Lect.* II d. 6 § 31, Vat. 18, S. 380.

gendetwas anderes würde erstrebt, wenn es unangenehm wäre; vielmehr würde der Genuss oder dergleichen erstrebt.

44 Was nun diese zweite Dimension der Sünde des Engels betrifft,[42] haben sie offensichtlich als erstes die Glückseligkeit begehrt.
Zur Begründung dient ein Vergleich: Die erste Sünde eines Sehbegehrens würde darin bestehen, den schönsten sichtbaren Gegenstand für sein Erkenntnisvermögen zu erstreben, worin es dann auch auf vollkommene Weise Genuss empfinden und zur Ruhe kommen würde. Entsprechend wäre das erste, was von einem mit einem sinnlichen Strebevermögen verbundenen Willen erstrebt werden kann – wenn der Wille nicht der Gerechtigkeit und auch nicht der Regel der Vernunft folgt – offensichtlich etwas, das für dieses sinnliche Strebevermögen, mit dem der Wille bei seiner Aktivität zuhöchst übereinkommt, äußerst genussvoll ist. Insofern dominieren bei den Menschen je nachdem, wie sie physisch konstituiert sind, bestimmte sinnliche Strebevermögen. Jedes Erkenntnisvermögen hat nämlich ein ihm eigenes Strebevermögen, und je nachdem, wie man physisch konstituiert ist, dominiert ein bestimmtes Erkenntnisvermögen und dessen Strebevermögen. Insofern – sage ich – ist der Wille entsprechend der [von Mensch zu Mensch verschiedenen] Dominanz eines [bestimmten] sinnlichen Strebevermögens zuhöchst zu dessen Akt hingeneigt. Von denen, die der ersten Neigung [des bei ihnen dominanten sinnlichen Strebevermögens] ohne die Regel der Gerechtigkeit Folge leisten, sind daher einige zuerst zur Wollust hingeneigt, einige zuerst zum Hochmut, und einige in einer anderen Weise.

45 Ein Wille, der von jeglichem sinnlichen Strebevermögen getrennt ist und daher zu nichts aufgrund der Neigung eines sinnlichen Strebevermögens hingeneigt ist, und der darüber hinaus ohne Gerechtigkeit ist, folgt also der schieren Neigung des Willens, sofern er Wille ist. Und diese Willensneigung scheint sich auf das zu richten, was dem Willen oder dem Strebevermögen äußerst zuträglich ist, was nämlich auch die äußerste Vollkommenheit des Intellekts oder des Erkenntnisvermögens ist.[43] Worin nämlich das Erkenntnisvermögen zuhöchst vollendet wird, darin wird das Strebevermögen, das ihm entspricht, zuhöchst vollendet. Also war [seine Sünde] das ungezügelte Begehren nach Glückseligkeit, denn die Glückseligkeit ist das Objekt des Willens.

46 Et si arguatur contra istud:

Primo, quia secundum Augustinum – XIII *Trinitatis* cap. 5 – ›beatitudo ab omnibus appetitur‹; quod autem est in omnibus uniformiter, videtur esse naturale; igitur beatitudo naturaliter appetitur. Appetitus autem naturalis semper est rectus, quia a Deo; ergo et voluntas ei consona semper est recta, quia quod est consonum recto, est rectum; ergo in appetendo beatitudinem nullus peccat.

47 Praeterea, nullus intellectus errat circa principia (II *Metaphysicae*), – ergo nec voluntas circa ultimum finem. Consequentia probatur per illam similitudinem Philosophi ex VII *Ethicorum* et II *Physicorum:* ›Sicut principium in speculabilibus, sic finis in operabilibus‹.

48 [48] Praeterea, tertio: boni habuerunt affectionem commodi sicut mali; sed secundum Anselmum *De concordia*, voluntas ›commoda non velle nequit‹; igitur ita volunt boni commodum sicut mali. Ergo omnes aequaliter peccaverunt, si ex affectione commodi peccaverunt; ergo etc.

49 Ad videndum solutionem istarum rationum, distinguo quid possit intelligi per istas affectiones ›iustitiae‹ et ›commodi‹, de quibus loquitur Anselmus *De casu diaboli* cap. 4.

Iustitia potest intelligi vel infusa (quae dicitur ›gratuita‹), vel acquisita (quae dicitur ›moralis‹), vel innata (quae est ipsamet libertas voluntatis). Si enim intelligeretur – secundum illam fictionem Anselmi *De casu diaboli* – quod esset angelus ›habens affectionem commodi et non iustitiae‹ (hoc est, habens appetitum intellectivum mere ut appetitum talem et non ut liberum), talis angelus non posset [49] non velle commoda, nec etiam non summe velle talia; nec impu-

---

[44] *De Trinitate* XIII, c. 5 §8, CCSL 50A, S. 292.
[45] Aristoteles, *Met.* II 1, 993b4–5, arabisch-lateinische Übersetzung, in Averroes, *In Aristotelis librum II (α) Metaphysicorum Commentarius*, ed. Gion Darms, S. 53: »[…] nullus ignoret locum ianuae in domo (Niemand wüsste nicht, wo die Tür des Hauses ist).« In Averroes' Auslegung, auf den sich Scotus anderswo mit Bezug auf dieselbe Textstelle der *Metaphysik* ausdrücklich bezieht, versinnbildlicht Aristoteles hiermit die unmittelbare Erkennbarkeit der ersten Prinzipien, siehe Averroes, *In Met.* II com. 1, ed. G. Darms, S. 54–55; Duns Scotus, *Ord.* I d. 42 q. un. §21, Vat. 6, S. 348.
[46] *EN* VII 9, 1151a16–17 (AL XXVI/3, S. 287); *Phys.* II 9, 200a15–16.
[47] Anselm von Canterbury, *De concordia praescientiae et praedestinationis et gratiae Dei cum libero arbitrio* q. 3 c. 13, Opera omnia 2, S. 286.
[48] *De casu diaboli* c. 13; c. 19, Opera omnia 1, S. 255–258; S. 264.

6. Distinktion, zweite Quästion

46 Man kann dagegen argumentieren:
Erstens, nach Augustinus, im 13. Buch von *Über die Dreifaltigkeit* im 5. Kapitel: »Die Glückseligkeit wird von allen erstrebt«.[44] Was aber in allen gleichermaßen geschieht, scheint von Natur aus zu sein; also wird die Glückseligkeit von Natur aus erstrebt. Das natürliche Streben ist aber immer recht, denn es ist von Gott [mit der Schöpfung eingegeben]; also ist der Wille, der mit ihm im Einklang ist, immer recht, denn was mit dem Rechten im Einklang steht, ist selbst recht; also sündigt niemand beim Erstreben der Glückseligkeit.

47 Außerdem irrt kein Intellekt in Bezug auf die Prinzipien, nach dem 2. Buch der *Metaphysik*,[45] also irrt auch kein Wille in Bezug auf das letzte Ziel. Die Schlussfolgerung wird durch jene Entsprechung des Philosophen aus dem 7. Buch der *Ethik* und dem 2. Buch der *Physik* bewiesen: »Das Ziel im praktischen Bereich verhält sich so wie das Prinzip im theoretischen Bereich.«[46]

48 Außerdem, drittens: Die guten [Engel] hatten genauso den Hang zum Angenehmen wie die schlechten, aber nach Anselm in *Über die Vereinbarkeit* kann der Wille »das Angenehme nicht nicht wollen«[47]; daher wollen die guten wie die schlechten das Angenehme. Wenn also die Sünde [der Engel] aus dem Hang zum Angenehmen hervorgeht, so haben alle gleichermaßen gesündigt. Also usw.

49 Um die Lösung dieser Argumente [§ 46–48] zu sehen, unterscheide ich, was unter dem Hang zur Gerechtigkeit und dem Hang zum Angenehmen verstanden werden kann, von denen Anselm in *Vom Fall des Teufels* im 4. Kapitel spricht.

Gerechtigkeit kann entweder als eingegossen, erworben oder angeboren verstanden werden. Die erste wird gnadenhaft genannt, die zweite moralisch und die dritte ist die Willensfreiheit selbst. Nehmen wir entsprechend dem Gedankenexperiment Anselms in *Vom Fall des Teufels* an, ein Engel habe den Hang zum Angenehmen, aber nicht jenen zur Gerechtigkeit.[48] Das bedeutet, dass er das intellektuelle Strebevermögen allein als intellektuelles, aber nicht als freies Strebevermögen hat. Ein solcher Engel könnte nicht das Angenehme nicht wollen; er könnte zudem das Angenehme nicht anders als im höchsten Maße wollen. Das würde ihm allerdings nicht als Sünde angerechnet, denn jenes Strebevermögen verhielte sich zu seinem Erkenntnisvermögen so, wie sich in Wirklichkeit das Sehbegehren zum Gesichtssinn verhält. Dieses folgt ja notwendigerweise der Dar-

taretur sibi ad peccatum, quia ille appetitus se haberet ad suam cognitivam sicut modo appetitus visivus ad visum, in necessario consequendo ostensionem illius cognitivae et inclinationem ad optimum ostensum a tali potentia, quia non haberet unde se refrenaret. Illa igitur affectio iustitiae, quae est ›prima moderatrix affectionis commodi‹ et quantum ad hoc quod non oportet voluntatem actu appetere illud ad quod inclinat affectio commodi et quantum ad hoc quod non oportet eam summe appetere (quantum scilicet ad illud ad quod inclinat affectio commodi), illa – inquam – ›affectio iustitiae‹ est libertas innata voluntati, quia ipsa est prima moderatrix affectionis talis.

50 Et licet Anselmus frequenter loquatur non tantum de actu iustitiae quae est acquisita, sed infusa (quia illam dicit amitti per [50] peccatum mortale, quod non est verum nisi de iustitia infusa), tamen distinguendo ex natura rei duas rationes primas istarum rationum, in quantum altera inclinat voluntatem summe ad commodum, altera autem quasi moderatur eam ne in eliciendo actum oporteat sequi inclinationem eius, – nihil aliud sunt ista quam eadem voluntas in quantum est appetitus intellectivus et in quantum libera; quia, sicut dictum est, in quantum est appetitus mere intellectivus, summe inclinaretur actualiter ad optimum intelligibile (sicut est de optimo visibili et visu), in quantum tamen liber est, potest se refrenare in eliciendo actum, ne sequatur illam inclinationem – nec quantum ad substantiam actus nec quantum ad intensionem – ad quam potentia naturaliter inclinatur.

51 Potentia autem aliqua, si fuisset appetitiva praecise, sequens in actu suo inclinationem eius sicut appetitus visivus sequitur inclinationem visus et visum, licet – inquam – illa non posset appetere nisi intelligibile (sicut nec appetitus visivus potest appetere nisi visibile), tamen non posset tunc peccare, quia non esset in potestate eius aliud

---

[49] Ohne weitere Aussage darüber, ob sie erworben oder von Gott eingegossen ist, spricht Anselm von der Gerechtigkeit in *De veritate* c. 12, Opera omnia 1, S. 191–196; *De conceptu virginali* c. 27, Opera omnia 2, S. 170; *De concordia* q. 3 c. 2; c. 14, Opera omnia 2, S. 265–266; S. 287. – Zum Verlust der Gerechtigkeit durch Sünde, siehe *De casu diaboli* c. 16, Opera omnia 1, S. 259–260; c. 17–18, S. 262–263.

Unter eingegossener Gerechtigkeit versteht Scotus hier und in § 54 (S. 189) offenbar nicht die eingegossene Tugend der Gerechtigkeit, denn er lehnt eingegossene moralische Tugenden ab; siehe *Ord.* III d. 36 q. un. § 109 (unten, S. 267). Er meint hier wohl die *gratia iustificans*, die heiligmachende Gnade.

bietung seines Erkenntnisvermögens sowie der Neigung zum besten von diesem Vermögen dargebotenen Gegenstand, da es nichts hat, wodurch es sich zurückhalten könnte. Jener Hang zur Gerechtigkeit ist also der erste Zügel des Hangs zum Angenehmen: Einerseits, sofern der Wille nicht tatsächlich das erstreben muss, wozu der Hang zum Angenehmen zugeneigt macht; andererseits, sofern der Wille nicht das, wozu der Hang zum Angenehmen zugeneigt macht, zuhöchst erstreben muss. Nun sage ich, dass jener Hang zur Gerechtigkeit die angeborene Freiheit des Willens ist, denn er ist der erste Zügel des Hangs zum Angenehmen.

50 Anselm spricht jedoch häufig nicht bloß vom erworbenen, sondern auch vom eingegossenen Akt der Gerechtigkeit, denn er sagt, sie werde durch eine Todsünde verloren, was nur für die eingegossene Gerechtigkeit der Fall ist.[49] Aber man kann dennoch der Sache nach zwei grundlegende Sinngehalte bei diesen Bestimmungen unterscheiden.[50] Einer der beiden Hänge macht nämlich den Willen zuhöchst dem Angenehmen zugeneigt, während der andere diesen Hang zügelt, so dass der Wille bei der Ausübung seines Akts nicht dessen Neigung zu folgen braucht. Diese [Hänge] sind nichts anderes als derselbe Wille, sofern er ein intellektuelles Strebevermögen und sofern er frei ist. Denn, wie gesagt [§ 49], als lediglich intellektuelles Strebevermögen würde das Strebevermögen aktuell zum besten erkennbaren Objekt geneigt (so wie der Gesichtssinn zum besten sichtbaren Gegenstand). Als freies Strebevermögen kann es sich jedoch bei der Ausübung seines Akts zurückhalten, damit es weder bezüglich des Akts selbst noch bezüglich seiner Intensität jener natürlichen Neigung folgt, auf die das Strebevermögen naturhaft zugeneigt macht.

51 Wenn aber ein Vermögen ausschließlich ein Strebevermögen wäre, es also bei seinem Vollzug in derselben Weise seiner Neigung folgte, wie das Sehbegehren der Neigung des Gesichtssinnes und dem angeschauten Gegenstand folgt, dann könnte es nicht sündigen – obwohl solch ein intellektuelles Strebevermögen nur Erkennbares erstreben könnte, so wie das Sehbegehren nur Sichtbares erstreben könnte.[51] Es würde nämlich nicht darüber verfügen, etwas anderes

---

[50] Nämlich Naturnotwendigkeit und Freiheit, wie im Folgenden klar wird.
[51] Eine Sünde begeht man dementsprechend nicht schon deshalb, weil man einen bestimmten Gegenstand erstrebt (etwas Schlechtes oder Verbotenes), sondern nur insofern man dies auf freie, nicht-deterministische Weise tut.

nec aliter appetere quam cognitiva ostenderet et inclinaret. Ipsa eadem, [51] facta iam libera (quia nihil aliud est nisi quod una res includit virtualiter plures rationes perfectionales, quas non includeret si esset sine ratione libertatis), ipsa – inquam – per libertatem suam potest se moderari in volendo, et quantum ad hoc quod est ›velle‹ ad quod inclinat affectio commodi, et licet inclinet summe ad velle commodum; et ex quo potest moderari, tenetur moderari secundum regulam iustitiae, quae accipitur ex voluntate superiore. Secundum hoc ergo patet quod voluntas libera non tenetur omni modo velle beatitudinem (quae voluntas, si esset tantum appetitus intellectivus, sine libertate, – vellet eam), sed tenetur – in eliciendo actum – moderari appetitum unde appetitus intellectivus, quod est ›moderari affectionem commodi‹, ne scilicet immoderate velit.

52 Potest autem voluntas – potens se ipsam moderari – immoderate velle beatitudinem quae sibi congruit, tripliciter: vel quantum ad intensionem, puta volendo eam maiore conatu quam sibi congruat; vel quantum ad accelerationem, puta volendo eam sibi citius quam sibi congruat; vel quantum ad causam, puta volendo eam sibi aliter quam sibi congruat, puta sine meritis; – vel forte modis aliis, de quibus omnibus non oportet hic curare.

53 Aliquo igitur istorum modorum probabile est quod excesserit voluntas [52] eius: vel plus scilicet appetendo sibi beatitudinem ›in quantum est bonum sibi‹ quam amando illud bonum in se, plus scilicet appetendo illud bonum (ut ›obiectum beatificum‹) esse bonum suum ›tamquam sibi bonum‹ quam appetendo illud inesse alii (ut ›Deo suo‹), – et in hoc est summa perversitas voluntatis, quae est ›uti fruendis et frui utendis‹ secundum Augustinum *83 Quaestionum* quaestione 30; vel, secundo modo, potuit appetere habere statim eam, cum tamen Deus velit eum illam habere post morulam viae;

---

[52] Die Regel der Gerechtigkeit wird von Gottes Willen festgelegt, siehe *Rep.* II A d. 6 q. 2, Hs. Oxford, Merton College 61, fol. 145r. Siehe dazu auch *Ord.* III d. 37 q. un. § 18; § 37–39 (unten, S. 289; S. 301).

[53] Augustinus, *De diversis quaestionibus octoginta tribus* q. 30, CCSL 44A, S. 38. »Genießen« *(frui)* ist Liebe von etwas um seiner selbst willen, nicht als Mittel zum Zweck. Insofern bezeichnet dieses Wort keineswegs einen selbstbezogenen sinnlichen Genuss.

oder etwas auf andere Weise zu erstreben als gemäß dem, was und wie es das Erkenntnisvermögen ihm aufzeigt und wozu es hinneigt. Wenn aber zu solch einem Strebevermögen Freiheit dazukommt (was nichts anderes bedeutet, als dass ein Ding potenziell mehrere Charakteristika enthält, die es ohne die Dimension der Freiheit nicht enthielte), dann kann es sich bei der Ausübung seines Wollens aufgrund seiner Freiheit zügeln. Es kann dies auch in Bezug auf das Wollen, zu dem der Hang zum Angenehmen hinneigt, obwohl dieser Hang maximal auf das Wollen des Angenehmen hinneigt. Und weil es [diesen Hang] zügeln kann, ist es verpflichtet, [ihn] gemäß der Regel der Gerechtigkeit, die dem höheren Willen entnommen wird, zu zügeln.[52] Dementsprechend wird deutlich, dass der freie Wille nicht auf jede beliebige Weise die Glückseligkeit wollen soll. (Ein Wille, der ein bloßes intellektuelles Strebevermögen wäre, das heißt ohne Freiheit, würde sie [notwendig] wollen.) Vielmehr soll er bei der Ausübung seines Akts das Streben, das er als intellektuelles Strebevermögen hat, zügeln, und das bedeutet, den Hang zum Angenehmen zu zügeln, damit er nicht auf zügellose Weise will.

52 Ein Wille, der fähig ist, sich selbst zu zügeln, kann die für ihn [an und für sich] schickliche Glückseligkeit auf drei Weisen zügellos wollen: entweder hinsichtlich der Intensität, indem er sie zum Beispiel mit größerer Kraft als gebührend erstrebt; oder hinsichtlich der Voreiligkeit, etwa indem er sie früher als gebührend erlangen möchte; oder in Bezug auf die Ursache, indem er sie zum Beispiel auf andere Weise als gebührend erstrebt, etwa ohne Verdienste; oder vielleicht auf andere Weisen, um die wir uns hier nicht kümmern müssen.

53 Es ist also wahrscheinlich, dass der Wille des Engels auf eine dieser Weisen gefehlt hat. Eine Möglichkeit ist, dass er die Glückseligkeit mehr für sich erstrebt hat (sofern sie ein Gut für ihn selbst ist), als sie als ein Gut in sich selbst zu lieben, das heißt, indem er mehr gewollt hat, dass dieses Gut als beseligendes Objekt sein Gut, also für sich selbst ein Gut ist, als zu wollen, dass sie jemandem anderen zukommt (zum Beispiel seinem Gott). Darin besteht ja die größte Verkehrtheit des Willens, nämlich die zu genießenden Dinge zu gebrauchen und die zu gebrauchenden Dinge zu genießen, nach Augustinus in *Dreiundachtzig verschiedene Fragen* in der 30. Frage.[53] Eine zweite Möglichkeit ist, dass er die Glückseligkeit sofort haben wollte, während Gott wollte, dass er sie nach einer Bewährungszeit erlangt. Eine dritte Möglichkeit ist, dass er sie dank seiner natürlichen Fähigkeiten

vel, tertio modo, appetendo eam ex naturalibus haberi (non habendo eam gratiose), cum tamen Deus vellet eam haberi ex meritis.

54 Debuit igitur libera voluntas moderari affectionem quantum ad istas circumstantias, quas recta ratio habuit ostendere: quia et debuit beatitudo minus appeti sibi quam Deo, et debuit appeti pro tempore pro quo Deus voluit, et ›ex meritis‹ pro quibus Deus voluit debere appeti. Igitur si aliquo istorum modorum sequebatur affectionem commodi, non moderando eam per iustitiam (hoc est per infusam, si habuit, – vel acquisitam, – vel innatam sive naturalem, quae est ipsamet libertas), peccavit.

55 [53] Per hoc igitur ad argumenta.

Ad primum. Voluntas naturalis non est de se immoderata, sed tantum inclinat per modum naturae, – et in hoc non est immoderatio, quia inclinat sicut accepit inclinari, nec est in potestate sua aliud; in potestate autem voluntatis ut libera est actu elicito, est tantum inclinari, vel minus.

56 Quando ergo accipit quod ›voluntas naturalis est respectu beatitudinis‹, concedo, – sed non actualiter immoderata actu elicito: non enim est ›inclinatio appetitus naturalis‹ aliquis actus elicitus, sed est sicut perfectio prima, – et haec non est immoderata, sicut nec natura cuius est. Tamen ita inclinatur affectione commodi in obiectum suum, quod – si ex se haberet actum elicitum – non posset illum moderari quin eliceretur summe, quantum posset elici; sed voluntas ut habens solam affectionem commodi, naturalem, non est causa alicuius actus eliciti, sed tantum ut libera, et ideo ›ut eliciens actum‹ habet unde moderetur passionem.

57 Quando ergo accipitur quod ›voluntas, consona voluntati naturali, [54] semper est recta (quia et illa semper est recta)‹, respondeo et dico quod consonat sibi in eliciendo actum, sicut illa eliceret si ex

---

[54] »Verdienst« impliziert für die Scholastiker ein Gnadengeschenk; eine Handlung ist nur dann verdienstvoll, wenn sie von göttlicher Gnade durchformt ist.
[55] Die erste Vollkommenheit eines Vermögens ist das, was zu seiner Wesensnatur gehört; die zweite Vollkommenheit besteht darin, was ein Vermögen tut oder erleidet.

erlangen wollte, das heißt nicht als Gnadengabe, während Gott wollte, dass er sie aufgrund von Verdiensten erhält.⁵⁴

54 Der freie Wille musste also den Hang [zum Angenehmen] gemäß dieser Umstände zügeln, die die rechte Vernunft anzuzeigen hatte. Er musste nämlich Glückseligkeit weniger für sich als für Gott erstreben und für den Zeitpunkt, den Gott wollte, und aufgrund der Verdienste, um derentwillen nach Gottes Wunsch die Glückseligkeit zu erstreben war. Er sündigte also, wenn er auf eine dieser Weisen dem Hang zum Angenehmen folgte, ohne ihn durch die Gerechtigkeit zu zügeln (nämlich durch die eingegossene, sofern er sie hatte, oder durch die erworbene, oder durch die angeborene beziehungsweise natürliche, die die Freiheit selbst ist).

55 Auf dieser Grundlage werden also die Einwände widerlegt.

Zum ersten [§ 46]: Der »natürliche Wille« ist nicht von sich aus ungezügelt, sondern er macht einen lediglich auf naturhafte Weise gegenüber etwas zugeneigt. Darin besteht aber nicht die Maßlosigkeit, denn er neigt so, wie es in seine Natur gelegt wurde, auf etwas hinzuneigen. Er verfügt auch über keine Alternative; der Wille, der in seinem Vollzug frei ist, verfügt hingegen darüber, mehr oder weniger auf etwas hinzuneigen.

56 Wenn sich also gemäß dem Einwand [§ 46] der natürliche Wille auf die Glückseligkeit richtet, so stimme ich zu. Jedoch ist er nicht in seinem Vollzug aktuell ungezügelt. Die Neigung des natürlichen Strebens ist nämlich kein ausgeübter Akt, sondern eine erste Vollkommenheit,⁵⁵ und die ist ebenso wenig ungezügelt wie die Natur, von der sie die erste Vollkommenheit ist. Dennoch wird das natürliche Streben durch den Hang zum Angenehmen derartig seinem Objekt zugeneigt, dass es, wenn es von sich aus einen ausgeübten Akt hätte, diesen nicht so zügeln könnte, dass es ihn nicht im höchstmöglichen Maße ausübt. Ursache eines ausgeübten Akts ist aber nicht der lediglich mit dem naturhaften Hang zum Angenehmen ausgestattete Wille, sondern nur der Wille als freier Wille. Sofern er also einen Akt ausübt, ist der Wille in der Lage, [seine] Reaktion zu zügeln.

57 Wenn also angenommen wird, der Wille, der mit dem natürlichen Willen im Einklang ist, sei immer recht, da der natürliche Wille immer recht ist [§ 46], so antworte ich und sage: Der Wille, der mit dem natürlichen Willen bei der Ausübung seines Akts im Einklang

se sola ageret; non est tamen recta, quia habet aliam regulam in agendo quam illa haberet si ex se sola ageret: tenetur enim sequi voluntatem superiorem, ex quo – in moderando illam inclinationem naturalem – in potestate eius est moderari vel non moderari, quia in potestate eius est non summe agere in quod potest.

58 Ad secundum dico per idem quod non est in potestate intellectus moderari assensum suum veris quae apprehendit, nam quantum ostenditur veritas principiorum ex terminis vel conclusionum ex principiis, tantum oportet assentire, propter carentiam libertatis. Sed voluntas potest – in se et in potentiis inferioribus – moderari ne illa inclinatio omnino dominetur in eliciendo actum, vel saltem ne actus eliciatur: potest enim avertere intellectum ne speculetur talia speculabilia circa quae inclinaretur, et tenetur avertere si speculatio eorum sit peccatum materialiter intellectui vel formaliter voluntati; sic – ex alia parte – voluntas, respectu finis ultimi, tenetur moderari inclinationem sui ad ipsum ne immoderate velit, alio scilicet modo quam velle debeat et ne alio modo velit illud sibi quam illud sit in se.

59 [55] Aliter potest dici quod sicut actus intellectus ›considerando principium in se‹ non potest esse falsus, ita nec actus voluntatis ›amando finem in se‹ potest esse malus, – et iste ›actus‹ est actus amicitiae, non actus concupiscentiae; tamen sicut actus intellectus posset esse falsus attribuendo veritatem primae causae alicui principio creato, cui non congruit illa veritas, – ita actus voluntatis potest esse malus concupiscendo bonitatem ultimi finis alicui alii ab ultimo fine, eo modo quo non congruit alicui alii.

60 Ad tertium dico quod in bonis erat inclinatio naturalis ad beatitudinem, quanta erat in malis, – et maior, si habebant meliora

---

[56] Siehe S. 186, Anm. 52.
[57] Vgl. *In Met.* IX q. 15 §36 (oben, S. 71).

ist, übt seinen Akt so aus, wie der natürliche Wille ihn ausüben würde, wenn er aus sich heraus und allein tätig wäre. Dieser Wille ist allerdings nicht recht, denn er hat für seine Tätigkeit eine andere Regel als der natürliche Wille hätte, wenn er von selbst tätig wäre. Er ist nämlich verpflichtet, einem höheren Willen zu folgen,[56] und daher verfügt er bei der Zügelung jener natürlichen Neigung darüber, entweder die Neigung zu zügeln oder nicht, denn er verfügt darüber, nicht in höchstem Maße das zu tun, was er tun kann.

58 Auf den zweiten Einwand [§ 47] antworte ich mit derselben Überlegung, dass der Intellekt nicht darüber verfügt, seine Zustimmung zu den wahren Sätzen, die er erfasst, zu zügeln. In dem Maße, wie die Wahrheit der Prinzipien aus den Satzgliedern beziehungsweise der Schlussfolgerungen aus den Prinzipien erwiesen ist, in dem Maße muss er zustimmen, da ihm die Freiheit fehlt.[57] Aber der Wille kann sich selbst und die ihm unterstellten Vermögen zügeln, damit jene Neigung nicht vollständig bei der Ausübung eines Akts die Oberhand gewinnt oder zumindest, damit der Akt nicht ausgeübt wird. Er kann nämlich den Intellekt abwenden, damit er nicht die Gegenstände betrachtet, zu denen er hingeneigt ist, und er ist verpflichtet, ihn abzuwenden, wenn die Betrachtung dieser Dinge eine Sünde ist, und zwar dem Subjekt nach für den Intellekt und der Form nach für den Willen. Was nun den anderen Teil [jenes Ähnlichkeitsverhältnisses] betrifft [§ 47], ist der Wille in Bezug auf das letzte Ziel verpflichtet, seine Neigung dazu zu zügeln, damit er es nicht auf ungezügelte Weise will, das heißt auf andere Weise, als er es wollen soll, und damit er es nicht auf andere Weise für sich will, als es in sich selbst ist.

59 Alternativ dazu kann man sagen, dass so, wie der Akt des Intellekts bei der Betrachtung des Prinzips als solchem nicht falsch sein kann, so kann auch der Akt des Willens bei der Liebe des Zieles als solchem nicht schlecht sein, und dieser Akt ist ein Akt der Freundschaftsliebe, nicht der Begehrensliebe. Jedoch kann der Akt des Intellekts falsch sein, wenn er die Wahrheit der ersten Ursache einem geschaffenen Prinzip zuspricht, dem diese Wahrheit nicht zukommt; und ebenso kann der Akt des Willens schlecht sein, der die Gutheit des letzten Zieles für etwas anderes als das letzte Ziel wünscht, so wie es einem anderen nicht zusteht.

60 Zum dritten Einwand [§ 48] sage ich, dass die natürliche Neigung zur Glückseligkeit bei den guten [Engeln] genauso groß war wie

naturalia, quia ista inclinatio est secundum perfectionem naturalium; tamen boni, in eliciendo actum, non utebantur voluntate secundum rationem eius imperfectam, in quantum scilicet est appetitus intellectivus tantum, agendo scilicet tali modo quo appeterent appetitu intellectivo agere, – sed utebantur voluntate secundum eius perfectam rationem (quae est libertas), agendo secundum voluntatem eo modo quo congruit agere libere in quantum liberum agit: hoc autem erat secundum regulam superioris voluntatis determinantis, et hoc iuste.

61 [56] Et cum dicitur ›commoda non velle nequit‹, respondeo: boni nec potuerunt nec voluerunt nolle sibi beatitudinem, etiam sibi concupiscendo, – sed illam non voluerunt plus sibi quam Deo bene esse in se, sed minus, quia illud ›velle‹ ita potuerunt moderari per libertatem.

62 Et si obicias ›ergo nullo modo bene appetebant sibi beatitudinem, sed tantum bene moderabantur illud appetere‹, – respondeo quod habere actum perfectum appetendi bonum sibi, ut per illum magis ametur obiectum in se, hoc est ex affectione iustitiae, quia unde amo aliquid in se, inde volo aliquid in se. Et ita boni potuerunt appetere beatitudinem, ut – habentes illam – perfectius amarent summum bonum: et iste actus concupiscendi beatitudinem, esset meritorius, quia non utitur ›fruendo‹ sed fruitur eo, quia bonum quod concupisco mihi, ad hoc concupisco ut plus amem illud bonum in se.

[b. – De concupiscentia excellentiae]

63 Viso igitur de primo inordinate concupito, potest poni quod inordinate ulterius concupivit sibi aliquod bonum, scilicet excellen-

---

[58] Siehe S. 186, Anm. 52.
[59] Siehe S. 186, Anm. 53.

bei den schlechten. Bei denen, die eine bessere natürliche Konstitution hatten, war sie sogar noch größer, denn diese Neigung entspricht der Vollkommenheit der natürlichen Konstitution. Jedoch verwendeten die Guten den Willen bei der Ausübung ihres Akts nicht gemäß seiner unvollkommenen Dimension, sofern er nämlich allein ein intellektuelles Strebevermögen ist, so dass sie so gehandelt hätten, wie sie mit dem [bloßen] intellektuellen Strebevermögen zu handeln begehrt hätten. Vielmehr gebrauchten sie den Willen gemäß seiner vollkommenen Dimension, nämlich gemäß der Freiheit. Insofern handelten sie gemäß dem Willen in der Weise, wie es für den Willen passend ist, nämlich auf freie Weise, sofern [er als] etwas Freies handelt. Dies geschah jedoch entsprechend der Regel eines höheren, [die moralischen Inhalte] bestimmenden Willens, und zwar auf gerechte Weise.[58]

61 Auf die Behauptung, der Wille habe das Angenehme nicht nicht wollen können, [§ 48], antworte ich: Weder konnten noch wollten die guten [Engel] gegenüber der Glückseligkeit Widerwillen haben, aber auch bei ihrem Verlangen nach Glückseligkeit wollten sie diese nicht überwiegend für sich selbst, sondern weniger für sich selbst, und sie wollten vor allem, dass Gott selbst glücklich ist. Sie konnten nämlich jenes Wollen auf diese Weise durch die Freiheit zügeln.

62 Wenn du einwendest, sie hätten überhaupt nicht auf gute Weise für sich Glückseligkeit erstrebt, sondern lediglich dieses Streben gut gezügelt, antworte ich wie folgt. Ein vollkommener Akt, das Gute für sich so zu erstreben, dass das Objekt durch diesen Akt vor allem in sich selbst geliebt wird, entspringt dem Hang zur Gerechtigkeit, denn ich will etwas in sich, soweit ich es in sich liebe. Und so konnten die guten [Engel] die Glückseligkeit erstreben, um dann, indem ihnen die Glückseligkeit zuteil wird, das höchste Gut noch vollkommener zu lieben. Und dieser Akt, die Glückseligkeit zu begehren, wäre verdienstvoll, insofern das, was zu genießen ist, nicht benutzt, sondern genossen wird.[59] Das Gute, das ich für mich begehre, begehre ich nämlich dafür, dass ich dieses Gute vor allem als ein Gutes in sich liebe.

[b. – Das Begehren des Vorrangs]

63 Nachdem wir also gesehen haben, was das erste unordentlich Begehrte war [§ 40–62], kann nun gesagt werden, dass Luzifer darüber hinaus für sich auf unordentliche Weise ein weiteres Gut begehrt hat,

tiam [57] respectu aliorum. Vel habuit inordinatum nolle, nolendo scilicet opposita eorum quae concupivit: scilicet nolendo beatitudinem sibi minus inesse quam Deo in se (sive quam Deum esse), vel nolendo exspectare beatitudinem usque ad terminum viae, vel nolendo eam habere ex meritis sed ex se, et ex consequenti, nolendo subesse Deo, – et tandem, nolendo Deum esse, in quo tamquam in summo malo consummata videtur malitia: sicut enim nullus actus formaliter melior est quam Deum diligere, sic nec aliquis actus formaliter peior est quam Deum odire.

[B. – Ad quod genus peccati pertinebat malitia in primo angelo peccante]

64 Quantum ad secundum articulum, restat videre de immoderato amore amicitiae, quale peccatum sit; et de immoderata concupiscentia beatitudinis, quam concupivit sibi secundum aliquem trium modorum expressorum; et de inordinato nolle consequente, et hoc qualecumque nolle inordinatum praedictorum fuerit.

65 [De immoderato amore amicitiae] – [58] Quantum ad primum dicitur quod fuit superbia.

Et videtur esse intentio Augustini XIV *De civitate*, ubi vult [59] quod praesumptio est ›nimis placere sibi‹, – et ideo ›superbi‹ in Scriptura dicuntur sibi placentes; igitur cum ista immoderata dilectio sui sit immoderata complacentia sui, proprie fuit superbia, et ita praesumptio.

66 Sed hic videtur dubium, quia si superbia proprie sit immoderatus appetitus excellentiae propriae, et complacentia sui immoderata non videtur proprie esse immoderatus appetitus excellentiae, – quomodo igitur superbia?

67 Item, secundo: praesumptuosus videtur praeferre se aliis, vel in

---

[60] Siehe S. 172, Anm. 30.
[61] *De civitate Dei* XIV c. 13, CCSL 48, S. 435.

nämlich den Vorrang gegenüber den anderen. Oder er hatte einen unordentlichen Widerwillen, nämlich in Bezug auf das Gegenteil von dem, was er begehrt hat. Entweder, indem er nicht wollte, dass Glückseligkeit weniger ihm selbst zukommt als Gott in sich, oder insofern, als er nicht weniger an seinem eigenen Glück interessiert war als an der Tatsache, dass Gott existiert, oder indem er nicht auf die Glückseligkeit bis zum Ende der Bewährungszeit warten wollte, oder indem er sie nicht aufgrund von Verdiensten, sondern aus eigener Kraft haben wollte [vgl. § 52–54], und demzufolge nicht Gott untergeordnet sein wollte. Und schließlich wollte er nicht, dass Gott existiert, worin die Bosheit als höchstes Übel zum Höhepunkt gekommen ist. So wie nämlich kein Akt formal besser ist, als Gott zu lieben, so ist auch kein Akt formal schlechter, als Gott zu hassen.

[B. – Die Art der ersten Sünde des Engels]

64 Hinsichtlich des zweiten Artikels bleibt noch jeweils die Art der Sünde zu betrachten, was [folgende Akte] betrifft: die ungezügelte Freundschaftsliebe, das ungezügelte Begehren der Glückseligkeit, das der Engel für sich gemäß der drei erwähnten Weisen [§ 53] begehrt hat, sowie der sich daraus ergebende unordentliche Widerwille (um welche der erwähnten Arten von unordentlichem Widerwille es sich auch handeln möge) [§ 63].

65 [Die ungezügelte Freundschaftsliebe] – Was den ersten Punkt betrifft, heißt es, es sei Hochmut gewesen.[60]

Und dies scheint die Absicht des Augustinus im 14. Buch des *Gottesstaates* zu sein, wo er behauptet, die Anmaßung sei ein zu großes Selbstgefallen und insofern würden die Hochmütigen in der Schrift selbstgefällig genannt.[61] Da also diese ungezügelte Selbstliebe ein maßloses Selbstgefallen ist, war sie genau genommen Hochmut und daher Anmaßung.

66 Aber hier gibt es ein Problem, denn wenn Hochmut genau genommen ein maßloses Streben nach dem eigenen Vorrang ist, aber das maßlose Selbstgefallen nicht eigentlich ein maßloses Streben nach Vorrang ist, wie kann dann das maßlose Selbstgefallen Hochmut sein?

67 Zweitens: Der Anmaßende scheint sich selbst über andere zu

Ordinatio II

bonis quae habet vere vel in his quae reputat se habere de se, – amor autem sui immoderatus non videtur esse talis praelatio sui, quia eiusdem rationis videtur esse in malitia immoderate amare se amore amicitiae et alium (ut proximum); sed amando alium immoderate, nullus dicitur praesumptuosus, sed magis luxuriosus; igitur nec sic amando se.[a]

68 [60] Ad ista dico quod amans aliquod bonum immoderate, vult illud immoderate esse magnum bonum, immo maximum; et ideo immoderate – quia absque hoc quod velit aliquid advenire per quod crescat – vult illud magis esse in se quam sit. Et quando non potest ad illud attingere ut illud in se sit magis et maius quam est (quia hoc est impossibile), vult ex consequenti illud esse maximum sicut potest esse maximum, et hoc vel in comparatione vel in opinione: in comparatione, scilicet ut praesit bonis aliorum, – in opinione, ut scilicet alii opinentur bonum suum esse maximum. Et ideo voluntas praeeminendi vel dominandi super alios omnes, sequitur illud ›velle‹ quo quis vult immoderate bonum suum.

69 Dico igitur ad primum argumentum quod praesumens (ut praesumptio est prima species superbiae) non vult bonum suum

---

[a] Sequitur textus interpolatus (APSVZBNY):
»Item, non peccavit primo in appetendo excellentiam respectu aliorum (ut tamquam dominus), quia bonum sibi et ad se est praecedens, – nec appetendo excellentiam in opinione aliorum, quia tunc falsam excellentiam appetiisset. Ideo dixit quod primum peccatum eius non fuit superbia proprie dicta, sed propter delectationem quam importabat magis videtur reduci ad luxuriam, – sicut peccatum, quo inordinate delectatur quis in speculatione conclusionis geometricae, ad luxuriam reducitur.«

stellen, und zwar entweder bezüglich der guten [Beschaffenheit], die er wirklich hat, oder bezüglich jener, die er zu haben glaubt. Die ungezügelte Eigenliebe scheint aber nicht darin zu bestehen, sich über andere zu stellen. Es scheint nämlich dieselbe Bosheit zu bedeuten, ob man sich selbst oder einen anderen (etwa den Nächsten) maßlos mit Freundschaftsliebe liebt; und wenn man einen anderen zügellos liebt, wird man nicht anmaßend, sondern vielmehr wollüstig genannt. Also wird man auch nicht anmaßend genannt, wenn man sich selbst maßlos liebt.[62]

68 Antwort auf diese [Einwände]: Jemand, der maßlos etwas Gutes liebt, möchte auf ungezügelte Weise, dass dies ein großes Gut – ja sogar das größte Gut ist. Daher ist dieses Begehren zügellos, denn ohne dass er etwas erwünscht, wodurch es größer wird, möchte er, dass es für sich genommen größer ist, als es wirklich ist. Und wenn er nicht erreichen kann, dass es für sich genommen mehr und größer ist, als es ist (weil das unmöglich ist), möchte er implizit, dass es in der Weise das Größte ist, wie es das Größte sein kann, und zwar entweder verhältnismäßig oder der Meinung nach; verhältnismäßig, sofern es das jeweilige Gutsein der anderen Dinge übertrifft; der Meinung nach, sofern andere meinen, sein Gutsein sei das größte. Dementsprechend folgt der Wunsch, alle anderen zu übertreffen und über sie zu herrschen, diesem Wollen, mit dem jemand auf ungezügelte Weise sein Gutsein möchte.

69 Ich antworte also auf den ersten Einwand [§ 66]: Was der Anmaßende will – sofern es um Anmaßung als erste Art von Hochmut

---

[62] Es folgt ein handschriftlich gut bezeugter Texteinschub, der offenbar von *Rep.* II A d. 6 q. 2, Hs. Oxford, Merton College 61, fol. 145v abhängig ist:
»Ferner war das Streben nach Vorrang gegenüber den anderen (als deren Gebieter) nicht seine erste Sünde, denn das Gute für ihn selbst und im nichtrelationalen Sinn ist früher. Sie bestand auch nicht im Streben nach Vorrang gemäß der Meinung der anderen, denn dann hätte er einen falschen Vorrang erstrebt. Deshalb sagte [Scotus], seine erste Sünde war nicht Hochmut im eigentlichen Sinn, sondern er ordnet die Sünde aufgrund des damit einhergehenden Genusses eher der Wollust zu [vgl. § 71], so wie auch die Sünde, durch die jemand auf unordentliche Weise die Betrachtung einer geometrischen Beweisführung genießt, auf Wollust zurückgeführt wird.«

praeeminere [61] bonis aliorum secundum aliquam superioritatem, nec etiam vult illud praeeminere secundum famam (sicut est de illo qui appetit laudem), sed vult illud magnum esse secundum se, et ita magnum quod – sine alicuius alterius adventu – vult illud esse maius omnibus aliis, quae non ita diligit. Hoc modo potest concedi quod immoderata dilectio sui – quae est ›radix civitatis diaboli‹ – est praesumptio, quia quilibet immoderate se diligens, vult se esse tantum bonum quantum posset proportionari actui quo se diligit; et hoc modo potest exponi Augustinus XIV *De civitate*, et bene, quod ›sibi placens immoderate‹ est superbus (et hoc prima specie superbiae), et hoc non appetendo excellentiam quae est quaedam ›relatio‹, sed appetendo excellentiam id est ›magnitudinem in se‹, ex qua magnitudine sequitur eius excellentia ad alios.

70 Ad secundum dico quod praesumptio non est peccatum intellectus, quasi intellectus praesumptuosi iudicaret vel ostenderet se esse tantum quantum non est, – sed est peccatum voluntatis immoderate appetentis bonum suum esse tantum quantum non est, et ex hoc sequitur excaecatio intellectus. Sed quando additur quod etiam ›illud velle sui immoderatum non videtur superbia, sicut nec velle immoderatum proximi‹, – responsionem quaere.

71 [De immoderato velle concupiscentiae] – [62] Quantum vero ad inordinationem velle concupiscentiae, videtur quod ille appetitus beatitudinis non fuerit proprie superbia, – non quidem quantum ad primam eius speciem: patet, quia praesumptio (secundum quod expositum est in praecedente articulo), si pertinebat ad primum velle inordinatum amicitiae, non pertinet ad aliquod velle concupiscentiae. Et si ad aliquod debeat reduci, videtur magis consonare cum peccato luxuriae: licet enim proprie luxuria sit in actibus carnis, ta-

---

[63] Die vier Arten der Hochmut beschreibt Gregor der Große wie folgt: »Es gibt ja vier Weisen, in denen sich jede Aufgeblasenheit der Anmaßenden zeigt: [1] Entweder glauben sie, das Gut von sich selbst zu haben, oder, sofern sie es als von oben gegeben betrachten, [2] denken sie, sie hätten es durch ihren eigenen Verdienst erhalten, oder [3] wenigstens brüsten sie sich, etwas zu haben, das sie gar nicht haben, oder [4] sie blicken auf andere herab und wollen den Anschein geben, sie hätten als einzige das, was sie haben [*aut despectis ceteris, singulariter uideri appetunt habere quod habent*].« *Moralia in Iob* XXIII, c. 6 § 13, CCSL 143B, S. 1153. Scotus scheint sich nicht auf die erste, sondern auf die vierte Art von Hochmut zu beziehen. Er kennt das Zitat wahrscheinlich

geht⁶³ – ist nicht, dass sein Gutsein das Gutsein der anderen gemäß einer Überlegenheit übertrifft, und auch nicht, dass es der Anerkennung nach überragend ist (so wie es bei dem der Fall ist, der gelobt werden will). Er möchte vielmehr, dass dieses [Gutsein] an sich groß ist, und zwar so groß, dass es – ohne irgendwelchen Zusatz – größer ist als alles andere, das er nicht auf diese Weise liebt. Und so kann man zugeben, dass die maßlose Selbstliebe, die die »Wurzel des Staates des Teufels« ist [vgl. § 38], Anmaßung ist. Wer sich selbst maßlos liebt, möchte nämlich, dass er so groß ist, wie es dem Akt seiner Selbstliebe entsprechend möglich ist. Auf diese Weise kann man die Augustinus-Stelle aus Buch 14 des *Gottesstaates* [vgl. § 65] plausibel auslegen, wonach der übermäßig Selbstgefällige hochmütig ist (und zwar gemäß der ersten Art von Hochmut). Allerdings erstrebt er nicht einen relativen Vorrang, sondern einen Vorrang als absolute Größe; diese absolute Größe hat dann den Vorrang in Bezug auf Andere zur Folge.

70 Zum zweiten Einwand [§ 67]: Die Anmaßung ist keine Sünde des Intellekts, als ob der Intellekt des Anmaßenden urteilen würde oder aufzeigen würde, dass er größer ist, als er wirklich ist. Vielmehr ist sie eine Sünde des Willens, der ungezügelt erstrebt, dass sein Gutsein größer ist, als es wirklich ist, und daraus folgt die Verblendung des Intellekts. Bezüglich der zusätzlichen Behauptung, auch diese ungezügelte Selbstliebe sei ebenso wenig wie ungezügelte Nächstenliebe Hochmut [§ 67]: Suche selbst nach der Antwort!⁶⁴

71 [Das ungeordnete Begehrenswollen] – Was hingegen die Ungeordnetheit des Begehrenswollens betrifft, ist offenbar dieses Streben nach Glückseligkeit nicht eigentlich Hochmut, zumindest nicht gemäß der ersten Art von Hochmut. Das ist klar, denn entsprechend dem im vorhergehenden Artikel Erläuterten [§ 69] gehört die Anmaßung, sofern sie die erste unordentliche Freundschaftsliebe charakterisiert, nicht zu irgendeinem Begehrensstreben. Und wenn [das Streben nach Glückseligkeit] auf etwas zurückzuführen ist, dann scheint es mehr mit der Sünde der Wollust übereinzustimmen. Denn obwohl streng genommen die Wollust in Taten des Fleisches besteht, kann

---

durch Petrus Lombardus, *Sent.* II d. 42 § 7, Bd. 1, S. 571, der Gregor verkürzt zitiert: »[…] die vierte [Art], wenn man auf andere herabblickt und als einzigartig erscheinen will [*quarta, cum ceteris despectis, singulariter vult videri*]«.
⁶⁴ Vgl. § 69 und § 74.

men omne delectabile – immoderate appetitum in quantum delectabile – potest dici luxuria, si non est excellentia concupita (qualis non fuit ista ›appetitio beatitudinis‹).

72 [De immoderato nolle] – Quantum ad inordinationem tertii actus, scilicet ›nolle‹, satis patet quod quodlibet illorum nolle inordinatorum fuit avaritia vel invidia.

73 Et si obiciatur de ipso concupiscere inordinato quod ›non fuit peccatum luxuriae, ergo fuit proprie aliquod aliud peccatum, – et non videtur, per divisionem, quod fuerit aliud quam superbia (et probatur divisio per illam famosam et communem divisionem peccatorum mortalium in septem)‹, – respondeo:

[63] Sive peccata mortalia distinguantur per habitus malos, oppositos bonis (quales sunt septem habitus boni, quattuor scilicet morales et tres theologici), sive – quod magis videtur – per actus bonos (quales sunt actus decem praeceptorum), sive sic sive sic, non esset illa divisio septenaria peccatorum capitalium sufficiens, quia primo modo deberent esse septem peccata capitalia alia ab istis (siquidem infidelitas et desperatio sunt proprie opposita illi septenario et non sunt contenta sub aliquo eorum), sed secundo modo deberent esse decem capitalia, secundum transgressionem decalogi. Haec ergo divisio non oportet quod teneatur sufficiens in omnibus malis actibus, licet ista non sint primo radices (nec forte principalia peccata), sed forte multum communes ad alia peccata, sicut occasiones peccandi.

[II. – Ad argumenta principalia]

74 [64] Ad argumenta principalia.

---

[65] Die sieben Hauptsünden sind nach Gregor dem Großen, dem Petrus Lombardus folgt, eitler Ruhm *(inanis gloria)*, Neid, Zorn, geistliche Trägheit *(tristitia / acedia)*, Geiz, Völlerei und Wollust *(luxuria)*; siehe Gregor der Große, *Moralia in Iob* XXXI c. 45 § 87, CCSL 143B, S. 1610; Petrus Lombardus, *Sent.* II d. 42 § 6, Bd. 1, S. 570.

[66] Schon Bonaventura und Thomas bemerkten diese Ungereimtheit, verteidigten aber dennoch die traditionelle Liste der Hauptsünden, siehe Bonaventura, *In Sent.* II d. 42 dub. 3, Opera omnia 2, S. 977a–978b; Thomas von Aquin, *In Sent.* II d. 42 q. 2 a. 3, ed. Pierre Mandonnet, Bd. 2, S. 1075–1080.

trotzdem alles Genussvolle, das ungezügelt als Genussvolles erstrebt wird, Wollust genannt werden, sofern das Begehrte nicht der Vorrang ist. (Das Begehren der Glückseligkeit war ja in der Tat kein solches Streben nach Vorrang.)

72 [Der ungeordnete Widerwille] – Was die Unordnung des dritten Akts betrifft, nämlich des Widerwillens, ist hinreichend klar, dass jeder derartige unordentliche Widerwille Geiz oder Neid war.

73 Jemand könnte in Bezug auf dieses unordentliche Begehren Folgendes einwenden: Es handelte sich nicht um eine Sünde der Wollust, also war es streng genommen eine andere Sünde. Wenn man alle Alternativen prüft, scheint es, dass sie nichts anderes als Hochmut war. Und die Aufzählung der Alternativen wird durch die berühmte und gemeinhin gebräuchliche Einteilung der Todsünden in sieben [Hauptsünden] bewiesen.[65]

Antwort: Diese siebenfache Einteilung der Hauptsünden ist keinesfalls ausreichend, und zwar egal, ob man die Todsünden durch die schlechten Habitus unterscheidet, die den guten entgegengesetzt sind (das heißt den sieben guten Habitus, nämlich den vier moralischen und den drei theologischen); oder – was offenbar besser ist – ob man sie durch die guten Handlungen unterscheidet (nämlich durch die Handlungen der Zehn Gebote).[66] Gemäß der ersten Einteilung müsste es nämlich sieben ganz andere Hauptsünden geben. Unglaube und Verzweiflung sind nämlich jener Siebenzahl [von Tugenden] entgegengesetzt, aber sie sind in keiner dieser Hauptsünden enthalten. Gemäß der zweiten Einteilung müsste es hingegen zehn Hauptsünden geben, entsprechend den Übertretungen des Dekalogs. Man braucht also diesen Lasterkatalog nicht bezüglich aller schlechten Handlungen für vollständig zu halten. Diese Hauptsünden sind wohl nicht grundsätzlich die Wurzeln [der Sünden], und sie sind vielleicht auch nicht die bedeutendsten Sünden; sie sind aber wohl sehr häufig mit anderen Sünden als Anlässe zur Sünde verbunden.

[II. – Antwort auf die Hauptargumente]

74 Antwort auf die Hauptargumente.

Ad primum dico quod Augustinus loquitur de simpliciter primo peccato, quod fuit inordinatum velle amicitiae, – et illud fuit praesumptio; et concedo quod illa praesumptio fuit simpliciter primum peccatum, sed non ut est prima species superbiae, secundum quod proprie sumitur.

75 Ad secundum, de illa divisione Ioannis (›Omne quod est in mundo‹ etc.), patet per hoc quod praemittit »Omne quod est in mundo«, hoc est ›allectivum hominum habitantium in mundo‹, – ita quod peccata quibus communiter peccant homines, continentur sub illo ternario. Sed non oportet primum peccatum angeli, spirituale (quo angeli primitus peccaverunt), quod contineatur sub isto peccato carnali; immo illud peccatum concupiscendi, in secundo gradu, si deberet reduci, magis deberet reduci ad concupiscentiam oculorum: sicut enim in nobis ad concupiscentiam oculorum spectant immoderati appetitus alicuius visibilis pulchri, ita etiam in eis ad concupiscentiam oculorum debet spectare immoderatus appetitus alicuius delectabilis.

76 Ad tertium patet quod illa divisio per septenarium illum, de peccatis [65] capitalibus, non est sufficiens – comparando ad actum concupiscentiae – nisi per quamdam reductionem; et sic potest concedi quod reducatur ad luxuriam sicut aliquis inordinatus appetitus delectabilis, ut delectabile concupiscentiae vel oculorum.

77 Ad quartum dico quod non fuit unicum peccatum tantum, quia fuerunt multa peccata, sicut dictum est distinctione 5.

78 Et cum dicitur quod ›primum peccatum angeli fuit irremediabile‹, dico quod quando peccavit secundo peccato, adhuc fuit in via, – et per consequens, quando peccavit secundo peccato, potuit poenitere de primo peccato et ultra recipere veniam et misericordiam, et ita primum peccatum ex se non fuit irremediabile; tamen ex quo in illo peccato devenit ad terminum, omnia peccata eius facta sunt irre-

---

[67] Siehe S. 198, Anm. 63. Zu Scotus' genauen Beschreibung der Anmaßung Luzifers, siehe §69.
[68] Siehe *Ord*. II d. 4–5 q. 1–2 §45, Vat. 8, S. 20.
[69] Die erste Sünde war nach Scotus Hochmut, und zwar im Sinne der Anmaßung (ungeordnete Freundschaftsliebe seiner selbst); die zweite Sünde Wollust (das ungeordnete Begehrenswollen), die dritte Sünde Neid oder Geiz (der ungeordnete Widerwille); siehe §69, §71–72. Der Neid oder Geiz mündet in Gotteshass, wie Scotus hier in §78 sagt.

Auf das erste [§ 25] antworte ich, dass Augustinus von der allerersten Sünde spricht, die ein unordentliches Freundschaftswollen war, und dies war Anmaßung. Ich gebe zu, dass diese Anmaßung die allererste Sünde war, aber nicht als erste Art von Hochmut gemäß deren eigentlicher Wortbedeutung.[67]

75 Die Antwort auf das zweite Argument, über Johannes' Einteilung [der Sünden] (»Alles, was in der Welt ist« usw.) [§ 26], ist von daher klar, dass er [die Einschränkung] »alles, was in der Welt ist« voranstellt, mit anderen Worten »[alles] was die Menschen, die in der Welt wohnen, verlockt […]«. Insofern sind in dieser Dreizahl die Sünden enthalten, mit denen die Menschen gewöhnlich sündigen. Aber es ist gar nicht nötig, dass die erste Sünde des Engels zu dieser Art von fleischlicher Sünde gehört; [es war ja] eine geistige Sünde, durch die die Engel ursprünglich sündigten. Wenn man die Sünde des Begehrens, [das heißt] die zweite Dimension [der Sünde des Engels], auf etwas [aus dieser Dreizahl] zurückzuführen hätte, so müsste man sie am ehesten auf die Begierde der Augen zurückführen. Wie nämlich bei uns zur Begierde der Augen die ungezügelten Gelüste nach dem gehören, was schön anzusehen ist, so muss entsprechend bei den Engeln zur Begierde der Augen das ungezügelte Streben nach etwas Genussvollem gehören.

76 Hinsichtlich des dritten Arguments [§ 27] ist klar, dass die Einteilung durch jene Siebenzahl von Hauptsünden in Bezug auf den Akt des Begehrens nur dann hinreichend ist, wenn man bestimmte Sünden auf andere zurückführt. Und demnach kann man zugegebenermaßen [die Sünde der Engel] auf Wollust zurückführen, sofern sie ein unordentliches Verlangen nach Genussvollem ist, sei es genussvoll für die Begehrlichkeit oder für die Augen.

77 Auf das vierte Argument [§ 28] antworte ich, dass es nicht nur eine einzige Sünde war, denn es waren viele Sünden, wie in der 5. Distinktion gesagt worden ist.[68]

78 Auf die Behauptung, die erste Sünde des Engels sei unheilbar gewesen [§ 28], antworte ich, dass er in dem Moment, in dem er die zweite Sünde beging, noch in der Bewährungszeit war.[69] Folglich konnte er, als er die zweite Sünde beging, die erste Sünde bereuen, und ihm konnten außerdem Vergebung und Erbarmen zuteil werden. Daher war die erste Sünde nicht von sich aus unheilbar. Weil er aber mit jener [zweiten] Sünde zum Ende der Bewährungszeit gelangte, wurden fortan alle seine Sünden unheilbar, denn jede Sünde

mediabilia: omne enim peccatum alicuius peccatoris, perdurans usque ad terminum, est irremediabile (et qualiter ista irremediabilitas sit tantum ex lege Dei nulli habenti gratiam cum fuerit in termino, dicetur distinctione sequente). Nego ergo quod assumitur ibi ›tantum fuisse peccatum unum‹: unde malitia daemonis incepit ab immoderato amore sui, quod non erat maximum peccatum, – et consummabatur [66] in odio Dei, quod est peccatum maximum, quia ex hoc sequebatur quod non potuit habere volita manente Deo; et ideo ex inordinato appetitu prius potuit velle Deum non esse, et ita odire.[a]

[III. – Ad argumenta in oppositum]

79 [67] Ad primum argumentum in oppositum dico quod primum peccatum non fuit maximum: sicut enim in ›bonis‹ proceditur a ma-

---

[a] Sequitur textus interpolatus (APSVZBNY):
»Sed hic est unum dubium, an scilicet aliquis posset appetere Deum non esse, – quia sicut nihil potest esse obiectum volitionis nisi sub ratione boni, sic nec nolitionis nisi sub ratione mali; in Deo autem nulla apprehenditur ab angelo ratio mali. Nec potest dici quod propter iustitiam possit odiri, quia in sua iustitia non apprehenditur aliqua ratio mali, sicut nec in se ipso: licet enim in effectu eius appareat aliqua ratio mali, non tamen in ipso; et si hoc sit verum, tunc est dicendum quod odium non est respectu Dei in se, nec respectu iustitiae eius, sed quantum ad effectum appropriatum perfectioni iustitiae. Et per hoc potest dici ad illud Ps. ›superbia eorum qui te oderunt‹, non quantum ad ipsum in se, sed volendo iustitiam eius non esse vindicantem, – et sic nolunt iustitiam eius quantum ad effectum vindicantem. Et si hoc verum sit, tunc est dicendum quod odium Dei non est maximum peccatum, quia non respicit Deum in se, sed est contra ipsum in comparatione ad effectum; similiter, tunc sequitur quod ›amare Deum‹ non habeat actum directe contrarium, sed tantum contrarium dilectioni effectus.«

---

[70] Siehe S. 170, Anm. 26.

eines Sünders, die bis zum Ende der Bewährungszeit andauert, ist unheilbar. (Und inwiefern diese Unheilbarkeit nur von einem Gesetz Gottes herrührt, wonach keinem Gnade zuteil wird, wenn er am Ende der Bewährungszeit angelangt ist, wird in der nächsten Distinktion gesagt werden.[70]) Ich leugne also die dortige Annahme, wonach es nur eine einzige Sünde gab [§ 28]. Also begann die Bosheit der Engel mit einer ungezügelten Selbstliebe, die nicht die größte Sünde war, und sie kam im Gotteshass zum Höhepunkt, der die größte Sünde ist, denn der Gotteshass ergab sich daraus, dass er nicht das von ihm Gewollte haben kann, solange es Gott gibt, und deshalb konnte er vorher aufgrund seines unordentlichen Verlangens wollen, dass Gott nicht existiert, und ihn insofern hassen.[71]

[III. – Antwort auf die Gegenargumente]

79 Auf das erste Gegenargument [§ 29] sage ich, dass die erste Sünde nicht die größte war. Während man nämlich bei dem, was gut ist,

---

[71] Es folgt ein handschriftlich gut bezeugter Texteinschub:
»Aber hier gibt es ein Problem, nämlich ob jemand wünschen kann, dass es Gott nicht gibt. Denn so, wie etwas nur unter dem Sinngehalt des Guten das Objekt des Wollens sein kann, so kann etwas auch nur unter dem Sinngehalt des Schlechten das Objekt des Widerwillens sein; der Engel nimmt aber bei Gott keinerlei Sinngehalt des Schlechten wahr. Man kann auch nicht sagen, dass er aufgrund seiner Gerechtigkeit gehasst werden kann, denn in seiner Gerechtigkeit lässt sich genauso wenig ein Sinngehalt des Schlechten wahrnehmen wie in Gott selbst. Denn obwohl im Wirken Gottes ein Sinngehalt des Schlechten aufscheint, so ist das dennoch nicht in Gott selbst der Fall. Wenn dies stimmt, dann muss man sagen, dass der Hass sich nicht auf Gott an sich richtet und auch nicht auf seine Gerechtigkeit, sondern auf die Wirkung, die der Vollkommenheit der Gerechtigkeit angemessen ist. Und dementsprechend kann zu jenem Psalmenwort ›Der Hochmut jener, die dich hassen‹ [vgl. § 12; § 28] gesagt werden, er werde nicht an sich gehasst, sondern insofern man will, dass seine Gerechtigkeit nicht strafend ist, und demnach wollten sie nicht seine Gerechtigkeit hinsichtlich der strafenden Wirkung. Und wenn das wahr ist, dann muss man sagen, dass der Gotteshass nicht die größte Sünde ist, denn er richtet sich nicht gegen Gott an sich, sondern gegen Gott in Bezug auf seine Wirkung. Ebenso folgt dann, dass Gottesliebe keinen direkt entgegengesetzten Akt hat, sondern nur einen Akt, der der Liebe für die Wirkung [Gottes] entgegengesetzt ist.«

gis bono ad minus bonum (sicut a dilectione finis ad dilectionem eorum quae sunt ad finem), ita – e converso – in ›malis‹ a minus malo proceditur ad maius malum, iuxta illud Augustini XIV *De civitate Dei* in fine: ›amor sui usque ad contemptum Dei‹.

80 Alia duo argumenta, scilicet de passione irascibilis respectu concupiscibilis et de appetitu propriae excellentiae (loquendo de excellentia prout dicit comparationem excellentis ad alios), possunt concedi, quia – quantum ad actum concupiscentiae – non primo concupivit excellentiam quae est passio ›irascibilis‹ vel ›concupiscibilis‹, sed beatitudinem perfectissimam; tamen si loquamur de primo velle inordinato amicitiae, potest dici quod ille non erat actus nec passio ›irascibilis‹, sed ›concupiscibilis‹: si enim ›concupiscibilis‹ est concupiscere bonum amato, eius est amare etiam bonum amatum, cui concupiscit illud bonum.

81 Ad illud de Tim. ›Radix omnis peccati‹ etc.

---

[72] Siehe S. 176, Anm. 38. Scotus erwidert hier in § 79 eigentlich nicht die Behauptung von § 29, dass die erste Sünde Hochmut ist, sondern ergänzt die in § 78 vorgetragene Zurückweisung der Behauptung aus § 28, dass Luzifer mit einer einzigen Sünde gesündigt hat.

[73] 1 Tim 6, 10 (EÜ): »[...] die Wurzel aller Übel ist die Habsucht.« – Das Argument, auf das Scotus hier antwortet, ist gar nicht am Anfang von *Ord.* II d. 6 q. 2 erwähnt. Es ist aber in *Lect.* II d. 6 q. 2 § 21, Vat. 19, S. 306 enthalten, wo diese Stelle kommentarlos zitiert wird.

vom Besseren zum weniger Guten fortschreitet (nämlich von der Liebe des Ziels zur Liebe der Mittel zum Ziel), schreitet man umgekehrt bei dem, was schlecht ist, vom weniger Schlechten zum Schlechteren fort, gemäß der Aussage des Augustinus am Ende des 14. Buches des *Gottesstaates:* »Selbstliebe bis zur Verachtung Gottes«.[72]

80 Den beiden anderen Argumenten kann man zustimmen, nämlich dem Argument über den Affekt des zornmütigen Vermögens im Verhältnis zum begehrenden Vermögen [§ 30] und jenem über das Streben nach dem eigenen Vorrang (sofern unter Vorrang das Verhältnis dessen, der den Vorrang hat, gegenüber anderen verstanden wird) [§ 31]. Was den Akt des Begehrens betrifft, begehrte er nämlich nicht als erstes den Vorrang, der ein Affekt des zornmütigen oder begehrenden Vermögens ist, sondern die vollkommenste Glückseligkeit. Ist aber vom ersten unordentlichen Freundschaftswollen die Rede, kann man sagen, dass dies kein Akt oder Affekt des zornmütigen, sondern des begehrenden Vermögens war. Sofern es nämlich dem begehrenden Vermögen zukommt, das Gute für den Geliebten zu wünschen, insofern kommt es ihm auch zu, das geliebte Gute zu lieben, für das es jenes Gute begehrt.

81 Auf jene Aussage des Briefs an Timotheus, »Die Wurzel jeder Sünde« usw.[73]

[Ordinatio, Liber Tertius
Distinctio trigesima sexta

Quaestio unica

Utrum virtutes morales sint connexae]

1 [Vat. 10, 219] Circa distinctionem trigesimam sextam quaero utrum virtutes morales sint connexae.

2 Quod non:
Aliquis potest esse naturaliter inclinatus ad actus unius virtutis et non alterius, secundum connexionem vel complexionem, – sicut aliquis complexionatus uno modo ad faciliter irascendum ex natura, qui tamen non est ita inclinatus ex natura ad actus concupiscentiae; ergo talis facilius potest se exercitare circa istos actus quam circa illos, immo potest absolute se exercitare circa istos actus ad quos inclinatur, et non circa illos ad quos non inclinatur, – et ita habebit virtutem circa hos, et non circa illos ad quos non inclinatur.

3 Secundo sic: qualitercumque sit inclinatus, aliquis potest habere materiam exercitandi se circa actus unius virtutis et non alterius [220] (puta religiosus potest habere opportunitatem circa passiones refrenandas, non autem circa terribilia bellica aggredienda vel sustinenda); ergo in se generabit temperantiam sine fortitudine.

4 Praeterea, tertio sic: ratione exsistente erronea, voluntas potest eligere contra iudicium eius, et tamen recte eligere; ergo ex frequentibus talibus electionibus potest generari in voluntate habitus moralis, et tamen in intellectu non generatur prudentia, quia intellectus non recte dictat, – et ita potest esse virtus moralis sine prudentia.

5 Quarto sic: e converso, intellectu recte dictante, voluntas potest non eligere dictatum, sed oppositum, et ita sic frequenter dictante

[Ordinatio, Buch III
Sechsunddreißigste Distinktion

Einzige Quästion

Sind die moralischen Tugenden verbunden?]

1 Zur sechsunddreißigsten Distinktion frage ich, ob die moralischen Tugenden verbunden sind.

2 Argumente dagegen:
Jemand kann von Natur aus zu den Akten einer Tugend geneigt sein, nicht aber zu denen einer anderen Tugend, aufgrund der körperlichen Konstitution. Jemand, der in einer gewissen Weise körperlich disponiert ist, kann beispielsweise von Natur aus geneigt sein, leicht zornig zu werden, ist aber von Natur aus nicht so sehr zu Akten der Begehrlichkeit geneigt. So jemand kann also leichter diese Akte [der Mäßigung] einüben als jene [der Sanftmut]. Er kann sogar ausschließlich die Akte einüben, zu denen er geneigt ist, und nicht jene, zu denen er nicht geneigt ist. So erlangt er die Tugend hinsichtlich dieser Akte, aber nicht hinsichtlich jener Akte, zu denen er nicht geneigt ist.

3 Zweitens: Ganz abgesehen von seinen Neigungen kann jemand die Voraussetzung haben, die Akte einer Tugend einzuüben, aber nicht einer anderen. Zum Beispiel mag ein Ordensmann die Gelegenheit dazu haben, die Affekte zu zähmen, nicht aber furchterregende Kriegstaten anzugehen und durchzuhalten. So entwickelt er in sich Mäßigung ohne Tapferkeit.

4 Außerdem, drittens: Während sich die Vernunft irrt, kann der Wille gegen das Vernunfturteil wählen und dennoch richtig wählen. Aus häufigen derartigen Wahlakten kann im Willen ein moralischer Habitus entstehen, ohne dass dabei im Intellekt die Klugheit entsteht, da der Intellekt nicht richtig gebietet. Auf diese Weise kann es eine moralische Tugend ohne Klugheit geben.

5 Viertens: Umgekehrt kann, während der Intellekt richtig gebietet, der Wille das Gebotene nicht wählen oder sein Gegenteil wählen.

intellectu generabitur prudentia, et tamen non generabitur in voluntate tunc virtus moralis, sed potius vitium; quare etc.

6 Praeterea, quinto sic: actus contemnendi omnia propter Deum est arduus et consonus rationi rectae; ergo ad illum actum potest esse virtus inclinans; pauper igitur, qui sic contemnit, videtur habere virtutem qua sic inclinetur. Sed talis non potest habere liberalitatem, ut videtur, quia non habet materiam illius virtutis: nihil enim habet [221] quod posset dare. Similiter multi habent alias virtutes, qui non sunt pauperes.

7 Praeterea, sexto sic: continentia coniugalis videtur esse virtus, quia castitas quaedam, – et tamen sine virginitate stat, quae videtur esse virtus.

8 Praeterea, septimo sic: magnanimitas est virtus, et videtur repugnare humilitati, quia magnanimus dignificat se magnis honoribus, humilis dignificat se parvis honoribus, quia reputat se parum valere in oculis suis.

9 Oppositum:
VI *Ethicorum*, et Augustinus *De Trinitate* VI cap. 4.

[I. – Ad quaestionem]

10 In ista quaestione sunt multi articuli: primus, de connexione virtutum moralium inter se, et hoc vel secundum genera vel secundum species illorum generum; secundus, de connexione cuiuslibet virtutis moralis cum prudentia; tertius, de connexione virtutum moralium cum theologicis; quartus, de connexione virtutum theologicarum inter se.

---

[1] Scotus hat dieses Argument wahrscheinlich von Heinrich von Gent übernommen, siehe *Quodl.* XII q. 14 arg. 1, Opera omnia 16, S. 79. Mit diesem Argument wird zum ersten Mal das Problem der Verbindung der moralischen Tugenden mit der Klugheit als Problem der Verbindung von Intellekt und Wille formuliert. Während Heinrich das Argument widerlegt (ebd., ad 1, S. 82), stimmt Scotus ihm zu (§ 121).
[2] Vgl. Aristoteles, *EN* IV 7, 1123b22–24 (AL XXVI/3, S. 212).

Demzufolge entsteht aufgrund der häufigen Weisung des Intellekts Klugheit, aber es entsteht dann im Willen keine moralische Tugend, sondern vielmehr ein Laster. Daher usw.[1]

6 Ferner, fünftens: Der Akt, alles um Gottes willen zu verachten, ist schwer, und er steht im Einklang mit der rechten Vernunft. Es kann also eine Tugend geben, die zu einem solchen Akt geneigt macht. Ein Armer, der eine solche Verachtung aller Dinge um Gottes willen lebt, scheint jene Tugend zu haben, durch die man dazu geneigt ist. Aber so jemand kann offenbar keine Freigebigkeit haben, denn er hat nicht die materielle Voraussetzung für diese Tugend; er hat nämlich nichts, das er geben könnte. Gleichermaßen haben viele Menschen andere Tugenden, ohne arm zu sein.

7 Außerdem, sechstens: eheliche Enthaltsamkeit scheint eine Tugend zu sein, nämlich eine Art von Keuschheit. Sie besteht aber ohne Jungfräulichkeit, die [ebenso] eine Tugend zu sein scheint.

8 Ferner, siebtens: Großmut ist eine Tugend, und sie scheint der Demut zu widerstreiten, denn der Großmütige schätzt sich großer Ehren würdig,[2] während sich der Demütige kleiner Ehren würdig schätzt, da er sich in seinen Augen als gering einschätzt.

9 Gegenargument:

Das 6. Buch der *Ethik* und Augustinus *Über die Dreifaltigkeit*, 6. Buch, 4. Kapitel.[3]

[I. – Zur Frage]

10 Diese Quästion enthält mehrere Artikel. Der erste behandelt die Verbindung der moralischen Tugenden untereinander, und zwar sowohl hinsichtlich der Gattungen als auch der Arten jener Gattungen; der zweite behandelt die Verbindung jeder moralischen Tugend mit der Klugheit; der dritte die Verbindung der moralischen Tugenden mit den theologischen; der vierte die Verbindung der theologischen Tugenden untereinander.

---

[3] Aristoteles, *EN* VI 13, 1145a1–2 (AL XXVI/3, S. 270); Augustinus, *De Trinitate* VI c. 4 §6, CCSL 50, S. 233.

Ordinatio III

[A. – De connexione virtutum moralium inter se

1. – Opinio Henrici Gandavensis

a. – Opinionis expositio]

11 [222] Quantum ad primum dicitur sic, quod Philosophus VII *Ethicorum* dicit quod in omni genere bonitatum vel malitiarum est distinguere quattuor gradus, quorum primus est (scilicet initium) quod apud Philosophum dicitur perseverantia, secundus gradus est continentia, tertius temperantia, in quarto gradu dicitur virtus ›heroica‹. Et in duobus quidem primis gradibus non est virtus, sed tantum dispositio quaedam imperfecta, quam nata est sequi virtus [223] perfecta; in tertio autem gradu est virtus communiter dicta; sed in quarto gradu est virtus excellenter dicta et in gradu superexcellenti.

12 Conceditur ergo quod in duobus primis gradibus non est connexio[a], quia potest in habitibus virtutum aliquis esse exercitatus in actibus unius virtutis et non alterius, et ita acquirere tam perseverantiam quam continentiam[b], et unam et non aliam.

13 In tertio gradu distinguitur, quia aut potest esse in illo gradu virtus inchoata, aut mediocris, aut perfecta.

14 Et ita in duobus primis gradibus non oportet esse connexionem, [224] propter idem propter quod prius, quia potest aliquis exercitari in actibus unius virtutis secundum hos gradus, non alterius.

---

[a] connexio] ZBQ virtus APSNY *ed.* [b] continentiam] Z temperantiam APSBNYQ *ed.*

---

[4] Heinrich von Gent, *Quodl.* V q. 16, ed. Badius, fol. 186rS–187rY; *Quodl.* V q. 17, ed. Badius, fol. 190vK. Heinrich übernimmt diese moralischen Eigenschaften von Aristoteles, auf den er sich auch für deren Rangordnung beruft. Bei Aristoteles handelt es sich aber nicht unbedingt um Stufen des moralischen Fortschritts beziehungsweise Verfalls; siehe *EN* VII 1, 1145a15–20; VII 8, 1150a9–b1 (AL XXVI/3, S. 271; S. 284–285).
[5] Wenngleich die Lesart »virtus« (Tugend) handschriftlich besser belegt ist, trifft die Lesart »connexio« das von Heinrich Gemeinte besser und ist auch durch Scotus' Querverweis in § 14 gefordert.
[6] Der Sinn erfordert die Lesart »continentiam«, die nur von einer Handschrift bezeugt wird (in der sie möglicherweise bereits eine Konjektur ist).
[7] Heinrich von Gent, *Quodl.* V q. 17, ed. Badius, fol. 190vK.

[A. – Die Verbindung der moralischen Tugenden untereinander

1. – Die Meinung Heinrich von Gents

a. – Darstellung der Meinung]

11 Die Frage des ersten Artikels wird bejaht unter Berufung auf den Philosophen, der im 7. Buch der *Ethik* sagt, in jeder Gattung guter oder schlechter moralischer Eigenschaften seien vier Stufen zu unterscheiden. Die erste, nämlich der Anfang, ist das, was beim Philosophen Ausdauer genannt wird, die zweite Stufe ist die Selbstbeherrschung, die dritte die Mäßigung und in der vierten Stufe wird sie heroische Tugend genannt. Bei den ersten beiden Stufen handelt es sich noch nicht um eine Tugend, sondern bloß um eine gewisse unvollkommene Disposition, auf die die vollkommene Tugend folgen kann; auf der dritten Stufe findet sich das, was allgemein unter Tugend verstanden wird; auf der vierten Stufe handelt es sich hingegen um eine Tugend im herausragenden Sinn und auf außergewöhnlichem Niveau.[4]

12 Es wird also [von den Vertretern dieser Meinung] anerkannt, dass es auf den ersten beiden Stufen keine Verbindung[5] gibt, denn jemand kann bei den tugendhaften Habitus die Akte einer Tugend ohne jene der anderen eingeübt haben. Auf diese Weise kann er sowohl Ausdauer als auch Selbstbeherrschung[6] erlangen, und zwar unabhängig voneinander.[7]

13 Bezüglich der dritten Stufe wird unterschieden, denn auf jener Stufe kann es entweder eine anfängliche, eine mittelmäßige oder eine vollendete Tugend geben.[8]

14 Und in den ersten beiden Graden [der dritten Stufe] braucht es keine Verbindung zu geben, aus demselben Grund wie vorher [§ 12], weil jemand in Bezug auf diese beiden Grade die Akte einer Tugend ohne jene der anderen einüben kann.[9]

---

[8] Nach Heinrich ist allerdings die dritte Stufe, auf der eine moralische Eigenschaft bereits eine Tugend ist, nur zweigeteilt, nicht wie Scotus hier sagt, in drei Grade eingeteilt; siehe *Quodl.* V q. 17, ed. Badius, fol. 191rL–rM. In *Lect.* III d. 36 § 13, Vat. 21, S. 316 stellt Scotus diesen Aspekt richtig dar.

[9] Richtig müsste es heißen: im ersten der beiden Grade braucht es keine Verbindung zu geben. Siehe Heinrich von Gent, *Quodl.* V q. 17, ed. Badius, fol. 191rM.

15 In tertio autem gradu istius tertii gradus, et multo magis in quarto est connexio.

16 Quod probatur multipliciter: Primo sic: »Non est virtus perfecta et vera, quae in contrarium suo fini potest obliquari et deficere, secundum quod dicit Augustinus in sermone de operibus misericordiae: ›Caritas – inquit – quae deseri potest, numquam vera fuit‹«; sed si virtus moralis esset sola sine aliis, posset obliquari a suo fine; ergo non esset vera virtus. Probatur minor, quia una virtus non firmat voluntatem circa appetibilia [225] alia quae non per se respicit; ergo voluntas si non habeat virtutem nisi illam, potest obliquari circa alia appetibilia praesentata sibi; sed ex obliquatione circa alia potest obliquari circa obiectum istius virtutis; ergo etc.

17 Hoc patet in exemplo, quia habens fortitudinem et non temperantiam, non firmatur circa delectabilia refrenanda; similiter habens temperantiam et non fortitudinem, non firmatur circa terribilia sustinenda; ergo si praesententur sibi terribilia simul et delectabilia, puta quod fornicetur vel sustineat mortem, potest obliquari circa terribilia, et per consequens circa ea quae sunt fortitudinis, et non circa ea quae sunt temperantiae: prius enim eligeret talis non sustinere mortem quam non fornicari, quia non est firmatus circa illam passionem terribilem.

18 Secundo arguitur ad idem sic: quia virtutis est delectabiliter [226] operari (ex II *Ethicorum*); sed una sine alia non est principium delectabiliter operandi. Quod apparet in exemplo praedicto, nam tentatus de intemperantia, si non sit fortis, non delectatus fugiet ea quae pertinent ad intemperantiam, et per consequens non est perfecte temperatus nisi sit etiam fortis; eodem modo posset poni

---

[10] Ebd.
[11] Paulinus von Aquileia (Ps.-Augustinus), *Liber exhortationis* c. 7, PL 99, Sp. 202.
[12] Heinrich von Gent, *Quodl.* V q. 17, ed. Badius, fol. 189rQ–rR.
[13] Scotus gibt Heinrich hier frei wieder. Wenn ein Keuscher nicht tapfer ist, sagt Heinrich, könnte er unter Gewaltandrohung zum Ehebruch bewegt werden; wenn er nicht gerecht ist, könnte er durch Bestechung dazu bewegt werden, Inzest zu begehen; siehe ebd., fol. 189rR.
[14] Aristoteles, *EN* II 2, 1104b3–8 (AL XXVI/3, S. 166).
[15] Heinrich von Gent, *Quodl.* V q. 17, ed. Badius, fol. 188vQ–189rQ.

15 Aber im dritten Grad jener dritten Stufe, und noch sehr viel mehr auf der vierten Stufe, gibt es die Verbindung.[10]

16 Dies wird mehrfach bewiesen:

Zunächst so: Es gibt keine vollkommene und wahre Tugend, die von ihrem Ziel in die gegenteilige Richtung abgewendet werden kann und es [daher] verfehlen kann, entsprechend der Aussage des Augustinus in der Homilie über die Werke der Gerechtigkeit. Er sagt: »Liebe, von der man ablassen kann, war nie echte Liebe«.[11] Wenn es aber eine moralische Tugend einzeln ohne die anderen gäbe, könnte sie von ihrem Ziel abgewendet werden, und folglich wäre sie keine echte Tugend. Beweis des Untersatzes: Eine Tugend stärkt den Willen nicht hinsichtlich jener [Arten] begehrenswerter Gegenstände, die nicht an sich zu ihrem Gegenstandsbereich gehören. Wenn daher der Wille nur diese eine Tugend hätte, könnte er in Gegenwart von anderen [Arten von] begehrenswerten Dingen [von ihrem Ziel] abgewendet werden. Aufgrund dieser Abwendung in Bezug auf andere Dinge kann der Wille vom Objekt dieser Tugend abgeneigt werden. Also usw.[12]

17 Das wird in einem Beispiel klar. Wer Tapferkeit ohne Mäßigung hat, ist nicht zur Zügelung in Bezug auf Genussvolles gestärkt. Ebenso ist, wer Mäßigung ohne Tapferkeit hat, nicht gestärkt, Furchterregendes durchzuhalten. Wenn er also zugleich mit etwas Furchterregendem und Genussvollem konfrontiert wird, zum Beispiel dass er entweder Unzucht treiben muss oder zu sterben hat, kann er bezüglich des Furchterregenden – und insofern bezüglich dessen, was zum Bereich der Tapferkeit gehört – schwach werden, aber nicht in Bezug auf das, was zum Bereich der Mäßigung gehört. Er wird nämlich eher entscheiden, nicht zu sterben, als keine Unzucht zu treiben, denn er ist nicht in Bezug auf jenen Affekt der Furcht gestärkt.[13]

18 Zweitens wird dasselbe mit folgendem Argument begründet: Nach dem 2. Buch der *Ethik* zeichnet es die Tugend aus, dass man mit Freude handelt.[14] Nun ist aber eine Tugend ohne die anderen kein hinreichender Ursprung für Handlungen, die man gerne tut.[15] Das ist im vorhin genannten Beispiel deutlich, denn wenn jener, der hinsichtlich der Unmäßigkeit in Versuchung geführt wird, nicht tapfer ist, dann meidet er nur ungern das, was zum Bereich der Unmäßigkeit gehört, und folglich ist er nicht vollkommen gemäßigt, wenn er nicht zudem tapfer ist. Genauso könnte man das Beispiel eines

exemplum de avaro, quia si quis est avarus, eliget servare pecuniam plus quam temperantiam.

19 Praeterea, tertio sic: virtus perfecta perducit ad finem virtutis, quia perfectio in moralibus est perducere ad finem; sed nulla virtus sine alia perducit ad finem, nec sese de se nec virum politicum; ergo etc.

20 Confirmatur ista positio per Gregorium XXII *Moralium* cap. 1: »Quisquis una virtute pollere creditur, tunc veraciter pollet [227] cum vitiis ex alia parte non subiacet«. Et libro XXI cap. 3: »Una virtus sine alia vel non est virtus perfecta, vel nulla est omnino«. Et Commentator super principium VI *Ethicorum:* »Non exsistente temperantia, qualiter erit iustitia?«, – quasi diceret ›nullo modo‹. Idem etiam Commentator super illud VI *Ethicorum* »Temperantiam hoc appellamus nomine velut ›salvantem prudentiam‹«: »Sorores ad invicem virtutes sunt« etc. (quaere ibi).

21 Hoc idem probatur per glossam Apoc. 21: ›Civitas in quadro posita est‹ (quaere ibi).

[b. – Opinionis improbatio]

22 Contra istud arguitur multipliciter.

[Argumentum primum] – Primo sic: per te, contingit duos primos gradus esse non connexos (puta perseverantiam et continentiam), et consimiliter duos primos gradus tertii gradus (scilicet quando est virtus imperfecta vel mediocris). Eodem modo arguo de virtute se-

---

[16] Ebd., fol. 188vO–vP.
[17] Gregor der Große, *Moralia in Iob* XXII c. 1 §2, CCSL 143A, S. 1092; ebd., XXI c. 3 §6 CCSL 143A, S. 1068. Beide Zitate finden sich bei Heinrich von Gent, *Quodl.* V q. 17, ed. Badius, fol. 189rV.
[18] Eustratius, *In EN* VI c. 2, Hs. Eton College 122, fol. 102va; ebd., c. 6, fol. 111ra: »[...] sorores ad invicem [sunt] virtutes et multam ferunt ad invicem similitudinem. Quare et ad invicem coinferri confessae sunt, et nihil admirabile si de una ipsarum ratio inducit et reliquas. (Die Tugenden sind einander Schwestern und sie sind sich ähnlich. Deswegen sind sie auch diesbezüglich im Einklang, dass sie sich gegenseitig bedingen, und es wundert nicht, wenn die Vernunft von einer Tugend her auch die übrigen herbeiführt.)« Die Zitate Eustratius' finden sich bei Heinrich von Gent, *Quodl.* V q. 17, ed. Badius, fol. 189rV und fol. 189rY. Das Aristoteles-Zitat ist aus *EN* VI 5, 1140b11–12 (AL XXVI/3, S. 258).

Geizigen geben, denn wenn jemand geizig ist, entscheidet er sich eher, seinen Besitz als die Mäßigung zu bewahren.

19 Außerdem, drittens: vollkommene Tugend führt zum Ziel der Tugend, denn die Vollkommenheit im Bereich der Sittlichkeit besteht darin, zum Ziel zu gelangen. Aber keine Tugend führt ohne die anderen zum Ziel; sie führt weder sich selbst zum Ziel noch das Subjekt der politischen Tugenden; also usw.[16]

20 Diese Auffassung wird durch Gregor den Großen bestätigt, im 22. Buch des *Moralischen Kommentars zu Hiob* im 1. Kapitel: »Jeder, der glaubt, eine Tugend reichlich zu haben, hat sie dann tatsächlich in reichem Maße, wenn er nicht den Lastern von anderswoher unterworfen ist.« Und im 21. Buch, 3. Kapitel: »Eine Tugend ist ohne die andere entweder keine vollkommene Tugend oder sie ist überhaupt keine Tugend.«[17] Und der Kommentator schreibt in Bezug auf den Anfang des 6. Buchs der *Ethik:* »Wenn die Mäßigung fehlt, wie kann es dann Gerechtigkeit geben?« – als ob er sagen würde: »überhaupt nicht.« Derselbe Kommentator schreibt auch bezüglich dieser Aussage aus dem 6. Buch der *Ethik* »Wir nennen ›Mäßigung‹ gleichsam ›das, was die Klugheit bewahrt‹«: »Die Tugenden sind füreinander Schwestern« usw. (schaue dort nach).[18]

21 Dasselbe wird durch die Glosse zu *Offenbarung* 21 bewiesen: »Die Stadt ist viereckig angelegt« (schaue dort nach).[19]

[b. – Widerlegung der Meinung]

22 Dagegen wird mehrfach argumentiert.

[Erstes Argument] – Zuerst wie folgt: Nach deiner Auffassung kommt es vor, dass die ersten beiden Stufen nicht verbunden sind (also die Ausdauer und die Selbstbeherrschung), und auch nicht die ersten beiden Grade der dritten Stufe (nämlich wenn es sich um eine unvollkommene oder mittelmäßige Tugend handelt) [§ 12–14]. Auf dieselbe Weise argumentiere ich in Bezug auf den dritten Grad [der

---

[19] Die vier Seiten der quadratischen Stadt sind nach der *Glossa ordinaria* zu Offb 21, 16 entweder die theologischen Tugenden (Glaube, Hoffnung und Liebe) zusammen mit Werken *(operatio)* oder die vier Kardinaltugenden; siehe *Bibliorum sacrorum cum Glossa ordinaria*, Bd. 6, Sp. 1676. Scotus findet das Zitat bei Heinrich von Gent, *Quodl.* V q. 17, ed. Badius, fol. 191vO.

cundum [228] tertium gradum virtutis, quia contingit aliquem – habentem virtutem secundum duos primos gradus tertii gradus – exercitari secundum tertium gradum unius virtutis, non alterius: non enim minus dispositus est aliquis habens habitum ad operandum circa illa obiecta quam aliquis alius nullum habitum habens; ergo si aliquis a principio potuit se exercitare circa obiectum unius virtutis et non alterius, multo magis cum habuerit habitum unius virtutis usque ad duos primos gradus tertii gradus poterit exercitari circa obiectum unius virtutis et non alterius, et ita poterit acquirere sibi unam virtutem perfectam et non aliam. Confirmatur, quia non occurreret sibi opportunitas agendi circa materiam alterius virtutis, ut inclinetur ad hoc sicut ad illud cuius habet habitum.

23 Si dicatur quod etsi materia alterius virtutis non occurrat exterius, tamen occurrit in phantasmatibus, et circa illa oportebit recte eligere, vel virtus acquisita in aliquo gradu non salvabitur, – contra: possibile est intellectum illa alia non considerare, sed tantum illa ad quae inclinat habitus virtutis, quia non contingit intellectum duo simul distincte intelligere, secundum communiter loquentes; aut si occurrant alia, quae pertinent ad aliam virtutem, non potest voluntas [229] eligere circa illa nec bonum nec malum, sed praecipere non-considerationem illorum et considerationem istorum quae pertinent ad virtutem quam habet. Et stabit propositum.

24 Dicitur aliter, et melius, quod possibile est quemcumque habitum – quantumcumque perfectum in genere naturae – acquiri ex actibus frequenter elicitis circa obiectum unius virtutis absque acquisitione alterius virtutis; sed ille habitus – quantumcumque intensus – non erit virtus, quia non habet rationem virtutis nisi sit conformis

---

[20] Nach Albert dem Großen kann auch der Mittellose die Tugend der grandiosen Großzügigkeit (*magnificentia* – Freigebigkeit im hohen Maße) erlangen, sofern er innerlich die Wahl trifft, Akte der Großzügigkeit zu verrichten, siehe *Super Ethica* IV lect. 5 q. 3 §282, Editio Coloniensis 14, S. 244a.

[21] Siehe Duns Scotus, *Ord*. IV d. 1 p. 1 q. 1 § 106; § 109, Vat. 11, S. 39; S. 41.

[22] Nämlich die These am Ende von §22, dass sich möglicherweise gar nicht die Gelegenheit für die Tätigkeit im Bereich gewisser anderer Tugenden ergibt.

36. Distinktion, einzige Quästion

dritten Stufe] der Tugend. Ein Tugendhafter in Bezug auf die ersten beiden Grade der dritten Stufe kann sich nämlich durchaus hinsichtlich einer bestimmten Tugend im dritten Grad betätigen, ohne sich hinsichtlich einer anderen Tugend zu betätigen. Jemand, der einen Habitus für die Ausübung von Tätigkeiten des entsprechenden Bereichs hat, ist nämlich nicht schlechter disponiert als ein anderer, der überhaupt keinen Habitus hat. Wenn sich also jemand von Anfang an im Bereich einer Tugend betätigen kann, ohne sich im Bereich einer anderen Tugend zu betätigen, so kann er sich umso mehr dann im Bereich einer Tugend ohne eine andere Tugend betätigen, wenn er schon den Habitus der einen Tugend bis zu den ersten beiden Graden der dritten Stufe erlangt hat. Auf diese Weise kann er sich eine vollendete Tugend ohne die andere aneignen. Dies wird bestätigt, denn [möglicherweise] ergibt sich für ihn gar nicht die Gelegenheit, hinsichtlich der Angelegenheiten einer anderen Tugend zu handeln, so dass er diesbezüglich genauso geneigt sein würde wie in Bezug auf das, wofür er einen Habitus hat.

23 Man kann erwidern: Auch wenn sich die Angelegenheiten einer anderen Tugend nicht in der Außenwelt darbieten, so bieten sie sich doch in den Vorstellungsbildern dar, und in Bezug auf diese muss man richtig wählen, denn sonst ist die erworbene Tugend auf einer bestimmten Stufe gar nicht möglich.[20] – Dagegen: Es ist möglich, dass der Intellekt diese anderen Angelegenheiten nicht betrachtet, sondern nur jene, zu der der Habitus der Tugend geneigt macht. Der Intellekt kann nämlich nach der allgemein vertretenen Lehre nicht zwei Dinge gleichzeitig deutlich erkennen.[21] Oder wenn sich andere Angelegenheiten darbieten, die zu einer anderen Tugend gehören, kann der Wille in Bezug auf diese auch weder das Gute noch das Schlechte wählen, sondern vielmehr [dem Intellekt] befehlen, diese nicht zu beachten, sondern jenen [Angelegenheiten] die Aufmerksamkeit zu schenken, die zu der Tugend gehören, die er hat. Und damit bleibt die These bestehen.[22]

24 Es gibt eine andere, bessere Theorie, wonach es möglich ist, jeglichen Habitus, so perfekt er auch im natürlichen Bereich sein mag, aus Akten zu erwerben, die häufig hinsichtlich des Objekts einer Tugend ausgeübt werden, ohne dass eine andere Tugend erworben wird. So intensiv dieser Habitus auch sein mag, sei er allerdings keine Tugend, da er nur dann den Sinngehalt einer Tugend habe, wenn er mit anderen erworbenen Tugenden im selben Subjekt über-

aliis virtutibus in eodem acquisitis, quia concordia habitus ad habitum necessaria est in quolibet habitu ad rationem virtutis.

25 Istud dictum faciliter posset improbari, si virtus moralis esset per se ens vel per se unum in genere qualitatis.

26 Sed quia hoc non credo esse verum, sicut tangetur inferius, ideo arguo aliter sic: virtus, cum omnibus quae sunt de per se ratione [230] virtutis, generatur ex actibus conformibus rationi rectae, ita quod ultra naturam actus et habitus non requirit ratio habitus vel actus virtuosi nisi conformitatem ad rationem rectam, – quod probatur ex illo II *Ethicorum:* »Virtus est habitus electivus prout ratione determinatur«; sed sine concordia aliarum virtutum concurrentium in eodem operante potest esse talis conformitas tam habitus quam actus ad rationem rectam secundum quam eligit. Assumptum patet, nam non recte eligit circa materiam temperantiae nisi praecedente recta ratione et dictante de tali eligibili; potest autem praecedere rectum dictamen circa materiam unius virtutis absque omni dictamine recto circa materiam alterius virtutis; ergo etc.

27 [Argumentum secundum] – Praeterea, secundo, sequitur ex illo dicto quod quaelibet virtus erit alii ratio essendi virtutem; consequens falsum, ergo antecedens. – Probatio consequentiae, nam si iste habitus non est temperantia-virtus nisi quia concomitatur alia [231] virtus, puta fortitudo, ergo fortitudo-virtus – in quantum concomitans – erit ratio illi habitui essendi virtutem-temperantiam, et pari ratione e converso temperantia, ut concomitans, erit fortitudini ratio essendi virtutem, et quaelibet generaliter alii erit ratio essendi virtutem. Consequens falsum, quia sequitur quod aliqua erit virtus antequam sit virtus, et ita nulla prima virtus.

28 Probatio istorum:

Quia accipiamus habitum illum de genere qualitatis, qui debet esse

---

[23] Vgl. Thomas von Aquin, *S. theol.* I–II q. 65 a. 1 in corp., Leon. 6, S. 418b–419a.

[24] Dann wäre nämlich der volle Sinngehalt einer Tugend auch ohne jegliche Relation gegeben, also auch ohne die Eintracht mit anderen Tugenden.

[25] Aristoteles, *EN* II 6, 1106b36–1107a2 (AL XXVI/3, S. 171).

einstimmt. Die Eintracht eines Habitus mit einem anderen gehöre nämlich in jedem Habitus notwendig zum Sinngehalt der Tugend.[23]

25 Diese Behauptung könnte man leicht widerlegen, wenn die moralische Tugend ein »an sich Seiendes« oder ein »an sich Eines« in der Kategorie der Qualität wäre.[24]

26 Aber weil ich nicht glaube, dass dies stimmt (wie weiter unten berührt wird [§ 27–30]), deswegen argumentiere ich anders, nämlich so: Eine Tugend wird zusammen mit all dem, was an sich zum Sinngehalt einer Tugend gehört, aus Akten gebildet, die mit der rechten Vernunft übereinstimmen, so dass abgesehen von der Natur des Akts und des Habitus kein Sinngehalt eines tugendhaften Habitus oder Akts erforderlich ist, sondern nur die Übereinstimmung mit der rechten Vernunft. Dies wird mit folgender Aussage aus dem 2. Buch der *Ethik* bewiesen: »Die Tugend ist ein Habitus, der zur Wahl disponiert, wie sie von der Vernunft bestimmt wird.«[25] Sowohl der Habitus als auch der Akt kann aber mit der rechten Vernunft, dergemäß der Handelnde entscheidet, auch dann übereinstimmen, wenn es keine Eintracht mit den anderen Tugenden gibt, die im Handelnden zusammenwirken. Die Annahme ist klar, denn man trifft ja nur dann die richtige Wahl im Bereich der Mäßigung, wenn die rechte Vernunft vorausgeht und hinsichtlich des zur Wahl Stehenden die Weisung gibt. Der Wahl kann aber die rechte Weisung im Bereich einer Tugend ohne jegliche rechte Weisung im Bereich einer anderen Tugend vorausgehen. Also usw.

27 [Zweites Argument] – Außerdem, zweitens: Aus dieser Behauptung [§ 15] folgt, dass jede Tugend für jede andere der Grund dafür ist, dass sie eine Tugend ist. Die Konklusion ist falsch, also auch die Prämisse. Beweis der Folgerung: Wenn nämlich dieser Habitus nur dann Mäßigung-Tugend ist, weil eine andere Tugend ihn begleitet, etwa die Tapferkeit, dann ist also die Tapferkeit-Tugend als begleitende der Grund dafür, dass jener Habitus Mäßigung-Tugend ist. Aus demselben Grund ist umgekehrt die Mäßigung als begleitende Tugend der Grund dafür, dass die Tapferkeit eine Tugend ist. Generell ist dann jede Tugend der Grund für jede andere Tugend. Die Konklusion ist falsch, denn es folgt, dass eine Tugend Tugend ist, bevor sie Tugend ist, und so gibt es keine erste Tugend.

28 Beweis dieser Überlegungen:
Nehmen wir jenen Habitus der Gattung der Qualität, der Mäßi-

›temperantia‹: si iste non potest esse virtus nisi concomitante illa virtute quae est fortitudo, ergo fortitudo prius erit virtus quam temperantia sit virtus; et non potest esse virtus nisi concomitante virtute temperantiae[a], ex hypotesi; ergo fortitudo prius erit virtus quam erit virtus!

29 Per idem probatur quod non erit prima virtus: non enim temperantia est prima virtus, quia non potest esse sine concomitantia omnium aliarum virtutum, habentium rationem virtutis (ex hypotesi), nec aliqua alia erit prima, quia nulla alia potest esse virtus sine concomitantia temperantiae ut virtus est.

30 [232] Si dicatur ad istud, et probabiliter, quod ›aliqua potest esse virtus habens secum omnes virtutes concomitantes, et licet, in ratione qua est talis habitus, unus praecedat alium, non tamen in ratione qua est virtus, sed omnes habitus, sive prius sive posterius generati, habent rationem virtutis ex ratione propria et concomitantia mutua‹, – contra hoc: tunc sequitur quod unus actus generabit omnes virtutes morales in esse virtutis, quod videtur inconveniens. – Probatio consequentiae: pone enim habitum illum qui est temperantia generatum, et consequenter habitum qui est fortitudo generatum, ad similem gradum, – tandem nullus habituum istorum erit virtus quousque quilibet habitus sit in eo gradu in quo est virtus; aut igitur quilibet habitus est ante alium, aut non. Si sic, habetur propositum, scilicet quod unus habitus potest esse sine alio, et ita non est connexio [233] virtutum. Si non, ergo habitus simul fient per unum actum in esse virtutis, quod videtur inconveniens, quia ille actus videtur esse actus unius virtutis, – et sicut esset unius si esset virtus generata, ita esset generativa unius, ergo ⟨non⟩[b] omnium.

---

[a] virtute temperantiae] SZB temperantia-virtute NY fortitudine-virtute APQ *ed.*
[b] non] Q *om.* APSZBNY *ed.*

[26] Im Text ist das Subjekt dieses Hauptsatzes nicht ausdrücklich erwähnt. Es scheint aber vom Textfluss natürlich und vom Sinn gefordert, dass das Subjekt »Tapferkeit« ist. Es geht Scotus hier ja um die Unmöglichkeit eines zirkulären Abhängigkeitsverhältnisses. Entsprechend ist im Nebensatz (»ohne dass [...]«) die Lesart *virtute temperantiae* vorzuziehen.
[27] Heinrich von Gent, *Quodl.* V q. 17 ad arg., ed. Badius, fol. 192vX–193rX.

36. Distinktion, einzige Quästion

gung sein soll. Wenn dieser keine Tugend sein kann, ohne dass ihn jene Tugend der Tapferkeit begleitet, dann ist die Tapferkeit eine Tugend, bevor die Mäßigung eine Tugend ist. Gemäß der Annahme kann aber die Tapferkeit keine Tugend sein, ohne dass sie die Tugend der Mäßigung[26] begleitet. Also ist die Tapferkeit eine Tugend, bevor sie eine Tugend ist!

29 Durch dasselbe [Beweismittel] wird bewiesen, dass sie nicht die erste Tugend ist. Die Mäßigung ist deswegen nicht die erste Tugend, weil sie nicht ohne Begleitung aller anderen Tugenden sein kann, die gemäß der Annahme den Sinngehalt der Tugend haben. Es wird auch keine andere Tugend die erste sein, denn keine andere Tugend kann eine Tugend sein, wenn die Mäßigung, sofern sie eine Tugend ist, sie nicht begleitet.

30 Dagegen wird eingewendet (und zwar auf plausible Weise): Es kann eine Tugend geben, die von allen Tugenden begleitet wird; aber unter dem Aspekt, unter dem sie ein solcher Habitus ist, geht ein Habitus dem anderen voraus, wenn auch nicht unter dem Aspekt, unter dem sie eine Tugend ist. Vielmehr haben alle Habitus, seien sie früher oder später entstanden, den Sinngehalt der Tugend aufgrund ihrer selbst sowie aufgrund der gegenseitigen Begleitung.[27] – Dagegen: Dann folgt, dass ein einziger Akt alle moralischen Tugenden zu Tugenden macht, was abwegig scheint. Beweis der Folgerung: Nimm an, jener Habitus, der Mäßigung ist, sei gebildet, und folglich sei der Habitus, der Tapferkeit ist, auf derselben Stufe gebildet. Nun ist aber keiner dieser Habitus eine Tugend, bis jeder Habitus auf der Stufe ist, auf der er eine Tugend ist. Entweder ist also irgendein Habitus früher als ein anderer [eine Tugend] oder nicht. Wenn ja, ist das Beweisziel erreicht, nämlich dass ein Habitus [der Tugend durchaus] ohne einen anderen sein kann, und entsprechend gibt es keine Verbindung der Tugenden. Wenn nicht, werden die Habitus gleichzeitig durch einen einzigen Akt zu Tugenden, was abwegig scheint, denn jener Akt ist offenbar der Akt einer einzigen Tugend. Und so wie er der Akt einer einzigen Tugend ist, wenn die Tugend bereits entstanden ist, so bildet er auch nur eine einzige Tugend, also nicht[28] alle.

---

[28] Obwohl die Handschrift Q textkritisch gesehen wenig zuverlässig ist, ist ihre Konjektur, ein *non* einzufügen, vom Sinn gefordert.

31 [Argumentum tertium] – Praeterea, tertio: rationabilius videtur species eiusdem generis in virtutibus moralibus esse connexas quam duo genera, quia magis inclinatur aliquis ad ordinate se habendum circa materiam magis coniunctam – ex virtute quam habet – quam circa remotam; materiae autem specierum eiusdem generis magis sunt connexae quam materiae diversorum, sed species eiusdem generis virtutis non sunt connexae (puta virginitas et castitas coniugalis); ergo non omnium.

[2. – Opinio propria]

32 Quantum ad istum articulum concedo quod neque virtutes morales secundum genera sua quae communiter assignantur (ut iustitia, fortitudo et temperantia), neque secundum illa generaliora quae prius assignavi, quae sunt virtus disponens affectum ad se ipsum et ad alterum, sunt necessario connexae.

33 Ad quod est persuasio talis: quia virtus est perfectio aliqua hominis, et non totalis, quia tunc sufficeret virtus una moralis; quando [234] autem sunt plures perfectiones partiales alicuius, illud potest esse perfectum simpliciter secundum unam perfectionem et imperfectum simpliciter secundum aliam, – sicut apparet in homine, cuius est habere multas perfectiones organicas: potest habere unam perfectionem in summo, nihil habendo de alia (puta esse summe dispositus ad visum vel tactum, nihil habendo de auditu); potest igitur aliquis habere perfectionem respectu materiae temperantiae in summo, nihil habendo de perfectione quae requireretur respectu materiae alterius perfectionis, et per consequens potest esse simpliciter temperatus, etiam quantum ad quemcumque actum temperantiae, – non tamen est simpliciter moralis sine omnibus (sicut non est

---

[29] *Ord.* III d. 34 q. un. § 33, Editio Vaticana 10, S. 193.

31 [Drittes Argument] – Ferner, drittens: Es scheint einleuchtender, dass bei den moralischen Tugenden die Arten derselben Gattung verbunden sind, als dass zwei Gattungen verbunden sind. Man ist nämlich eher geneigt, sich dank seiner Tugend ordentlich in den Handlungsbereichen zu verhalten, die [mit ihr] näher zusammenhängen, als in Bereichen, die weiter entfernt [von ihr] sind. Nun hängen die Handlungsbereiche der Arten derselben Gattung [von Tugend] aber stärker zusammen als die Bereiche verschiedener [Gattungen]. Die Arten derselben Tugendgattung sind jedoch nicht verbunden (beispielsweise Jungfräulichkeit und eheliche Keuschheit). Daher sind nicht [die Gattungen] aller Tugenden verbunden.

[2. – Die eigene Meinung]

32 Diesem Artikel stimme ich zu, dass weder die moralischen Tugenden gemäß den üblicherweise bestimmten Gattungen (nämlich Gerechtigkeit, Tapferkeit und Mäßigung) notwendigerweise verbunden sind noch gemäß jenen allgemeineren Gattungen, die ich früher angegeben habe, nämlich die Tugend, die Empfindungen gegenüber sich selbst ordnet, sowie jene, die sie gegenüber einem anderen ordnet.[29]

33 Die Begründung dafür ist folgende: Die Tugend ist eine gewisse Vollkommenheit des Menschen, aber nicht die totale Vollkommenheit, denn sonst genügte eine einzige moralische Tugend. Wenn es aber mehrere Teilvollkommenheiten von etwas gibt, dann kann es absolut vollkommen hinsichtlich einer Vollkommenheit sein und absolut unvollendet hinsichtlich einer anderen. Das ist in Bezug auf den Menschen klar, denn es ist für ihn charakteristisch, dass er viele organisch geordnete Vollkommenheiten hat. Er kann eine Vollkommenheit im höchsten Grad haben und eine andere völlig entbehren. Zum Beispiel kann er zuhöchst hinsichtlich des Gesichtssinns oder des Tastsinns veranlagt sein, aber der Gehörsinn kann ihm ganz fehlen. Jemand kann also zuhöchst die Vollkommenheit im Bereich der Mäßigung besitzen, ohne etwas von der Vollkommenheit zu haben, die im Bereich einer anderen Vollkommenheit erforderlich ist. Folglich kann er absolut maßvoll sein, und zwar in Bezug auf jeglichen Akt der Mäßigung. Jedoch ist er nicht uneingeschränkt moralisch ohne alle [Tugenden], genauso wenig, wie jemand ohne alle Sinnes-

simpliciter sentiens sine omnibus sensibus); sed non est minus perfectus temperatus, licet sit minus perfectus moralis (sicut non est minus perfectus videns nec est minus perfectus audiens, licet sit minus perfectus sentiens).

[3. – Ad argumenta opinionis Henrici]

34 Et per hoc patet ad quaedam tacta pro prima opinione, puta ad illud quod virtus potest obliquari: hoc enim est falsum de virtute, nam virtus non obliquatur, sed habens virtutem ex defectu alterius [235] virtutis obliquatur respectu materiae alterius virtutis. Nec ex hoc est ista virtus imperfecta, quia ipsius non est dirigere hominem circa omnia, sed circa sua propria obiecta (sicut non est magis obliquatus in audiendo qui non potest videre quam si posset videre, sed obliquatur in sentiendo).

35 Si arguatur contra hoc sic ›est de facili amissibilis, ergo non est virtus‹, – nego antecedens, immo licet contra eius inclinationem fiat, non corrumpitur dispositio bona nisi multis peccatis aut vitiis, vel paucis intensis.

36 Et per idem patet ad illud de ›delectabiliter operari‹, nam quantum est ad istam materiam praecise sumptam, delectabiliter operatur: puta delectabile est sibi abstinere ab opere intemperantiae, sed non est delectabile sibi subire terribilia, quia circa illa non est ordinatus; tristabiliter ergo committit actum intemperantiae, quia contra habitum suum, – sed quia tristius esset sibi sustinere terribilia, fugit tristius, et quodammodo involuntarie eligit minus triste ne incurrat tristius. Concedo ergo quod talis est imperfectus et [236] tristabiliter operatur; sed non est imperfectus neque tristabiliter operatur circa

organe uneingeschränkt wahrnehmungsfähig ist. Er ist aber kein weniger vollkommener maßvoller Mensch, obwohl er ein weniger vollkommener moralischer Mensch ist. Ebenso ist jemand nicht deshalb ein weniger vollkommener Sehfähiger oder ein weniger vollkommener Hörfähiger, weil er ein weniger vollkommener Wahrnehmungsfähiger ist [wenn ihm ein anderes Sinnesorgan fehlt].

[3. – Widerlegung der Argumente Heinrichs]

34 Und dadurch ist die Antwort auf einige der berührten Argumente für die erste Meinung klar, etwa auf das Argument, dass eine Tugend [vom Ziel] abgewendet werden kann [§ 16]. Das scheint nämlich hinsichtlich der Tugend falsch. Nicht die Tugend, sondern derjenige, der die Tugend hat, wird nämlich aufgrund des Fehlens einer anderen Tugend hinsichtlich des Bereichs der anderen Tugend abgelenkt. Dies macht diese Tugend jedoch nicht unvollkommen, denn ihre Aufgabe ist nicht, den Menschen hinsichtlich aller Dinge zu leiten, sondern [nur] hinsichtlich ihrer eigentümlichen Objekte. (Ebenso ist jemand nicht dadurch stärker im Hören eingeschränkt, dass er nicht sehen kann, als wenn er sehen könnte; vielmehr ist er in der Wahrnehmung eingeschränkt.)

35 Wenn man dagegen wie folgt argumentiert: »Man kann sie leicht verlieren, also ist sie keine Tugend« [§ 16], so leugne ich die Prämisse. Eine gute Veranlagung wird nicht zerstört, wenn etwas gegen ihre Neigung geschieht, sondern sie wird nur durch viele Sünden oder Laster zerstört oder durch wenige, aber intensive Sünden oder Laster.

36 Und dadurch ist auch die Antwort auf das Argument in Bezug auf das freudvolle Handeln klar [§ 18]. Was genau den Bereich [der jeweiligen Tugend] angeht, so ist der Betreffende gerne tätig. Zum Beispiel enthält er sich gerne einer unmäßigen Tat, aber er erlebt nur ungern Furchterregendes, denn diesbezüglich ist er nicht wohlgeordnet. Also ist es ihm unangenehm, einen Akt der Unmäßigkeit zu begehen, denn das läuft seinem Habitus zuwider. Da es ihm aber unangenehmer wäre, Furchterregendes zu ertragen, meidet er das Unangenehmere und wählt gewissermaßen unfreiwillig das weniger Unangenehme, damit ihm nicht das Unangenehmere widerfährt. Ich gebe also zu, dass ein solcher Mensch unvollkommen ist und ungern

materiam istius virtutis, sed tantum per accidens, quia concomitatur alia materia, circa quam non est virtuose dispositus ut ibi virtuose vel delectabiliter operetur.

37 Per idem patet ad illud de fine virtutum moralium, quia una virtus non perducit perfecte ad finem virtutum, sicut nec una potentia sensitiva perducit hominem perfecte ad perfectum actum sentiendi; sed quaelibet virtus perducit quantum est in se, omnes autem requiruntur ad perfecte perducendum ut virtuose vel delectabiliter operetur. Concedo igitur quod una non perducit ad finem sufficienter, sed – quantum in se est – perducit ad finem sufficienter, quantum scilicet sufficit ad perfectionem talis virtutis.

38 Ad primum argumentum quod adducitur ibi, de beato Augustino, »Nunc autem« ibi etc., dico quod Philosophus non dicit [237] in *Praedicamentis* habitum esse inamissibilem, sed dicit esse ›de difficili amissibilem‹; licet ergo virtus possit amitti et ita habens eam obliquari possit, non quidem ipsa virtus obliquatur, sed habens recedit ab apice virtutis; tamen non sequitur eam non fuisse virtutem, etiam perfectam, secundum rationem habitus, quia non fuit inamissibilis sed de difficili amissibilis. Quod igitur dicit de caritate, debet exponi quod aliquis vere fuit in caritate, qui tamen postea peccavit mortaliter, – sed illa non fuit caritas fini vere coniungens, hoc est beatitudini.

39 Ad auctoritates ibi adductas:

De Gregorio potest dici quod loquitur ibi de virtutibus prout sunt principia merendi: et hoc modo verum est quod virtus una moralis sine alia non est virtus, quia non meretur per unam si non concomi-

---

[30] Hier verweist Scotus auf das Zitat des Paulinus von Aquileia (Ps.-Augustinus), indem er nicht die Anfangsworte des Zitats selbst erwähnt, sondern jene des vorausgehenden Satzes bei Heinrich in *Quodl.* V q. 17, ed. Badius, fol. 189rR – ein Zeichen dafür, dass Scotus den Text schriftlich vorliegen hat.

[31] Aristoteles, *Cat.* 8, 9a (AL I/1, S. 24); die Aussage, dass der Habitus schwer zu verlieren ist, steht so nicht bei Aristoteles, sondern geht auf Simplicius' Kommentar zurück, *In Cat.*, ed. Adriaan Pattin et al., Bd. 2, Leiden 1975, S. 314–316.

tätig ist. Bezüglich des Bereichs der Tugend der Mäßigkeit ist er jedoch nicht unvollkommen, und er handelt diesbezüglich nicht ungern, sondern nur beiläufig, sofern damit etwas aus einem anderen Bereich verbunden ist, gegenüber dem er nicht tugendhaft veranlagt ist, so dass er diesbezüglich tugendhaft und gerne handeln würde.

37 Dadurch ist auch die Antwort auf das Argument bezüglich des Ziels der moralischen Tugenden klar [§ 19]. Eine einzige Tugend führt nämlich nicht vollkommen zum Ziel der Tugenden, so wie auch ein Sinnesorgan den Menschen nicht vollkommen zum vollendeten Akt der Sinneswahrnehmung führt. Vielmehr führt jede Tugend zum Ziel, soweit sie betroffen ist, und alle Tugenden sind erforderlich, um vollkommen dahin zu führen, dass man tugendhaft und mit Freude handelt. Ich gebe also zu, dass eine einzige Tugend nicht hinlänglich zum Ziel führt. Was sie selbst angeht, führt sie aber hinlänglich zum Ziel, soweit es nämlich für die Vollkommenheit dieser Tugend genügt.

38 Zum ersten Argument, das dort angeführt wird, über die Aussage des seligen Augustinus »Nun aber« usw. [§ 16],[30] sage ich, dass der Philosoph in der *Kategorienschrift* nicht sagt, ein Habitus sei unverlierbar, sondern er sagt, er sei schwer zu verlieren.[31] Obwohl also eine Tugend verloren werden kann und der sie Besitzende fehlgelenkt werden kann, wird ja nicht die Tugend selbst fehlgelenkt, sondern der sie Besitzende entfernt sich vom Höhepunkt der Tugend. Der Sinngehalt des Habitus impliziert jedoch nicht, dass dies keine Tugend war, und auch nicht, dass es keine vollkommene Tugend war; sie war ja nicht unverlierbar, sondern schwer zu verlieren. Was Augustinus über die Liebe sagt, muss so ausgelegt werden: Jemand stand wahrhaft in der Liebe, und dennoch hat er später eine Todsünde begangen. Aber das war nicht die Liebe, die wahrhaft mit dem Lebensziel verbindet, nämlich mit der Glückseligkeit.

39 Zu den dort angeführten Autoritäten:

Zu Gregor dem Großen [§ 20] kann man sagen, dass er dort von den Tugenden spricht, sofern sie Prinzipien des Verdienstes sind.[32] Und insofern stimmt es, dass eine moralische Tugend ohne eine andere keine Tugend ist, denn man hat aufgrund der einen Tugend keinen Verdienst, wenn sie nicht von einer anderen begleitet ist.

---

[32] Zum scholastischen Begriff des Verdienstes, siehe S. 188, Anm. 54.

tetur alia, nam habens temperantiam moralem non meretur si humilitas non concomitetur, vel saltem si oppositum vitium insit eidem.

40 Per idem ad glossam illam super Apoc.

41 [238] Per idem etiam ad Commentatorem super VI *Ethicorum*, de sororibus: concedo quod sorores, etsi iuvent se mutuo ad convictum, una tamen non est altera, nec una essentialiter perficit alteram; ita istae virtutes bene iuvant se mutuo, quaelibet ad salvandum aliam. Et in hoc potest intelligi illud dictum quorumdam quod una non est tota sine alia, quia non ita bene salvatur sine alia, nam homini exposito multis tentationibus circa diversas materias, imperfectio circa unam materiam potest esse occasio imperfecte agendi circa aliam, et perfecta dispositio circa unam iuvat ad recte agendum circa aliam materiam; iuvant ergo se sicut sorores. Sed nulla est essentialiter requisita ad perfectionem alterius, sicut prius nascitur una soror sine alia, et semper, si non possint simul procreari; non autem possunt duo actus perfecti simul semper haberi, per quos duae virtutes generentur, quia unus actus perfectus unius potentiae impediret actum alterius potentiae: simul tunc perfecte possent generari!

[B. – De connexione virtutum moralium cum prudentia]

42 [239] Secundus articulus, de connexione virtutum moralium cum prudentia, duo habet dubia: primum, de connexione cuiuslibet virtutis cum sua prudentia, – secundum, de connexione omnium virtutum cum una prudentia.

---

[33] Das Wort »moralisch« bezeichnet hier, dass es sich hier um eine auf natürlichem Wege erworbene Tugend handelt und nicht um eine von Gott eingegossene.

[34] Vgl. Bonaventura, *In Sent.* III d. 36 a. un. q. 3, Opera omnia 3, S. 798b; Heinrich von Gent, *Quodl.* V q. 17, ed. Badius, fol. 189rQ.

Denn wer moralische[33] Mäßigung hat, hat keinen Verdienst, wenn sie nicht von Demut begleitet ist, oder zumindest dann nicht, wenn er das entgegengesetzte Laster hat.

40 Dasselbe gilt auch bezüglich der Glosse zum Buch der Offenbarung [§ 21].

41 Dasselbe Argument bezieht sich auch auf die Aussage des Kommentators zum 6. Buch der *Ethik* hinsichtlich der Schwestern [§ 20]. Ich sage, dass Schwestern sich zwar gegenseitig beim Zusammenleben helfen, aber die eine ist nicht die andere, und eine vollendet auch nicht wesenhaft die andere. So helfen diese Tugenden einander durchaus, und zwar dient jede zur Bewahrung der anderen. Und dadurch kann jene Aussage einiger verstanden werden, dass eine ohne die andere nicht vollständig ist,[34] denn sie wird ohne die andere nicht so gut bewahrt. Denn für einen Menschen, der vielen Versuchungen in verschiedenen Bereichen ausgesetzt ist, kann die Unvollkommenheit in einem Bereich dazu führen, dass er in einem anderen Bereich unvollkommen handelt. Die vollkommen gute Veranlagung in einem Bereich hilft zudem, in einem anderen Bereich richtig zu handeln. Also helfen sich die Tugenden wie Schwestern. Aber keine ist wesenhaft für die Vollkommenheit der anderen erforderlich; ebenso wird ja eine Schwester früher als eine andere geboren, und zwar immer, wenn sie nicht gleichzeitig gezeugt werden können. Es können aber nicht zwei vollkommene Akte immer gleichzeitig gehabt werden, durch die zwei Tugenden gebildet würden, denn ein vollkommener Akt eines Vermögens würde den Akt eines anderen Vermögens behindern – denn sonst könnten sie zugleich in vollkommener Weise gebildet werden.

[B. – Die Verbindung der moralischen Tugenden mit der Klugheit]

42 Der zweite Artikel, über die Verbindung der moralischen Tugenden mit der Klugheit, enthält zwei Probleme: Das erste betrifft die Verbindung jeglicher Tugend mit ihrer Klugheit, das zweite die Verbindung aller Tugenden mit einer einzigen Klugheit.

[1. – De connexione cuiuslibet virtutis cum sua prudentia

a. – Opinio Henrici Gandavensis

α. – Opinionis expositio]

43 Quantum ad primum, videtur quod illa connexio sit necessaria.
Quod probatur per Philosophum VII *Ethicorum* cap. 15, ubi sententia sua est: ›Si voluntas male eligit, intellectus male dictat‹.
44 Idem ibidem dicit aliud ad eandem sententiam (quaere ibi).
45 Idem dicit VI cap. 6 et 16 quod »malitia mentiri facit et errare intellectum circa practica principia«, et ita destruit prudentiam.
46 [240] Idem (quaere): »Impossibile est prudentem esse non entem bonum«, et e converso.
47 Idem, cap. 17 in fine capituli et 18 cap.
48 Item, VII cap. 5 circa medium.
49 Item, suppono duo: unum, quod intellectus non possit simul plura intelligere, – secundo, quod voluntas nihil possit velle sub ratione mali. Tunc arguo: stante iudicio tantum de aliquo malo fugiendo, aut voluntas fugiet illud aut non. Si sic, ergo non potest voluntas esse mala, stante malitia, cum iudicio recto; si potest illud velle, ergo potest in malum sub ratione mali vel in aliquid non cognitum.

---

[35] Heinrich von Gent lehrt die Verbindung zwischen der Klugheit und den moralischen Tugenden in *Quodl.* V q. 17, ed. Badius, fol. 189vC–190vI. Er betont dort und anderswo, dass ein schlechter Wille den Intellekt korrumpiert; siehe Einleitung, S. 36–37.
Die Aristoteles-Stelle übernimmt Scotus aus diesem Text Heinrichs (fol. 190rF). Heinrich zitiert dort *EN* VII 9, 1151a11–14 (AL XXVI/3, S. 287), wo Aristoteles den Unterschied zwischen dem Unbeherrschten *(incontinens)* und dem Unmäßigen *(intemperatus)* so bestimmt, dass der Unbeherrschte gegen seine Überzeugung Schlechtes tut, während der Unmäßige dies in Übereinstimmung mit seiner Überzeugung tut. So, wie Scotus Aristoteles hier in § 43 zitiert, steht es allerdings weder bei Aristoteles noch bei Heinrich.
[36] Heinrich von Gent, *Quodl.* V q. 17, ed. Badius, fol. 190rF: »Virtus et malitia principium, ⟨haec⟩ quidem corrumpit, ⟨haec⟩ autem salvat; unde habenti habitum malitiae videntur bona contraria principiis finalibus moralium. (Das Laster zerstört nämlich das Prinzip [ethischen Handelns], während die Tugend es bewahrt. Dem Lasterhaften erscheint also das als gut, was den Zielen der Sittlichkeit entgegengesetzt ist.« (Konjekturen von *haec* jeweils für *hoc*.) Heinrich zitiert und kommentiert *EN* VII 9, 1151a15–17 (AL XXVI/3, S. 287).
[37] *EN* VI 5, 1140b19–20; VI 13, 1144a33–36 (AL XXVI/3, S. 258; S. 269).

36. Distinktion, einzige Quästion

[1. – Die Verbindung jeglicher Tugend mit ihrer Klugheit

a. – Die Meinung Heinrich von Gents

α. – Darstellung der Meinung]

43 Was das erste Problem betrifft, scheint jene Verbindung notwendig zu sein. Das wird durch den Philosophen im 15. Kapitel des 7. Buchs der *Ethik* bewiesen, wo er schreibt: »Wenn der Wille schlecht wählt, dann gebietet der Intellekt schlecht.«[35]

44 Aristoteles sagt dort etwas anderes im gleichen Sinne (suche dort nach).[36]

45 Dasselbe sagt er im 6. Buch im 6. und 16. Kapitel: »die Schlechtigkeit führt dazu, dass der Intellekt sich gegenüber den praktischen Prinzipien täuscht und irrt«, und so zerstört sie die Klugheit.[37]

46 Dasselbe (suche nach): »Es ist unmöglich, klug zu sein, ohne gut zu sein«, und umgekehrt.[38]

47 Dasselbe am Ende des 17. Kapitels sowie im 18. Kapitel.[39]

48 Ferner, im 7. Buch im 5. Kapitel, ungefähr auf der Hälfte.[40]

49 Ferner mache ich zwei Annahmen: erstens, dass der Intellekt nicht zugleich mehreres denken kann, zweitens, dass der Wille nichts unter dem Gesichtspunkt des Schlechten wollen kann.[41] Dann argumentiere ich: Solange nur das Urteil bleibt, dass man etwas Schlechtes meiden soll, meidet entweder der Wille das Schlechte oder nicht. Wenn ja, dann kann es nicht, solange die Schlechtigkeit bleibt, zugleich einen schlechten Willen und ein richtiges Urteil geben. Wenn er aber das Schlechte wollen kann, dann kann er sich auf das Schlechte unter dem Gesichtspunkt des Schlechten richten, oder auf etwas, das nicht [als Schlechtes] erkannt ist.

---

[38] *EN* VI 13, 1144a36–b1 (AL XXVI/3, S. 269).
[39] *EN* VI 13, 1144b30–32; 1145a1–6 (AL XXVI/3, S. 270).
[40] *EN* VII 5, 1147a25–1147b5 (AL XXVI/3, S. 277).
[41] Für die Annahme, dass der Intellekt nicht zwei Dinge gleichzeitig erkennen kann, siehe S. 218, Anm. 21. Könnte er es, dann könnte er sowohl das Urteil treffen, dass etwas zu tun ist, als auch, dass etwas nicht zu tun ist. Die Scholastiker des 13. Jahrhunderts waren sich weitgehend einig, dass der Wille nichts unter dem Gesichtspunkt des Schlechten wollen kann. Sofern er Schlechtes erstrebt, will er dies unter dem Gesichtspunkt des Guten.

50 Respondeo quod suppositio prima est falsa de duobus omnino disparatis ad invicem oppositis; patet pro parte, quia non potest esse nec intelligitur unum relativum sine correlativo, nec accidens sine subiecto, nec multo magis privatio sine subiecto apto nato, quae necessario supponit subiectum et aptitudinem ad formam qua caret. Non igitur potest intellectus intelligere privationem tantum, ut supponit argumentum, nisi in subiecto et ultimo apto nato, [241] sicut nec unum relativum sine correlativo, nec accidens sine subiecto. Intelligens igitur malum esse fugiendum, hoc praesentans voluntati potest voluntas elicere actum substratum malitiae, quem etiam concomitatur malitia necessario quodammodo, et tamen nolendo malitiam. Licet igitur intellectus possit intelligere subiectum sine privatione, non tamen privationem sine subiecto, quia privative opposita sunt immediata circa subiectum aptum natum.

51 Item, *De motu animalium:* si maior proponatur ab intellectu practico et minor assumatur sub a sensu vel phantasia, conclusio erit operatio, ita quod necesse est operari secundum eam, si non impediatur. Numquam igitur, secundum eum, est operatio omnino contraria dictamini rationis.

52 Et hoc etiam confirmatur per Augustinum super illud Ps. »Loquetur ad eos in ira sua«: ›Obliquatio vel obumbratio mentis sequitur eos qui legem Dei transgrediuntur‹.

53 Ad hoc etiam est illud dictum Dionysii IV *De divinis nominibus:* [242] Nullus operatur aliquid, ad malum aspiciens‹. Et illud III *Ethicorum* cap. 3: ›Omnis malus ignorans‹. Cui concordat illud Sap.: »Excaecavit eos malitia eorum.«

---

[42] Vgl. *Auctoritates Aristotelis*, ex *Met.* § 94, ed. Jacqueline Hamesse, S. 122: »[…] privatio est remotio alicuius in subiecto apto nato ad illud (Die Privation ist die Entfernung von etwas im Subjekt, das darauf angelegt ist)«.

[43] Aristoteles, *MA* 7, 701a11–23.

[44] Für Augustinus' Kommentar zu Ps 2, 5, siehe *Enarrationes in Psalmos* Ps. 2 § 4, CCSL 38, S. 4; CSEL 93/1A, S. 74; er ist auch in der *Glossa ordinaria* zu Ps 2, 5 (Bd. 3, Sp. 445) wiedergegeben. Heinrich von Gent zitiert diese Stelle in *Quodl.* X q. 10, Opera omnia 14, S. 259.

[45] Pseudo-Dionysius, *De divinis nominibus* c. 4 § 31, ed. Beate R. Suchla, S. 176; Aristoteles, *EN* III 2, 1110b28–30 (AL XXVI/3, S. 181); Weish 2, 21.

50 Ich antworte, dass die erste Annahme hinsichtlich zwei völlig disparater und einander entgegengesetzter Dinge falsch ist. Das ist in Bezug auf je eines [der beiden entgegengesetzten Dinge] klar. Etwas Relatives kann nämlich ohne das Korrelat weder sein noch verstanden werden, und auch nicht das Akzidens ohne das Subjekt, und umso mehr gilt das für die Privation und das Subjekt, das auf das, was es entbehrt, angelegt ist; die Privation setzt nämlich notwendig ein Subjekt mit der Veranlagung zu der Charakteristik voraus, die es entbehrt.[42] Also kann der Intellekt keine Privation allein für sich erkennen, wie das Argument annimmt, sondern er kann sie nur als etwas erkennen, das dem Subjekt und dem darauf Angelegten zukommt. Er kann auch nichts Relatives ohne das Korrelative erkennen, und auch kein Akzidens ohne das Subjekt. Wenn er also versteht, dass das Schlechte zu meiden ist, und wenn er dies dem Willen präsentiert, kann der Wille den Akt ausüben, der die Basis für die Schlechtigkeit ist und mit dem auch irgendwie die Schlechtigkeit notwendigerweise einhergeht, und trotzdem kann dabei der Wille gegenüber der Schlechtigkeit Widerwillen haben. Der Intellekt kann also ein Subjekt ohne die Privation denken, aber keine Privation ohne ein Subjekt, denn privativ entgegengesetzte Dinge stehen in einem unmittelbaren Bezug auf das Subjekt, das auf das, was es entbehrt, angelegt ist.

51 Ferner steht in *Über die Bewegung der Tiere*[43]: Wenn der Obersatz vom praktischen Intellekt vorgestellt wird und der Untersatz, der vom Sinnesorgan oder vom Vorstellungsvermögen stammt, darunter subsumiert wird, dann ist die Schlussfolgerung eine Handlung, so dass es notwendig ist, der Schlussfolgerung entsprechend zu handeln, wenn kein Hindernis auftritt. Nach Aristoteles steht also eine Handlung nie ganz im Gegensatz zur Weisung der Vernunft.

52 Und dies wird auch durch Augustinus bestätigt, der das Psalmenwort »Er wird zu ihnen in seinem Zorn sprechen« so kommentiert: »Die Beugung oder Vernebelung des Geistes folgt bei denen, die das Gesetz Gottes überschreiten.«[44]

53 Darauf trifft auch diese Aussage von Dionysius im 4. Buch von *Über die göttlichen Namen* zu: »Niemand tut etwas mit direktem Blick auf das Schlechte.« Und jene Aussage des 3. Buchs der *Ethik* im 3. Kapitel: »Jeder Schlechte ist unwissend.« Damit stimmt auch dieser Satz aus dem Buch der Weisheit überein: »Ihre Bosheit hat sie blind gemacht.«[45]

Ordinatio III

54 Modus ponitur iste, – quaere eos (in V *Quodlibet* Henrici quaestione 17).

55 Si obiciatur contra istos per articulum condemnatum, qui dicit quod ›stante scientia in universali et particulari de aliquo, voluntas non potest velle oppositum, error‹, – respondet Henricus *Quodlibet* X quaestione 10 quod ista propositio ›manente scientia etc., voluntas non potest velle oppositum‹, est distinguenda secundum compositionem et divisionem: in sensu divisionis est falsa, [243] quia significat quod voluntas numquam habet potestatem volendi oppositum (quod est falsum), – in sensu compositionis, iterum est distinguenda per hoc quod ablativus absolutus potest exponi vel per ›si‹ vel ›quia‹ vel ›dum‹.

56 Si exponatur per ›quia‹ vel per ›si‹, falsum est, et verum est illud esse errorem: significat enim quod rectitudo in scientia vel intellectu sit causa rectitudinis in voluntate.

57 Si autem exponatur per ›quia‹ vel ›dum‹, ita quod notet consecutionem vel concomitantiam, non causalitatem, tunc (secundum eum) potest habere veritatem dicta propositio, et non est error nec condemnatur, ita tamen quod intelligatur quod non sit prioritas naturae in errore intellectus prius quam voluntatis: simul enim tempore concomitantur se iste et ille.

58 Sed prior naturā est error voluntatis, ita quod considerando intellectum quantum ad illud quod est prius naturā actu voluntatis, rectus est, – sed voluntate libere errante, excaecatur intellectus, etsi simul tempore, posterius tamen naturā.

---

[46] *Quodl.* V q. 17, ed. Badius, fol. 189vC–190vI.
[47] *Articuli condempnati a stephano episcopo parisiensi anno 1277*, a. 129, ed. David Piché, S. 118: »Quod uoluntas, manente passione et scientia particulari in actu, non potest agere contra eam. (Sind der Affekt und das partikuläre Wissen im Akt, kann der Wille nicht gegen das Wissen handeln.)« Der Satz ist verurteilt, also wird mit der Verurteilung die gegenteilige Aussage sanktioniert: Der Wille *kann* gegen das Wissen handeln. Scotus zitiert den Artikel gemäß der leichten Umformulierung bei Heinrich von Gent, *Quodl.* X q. 10, Opera omnia 14, S. 258.
[48] Um a. 129 mit der *propositio magistralis* in Einklang zu bringen, fragt Heinrich, wie genau sich in dem Satz des a. 129 der Ablativus absolutus »manente scientia« (der etwas über das Bleiben des Wissens aussagt) auf die Aus-

54 Er präsentiert die Argumentation; suche bei ihm nach (in Heinrichs *Quodlibet* V in der 17. Quästion).[46]

55 Auf den Einwand unter Berufung auf den verurteilten Artikel, wo es heißt: »Bleibt das Wissen im Allgemeinen und im Besonderen, kann der Wille nicht das Gegenteil wollen – Irrtum«,[47] antwortet Heinrich im 10. *Quodlibet* in der 10. Quästion wie folgt. Beim Satz »Bleibt das Wissen usw., kann der Wille nicht das Gegenteil wollen« müsse man [die Bedeutung] entsprechend der Verbindung und Trennung [der Satzteile] unterscheiden. Im getrennten Sinn sei er falsch, denn in dem Sinn bedeutet er, dass der Wille nie die Möglichkeit hat, das Gegenteil [des praktischen Wissens] zu wollen.[48] Im verbundenen Sinn müsse man wiederum unterscheiden, insofern der Ausdruck »bleibt das Wissen« entweder durch »wenn«, »weil« oder »während« interpretiert werden kann.

56 Wenn er durch »weil« oder »wenn« interpretiert wird, sei er falsch, und es stimme, dass dies ein Irrtum ist. So bedeutet er nämlich, dass die Richtigkeit im Wissen oder im Intellekt die Ursache für die Richtigkeit im Willen ist.[49]

57 Wenn er aber durch »weil ja« oder »während« interpretiert wird, so dass er ein Nacheinander oder ein Miteinander ausdrückt, aber keine kausale Beziehung, dann könne der genannte Satz nach Heinrich wahr sein, und insofern sei er kein Irrtum und nicht verurteilt, solange er so verstanden wird, dass der Irrtum des Intellekts nicht der Natur nach früher sein muss als der des Willens. Nach Heinrich gehen nämlich der Irrtum der Vernunft und die Verfehlung des Willens gleichzeitig miteinander her.[50]

58 Aber die Verfehlung des Willens sei der Natur nach früher. Betrachtet man also den Intellekt in Bezug auf das, was der Natur nach früher geschieht als der Willensakt, so sei er korrekt. Aber durch die freie Verfehlung des Willens werde der Intellekt verblendet, und zwar gleichzeitig, allerdings der Natur nach später.[51]

---

sage über die Möglichkeit des Willens, gegen das Wissen zu urteilen, verhält. Der »getrennte Sinn« beinhaltet die uneingeschränkte Behauptung, ein Wissender könne nicht das Gegenteil wollen, nämlich auch dann nicht, wenn sein Wissen aufhört. Das ist natürlich nach Heinrich falsch, siehe *Quodl.* X q. 10, Opera omnia 14, S. 264 und S. 266; siehe auch *Quodl.* X q. 9, Opera omnia 14, S. 247.
[49] *Quodl.* X q. 10, S. 267; siehe auch *Quodl.* X q. 9, Opera omnia 14, S. 248.
[50] *Quodl.* X q. 10, Opera omnia 14, S. 269–271.
[51] Ebd., S. 261.

59 Pro isto arguitur sic: quia si prima electio non excaecat intellectum, [244] nec aliqua alia, nam prima potest esse aeque mala sicut aliqua alia; et si non excaecat quando est mala, numquam excaecat. Et ita quaecumque malitiae actuales in voluntate numquam excaecarent intellectum, et ita posset esse quantumcumque malus absque omni errore intellectus, – quod videntur negare plures auctoritates.

[β. – Opinionis improbatio]

60 Contra istud primo arguitur per auctoritates:
Una est Augustini super illud Ps. »Forte vivos deglutissent nos«: »Sic vivi – inquit – sorbentur, qui sciunt malum esse et consentiunt, aut moriuntur forte«.

61 Istud idem super illud Ps. »Fiat mensa eorum« etc.: »Quid est vivos esse, id est consentientes, nisi scientes vitiis consentire non debere? Ecce muscipulam noverunt et pedem mittunt«.

62 [245] Item super illud Ps. »Concupivit anima mea«: »Praecedit intellectus, sequitur tardus aut nullus affectus«.

63 Ad hoc etiam videntur esse ratio et auctoritas Philosophi II *Ethicorum*, ubi dicit quod »scire (vel ratio) aut parum aut nihil valet ad virtutem«; si autem rectitudo intellectus in considerando necessario haberet per concomitantiam rectam volitionem, cum scientia multum faciat ad considerationem, consequenter multum faceret ad rectum ›velle‹; immo sequitur aliud: quod non oporteret persuaderi alicui quod non esset vitiosus, sed quod consideraret secundum ha-

---

[52] Ebd., S. 259–260.
[53] Ironischerweise entnimmt Scotus die in §60–61 vorgetragenen Autoritätsargumente von Heinrich von Gent, der sie zur Untermauerung seiner Theorie anführt, siehe *Quodl.* X q. 10, Opera omnia 14, S. 258. Heinrich und Scotus sind sich einig, dass der Wille gegen das Vernunfturteil handeln kann. Scotus lehnt aber Heinrichs Theorie der Verblendung des Intellekts durch den bösen Willen ab, aus der sich nach Heinrich die Parallelität von Irrtum und Bosheit ergibt.
[54] Ps 124 (123), 3; Augustinus, *Enarrationes in Psalmos* Ps. 123 §5, CCSL 40, S. 1828–1829; CSEL 95/3, S. 133–135.
[55] Ps 69 (68), 23; Augustinus, *Enarrationes in Psalmos* Ps. 68 sermo 2 §7, CCSL 39, S. 922–923.
[56] Ps 119 (118), 20; Augustinus, *Enarrationes in Psalmos* Ps. 118 sermo 8 §4, CCSL 40, S. 1689.

59 Dies wird so begründet: Wenn nicht die erste Wahl [des Willens] den Intellekt verblendet, dann verblendet ihn auch keine andere Wahl, denn die erste kann genauso schlecht sein wie irgendeine andere; und wenn die Wahl den Intellekt nicht verblendet, wenn sie schlecht ist, dann verblendet sie ihn nie. Und so würden jegliche aktuellen Schlechtigkeiten im Willen den Intellekt niemals verblenden, und so könnte der Wille ohne Irrtum des Intellekts beliebig schlecht sein, was aber mehrere Autoritäten zu leugnen scheinen.[52]

[β. – Widerlegung der Meinung]

60 Dagegen wird zunächst mit autoritativen Aussagen argumentiert.[53]

Eine ist von Augustinus, zum Psalmenwort »Sie hätten uns wohl lebendig verschlungen«. Er sagt: »So werden jene lebendig verschlungen, die wissen, dass es schlecht ist, und zustimmen – oder sie sterben vielleicht.«[54]

61 Er sagt dasselbe über dieses Psalmenwort: »Der Opfertisch werde für sie [zur Falle]«: »Was bedeutet ›lebendig sein‹, das heißt zustimmen, anderes, als dass man den Lastern nicht wissentlich zustimmen darf? Siehe, sie kannten die Mausefalle und sind hineingetreten.«[55]

62 Ferner der Kommentar zum Psalmenwort »Meine Seele begehrte«: »Der Intellekt geht voraus, und die Willensregung folgt spät oder gar nicht.«[56]

63 Darauf richten sich offenbar auch die Überlegung und die autoritative Aussage des Philosophen im 2. Buch der *Ethik*, wo er sagt, dass »Wissen (beziehungsweise die Vernunft) wenig oder gar nichts zur Tugend beiträgt«.[57] Wenn aber die Richtigkeit des Intellekts in der Überlegung [dessen, was zu tun ist] notwendigerweise mit dem rechten Wollen einherginge, dann würde das Wissen deswegen, weil es viel zur Überlegung beiträgt, auch viel zum rechten Wollen beitragen. Es folgt sogar noch etwas anderes: man bräuchte jemanden nicht zu überzeugen, dass er nicht lasterhaft sein soll, sondern [lediglich], dass er seine Überlegung gemäß dem Habitus der Tugend treffe, denn

---

[57] Aristoteles, *EN* II 3, 1105b2–3 (AL XXVI/3, S. 168). Die Aussage bezieht sich bei Aristoteles darauf, dass bei Kunstfertigkeit (gr. *technē*, lat. *ars*) Wissen entscheidend ist, während es bei der Tugend vor allem darauf ankommt, dass man aus einem Habitus, das heißt aus einer Charaktereigenschaft handelt.

bitum virtutis, nam – per te – considerando recte secundum habitum scientiae, non potest voluntas non simul esse recta; et ideo non oportet persuadere alicui de recte volendo, sed de recte considerando.

64 Item, per rationem:
Intellectu recte dictante, potest voluntas nihil eligere, sicut potest non eligere illud quod dictatur ab intellectu, quia non simul movetur ratio ab hoc et ab illo intellecto; nihil autem eliciendo, non generatur in ea aliqua virtus; sed ex recto dictamine generatur prudentia, [246] per te; ergo generabitur prudentia absque aliqua virtute morali!

65 Item, quod mala electio non potest excaecare intellectum, ita quod erret circa agibilia, probo: termini sunt totalis causa notitiae principii primi in practicis sicut in speculabilibus, ex I *Posteriorum*, et forma syllogistica est evidens ex se omni intellectui (patet ex definitione syllogismi perfecti, I *Priorum*), – igitur terminis apprehensis et compositis, et facta deductione syllogistica, necesse est intellectum acquiescere conclusioni, cuius notitia dependet praecise ex notitia terminorum principii et notitia deductionis syllogisticae; ergo [247] impossibile est voluntatem facere intellectum – considerantem principia per deductionem syllogisticam – errare circa conclusionem, et multo magis nec circa ipsa principia. Et ideo nullo modo excaecabitur intellectus ita ut erret.

66 Si concedas conclusionem et dicas quod ideo voluntas excaecat intellectum, quia avertit intellectum a consideratione recta, – contra:

67 Sic avertere non est excaecare, nam sic posset avertere stante prudentia: possibile est enim prudentem non semper considerare ea quae sunt prudentiae, sed quandoque voluntarie alia.

---

[58] Heinrich von Gent, *Quodl.* X q. 10, Opera omnia 14, S. 266–267. Bei Heinrich handelt es sich aber nur um eine *necessitas consequentiae* (das heißt der Folgezusammenhang ist notwendig), nicht um eine *necessitas consequentis* (das heißt die richtige Überlegung verursacht nicht den richtigen Willen).
[59] Heinrich von Gent, *Quodl.* V q. 17, ed. Badius, fol. 190rG.
[60] Nämlich Subjekt und Prädikat.
[61] Aristoteles, *An. Post.* I 3, 72b24–25 (AL IV/1, S. 10); *An. Pr.* I 1, 24b22–24 (AL III/1, S. 6).

nach deiner Auffassung kann der Wille nicht umhin, bei der richtigen Überlegung gemäß dem Habitus des Wissens zugleich recht zu sein.[58] Deswegen braucht man nicht jemanden dazu zu überzeugen, recht zu wollen, sondern [nur] dazu, richtig zu überlegen.

64 Ferner, durch die Vernunft:

In dem Moment, in dem der Intellekt richtig gebietet, kann der Wille gar nichts wählen, und er kann auch das, was vom Intellekt geboten wird, nicht wählen. Die Vernunft wird nämlich nicht zugleich von dieser und jener Einsicht motiviert. Wenn aber der Wille gar keinen Akt ausübt, entsteht in ihm auch keine Tugend. Deiner Meinung nach entsteht aber aus der rechten Weisung die Klugheit.[59] Also entsteht die Klugheit ohne moralische Tugend.

65 Ferner beweise ich, dass die schlechte Wahl nicht den Intellekt verblenden kann, so dass er sich im Bereich der Handlungen täuschen würde. Die Satzglieder[60] sind die vollständige Ursache der Erkenntnis des ersten Prinzips, sowohl im praktischen wie im theoretischen Bereich, nach dem 1. Buch der *Zweiten Analytik*. Außerdem ist die syllogistische Form von sich aus für jeden Intellekt evident (das geht aus der Definition des vollkommenen Syllogismus im 1. Buch der *Ersten Analytik* hervor).[61] Wenn also die Satzglieder erkannt und verbunden sind, und wenn die syllogistische Ableitung gemacht ist, dann stimmt der Intellekt notwendigerweise der Schlussfolgerung zu, deren Erkenntnis ja ausschließlich von der Erkenntnis der Satzglieder des [ersten] Prinzips und von der Erkenntnis der syllogistischen Ableitung abhängt. Also ist es unmöglich, dass der Wille den Intellekt, der die Prinzipien durch eine syllogistische Ableitung betrachtet, hinsichtlich der Schlussfolgerung zum Irrtum bringt, und umso weniger hinsichtlich der Prinzipien selbst. Also wird der Intellekt keineswegs geblendet, so dass er irrt.

66 Wenn du der Schlussfolgerung zustimmst und sagst, der Wille verblende insofern den Intellekt, als er ihn von der richtigen Überlegung abwendet, dann wende ich ein:

67 Auf diese Weise abzulenken ist keine Verblendung, denn so könnte der Wille [den Intellekt] ablenken und die Klugheit bleiben. Es ist nämlich möglich, dass der Kluge nicht immer das betrachtet, was zur Klugheit gehört, sondern gelegentlich auch willentlich andere Dinge betrachtet.

68 Item, aut illud ›velle‹ avertendi intellectum habet voluntas stante recto dictamine, aut non:

Si sic, ergo ipsa non peccans tunc per te – quia rectum dictamen stat – vult avertere, et ita aversio huius ab hoc non est excaecatio sequens peccatum, quia non est adhuc peccatum.

Si non, ergo alio actu stante habet ›velle avertere‹. Ille alius actus – quaero – unde est? Aut a casu, et tunc actus ille casualis non est excaecatio sequens peccatum; aut per actum voluntatis – praeter illum – oportet ponere alium actum intellectus, priorem illo ›velle avertere‹, – et tunc processus in infinitum, quo actu intellectus posito infuit illud ›velle‹ sicut prius: prius enim oportebit semper quod velit convertere ad hoc quam quod vertat ad hoc; et ita si illud ›velle‹ fuit peccatum, fuit aliquod ›velle‹ malum stante recto dictamine, – aut si non, sed semper fuit aliquod dictamen non rectum praecedens [248] illud ›velle avertere‹, ergo aliquod dictamen praecedens omne peccatum voluntatis, et ita propositum.[a]

69 Item, aut recto dictamine stante voluntas male eligit, et ita habetur propositum, – aut si male eligit, et ideo, non stante recto dicta-

---

[a] Loco § 68 textus a Duns Scoto cancellatus:
»Item, ›velle avertere‹ requirit aliquod ›intelligere‹ simul tempore et prius naturā: Illud dictamen aut est dictamen rectum rationis, stans, a quo voluntas vult eum avertere, – et tunc sequitur ›quod velle avertere‹ non est peccatum per te, quia stat cum recto dictamine. Aut ille actus, praevius ipsi ›velle avertere‹, est alius a dictamine recto: et si sit rectus, sequitur idem quod prius, scilicet quod ›velle avertere‹ non sit peccatum, et ita ad ipsum nulla sequitur excaecatio; si autem ille actus praevius ipsi ›velle‹ non sit rectus, non erit excaecatio intellectus sequens ipsum ›velle avertere‹, quia praecedit illud velle.«

68 Ferner hat der Wille den Wunsch zur Ablenkung des Intellekts entweder bei bleibender rechter Weisung oder nicht.

Wenn ja, dann will er – gemäß deiner Auffassung – den Intellekt ablenken, ohne dabei zu sündigen, denn die rechte Weisung bleibt ja. Und so ist die Abwendung des Intellekts von der rechten Weisung keine Verblendung, die auf die Sünde folgt, weil es dabei noch gar keine Sünde gibt.

Wenn nicht, dann hat der Wille den Wunsch zur Ablenkung, während ein anderer Akt [des Intellekts] bleibt. Nun frage ich: Woher kommt dieser andere Akt? Entweder geschieht er aus Zufall, und dann ist jener zufällige Akt keine Verblendung, die auf die Sünde folgt. Oder man muss wegen des Willensakts außer [der rechten Weisung] einen anderen Akt des Intellekts annehmen, der dem Wunsch zur Ablenkung vorausgeht. Aber dann gibt es einen unendlichen Regress, in dem einem Akt des Intellekts jeweils ein solcher Willensakt vorausgeht. Dann müsste nämlich der Wille immer zuerst den Intellekt auf etwas hinwenden wollen, bevor der Intellekt sich dem zuwendet. Und wenn daher dieser Wunsch [zur Hinwendung des Intellekts] eine Sünde war, dann gab es ein schlechtes Wollen bei bleibender rechter Weisung. Wenn aber [dieser Wunsch] keine Sünde war, sondern immer eine verkehrte Weisung dem Wunsch zur Ablenkung vorausgeht, dann gibt es also immer eine Weisung, die jeder Sünde des Willens vorausgeht, und so ist das Beweisziel erreicht.[62]

69 Ferner wählt entweder der Wille schlecht bei bleibender rechter Weisung, und dann ist das Beweisziel erreicht, oder wenn er schlecht

---

[62] Mit dem Text von § 68 hat Scotus einen anderen Text ersetzt, den er durchgestrichen hat:

»Ferner verlangt der Wunsch zur Ablenkung ein Erkennen, das der Zeit nach gleichzeitig, der Natur nach aber früher ist. Diese Weisung ist aber entweder eine rechte Weisung der Vernunft, die bleibt, und von der der Wille den Intellekt ablenken will – und dann folgt, dass der Wunsch zur Ablenkung gemäß deiner Auffassung keine Sünde ist, weil sie mit der rechten Weisung bleibt. Oder jener Akt, der dem Wunsch zur Ablenkung vorausgeht, ist von der rechten Weisung verschieden. Und wenn dieser Akt richtig ist, folgt dasselbe wie vorher, nämlich dass der Wunsch zur Ablenkung keine Sünde ist, und daher folgt darauf keine Verblendung. Aber wenn dieser Akt, der dem Wunsch zur Ablenkung vorausgeht, nicht richtig ist, dann gibt es keine Verblendung des Intellekts, die dem Wunsch zur Ablenkung folgen würde, denn dieser Akt geht dem Wollen voraus.«

mine, eligit posito aliquo actu intellectus et non recto, quia tunc per te non peccaret, ergo ille actus alius, non rectus, erit praevius ipsi malo ›velle‹; ergo non erit non-rectus per aliud malum ›velle‹. Et ita propositum, quia non est circulus propter processum in infinitum in causis et causatis; et per consequens voluntas non excaecat ad illud malum ›dictare‹ quod – per te – sequitur ad illud malum ›velle‹.

70 Item, nullus in via est omnino incorrigibilis; ergo nullus potest omnino errare circa prima principia practica. Probatio consequentiae: [249] quia errans circa prima principia practica, nihil habet per quod possit revocari ad bonum; per quaecumque enim fiat ei persuasio, negabit assumpta, quia nihil potest notius assumi quam primum principium practicum.

71 Item, damnati non acquiescunt huic tamquam vero ›Deum esse odiendum‹, quia tunc non haberent vermem, de quo Is. ultimo »Vermis eorum non morietur«, nam simpliciter delectabiliter odirent Deum absque remorsu; ergo etc.

[b. – Opinio propria]

72 Quantum ad istum articulum potest dici quod simpliciter rectum dictamen potest stare in intellectu absque recta electione illius dictati in voluntate; et ita cum unicus actus rectus dictandi generet prudentiam, generabitur ibi prudentia absque omni habitu virtutis moralis in voluntate.

73 Et si sic, tunc quaeritur: quomodo malitia excaecat intellectum secundum illas auctoritates?

74 Dici potest quod excaecat dupliciter: uno modo privative, alio modo positive:

Privative: quia avertit a recta consideratione: voluntas enim, eligens oppositum alicuius recte dictati, non permittit intellectum diu

---

[63] Das Argument setzt die allgemein vertretene Auffassung voraus, dass während der Bewährungszeit auf Erden die Umkehr von der Sünde möglich bleibt. Unumkehrbar wird die Sünde erst nach dem Tod.

[64] Hier wird auf das im 13. Jahrhundert geläufige Verständnis der *synderesis* angespielt, das grundlegende Bewusstsein von Gut und Böse, das die Grundlage für Gewissensbisse bildet. Nach allgemein vertretener Meinung ist die *synderesis* unvergänglich. Traditionell wird Jes 66, 24 dafür als Beleg angeführt.

wählt, und zwar während die rechte Weisung nicht bestehen bleibt, dann wählt er, sofern ein Vernunftakt gegeben ist, und zwar ein nicht richtiger – denn sonst würde er nach deiner Auffassung nicht sündigen. Also ist jener andere Vernunftakt, der nicht richtig ist, früher als das schlechte Wollen, und daher ist er nicht aufgrund eines anderen schlechten Wollens nicht richtig. Und so ist das Beweisziel erreicht, denn es gibt keine zirkuläre Ursachenkette wegen eines unendlichen Regresses. Folglich verblendet der Wille den Intellekt nicht mit der Wirkung, dass er schlecht gebietet – was ja nach deiner Auffassung auf jenes schlechte Wollen folgt.

70 Außerdem gibt es niemanden auf dem Erdenweg, der sich überhaupt nicht zurechtweisen ließe; also gibt es niemanden, der sich hinsichtlich der ersten praktischen Prinzipien völlig täuschen kann. Beweis der Folgerung: Wer sich in Bezug auf die ersten praktischen Prinzipien täuscht, hat keine Grundlage, auf der er zurück zum Guten geführt werden könnte. Mit welchen Feststellungen man ihn auch überzeugen wollte, wird er diese leugnen, denn man kann nichts Einleuchtenderes annehmen als das erste praktische Prinzip.[63]

71 Ferner stimmen die Verdammten diesem Satz nicht als wahr zu: »Gott ist zu hassen«, denn sonst hätten sie nicht den Wurm, von dem Jesaja im letzten Kapitel spricht: »Ihr Wurm wird nicht sterben«, denn dann würden sie Gott absolut mit Vergnügen und ohne Schuldgefühl hassen; also usw.[64]

[b. – Die eigene Meinung]

72 Zu diesem Artikel kann man sagen, dass eine absolut richtige Weisung im Intellekt auch ohne die rechte Wahl [entsprechend] jener Weisung im Willen bleiben kann. Da nun ein einziger richtiger Akt des Anweisens die Klugheit bildet, entsteht dort die Klugheit ohne jeden Habitus der moralischen Tugend im Willen.

73 Demnach stellt sich die Frage: Wie verblendet die Schlechtigkeit den Intellekt, gemäß jenen autoritativen Äußerungen [§ 52–53, § 59]?

74 Man kann sagen, sie verblende ihn auf zwei Weisen: entweder privativ oder positiv.

Privativ, sofern sie ihn von der richtigen Überlegung abwendet. Wenn der Wille nämlich das Gegenteil einer rechten Weisung wählt, lässt er es nicht zu, dass der Intellekt lange in der rechten Weisung

stare in illo recto dictamine, sed avertit ipsum ad considerandum [250] rationes pro opposito (si quae possunt esse rationes sophisticae vel probabiles ad illud), aut saltem avertit ad considerandum aliquid aliud impertinens, ne stet illa actualis displicentia, quae stat in remorsu illo qui habetur in eligendo oppositum dictati.

75 Positive autem excaecat sic, nam sicut voluntas recte eligens finem praecipit intellectui considerare illa quae sunt necessaria ad illum finem, et intellectus – sic inquirendo media ordinata ad illum finem rectum – generat in se habitum prudentiae, ita voluntas, eligens sibi malum finem (potest quidem sibi praestituere malum finem, sicut dictum est distinctione 1 I), imperat intellectui considerare media necessaria ad consequendum illum finem. De quo bene dicit Augustinus *De civitate Dei* XIV cap. ultimo quod voluntas habet suas virtutes, sicut ibi pertractatur. Hoc est, voluntas per eam sibi praestituens finem malum, praecipit intellectui invenire vel adducere media necessaria ad delectabilia consequenda et ad terribilia opposita fugienda.

Et sicut habitus generatus ex imperio voluntatis bene elicientis in intellectu dictante, circa media ad illum finem bene [251] electum perquirendum, est prudentia, ita in voluntate male eligente, habitus acquisitus ex dictamine circa ea quae ordinantur ad illud male electum, est error et habitus directe oppositus habitui prudentiae, et potest vocari ›imprudentia‹ vel ›stultitia‹, non tantum privative, sed etiam positive et contrarie, quia sicut prudens habet habitum quo recte eligat ordinata ad finem debitum, sic iste habet habitum ad recte et prompte eligere media ordinata ad finem praestitutum a voluntate mala. Et quia talis habitus generatur ex imperio voluntatis male eligentis, pro tanto verum est quod voluntas mala excaecat, non quidem faciendo errare circa aliqua complexa, sed faciendo intellectum habere actum vel habitum considerandi alia media ad ma-

---

[65] Vgl. *EN* VI 13, 1144a7–9 (AL XXVI/3, S. 268).
[66] *Ord.* I d. 1 p. 1 q. 1 § 16; ebd., p. 2 q. 1 § 67, Vat. 2, S. 10; S. 50.
[67] Nämlich zwei Fähigkeiten, entsprechend den zwei Arten von Liebe: Gottesliebe bis zur Selbstverachtung und Eigenliebe bis zur Verachtung Gottes; siehe *De civitate Dei* XIV c. 28, CCSL 48, S. 451.
[68] Nicht nur fehlt dem Unklugen die richtige Einsicht (privative Unklugheit), sondern er kann auch bewusst gegen die richtige Einsicht handeln (positive Unklugheit).

bleibt, sondern er lenkt ihn darauf, die Motive für die gegenteilige Wahl zu erwägen (sofern es irgendwelche sophistischen oder plausiblen Motive dafür geben kann). Oder er lenkt ihn zumindest darauf, etwas anderes, Irrelevantes zu betrachten, damit nicht jenes akute Unbehagen bleibt, das mit jenem Schuldgefühl einhergeht, das man durch die Wahl des Gegenteils des Gebotenen bekommt.

75 Wie der Wille positiv verblendet, zeigt sich im Vergleich mit dem guten Willen, der richtig das Ziel wählt und dem Intellekt vorschreibt, das zu erwägen, was im Hinblick auf dieses Ziel notwendig ist. Indem der Intellekt dann nach Mitteln forscht, die zu diesem richtigen Ziel führen, bildet er in sich den Habitus der Klugheit.[65] Entsprechend befiehlt der Wille, der für sich ein schlechtes Ziel wählt – denn er kann sich ja ein schlechtes Ziel setzen, wie im ersten Buch in der ersten Distinktion gesagt wurde[66] – dem Intellekt, die notwendigen Mittel zur Erlangung jenes Zieles zu erwägen. Dazu bemerkt Augustinus im 14. Buch des *Gottesstaates* im letzten Kapitel treffend, der Wille habe seine Fähigkeiten, wie er dort ausführlich erörtert.[67] Dementsprechend gibt sich der Wille durch seine eigene Fähigkeit ein schlechtes Ziel vor und weist den Intellekt an, die notwendigen Mittel zu finden oder herbeizuführen, um das Genussvolle zu erlangen und das gegenteilige Unangenehme zu meiden.

Der Habitus, der aufgrund des Befehls des gut agierenden Willens im Intellekt entsteht, der die Weisung zur Erforschung der Mittel zu diesem gut gewählten Ziel gibt, ist Klugheit. Entsprechend ist der Habitus im schlecht wählenden Willen, der durch die Weisung hinsichtlich der Dinge erworben ist, die zu jenem schlecht gewählten [Ziel] führen, ein Fehler und ein Habitus, der dem Habitus der Klugheit direkt entgegengesetzt ist. Dieser Habitus kann »Unklugheit« oder »Dummheit« genannt werden, und zwar nicht bloß privativ, sondern auch positiv und gegensätzlich.[68] Denn so wie der Kluge einen Habitus hat, durch den er das richtig wählt, was für ein gebührendes Ziel geeignet ist, so hat dieser einen Habitus zur richtigen und unverzüglichen Wahl der Mittel, die für das vom schlechten Willen gesetzte Ziel geeignet sind. Und weil dieser Habitus durch den Befehl des schlecht wählenden Willens entsteht, insofern stimmt es, dass der schlechte Wille verblendet. Das geschieht jedoch nicht, indem er zu einem Irrtum in Bezug auf einen Aussagesatz führt, sondern indem er den Intellekt einen Akt oder Habitus für die Erwägung anderer Mittel haben lässt, nämlich der Mittel zu einem schlechten Ziel.

lum finem; et totus ille habitus error est in agibilibus, licet non sit error deceptivus quantum ad speculationem.

[c. – Dubium de habitu recto intellectus]

76 Aliud dubium posset hic esse: si non necessario simul generetur habitus rectus intellectus et habitus bonus appetitivus, quia contingit bene dictare circa hoc, non bene agendo circa illa, – an habitus intellectualis generatus sine virtute morali sit prudentia, et an e converso habitus generatus in appetitu sine illo intellectu sit virtus moralis.

77 [Primus modus dicendi] – Quoad primum, de prudentia, posset dici quod stricte loquendo non est sine virtute morali, quia ›est recta ratio agibilium, confesse [252] se habens appetitui recto‹, ex VI *Ethicorum* cap. 2; appetitus autem non est rectus sine virtute morali. Et si hoc esset verum, tunc prima dictamina circa principia agibilium recta essent, – et tamen non essent prudentiae, sed quaedam seminaria prudentiae. Sed etiam circa media quae sunt necessaria ad finem praestitutum a voluntate, esset aliquis habitus recte dictativus, non tamen esset prudentia.

78 Posset ergo poni duplex habitus intellectualis circa agibilia et rectus, et neuter prudentia. Unus quidem, qui praecederet rectam electionem finis in particulari, – et ille non esset prudentia, quia prudentia est circa media ordinata ad finem, quia est habitus consiliativus: ›consilium non est de fine, sed de entibus ad finem‹; est etiam discursivus (quia consiliativus), – et ita de his ad quae discurritur. Electo autem fine bono non tantum in communi, sed etiam in [253] particulari, ut quod ›caste vivendum est‹, posset esse aliquis

---

[69] Die erste Hypothese (§ 76–85), die Scotus hier nur als Denkmöglichkeit vorstellt, präsentiert Scotus in der *Lectura* als seine eigene Auffassung; siehe *Lect.* III d. 36 q. un. § 72–81, Vat. 21, S. 332–334.

[70] Scotus kombiniert zwei aristotelische Aussagen. Die Klugheit ist »recta ratio agibilium (richtige Vernunft im Bereich des Handelns)«, siehe *Auctoritates Aristotelis*, ed. Jacqueline Hamesse, S. 240; praktische Wahrheit ergibt sich aus der Übereinstimmung vom praktischen Urteil und der richtigen Ausrichtung des Strebevermögens, siehe *EN* VI 2, 1139a22–31 (AL XXVI/3, S. 254).

[71] Für die Rolle der Klugheit bei der praktischen Überlegung, siehe *EN* VI 5, 1140a30–31; VI 10, 1142b31–33 (AL XXVI/3, S. 257; S. 264). Die praktische

Und dieser ganze Habitus ist ein Fehler im Bereich des Handelns, aber er ist kein Irrtum, der hinsichtlich einer theoretischen Überlegung fehlgehen würde.

[c. – Ein Problem bezüglich des korrekten Habitus des Intellekts]

76 Ein anderes Problem könnte hier Folgendes sein. Der korrekte Habitus des Intellekts und der gute Habitus des Strebevermögens werden nicht unbedingt zugleich gebildet, weil es vorkommt, über etwas gut zu gebieten, ohne entsprechend gut zu handeln. Ist dann der intellektuelle Habitus, der ohne moralische Tugend entstanden ist, Klugheit? Und ist umgekehrt der im Strebevermögen entstandene Habitus ohne jenen [Habitus im] Intellekt eine moralische Tugend?

77 [Erste Hypothese] – Zum ersten Punkt, hinsichtlich der Klugheit, könnte man sagen,[69] dass er streng genommen nicht ohne die moralische Tugend existiert, denn die Klugheit ist »die rechte Vernunft im Bereich des Handelns, die im Einklang mit dem rechten Strebevermögen ist«, nach dem 6. Buch der *Ethik* im 2. Kapitel.[70] Das Strebevermögen ist aber ohne moralische Tugend nicht recht. Und wenn diese Lösung stimmt, dann könnten die ersten Weisungen bezüglich der Handlungsprinzipien richtig sein und wären dennoch keine Klugheiten, sondern gewisse Keime der Klugheit. Und auch bezüglich der Mittel, die für das vom Willen gesetzte Ziel notwendig sind, gäbe es einen Habitus, der zur rechten Weisung disponiert, ohne aber Klugheit zu sein.

78 Man könnte also zwei korrekte intellektuelle Habitus für den Bereich des Handelns annehmen, von denen keiner Klugheit wäre. [Erstens] ein Habitus, der der rechten Wahl des Zieles im Besonderen vorausgeht und der daher das betrifft, was die praktische Überlegung als Ziel anstrebt. Dieser wäre deswegen keine Klugheit, weil Klugheit die für ein Ziel geeigneten Mittel betrifft, da sie ein Habitus der praktischen Überlegung ist; »die Überlegung betrifft nicht das Ziel, sondern das, was zum Ziel hinführt«.[71] Klugheit geht zudem diskursiv vor, da sie für die praktische Überlegung zuständig ist. Wenn aber ein gutes Ziel nicht nur im Allgemeinen, sondern auch im Besonderen

---

Überlegung ist nicht für das Finden des Ziels, sondern der Mittel zum Ziel verantwortlich, siehe *EN* III 5, 1112b11–12 (AL XXVI/3, S. 185).

habitus intellectus, dictativus de iis quae sunt ad finem, sed non habens se cum electionem rectam tamquam concomitantem: et ille, quantum est ex parte obiecti, esset prudentia: esset enim ratio recta circa ea quae sunt ad finem; sed deficeret sibi alia condicio, quia videlicet non esset concors vel conformis appetitui recto circa eadem obiecta.

79 Secundum viam istam esset dicendum quod quicumque habitus generetur in intellectu, licet practicus et rectus, sive circa finem particularem vel universalem sive circa media necessaria ad consequendum finem illum particularem electum, si non concomitetur recta electio voluntatis circa eadem, non est prudentia.

80 Et si arguitur contra istud, sicut arguitur contra praedictum articulum de connexione virtutum moralium, quia ›in ista concordia sequeretur prudentiam constituere virtutem moralem et e converso, et ita per unum actum ultimate generaretur uterque habitus (scilicet prudentia et virtus moralis), ille autem unus actus non posset esse intellectus et voluntatis, sed tantum alterius, ergo non posset esse generativus utriusque‹, – posset dici quod non est necessaria conformitas unius virtutis moralis ad aliam, quia nulla est regula alterius; sed cuilibet est necessaria conformitas ad prudentiam, quia in definitione [254] virtutis cadit quod sit ›habitus electivus secundum rectam rationem‹, – et ideo posset esse constitutio per modum concomitantis et habitus in ›esse‹ morali per prudentiam et e converso; non sic moralium inter se.

81 Et tunc concederetur quod simul generaretur aliquis habitus in ratione prudentiae, et alius habitus in ratione virtutis moralis; et generantur per unum habitum vel actum, qui generat ultimate vel

---

[72] Aristoteles, *EN* II 6, 1106b36–1107a2 (AL XXVI/3, S. 171).
[73] Gibt ein Akt der Vernunft den Ausschlag zur Entstehung der Klugheit, so wird auch ein moralischer Habitus zum Niveau der moralischen Tugend erhoben; gibt ein Akt des Willens den Ausschlag zur Entstehung der moralischen Tugend, so wird der Habitus der praktischen Vernunft zur Klugheit erhoben; siehe § 84.

gewählt ist – etwa dass man keusch leben soll – könnte es [zweitens] einen Habitus des Intellekts geben, der über das, was zum Ziel hinführt, gebietet, der aber nicht mit einer richtigen Wahl einhergeht. Jener Habitus wäre vom Objekt her gesehen Klugheit, da er die richtige Überlegung hinsichtlich dessen wäre, was zum Ziel hinführt. Er würde aber die andere Bedingung nicht erfüllen, da er nämlich nicht mit dem rechten Strebevermögen hinsichtlich derselben Objekte in Eintracht oder Übereinstimmung wäre.

79 Gemäß dieser Theorie müsste man sagen, dass ein im Intellekt gebildeter Habitus keine Klugheit ist, wenn er nicht von der richtigen Wahl des Willens bezüglich desselben Gegenstands begleitet ist – und zwar auch dann nicht, wenn er ein praktischer und ein korrekter Habitus ist (sei es hinsichtlich des besonderen oder allgemeinen Ziels oder hinsichtlich der notwendigen Mittel zum Erreichen jenes besonderen ausgewählten Ziels).

80 Man kann gegen diese Theorie [§ 77–79] genauso wie gegen den vorherigen Artikel über die Verbindung der moralischen Tugenden [untereinander] einwenden [§ 27–30]: Diese Eintracht [zwischen rechtem Vernunfturteil und rechter Wahl] impliziert, dass Klugheit die moralische Tugend konstituiert und umgekehrt. Insofern wird jeder der beiden Habitus (nämlich die Klugheit und die moralische Tugend) letztlich durch einen einzigen Akt gebildet. Dieser eine Akt könnte aber nicht gleichzeitig ein Akt des Intellekts und des Willens sein, sondern nur ein Akt eines der beiden, und daher kann er nicht beide Habitus bilden. – Darauf könnte man sagen, dass die Übereinstimmung einer moralischen Tugend mit einer anderen nicht notwendig ist, weil keine [moralische Tugend] das Richtmaß für die andere ist. Aber für jede moralische Tugend ist die Übereinstimmung mit der Klugheit notwendig, da zur Definition der Tugend gehört, dass sie ein »Habitus der Wahl gemäß der rechten Vernunft ist«.[72] Daher könnte aufgrund der gegenseitigen Begleitung sowohl ein Habitus durch die Klugheit in der moralischen Dimension [der Tugend] konstituiert werden als auch umgekehrt; bei den moralischen Tugenden untereinander verhält es sich aber anders.

81 Und dann könnte man zugeben, dass gleichzeitig ein Habitus im Sinngehalt der Klugheit und ein anderer Habitus im Sinngehalt der moralischen Tugend entstehen. Und beide würden durch einen einzigen Habitus oder Akt gebildet, der den Ausschlag gibt zur Entstehung entweder der moralischen Tugend oder der Klugheit.[73] Es ist

virtutem moralem vel prudentiam: inconveniens enim est in moralibus quod unus actus ultimate generet duas virtutes morales.

82 Sed hoc non est inconveniens in prudentia et temperantia, quia ille actus qui generat prudentiam in ratione regulativi, generat temperantiam in ratione regulati; non autem habet rationem virtutis nisi ex ratione regulati, et ideo generat temperantiam in ratione virtutis. Non sic potest dici comparando eam ad fortitudinem, quia fortitudo non est regula eius.

83 Diceretur ergo quod non constituunt se in ›esse‹ virtutis per prioritatem aliquam, quasi una sit prius virtus quam reddat aliam esse virtutem, sed simul naturā est habitus intellectualis prudentiae et virtus moralis sibi correspondens.

84 Et si quaeratur per quid generantur isti duo habitus in ›esse‹ perfecto, – concedo quod per unum actum, sive ille actus sit recta electio (quia absque recta electione finis non est habitus intellectualis concors rationi rectae, ideo nec prudentia), sive ille actus sit intellectus [255] (quia absque recto dictamine intellectus non est electio concors rationi rectae; ideo nec virtuosa nec generativa virtutis moralis); tam igitur actus intellectus quam actus voluntatis, generando aliquid per se in ›esse‹ naturae, potest concomitanter generare illud in ›esse‹ relativo et ulterius concomitanter suum correlativum, et ita unus actus generaret simul naturā virtutem moralem et eius prudentiam.

85 Secundum hoc diceretur quod uterque habitus, praecedens electionem rectam, esset quidem habitus scientiae moralis vel quaedam scientia moralis. Quemadmodum enim in factibilibus artifex differt ab experto, quia artifex scit ›propter quid‹, expertus tantum ›quia‹, I *Metaphysicae*, artifex etiam non est promptus in agendo,

---

[74] Zum Beispiel erzeugt ein rechter Willensakt erstens die richtige Wahl, zweitens die Relation der Übereinstimmung zwischen Strebevermögen und richtiger Vernunft und drittens (dank dieser Übereinstimmung) als Korrelat zur richtigen Wahl die Klugheit.

nämlich nicht plausibel, dass im Bereich der moralischen Tugenden ein einziger Akt letztwirkend zwei moralische Tugenden bildet.

82 Aber es ist durchaus plausibel hinsichtlich der Klugheit und der Mäßigung, denn jener Akt, der die Klugheit im Sinngehalt des Regelnden erzeugt, bildet die Mäßigung im Sinngehalt des Geregelten. Sie hat nämlich den Sinngehalt der Tugend nur aufgrund dessen, dass sie [von der Vernunft] geregelt ist, und deshalb bildet jener Akt die Mäßigung im Sinngehalt der Tugend. Man kann dies aber nicht in Bezug auf die Beziehung zwischen Mäßigung und Tapferkeit sagen, denn die Tapferkeit ist nicht das Richtmaß für die Mäßigung.

83 So würde man sagen, die [moralische Tugend und die Tugend der Klugheit] begründen einander im Tugendsein nicht durch irgendeine Vorgeordnetheit, als ob die eine schon Tugend wäre, bevor sie die andere als Tugend begründet, sondern vielmehr sind der intellektuelle Habitus der Klugheit und die ihm entsprechende moralische Tugend der Natur nach gleichzeitig.

84 Und wenn man fragt, wodurch diese beiden Habitus im vollendeten Sein [der Tugend] entstehen, gebe ich zu, dass dies durch einen einzigen Akt geschieht. Dieser Akt kann entweder die richtige Wahl sein (denn ohne die richtige Wahl des Ziels stimmt der intellektuelle Habitus nicht mit der richtigen Überlegung überein, und daher wäre er auch keine Klugheit), oder jener Akt kann ein Akt des Intellekts sein (denn ohne die rechte Weisung des Intellekts stimmt die Wahl nicht mit der rechten Vernunft überein, und daher wäre sie auch nicht tugendhaft und würde keine moralische Tugend bilden). Sowohl der Akt des Intellekts als auch der Akt des Willens können also, sofern sie etwas an sich als [nichtrelationales] Sein der Natur erzeugen, dabei als Begleiterscheinung ein relationales Sein erzeugen sowie ferner als Begleiterscheinung das Korrelat.[74] Auf diese Weise würde ein einziger Akt gleichzeitig (der Natur nach) die moralische Tugend und ihre Klugheit entstehen lassen.

85 Dementsprechend würde man sagen, dass beide Habitus, die der richtigen Wahl vorausgehen, ein Habitus der Moralwissenschaft oder eines bestimmten moralischen Wissens wären. Nach dem 1. Buch der *Metaphysik* unterscheidet sich ja im Bereich der Herstellung der [theoretisch geschulte] Fachmann vom erfahrenen [Handwerker], sofern der Fachmann das Warum eines Sachverhalts kennt, während der Erfahrene nur weiß, »dass« es sich [de facto] so verhält. Zudem geht der [theoretisch geschulte] Fachmann nicht kurzerhand

expertus autem est promptus in agendo, ut ibidem dicitur, – ita in moralibus habens habitum rectum principii agibilium vel conclusionis, non autem exercitatus in operando sive in dirigendo se circa agibilia, licet habeat remotum habitum directivum (qui habitus potest dici intellectus vel scientia moralis), non tamen habet habitum directivum propinquum, qualis est prudentia et qualis est in factibilibus habitus experti.

86 [Secundus modus dicendi] – Licet istud videatur probabiliter dictum de distinctione scientiae [256] practicae et prudentiae, tamen non solum est prudentia circa media ordinata ad consequendum finem ultimum, sed etiam dictando de ipso fine, saltem particulari (puta de castitate).

87 Quod probatur primo sic: nam virtus moralis semper sequitur ordine quodam naturae prudentiam aliquam; ex electione autem finis particularis (puta castitatis) generatur virtus moralis; igitur illam electionem praecedit aliqua prudentia. Ideo non videtur proprie tantum restringenda prudentia ut ponatur tantummodo habitus circa media determinata et dictata quae ordinantur ad finem particularem electum, sed etiam circa ipsum finem per se et proprie.

88 Hoc etiam secundo probatur, quia tunc non esset una prudentia correspondens uni virtuti morali, nam una virtus moralis est ex unitate finis, ad cuius electionem principaliter inclinat; si autem ad dictandum de illo fine nulla esset prudentia, sed tantum de mediis ad illum finem, nullum esset obiectum a quo esset unitas prudentiae dictativae, sed multae essent prudentiae de multis mediis dictatis ad finem, ubi tamen esset una virtus moralis ex unitate finis.

89 Tum igitur propter prioritatem prudentiae naturalem ad virtutem moralem, tum propter unitatem prudentiae respectu unius

---

[75] Aristoteles, *Met.* I 1, 981a28–30; 981a14–15 (AL XXV/3.2, S. 13; S. 12).

ans Werk, während der erfahrene [Handwerker] kurzerhand ans Werk geht, wie dort gesagt wird.[75] Genauso verhält es sich im Bereich der moralischen Tugenden. Jemand, der das richtige habituelle [Wissen] eines Handlungsprinzips oder einer Schlussfolgerung hat, aber nicht geübt ist mit der Tätigkeit beziehungsweise damit, wie man bei den Handlungen richtig vorgeht, hat zwar einen abstrakten handlungsleitenden Habitus (den man moralische Einsicht oder moralisches Wissen nennen kann), aber er hat keinen konkreten handlungsleitenden Habitus. Das heißt, er hat keine Klugheit, beziehungsweise im Bereich der Herstellung hat er keinen »Habitus des Erfahrenen«.

86 [Zweite Hypothese] – Dies scheint in Bezug auf die Unterscheidung zwischen praktischem Wissen und Klugheit durchaus plausibel. Jedoch geht es der Klugheit nicht nur um die Mittel, die zum Erreichen des letzten Ziels geeignet sind, sondern auch darum, über das Ziel selbst zu gebieten, zumindest über das spezifische Ziel (etwa hinsichtlich der Keuschheit).

87 Das wird zunächst so bewiesen: Die moralische Tugend folgt nämlich immer gemäß einer Ordnung der Natur auf eine gewisse Klugheit. Aus der Wahl eines besonderen Ziels (etwa der Keuschheit) entsteht die moralische Tugend; also geht dieser Wahl eine gewisse Klugheit voraus. Daher sollte man die Klugheit nicht allein darauf einschränken, dass sie lediglich als Habitus für die [von ihr] festgelegten und gebotenen Mittel verstanden wird, die für ein partikuläres gewähltes Ziel geeignet sind. Vielmehr bezieht sich die Klugheit auch an sich und in eigentlicher Weise auf das Ziel an sich.

88 Dies wird zweitens bewiesen: Ansonsten gäbe es nicht jeweils [nur] eine Klugheit, die einer einzelnen moralischen Tugend entspricht, denn eine moralische Tugend hat ihre Einheit aus der Einheit des Zieles, zu deren Wahl sie hauptsächlich hinneigt. Wenn es aber keine Klugheit für die Weisung hinsichtlich dieses Ziels der Tugend gäbe, sondern nur hinsichtlich der Mittel zu diesem Ziel, dann gäbe es kein [eigentümliches] Objekt, von dem die Einheit der gebietenden Klugheit käme. Vielmehr gäbe es dort, wo es jeweils eine einzige moralische Tugend aufgrund der Einheit des Ziels gibt, viele Klugheiten für die vielen gebotenen Mittel zum Ziel.

89 Sowohl aufgrund der natürlichen Vorgeordnetheit der Klugheit gegenüber der moralischen Tugend als auch aufgrund der Einheit der Klugheit gegenüber der je einen moralischen Tugend muss

virtutis moralis, videtur esse concedendum quod ille actus practicus, qui est recte dictativus de fine particulari, sit proprie prudentia.

90 Nec obstat quod dicitur prudentiam esse habitum consiliativum et ita ad finem et discursum, nam de finibus propriis virtutum moralium [257] dictatur discurrendo a principio practico, sumpto a fine universali ad particulares fines politicos[a]; et iste discursus est prima consiliatio, licet communius dicatur consilium de mediis virtutum.

91 Ad aliud autem quod ibi additur, quod sit concors appetitui recto, non movet, nam ›prius naturaliter‹ non videtur habere aliquid de ratione sui dependens a posteriore; prudentia autem, in quantum prudentia, videtur esse prior naturaliter virtute morali, quia definit ipsam. Quod igitur dicitur ibi ›concors‹, sicut tactum fuit in illa quaestione I ›De theologia practica et speculativa‹, debet intelligi ›concors‹, id est ›conformativa praxis rectae sibi ipsi‹, hoc est quod cognitio debet esse talis quod – quantum est ex se – praxis recta debet sibi conformari; talis autem est cognitio, sive in eodem dictante sequatur electio recta sive non.

92 [Solutio] – Potest igitur aliter dici quod ille habitus generatus ex dictaminibus, sive circa fines (saltem quosdam particulares, qui sunt proprie fines virtutum moralium) sive circa media ordinata ad illos

---

[a] ad particulares fines politicos] B particulares fines politico NY ad particulares fines Q particulari politico APSZ *ed.*

---

[76] Nach Aristoteles ist die Klugheit dafür verantwortlich, die Mittel zum Ziel zu finden, während die moralische Tugend dafür sorgt, dass das Ziel richtig ist; siehe *EN* VI 13, 1144a6–9; X 8, 1178a16–19. Scotus versteht aber die Ziele der Tugenden ihrerseits als Mittel zum Endziel, gegenüber dem sie untergeordnete Ziele sind. Was die Klugheit also als gegeben voraussetzt, ist nach Scotus das Endziel, nicht das Ziel der Tugend. Das Endziel ist durch Einsicht in die unmittelbar verstehbaren praktischen Prinzipien gegeben, zum Beispiel, dass Gott zu lieben ist (*Ord.* III d. 27 q. un. § 14, Vat. 10, S. 52; *Ord.* III d. 37 q. un. § 20, unten, S. 289). Im Hinblick darauf kann die Klugheit durch praktische Überlegungen die Mittel dazu herausfinden, und dies sind eben die Ziele der jeweiligen Tugenden, zum Beispiel, dass man keusch zu leben hat, vgl. § 78 (oben, S. 251). Zusätzlich dazu muss die Klugheit auch festlegen, wie das Ziel, tugendhaft zu handeln, in konkreten Umständen zu realisieren ist. Mit anderen Worten muss die Klugheit die Mitte der Tugend festlegen (vgl. *EN* II 6, 1106b36–1107a2; VI 1, 1138b18–34). Wie Scotus hier in § 90 sagt, ist diese Funktion der Klugheit die allgemein geläufigere.

man offensichtlich zugeben, dass jener praktische Akt, der richtig in Bezug auf ein partikuläres Ziel gebietet, im eigentlichen Sinne Klugheit ist.

90 Dem steht auch nicht entgegen, dass gesagt wird, die Klugheit sei ein Habitus der praktischen Überlegung und daher auf ein Ziel und auf diskursives Denken hingeordnet [§ 78]. Sie gebietet nämlich über die jeweils eigenen Ziele der moralischen Tugenden, indem sie von einem praktischen Prinzip ausgeht, das von einem universalen Ziel erhoben wird, und dann zu partikulären, gesellschaftlichen Zielen diskursiv fortschreitet. Und dieser diskursive Vorgang ist die erste praktische Überlegung, wenngleich es gebräuchlicher ist, von praktischer Überlegung hinsichtlich der jeweiligen Mitte der Tugenden zu sprechen.[76]

91 Auf die andere Behauptung: Was dort hinzugefügt wird, [nämlich] dass [die Klugheit] mit dem rechten Strebevermögen in Eintracht ist [§ 78], ist nicht beweiskräftig. Das der Natur nach Frühere hat nämlich nichts in seinem Sinngehalt, das von etwas Späterem abhängt. Die Klugheit ist aber, sofern sie Klugheit ist, offensichtlich der Natur nach früher als die moralische Tugend, denn sie ist Bestandteil ihrer Definition.[77] Was aber dort über die Eintracht gesagt wird, muss so verstanden werden, wie es in jener Frage des 1. Buchs »Über die praktische und theoretische Theologie«[78] kurz berührt worden ist: »In Eintracht« heißt »darauf angelegt, die rechte Praxis mit sich in Übereinstimmung zu bringen«. Das bedeutet, dass die Erkenntnis so beschaffen sein muss, dass – was sie betrifft – die richtige Praxis mit ihr konform sein muss. Die Erkenntnis hat aber diese Eigenschaft, egal ob in dem, der [entsprechend dieser Erkenntnis seinem Willen] gebietet, die richtige Wahl folgt oder nicht.

92 [Lösung] – Es kann also anders geantwortet werden, dass dieser Habitus, der aus den Weisungen [der Vernunft] gebildet ist, im eigentlichen Sinne Klugheit ist, auch wenn die richtige Wahl nicht in dem, der die Weisung macht, folgt. (Dabei ist es egal, ob dieser Habitus Ziele betrifft – zumindest einige partikuläre Ziele, die im ei-

---

[77] *EN* II 6, 1106b36–1107a2 (AL XXVI/3, S. 171).
[78] *Ord.* prol. p. 5 q. 1–2 § 236–237; § 265–269, Vat. 1, S. 161–162; S. 179–183.

fines (circa quae forte non sunt alii habitus ab illis qui sunt circa illos fines), est proprie prudentia, licet electio recta non sequatur in eodem dictante[a]; et ita omnino non erit necessaria connexio alicuius virtutis moralis ad prudentiam dictativam de sua materia. Tamen, e converso, nulla electio potest esse recta moraliter nisi sit concors [258] suae regulae et suae mensurae, quod est dictamen rectum; dictamen autem rectum natum est gignere prudentiam, etiam unicam[b]; ideo e converso potest concedi connexio, quod virtus moralis non potest esse sine prudentia circa materiam suam.

93 Ad rationes et auctoritates Augustini adductas responderi potest, – quaere de hoc Henricum *Quodlibet* IX quaestione 5.

[2. – De connexione omnium virtutum in una prudentia]

94 De alia parte illius articuli, scilicet de connexione omnium virtutum in una prudentia, videtur Philosophus dicere quod sic, VI *Ethicorum* cap. 7: »Prudentiae uni exsistenti omnes inerunt«. Commentator ibi (quaere).

[a. – Opinio Henrici Gandavensis]

95 Qualiter autem una prudentia sit circa omnia moralia, posset poni sicut de habitu scientiae, – quaere opinionem et eius improbationem *Super* VI *Metaphysicae* quaestione 1.

---

[a] dictante] PSZBYQ dictamine AN *ed.*   [b] unicam] ASBNY unicum Z *om.* Q unitam P *ed.*

---

[79] Heinrich von Gent sagt wiederholt, dass der Wille vom praktischen Vernunfturteil abweichen kann. Scotus bezieht sich auf *Quodl.* IX q. 5, Opera omnia 13, S. 135; siehe auch, unter anderem, *Quodl.* I q. 16, Opera omnia 5, S. 103–104, *Quodl.* X q. 10, Opera omnia 14, S. 259; *Quodl.* XIV q. 5, ed. Badius, fol. 565rB.
[80] Scotus gibt Aristoteles unvollständig wieder; siehe *EN* VI 13, 1145a1–2 (AL XXVI/3, S. 270): »*Simul enim* prudentiae uni exsistenti omnes inerunt. (Zugleich mit der Klugheit, die eine einzige ist, sind alle [moralischen Tugenden] in [dem Menschen].)« (Hervorhebung von mir.)
[81] Eustratius kommentiert an dieser Stelle gar nicht die Aussage, dass die Klugheit eine einzige ist; siehe *In EN* VI c. 18, Hs. Eton College 122, fol. 133rb: »Quoniam sine prudentia neque unam habebit principaliter, prudentia autem

gentlichen Sinn die Ziele der moralischen Tugenden sind –, oder ob er Mittel betrifft, die für diese Ziele geeignet sind – möglicherweise gibt es gar keine anderen Habitus für die Mittel als für die Ziele.) Insofern ist also überhaupt keine Verbindung zwischen einer moralischen Tugend und der in ihrem Bereich bestimmenden Klugheit notwendig. Jedoch kann umkehrt keine Wahl moralisch richtig sein, wenn sie nicht mit ihrem Richtmaß und Maßstab, nämlich mit der rechten Weisung, im Einklang ist. Die rechte Weisung ist aber darauf angelegt, die Klugheit zu bilden – auch eine einzige Klugheit –, und deswegen kann man die Verbindung umgekehrt zugeben, [nämlich] dass die moralische Tugend nicht ohne die für ihren Bereich zuständige Klugheit sein kann.

93 Auf die angeführten Überlegungen und autoritativen Äußerungen des Augustinus [§ 43–59] kann man antworten – suche diesbezüglich bei Heinrich nach, *Quodlibet* IX, Quästion 5.[79]

[2. – Die Verbindung aller moralischen Tugenden in einer Klugheit]

94 Zum anderen Teil jenes Artikels, nämlich bezüglich der Verbindung aller moralischen Tugenden in einer einzigen Klugheit, scheint der Philosoph [diese Verbindung] zu bejahen; siehe das 6. Buch der *Ethik* im 7. Kapitel: »In der Klugheit, die eine einzige ist, sind alle [moralischen Tugenden].«[80] Der Kommentator äußert sich dazu (suche nach).[81]

[a. – Die Meinung Heinrich von Gents]

95 Auf welche Weise sich aber eine einzige Klugheit auf alle moralischen Tugenden bezieht, könnte man so wie hinsichtlich des Habitus der Wissenschaft annehmen. Suche nach der Meinung und ihrer Widerlegung im Kommentar zum 6. Buch der *Metaphysik* in der ersten Quästion.[82]

---

existente, simul huic et morales virtutes ad invicem coerunt. (Denn ohne Klugheit hat er nicht einmal eine einzige Tugend im eigentlichen Sinn; sobald aber Klugheit da ist, werden zugleich mit ihr auch die moralischen Tugenden da sein.)«
[82] Siehe hierzu Einleitung, S. 39–41.

[b. – Opinio propria]

96 [259] Quantum igitur ad istum articulum potest dici quod sicut ars respicit factibilia, ita prudentia agibilia, nec maior est connexio agibilium ut respiciuntur ab uno habitu quam factibilium; sicut ergo diversa factibilia requirunt diversas artes proprias, ita diversa agibilia diversas prudentias proprias; et sicut potest aliquis moraliter bene esse affectus circa aliqua agibilia et male circa alia, ita etiam in dictando potest esse habituatus ad recte dictandum circa ista et non circa illa, – tamen nec ista sunt principia ad dictandum de illis, nec conclusiones sequentes ex eis.

97 Qualiter autem omnes prudentiae sunt unus habitus, et omnes habitus geometriae pertinent ad unam scientiam universalem, dictum est quaestione illa VI *Metaphysicae*, quia ibi debet intelligi non unitas formalis sed virtualis: quia sicut habitus ille qui est de primo subiecto, est formaliter unus ab eo, et est virtualiter omnium illorum qui continentur in illo primo subiecto, sed non formaliter est illorum, ita habitus ille qui est formaliter alicuius finis in aliquibus agibilibus, est virtualiter omnium illorum quorum cognitio practica [260] includitur virtualiter in illo fine; sed non est formaliter omnium illorum, – et ita una ›prudentia formaliter‹ est virtualiter omnium virtutum, extendendo nomen ›prudentiae‹ ad illum habitum qui est intellectus primi principii practici.

98 Secundum hoc potest exponi illa auctoritas Philosophi VI *Ethicorum*, quod ›prudentiae uni exsistenti‹ etc., quod vel loquitur de una prudentia formaliter, et tunc debet intelligi quod illi uni exsistenti et perfectae – non tantum secundum intensionem sed secun-

---

[83] *In Met.* VI q. 1 § 39–42, OPh. 4, S. 15–17.

[b. – Die eigene Meinung]

96 Was nun diesen Artikel betrifft, kann man sagen, dass in der Weise, wie die Kunstfertigkeit den Bereich der Herstellung betrifft, so betrifft auch die Klugheit den Bereich der Handlungen. Die Verbindung der Handlungen, sofern sie von einem einzigen Habitus ausgehen, ist aber nicht größer als die Verbindung der Herstellungen. Also bedürfen die verschiedenen Arten von Handlungen ihrer je eigenen Klugheiten, wie ja auch verschiedene Arten von Herstellung je eigene Kunstfertigkeiten erfordern. Und in der Weise, wie jemand für bestimmte Arten von Handlungen moralisch gut disponiert sein kann und für andere schlecht, so kann er auch hinsichtlich des Verordnens durch einen Habitus disponiert sein, rechte Weisungen auf einem bestimmten Gebiet zu geben, aber nicht auf einem anderen Gebiet. Aber dennoch sind die Weisungen auf einem Gebiet nicht die Prinzipien für die Weisungen auf einem anderen Gebiet, und sie sind auch nicht die aus ihnen folgenden Schlüsse.

97 Inwiefern aber alle Klugheiten ein einziger Habitus sind und inwiefern alle Habitus der Geometrie zu einer einzigen allgemeinen Wissenschaft gehören, ist in jener Quästion zum 6. Buchs der *Metaphysik* gesagt worden.[83] Man muss deren Einheit nämlich nicht als formale Einheit verstehen, sondern als potentielle Einheit. Das wird durch einen Vergleich klar. Der Habitus der Erkenntnis des ersten Subjekts [der Wissenschaft] ist formal durch das Subjekt geeint und richtet sich nicht formal, sondern seinem Potential nach auf alles, was im ersten Subjekt enthalten ist. Genauso ist jener Habitus, der sich formal auf ein bestimmtes Ziel in irgendeinem Bereich von Handlungen richtet, nicht formal, sondern gemäß seinem Potential auf all die Dinge bezogen, deren praktische Erkenntnis potentiell in jenem Ziel eingeschlossen ist. Auf diese Weise bezieht sich eine einzige Klugheit im formalen Sinn potentiell auf alle [moralischen] Tugenden, sofern man die Wortbedeutung von Klugheit auf jenen Habitus der Einsicht in das erste praktische Prinzip ausweitet.

98 Dementsprechend lässt sich jene autoritative Aussage des Philosophen im 6. Buch der *Ethik* auslegen: »Zur Klugheit, die eine einzige ist« usw. [§ 94]. Entweder spricht er von einer Klugheit im formalen Sinn, und dann muss die Aussage so verstanden werden, dass zu jener Klugheit, die eine einzige ist und die vollkommen ist – und zwar nicht nur im intensionalen, sondern auch im extensionalen

dum extensionem – omnes inerunt: numquam quidem est perfecta extensive quantum potest esse, nisi sit perfecta circa illa omnia ad quae potest se extendere, et illa sunt omnia obiecta ad quascumque virtutes morales pertinentia.

99 Alio modo potest exponi illa auctoritas non de unitate formaliter, sed de unitate generis: sicut enim temperantia apud Philosophum dicitur esse una virtus et formaliter alia a fortitudine, et tamen utraque istarum est genus quoddam intermedium habens sub se multas species (sicut dictum est prius), ita in ista connumeratione [261] generum intermediorum potest dici – propter unitatem generis intermedii – quod licet contineat sub se multas species, tamen potest esse una unitate generis.

100 Et sic intelligendo unitatem prudentiae, uni prudentiae secundum genus omnes virtutes morales connexae sunt, prout sibi secundum quamcumque eius speciem aliqua virtus est connexa; et hoc, supponendo praecedentem articulum de connexione cuiuslibet virtutis ad suam prudentiam vel mutua vel non mutua, dictum est prius.

[C. – **De connexione virtutum moralium cum theologicis**]

101 De tertio articulo videtur Augustinus dicere *Contra Iulianum* libro IV cap. 2 quod non sunt verae virtutes et perfectae sine caritate. Et hoc probat, quia non gloriatur talis perfecte in Deo.

102 Contra istud, Augustinus in sermone *De patientia* (et est 49 [262] partis 2, ›De poenitentia‹, distinctione 3, paragrapho »Si quis«): ›De haeretico vel schismatico, si moriatur ne neget Christum,

---

[84] Scotus behandelt die Zwischengattungen der Tugenden in *Ord.* III d. 34 q. un. § 31–34, Vat. 10, S. 191–193. Mit den Zwischengattungen meint er das, was zwischen der obersten Gattung »Tugend« und den jeweils untersten Gattungen wie Mäßigkeit, Tapferkeit, Gerechtigkeit usw. liegt. Mäßigung und Tapferkeit sind insofern in einer gemeinsamen Zwischengattung, als beide das Strebevermögen betreffen; sie unterscheiden sich, sofern sich Mäßigung auf das Erstrebenswerte und Tapferkeit auf das zu Meidende bezieht; siehe ebd., § 34, S. 193. Als Zwischengattung ist die Klugheit ein einziger generischer Habitus; siehe auch ebd., § 32, S. 192.

Sinn –, alle [moralischen Tugenden] gehören. Sie ist nämlich niemals im extensionalen Sinn so vollkommen wie es für sie möglich ist, wenn sie nicht bezüglich all dem vollkommen ist, worauf sie sich erstrecken kann, und dies sind alle Objekte, die zu jeglichen moralischen Tugenden gehören.

99 Auf andere Weise kann jene autoritative Aussage so ausgelegt werden, dass sie sich nicht auf eine formale, sondern generische Einheit bezieht. Nämlich in der Weise, wie die Mäßigung beim Philosophen eine einzige Tugend genannt wird, die formal von der Tapferkeit verschieden ist – wobei jede der beiden eine gewisse Zwischengattung ist, die viele Arten enthält (wie vorher gesagt worden ist) –, so kann in dieser Aufzählung der Zwischengattungen aufgrund der Einheit der Zwischengattung gesagt werden, dass sie eine einzige in der Einheit der Gattung sein kann, obwohl sie viele Arten enthält.[84]

100 Und wenn man die Einheit der Klugheit auf diese Weise versteht, dann sind mit der einen Klugheit der Gattung nach alle moralischen Tugenden verbunden, genauso wie mit ihr auch gemäß jeder ihrer Arten eine bestimmte Tugend verbunden ist. Und dies ist ja vorher gesagt worden, im vorherigen Artikel über die gegenseitige oder nicht-gegenseitige Verbindung jeglicher moralischer Tugend mit ihrer Klugheit [§ 77–83].

[C. – Die Verbindung der moralischen mit den theologischen Tugenden]

101 In Bezug auf den dritten Artikel scheint Augustinus im 4. Buch von *Gegen Julianus* im 2. Kapitel zu sagen, es gebe keine wahren und vollkommenen Tugenden ohne die theologische Tugend der Liebe.[85] Als Beweis sagt er, dass jemand sich [ohne Liebe] nicht vollkommen in Gott rühmt.[86]

102 Dem widerspricht, was Augustinus in der Homilie *Über die Geduld* sagt (und es steht [im *Dekret*] 49, Teil 2, »Über die Buße«, 3. Distinktion, im Abschnitt »Wenn jemand [...]«): »Wenn ein Hä-

---

[85] Das Lateinische unterscheidet zwischen *amor* und *caritas;* mit *amor* ist häufig der Affekt der Liebe gemeint, während *caritas* immer die Liebe als theologische Tugend bezeichnet. Die theologischen Tugenden sind Glaube, Hoffnung und Liebe (gemäß 1 Kor 13, 13). Sie sind von Gott eingegossene Habitus.
[86] Augustinus, *Contra Iulianum* IV c. 3 § 15, PL 44, Sp. 744.

numquid commendabimus eius patientiam?«. Ergo habet patientiam, et non fidem vel caritatem; ergo patientia potest esse sine caritate.

103 Item, quando aliqua ordinantur essentialiter, sicut dispositio et forma acquisita ad quam est dispositio, dispositio potest esse sine forma, licet non e converso; virtutes morales videntur esse quaedam dispositio ad caritatem, sicut felicitas naturalis ad supernaturalem.

104 Praeterea, tertio, definitio virtutis moralis perfecte potest salvari in aliquo sine virtute theologica.

105 Potest dici quod nullae virtutes inclinant ad finem ultimum, nisi mediante illa cuius est per se respicere finem ultimum; et ita si sola caritas respicit finem ultimum immediate, aliae virtutes non ordinant ad finem ultimum nisi mediante caritate. Quatenus autem sunt quaedam instrumenta perficiendi hominem, debent esse instrumenta ordinandi ipsum ad finem ultimum, in quo est summa perfectio; et ideo sunt imperfectae sine caritate, ad quam non possunt sic ordinari; [263] tamen quia ista imperfectio non est earum in specie sua (nam nullius earum est ordinare ad illum finem immediate in specie sua), ideo quaelibet aliarum in sua specie potest esse perfecta sine tali virtute. Pro tanto ergo dicuntur esse informes sine caritate et formatae per caritatem, pro quanto caritas ordinat ipsas et fines earum in finem ultimum, in qua ordinatione est summa et vera earum perfectio extrinseca.

106 Per hoc patet ad auctoritatem Augustini, nam virtutes non sunt verae sine caritate quia non perducunt ad beatitudinem sine ea.

107 Sed si e converso virtutes theologicae praesupponant virtutes morales, dubium est.

108 Quantum ad actum, manifestum est quod non. Si enim aliquis prius vitiosus de novo convertatur, iste in principio habet omnes

---

[87] Augustinus, *De patientia* c. 26 §23, CSEL 41, S. 687–688; Gratian, *Decretum* p. 2 causa 33 q. 3 »De poenitentia«, d. 3 c. 49, Corpus Iuris Canonici Bd. 1, Sp. 1228.
[88] Also kann es moralische Tugenden schon geben, wenn die Liebe noch nicht entstanden ist.
[89] Vgl. Duns Scotus, *Quodl.* q. 17 §8, Viv. 25, S. 212b.

retiker oder Schismatiker stirbt, damit er Christus nicht verleugnet, loben wir dann nicht seine Geduld?«[87] Also hat er Geduld, aber nicht Glauben oder Liebe; also kann die Geduld ohne die Liebe sein.

103 Ferner, wenn Dinge wesenhaft geordnet sind, wie die Disposition und die erworbene Form, für die sie die Disposition ist, dann kann die Disposition ohne die Form sein, aber nicht umgekehrt. Nun scheinen die moralischen Tugenden eine gewisse Disposition zur Liebe zu sein, so wie das natürliche Glück eine Disposition zur übernatürlichen Glückseligkeit ist.[88]

104 Außerdem kann drittens die Definition der moralischen Tugend vollkommen in jemandem aufrechterhalten werden, auch ohne die theologische Tugend.

105 Man kann sagen, dass die Tugenden nur mittels derjenigen Tugend zum letzten Ziel hingeneigt machen, für die es charakteristisch ist, das letzte Ziel zu betreffen. Sofern also nur die Liebe unmittelbar das letzte Ziel betrifft, ordnen die anderen Tugenden nur mittels der Liebe auf das letzte Ziel hin. Sofern es aber gewisse Hilfsmittel gibt, die den Menschen vollenden, müssen dergleichen Hilfsmittel dafür sein, ihn auf das letzte Ziel hinzuordnen, in dem die höchste Vollkommenheit ist. Daher sind [die moralischen Tugenden] ohne die Liebe unvollkommen, denn ohne die Liebe können sie nicht auf das letzte Ziel hinordnen. Jedoch haben sie diese Unvollkommenheit nicht in ihrer Wesensnatur, denn es kommt keiner von ihnen gemäß ihrer Wesensnatur zu, unmittelbar auf das letzte Ziel hinzuordnen. Daher kann jede dieser anderen Tugenden auch ohne die Liebe in ihrer eigenen Wesensnatur vollkommen sein. Sie werden also ohne Liebe »ungeformt« und mit Liebe »geformt« genannt, sofern die Liebe sie und ihre Ziele auf das letzte Ziel hinordnet und sofern in dieser Hinordnung ihre höchste und wahre extrinsische Vollkommenheit ist.[89]

106 Damit ist die Antwort auf die autoritative Äußerung des Augustinus klar [§ 101], denn die Tugenden sind ohne Liebe keine wahren Tugenden, da sie ohne diese nicht zur Glückseligkeit führen.

107 Aber es ist unklar, ob umgekehrt die theologischen Tugenden die moralischen Tugenden voraussetzen.

108 Was den Akt betrifft, ist dies offensichtlich nicht der Fall. Wenn nämlich jemand, der vorher lasterhaft war, sich erstmals be-

virtutes theologicas, et tamen non morales, saltem acquisitas: non enim delectabiliter operatur omnia illa ad quae inclinat habitus eius virtuosus, immo delectabile esset sibi operari secundum habitum antiquum vitiosum prius acquisitum et tristari secundum oppositum.

109 Sed si dicatur ›huic in principio omnes esse virtutes morales [264] infusas‹ (et consimiliter sicut de parvulo in baptismo) et per hoc salvetur connexio, quia si non habet innatas, saltem habet eas infusas (quod probatur, quia habebit eas in patria secundum Augustinum, et adducit eum Magister in littera; non autem videtur [265] probabile quod haberet eas in patria, secundum Augustinum, nisi haberet eas in via, nec acquiret eas in via statim cum moriatur), – licet de istis virtutibus moralibus infusis multa dicantur, scilicet quod videntur necessariae propter modum vel medium vel finem, tamen quia finis omnis, quem non possunt habere ex specie sua, sufficienter determinatur ex inclinatione caritatis, modus autem vel medium sufficienter determinatur per fidem infusam, ideo non videtur necessitas ponendi alias virtutes morales (infusas) quam acquisitas [266] in iis qui habent eas acquisitas vel habere possunt; sed nec in aliis, quia non est maior ratio quare debeant infundi istis quam illis.

110 Et tunc potest dici ad illud de parvulis quod vel non est necesse ponere eos habere virtutes morales in patria, sed sufficit quod bene disponantur circa appetibilia per caritatem (caritas quippe dis-

---

[90] Mit der Taufe werden nach dem traditionellen Verständnis alle theologischen Tugenden eingegossen. – Zur Eigenschaft tugendhaften Handelns, mit Freude tätig zu sein, siehe § 18 (oben, S. 215).

[91] Während Scotus nur Glaube, Hoffnung und Liebe zu den eingegossenen Tugenden *(virtutes infusae)* zählt (siehe außer § 109 auch *Ord.* III d. 34 q. un. § 33–34, Vat. 10, S. 192–193), kennt Thomas von Aquin eingegossene moralische Tugenden (das heißt eingegossene Mäßigung, Tapferkeit usw.). Nach Thomas sind diese eingegossenen moralischen Tugenden mit der eingegossenen Liebe und Klugheit verbunden; siehe *S. theol.* I–II q. 65 a. 2; a. 3, Leon. 6, S. 423b; S. 424b–425a. Nach Scotus werden dem Kleinkind bei der Taufe nur die theologischen Tugenden eingegossen, siehe *Lect.* III d. 36 q. un. § 117, Vat. 21, S. 343.

[92] Thomas von Aquin, *S. theol.* I–II q. 67 a. 1, Leon. 6, S. 438b, wo Thomas Augustinus zitiert, *De Trinitate* XIV c. 9 § 12, CCSL 50A, S. 439. Diese Stelle zitiert auch Petrus Lombardus, *Sent.* III d. 33 c. 3 § 3, Bd. 2, S. 189.

kehrt, dann hat er von Anfang an alle theologischen Tugenden, aber nicht die moralischen, zumindest nicht die erworbenen moralischen Tugenden. Er tut nämlich nicht mit Freude all das, worauf sein tugendhafter Habitus ihn hinneigt, sondern es wäre ihm vielmehr angenehm, gemäß dem alten, früher erworbenen lasterhaften Habitus zu handeln, und es wäre ihm unangenehm, gemäß dem gegenteiligen Habitus zu handeln.[90]

109 Nun wird behauptet, zu Beginn würden dem Bekehrten alle moralischen Tugenden eingegossen (ähnlich wie dem Kleinkind bei der Taufe [die theologischen Tugenden eingegossen werden]), und damit bleibe die Verbindung [der Tugenden] gewahrt, denn sofern er keine angeborenen Tugenden habe, so habe er wenigstens diese eingegossenen.[91] Beweis: Er wird sie nach Augustinus in der himmlischen Heimat haben, und der Magister führt ihn im Text an.[92] Es scheint aber nach Augustinus nicht plausibel, dass er sie in der himmlischen Heimat hat, wenn er sie nicht schon auf dem Erdenweg hat; er erwirbt sie auch nicht auf dem Erdenweg augenblicklich, wenn er stirbt. Über diese eingegossenen moralischen Tugenden wird vieles gesagt, nämlich dass sie scheinbar notwendig sind für die Handlungsweise, das Mittel oder das Ziel.[93] Weil aber jedes Ziel, das die moralischen Tugenden nicht schon aufgrund ihrer Wesensnatur haben können, hinreichend von der Hinneigung durch die Liebe [auf das Ziel] bestimmt ist, und weil die Handlungsweise sowie das Mittel hinreichend vom eingegossenen Glauben bestimmt sind, deswegen scheint es keine Notwendigkeit zu geben, in jenen, die die erworbenen moralischen Tugenden haben oder haben können, über die erworbenen hinaus auch eingegossene moralische Tugenden anzunehmen. Das ist auch nicht in den anderen nötig [die keine erworbenen moralischen Tugenden haben], denn es gibt keinen triftigeren Grund, dass sie ihnen eingegossen werden müssten, als dass sie denen eingegossen werden [die die erworbenen moralischen Tugenden haben].

110 Und dann kann man auf das Argument hinsichtlich der [früh verstorbenen getauften] Kleinkinder antworten, dass man nicht annehmen muss, sie hätten die moralischen Tugenden in der himmlischen Heimat, sondern es genügt, dass sie durch die Liebe gut ge-

---

[93] Die Ausdrucksweise »Handlungsweise, Mittel und Ziel« übernimmt Scotus dem Referat der thomasischen Position bei Heinrich von Gent, siehe *Quodl.* VI q. 12, Opera omnia 10, S. 140. Siehe hierzu die ausführlichere Diskussion in *Lect.* III d. 36 q. un. § 122, Vat. 21, S. 343–344.

ponit circa omnia volibilia in una ratione volibilis), sicut non oportet quod habeant scientiam omnium in genere proprio, sed sufficit nosse ea in Verbo, quae est notitia perfecta.

111 Vel secundo, si habebunt eas, potest dici quod infundantur eis in instanti beatitudinis: non enim magis necesse est illa quae pertinent ad viatorem, si quando esset futurus viator, dari sibi in baptismo quam ea quae pertinent ad statum comprehensoris dari sibi in instanti beatitudinis, immo minus est rationale hoc quam illud.

112 Vel potest dici tertio quod si illae pertineant ad aliquam perfectionem comprehensoris, et non dabantur in instanti glorificationis, poterunt eas acquirere per actus suos in patria: sicut enim non apparet ratio quare non possunt addiscere aliqua scibilia in genere proprio quae prius non noverant, ita non apparet ratio quare non poterunt ex bonis electionibus circa alia appetibilia ad finem (et hoc non tantum in quantum sunt volenda propter Deum in se, sed [267] ut volenda tamquam commoda sibi) acquirere unum habitum moralem inclinantem ad electionem talium appetibilium sub propria ratione, et ita virtutem moralem.

113 Quantum ad istum ergo articulum, sicut prius dictum est, dico virtutes morales non requirere theologicas ad hoc ut ipsae morales sint perfectae in specie sua, licet non sint perfectae sine eis perfectione ulteriore quam possent sic habere; ita etiam non est necesse e converso quod virtutes theologicae, sive in via sive in patria, requirant necessario morales.

---

[94] Scotus antwortet auf ein Argument, das er hier nicht erwähnt. In der *Lectura*, die er für die *Ordinatio* als Grundlage nahm, lautet es so: »Dicit: istae virtutes erunt in patria [...]; igitur parvulus habebit eas, – igitur et virtutes infusas in baptismo, quia non potest acquirere eas cum non habeat usum rationis ante mortem, si cito contingit eum mori; igitur etc. (Er behauptet: Diese [moralischen] Tugenden gibt es in der himmlischen Herrlichkeit [...], also hat sie ein Kleinkind; und deswegen hat es auch die eingegossenen [moralischen] Tugenden, denn es kann sie nicht selbst erwerben, da es vor dem Tod noch nicht den Vernunftgebrauch hat, falls es früh stirbt.)« *Lect.* III d. 36 q. un. § 123, Vat. 21, S. 344. Dieses Argument hat Thomas von Aquin vertreten, siehe *S. theol.* III q. 69 a. 6 in corp., Leon. 12, 110b.

[95] Nämlich bei Eintritt in die Schau Gottes.

genüber den Gegenständen des Strebens disponiert sind.[94] (Die Liebe disponiert ja hinsichtlich aller Gegenstände des Wollens gemäß einem einzigen Aspekt des Wollens.) Ebenso wenig brauchen sie ein Wissen aller Dinge in ihrer je eigenen Gattung, sondern es genügt, dass sie alles im göttlichen Wort erkennen, denn dies ist ja eine vollkommene Erkenntnis.

111 Eine zweite Möglichkeit ist folgende: Wenn die Kleinkinder die moralischen Tugenden doch haben werden, kann man sagen, dass sie ihnen im Moment der Glückseligkeit eingegossen werden. Das Erfordernis, einem Pilger [auf dem Erdenweg] in der Taufe das zu verleihen, was für ihn von Belang ist, sofern er [nach der Taufe] ein Pilger sein wird, ist nämlich nicht größer, sondern geringer und weniger einleuchtend als das Erfordernis, ihm das, was im Stand der vollen Erkenntnis [Gottes] von Belang ist, im Augenblick der Glückseligkeit zu verleihen.

112 Eine dritte Möglichkeit: Unter der Hypothese, dass die moralischen Tugenden zu einer gewissen Vollkommenheit des voll [Gott] Erkennenden gehören und dass sie nicht im Augenblick der Verherrlichung[95] verliehen werden, konnten die Kinder sie durch ihre eigenen Akte in der himmlischen Heimat erwerben. So, wie es keinen Grund gibt, dass sie keine Gegenstände des Wissens in der je eigenen Gattung erlernen könnten, die sie vorher nicht wussten, so gibt es auch keinen Grund, dass sie nicht aus den guten Wahlakten hinsichtlich dessen, was im Hinblick auf das Ziel erstrebenswert ist (sei es um Gottes selbst willen gewollt oder als für einen selbst angenehm), einen moralischen Habitus – und insofern eine moralische Tugend – erwerben könnten, der zur Wahl solcher erstrebenswerter Dinge unter dem je eigenen Sinngehalt hinneigt.

113 Was diesen Artikel betrifft, sage ich wie bereits zuvor [§ 105], dass die moralischen Tugenden nicht die theologischen Tugenden dazu brauchen, dass sie in ihrer jeweiligen Wesensnatur vollkommen sind. Sie sind allerdings ohne die theologischen Tugenden nicht gemäß einer solchen zusätzlichen Vollkommenheit vollkommen, die sie zusammen mit ihnen haben könnten. Umgekehrt ist es auch nicht notwendig, dass die theologischen Tugenden – sei es auf dem Erdenweg oder in der himmlischen Heimat – notwendigerweise die moralischen Tugenden benötigen [vgl. § 108].

[D. – De connexione virtutum theologicarum inter se]

114 Quantum ad quartum articulum, de connexione virtutum theologicarum inter se, dico quod non sunt connexae, sicut apparet in patria, ubi manebit habitus et actus caritatis sine habitu et actu fidei vel spei; sicut etiam apparet in via, ubi in peccatore manent fides et spes sine caritate. Ex ratione igitur habituum in exsistendo non est necessaria connexio.

115 Sed numquid in ›fieri‹ sive infusione, ita ut una non possit infundi sine alia?

116 Respondeo. Quaecumque separari possunt in ›esse‹, ita quod unum potest esse sine alio, Deus potest separare unum ab alio in [268] ›fieri‹ vel infundi, – et ita, quantum ad infusionem, non necessario connectuntur ex se, sed ex liberalitate divina connectuntur, quia Deus totum hominem perficit, secundum Augustinum *De vera et falsa poenitentia:* ›Impium est a Deo dimidiam separare veniam, scilicet quod sicut corporaliter nullum sanavit nisi perfecte, ita etiam spiritualiter non sanat hominem nisi perfecte sanet‹; perfecta autem sanitas est si quantum ad intellectum habeat fidem, quantum ad voluntatem habeat caritatem et spem, – sicut apparet Extra, ›De poenitentia‹, distinctione 3, paragrapho »Sed quod«.

117 Si autem quaeratur utrum fides et spes sine caritate essent virtutes, dici potest (sicut prius dictum est de virtutibus) quod in specie sua possunt esse perfectae, in quantum scilicet sunt principia propriorum actuum respectu propriorum obiectorum; sed perfectionem illam ultimatam quam habent in attingendo finem, ad quem ordinantur ex caritate, non possunt habere sine ipsa. Et haec quidem est perfectio tam in moralibus quam in istis, quamvis communiter dicatur esse in attingendo finem per operationem aliquam elicitam, sive propter ordinem aliquem istorum vel illorum actuum ad

---

[96] Vgl. 1 Kor 13, 8–13.
[97] Ps.-Augustinus, *De vera et falsa poenitentia* c. 9 § 23, PL 40, Sp. 1121.
[98] Gratian, *Decretum* p. 2 causa 33 q. 3 »De poenitentia«, d. 3 c. 41–42, Corpus Iuris Canonici Bd. 1, Sp. 1225.

36. Distinktion, einzige Quästion

[D. – Die Verbindung der theologischen Tugenden untereinander]

114 Was den vierten Artikel betrifft, über die Verbindung der theologischen Tugenden untereinander, sage ich, dass sie nicht verbunden sind. Das ist in der himmlischen Heimat deutlich, wo der Habitus und Akt der Liebe ohne den Habitus und Akt des Glaubens oder der Hoffnung bleibt.[96] Es ist aber auch auf dem Erdenweg deutlich, wo im Sünder der Glaube und die Hoffnung auch ohne die Liebe bleiben. Vom Gesichtspunkt der Existenz der Habitus ist also keine Verbindung notwendig.

115 Aber sind sie nicht bei der Entstehung beziehungsweise bei der Eingießung verbunden, so dass eine nicht ohne die andere eingegossen werden kann?

116 Ich antworte: Gott kann alles, was in der Existenz getrennt sein kann (so dass eines ohne das andere ist), voneinander bei dessen Entstehung oder Eingießung trennen. Hinsichtlich der Eingießung sind die theologischen Tugenden nicht notwendigerweise von sich aus verbunden, sondern sie sind aufgrund der göttlichen Freigebigkeit verbunden. Gott vollendet nämlich den ganzen Menschen, gemäß Augustinus, *Über die wahre und falsche Buße*: »Es ist frevlerisch, von Gott nur die halbe Vergebung zu erhoffen, denn so, wie er niemanden anders als in vollkommener Weise körperlich heilt, so heilt er auch geistig den Menschen nur auf vollkommene Weise.«[97] Die vollkommene geistige Gesundheit hat der Mensch aber dann, wenn er bezüglich des Intellekts den Glauben und bezüglich des Willens die Liebe und Hoffnung hat, wie es aus dem *Dekret* klar ist, nämlich »Über die Buße«, 3. Distinktion, im Abschnitt »Aber dass [...]«.[98]

117 Wenn aber gefragt wird, ob Glaube und Hoffnung ohne die Liebe Tugenden sind, kann man sagen (wie vorher über die [moralischen] Tugenden gesagt worden ist [§ 105]), dass sie in ihrer Wesensnatur vollkommen sein können, sofern sie nämlich die Prinzipien der eigenen Akte hinsichtlich ihrer eigentümlichen Objekte sind. Die letzte Vollkommenheit, die ihnen durch Erreichen des Zieles zukommt, auf das sie durch die Liebe hingeordnet sind, können sie aber ohne die Liebe nicht haben. Und diese letzte Vollkommenheit ist ja die Vollkommenheit sowohl in den moralischen als auch in den theologischen Tugenden, wenngleich allgemein gesagt wird, sie bestehe im Erlangen des Ziels durch die Ausübung einer bestimmten Tätigkeit oder durch eine gewisse Hinordnung der Akte der mora-

[269] finem. Potest tamen dici esse praecise in hoc quod est acceptari a Deo, ordinando ad beatitudinem; sic quippe nulla virtus moralis, nec infusa nec actus moralis etiam, acceptatur sine caritate, quae »sola dividit inter filios regni et perditionis«.

118 De habitibus autem intellectualibus non oportet ita immorari: planum est enim quod non est eorum necessaria connexio, nisi forte aliqui sint habitus subordinati, cuiusmodi sunt intellectus principii et conclusionis scientia; et in huiusmodi prior est sine posteriore, licet non e converso.

[II. – **Ad argumenta principalia**]

119 Ad argumenta principalia.

Duo prima concedo, quia includunt quod dictum est in primo articulo.

120 Ad tertium respondeo quod licet ex ›frequenter sic operari‹ generetur quaedam qualitas, quae nata est esse virtus moralis (quia nata est esse concors rationi rectae), et esset virtus si haberet rectam rationem in operante, tamen quia non est rectum dictamen in isto, deficit regula rectae operationis; et ideo electio, quae nata est esse [270] recta, non est recta, quia nec regulata, – et per consequens etsi generet quamdam qualitatem, non generat tamen habitum recte electivum, et per consequens nec virtutem.

121 Quartum argumentum concedo, quia concludit quod dictum est in secundo articulo de connexione virtutum moralium cum prudentia.

122 Ad alias rationes sequentes de virtutibus incompossibilibus, concedo quod licet possit responderi quod nullae virtutes – etiam in

---

[99] Vgl. *Ord.* I d. 17 p. 1 q. 1–2 § 129, Vat. 5, S. 202–203. Die »Akzeptanz« *(acceptatio)* ist »die Hinordnung im Willen Gottes eines [menschlichen] Aktes zum ewigen Leben, sofern er ein Verdienst bedeutet, das dieser Belohnung würdig ist *(tamquam meriti condigni ad praemium)*«, siehe ebd., S. 202.
[100] Augustinus, *De Trinitate* XV c. 18 § 32, CCSL 50A, S. 507.

lischen oder theologischen Tugenden auf das Ziel. Man kann jedoch sagen, die [letzte Vollkommenheit] bestehe ausschließlich darin, von Gott akzeptiert zu sein und dadurch auf die Glückseligkeit hingeordnet zu sein.[99] Allerdings wird keine moralische Tugend, und auch keine eingegossene und keine moralische Handlung, ohne Liebe akzeptiert, die »allein die Söhne des Himmelreiches von denen des Verderbens trennt.«[100]

118 In Bezug auf die intellektuellen Habitus brauchen wir uns nicht so sehr aufzuhalten. Es ist nämlich offensichtlich, dass es keine notwendige Verbindung unter ihnen gibt, außer vielleicht, wenn einige [intellektuelle] Habitus [anderen] untergeordnet sind, so wie es die Einsicht in ein Prinzip und das Wissen einer Konklusion sind. Bei solchen Habitus kann das Vorgeordnete ohne das Nachgeordnete sein, aber nicht umgekehrt.

[II. – Antwort auf die Hauptargumente]

119 Antwort auf die Hauptargumente.

Die ersten beiden [§ 2–3] lasse ich gelten, denn sie beinhalten, was im ersten Artikel gesagt worden ist [§ 33].

120 Auf das dritte Argument [§ 4] antworte ich Folgendes: Dadurch, dass man häufig in einer gewissen Weise handelt, entsteht durchaus eine gewisse Eigenschaft, die darauf angelegt ist, zu einer moralischen Tugend zu werden (da sie darauf angelegt ist, im Einklang mit der rechten Vernunft zu sein). Sie wäre auch eine Tugend, wenn mit ihr die rechte Vernunft im Handelnden einherginge. Aber weil der Handelnde nicht die rechte Weisung im Sinn hat, fehlt das Richtmaß der rechten Handlung. Daher ist die Wahl, die [sachlich gesehen] eigentlich die Voraussetzung hat, recht zu sein, [trotzdem] nicht recht, weil sie nicht [von der Vernunft] geregelt ist. Obwohl also die Wahl eine gewisse Eigenschaft erzeugt, erzeugt sie jedoch keinen Habitus, der zur rechten Wahl disponiert, und folglich erzeugt sie keine Tugend.

121 Dem vierten Argument [§ 5] stimme ich zu, denn es kommt zum selben Schluss wie das, was im zweiten Artikel über die Verbindung der moralischen Tugenden mit der Klugheit gesagt worden ist [§ 72].

122 In Bezug auf die anderen, darauf folgenden Argumente über die miteinander unvereinbaren Tugenden [§ 6–8]: Ich stimme zu,

specie – sint incompossibiles, tamen in quantum ad propositum adducuntur, includunt quod diversae species eiusdem generis virtutis moralis, vel diversorum generum, non sunt necessario connexae; et hoc concessum est in primo articulo huius quaestionis.

dass man durchaus antworten könnte, keine der Tugenden seien miteinander unvereinbar, auch nicht gemäß ihrer Wesensnatur. Sofern diese Argumente aber im Hinblick auf unser Thema angeführt werden, implizieren sie, dass verschiedene Arten derselben Gattung einer moralischen Tugend, oder auch verschiedener Gattungen [von Tugenden], nicht notwendig verbunden sind, und das wurde im ersten Artikel dieser Frage anerkannt [§ 31–32].

[Ordinatio, Liber Tertius Distinctio trigesima septima

Quaestio unica

Utrum omnia praecepta decalogi sint de lege naturae]

1 [Vat. 10, 271] Circa distinctionem trigesimam septimam quaero utrum omnia praecepta decalogi sint de lege naturae.

2 Quod non:
Quia in iis quae sunt de lege naturae, non videtur Deus posse dispensare; sed dispensavit in aliquibus, quae videntur esse contra praecepta decalogi; ergo etc.

3 Probatio maioris: quae sunt de lege naturae, vel sunt principia practica nota ex terminis, vel sunt conclusiones necessario sequentes ex talibus principiis; sive sic sive sic, habent veritatem necessariam; ergo non potest Deus facere eas esse falsas. Ergo non potest facere quin illud sit ›bonum‹ quod significatur per eas esse bonum, et ›malum‹ quod notatur per eas esse fugiendum; et ita non potest facere de illicito licitum.

4 [272] Probatio minoris: occidere, furari et moechari sunt contra praecepta decalogi, ut patet Ex. 20: »Non occides.« In illis videtur Deus dispensasse: de homicidio patet Gen. 22, de Abraham et filio eius immolando; de furto patet Ex. 11 et 12, de filiis Israel, quibus praecepit Deus ut spoliarent Aegyptios, quae spoliatio est »contrectatio rei alienae invito domino«, quae est definitio furti; de tertio Os. 1: »Fac filios fornicationum«.

---

[1] *Iustiniani Institutiones* IV c. 1 §1, Corpus Iuris Civilis, Bd. 1, S. 43a: »Furtum est contrectatio rei fraudulosa vel ipsius rei vel etiam usus eius possessionisve, quod lege naturali prohibitum est admittere. (Diebstahl ist der betrügerische Umgang mit einem Ding – entweder mit dem Ding selbst oder mit seiner Benutzung oder mit seinem Besitz – was zu gestatten vom Naturgesetz verboten ist.)« (Zur Übersetzung von *contrectatio*, siehe Watson 1960, S. 198.) Die Formulierung, dass dies gegen den Willen des Besitzers geschieht, findet sich in *Iustiniani Institutiones* IV c. 1 §2, S. 43b.

[Ordinatio, Buch III
Siebenunddreißigste Distinktion

Einzige Quästion

Gehören alle Gebote des Dekalogs zum Naturgesetz?]

1 Zur siebenunddreißigsten Distinktion frage ich, ob alle Gebote des Dekalogs zum Naturgesetz gehören.

2 Argumente dagegen:
Im Bereich dessen, was zum Naturgesetz gehört, kann Gott offenbar nicht dispensieren. Er hat jedoch von einigen Dingen, die gegen die Gebote des Dekalogs zu sein scheinen, dispensiert; also usw.

3 Beweis des Obersatzes: Was zum Naturgesetz gehört, sind entweder praktische Prinzipien, die aufgrund [der Übereinkunft] der Satzglieder einleuchtend sind, oder es sind Schlussfolgerungen, die notwendig aus solchen Prinzipien folgen. In beiden Fällen haben sie eine notwendige Wahrheit; also kann Gott nicht bewirken, dass sie falsch sind. Folglich kann er nicht bewirken, dass das nicht gut ist, was in diesen Sätzen als gut bezeichnet wird, oder dass das nicht schlecht ist, was in ihnen als zu vermeiden angezeigt wird. Und so kann er nicht aus dem Unerlaubten etwas Erlaubtes machen.

4 Beweis des Untersatzes: Töten, Stehlen, und Ehebrechen sind gegen die Gebote des Dekalogs, wie aus Exodus 20 [Verse 13–15] klar ist: »Du sollst nicht töten.« Diesbezüglich hat Gott offenbar dispensiert: Hinsichtlich der Tötung erhellt das aus Genesis 22 [Verse 1–2] über Abraham und seinen Sohn, den er opfern sollte. In Bezug auf den Diebstahl ist das klar aufgrund von Exodus 11 [Verse 2–3] und 12 [Verse 35–36] über die Israeliten, denen Gott befahl, die Ägypter zu berauben, und Beraubung ist »der unangemessene Umgang mit einer fremden Sache gegen den Willen des Besitzers« nach der Definition des Diebstahls.[1] Um den dritten [Akt geht es bei] Hosea 1 [Vers 2]: »Zeuge Hurenkinder.«

5 Praeterea, Rom. 7 dicit Apostolus: »Concupiscentiam nesciebam, nisi Lex diceret non concupiscendum esse«; sed ea quae sunt nota ex lege naturae, sciuntur esse agenda vel non agenda etsi non essent scripta, – sicut ea quae sunt nota naturaliter in speculabilibus, essent nota naturaliter licet non essent revelata; etc.

6 [273] Praeterea, lex naturae obligat in omni statu, quia notum est in tali natura quod sic est agendum vel non; sed non in omni statu obligavit decalogus, puta non in statu innocentiae: tunc enim non erat lex data; nec videtur obligare antequam lex erat data.

7 Contra:

In principio *Decretorum*, paragrapho »His itaque«: ›Ius naturale sic manet, quaecumque in Lege vel Evangelio inveniuntur‹; et in canonica Ioannis cap. 2 (quaere).[a]

[I. – Ad quaestionem]

A. – Opiniones aliorum

1. – Opinionum expositio]

8 [274] Hic dicitur quod sic.

---

[a] Sequitur textus interpolatus (APSZB):
»›Et in hoc scimus quod cognovistis eum, si mandata eius custodistis, quia qui mandata eius custodit, in hoc caritas Dei perfecta est. Qui autem dicit se nosse Deum et fratrem suum odit, mendax est. Mandatum non novum sed antiquum do vobis, quod habuistis ab initio‹. Hoc ad propositum.«

[2] Das Naturgesetz ist verpflichtend in allen Ständen: im »Stand der Unschuld« (das heißt vor der Erbsünde), im »Pilgerstand« (das heißt hier auf Erden) sowie in der (himmlischen) »Heimat«.

[3] Gratian, *Decretum* p. 1 d. 6 c. 3, Corpus Iuris Canonici Bd. 1, Sp. 11.

[4] Es folgt ein handschriftlich gut bezeugter Einschub; eine Handschrift (P) hat allerdings eine Randbemerkung, wonach dieser Text nicht »bei Johannes [Duns Scotus]« zu finden ist:

»Und dadurch wissen wir, dass ihr ihn erkannt habt, wenn ihr seine Gebote haltet, denn wer seine Gebote hält, in dem ist Gottes Liebe vollkommen. Wer

5 Ferner sagt der Apostel im Brief an die Römer 7 [Vers 7]: »Ich wäre mir meiner Begierde nicht bewusst, wenn das Gesetz nicht sagte, man solle nicht begehren.« Was aber vom Naturgesetz her erkennbar ist, davon weiß man, dass es zu tun oder zu lassen ist, auch wenn es nicht aufgeschrieben ist. Genauso wäre ja das, was im theoretischen Bereich natürlicherweise erkennbar ist, auch dann natürlicherweise erkennbar, wenn es nicht geoffenbart wäre; usw.

6 Ferner ist das Naturgesetz in jedem Stand verpflichtend, denn es ist in einer solchen Natur erkennbar, dass man so handeln soll oder nicht.[2] Aber der Dekalog verpflichtet nicht in jedem Stand, nämlich zum Beispiel nicht im Stand der Unschuld. Damals war nämlich noch kein Gesetz gegeben, und der Dekalog scheint nicht zu verpflichten, bevor das Gesetz gegeben worden ist.

7 Gegenargument:

Zu Beginn des *Dekrets*, im Abschnitt »Und so [wird] darauf [geantwortet] […]« heißt es: »Das Naturrecht bleibt, wie es ist, was auch immer im Gesetz [des Alten Bundes] oder im Evangelium zu finden ist«.[3] Ebenso im 2. Kapitel [Vers 7] des [Ersten] Briefs des Johannes (suche nach).[4]

[**I. – Zur Frage**

A. – Die Meinungen anderer

1. – Darstellung der Meinungen]

8 Die Frage [ob alle Gebote des Dekalogs zum Naturgesetz gehören] wird bejaht.[5]

---

aber sagt, er kenne Gott, aber seinen Bruder hasst, ist ein Lügner. Ich gebe euch kein neues Gebot, sondern ein altes, das ihr von Anfang an gehabt habt.‹ [1 Joh 2, 2–3 und 7] Dies bezieht sich auf das vorliegende Argument.«
[5] Scotus bezieht sich hier auf Richard von Mediavilla, den er vor Augen hat (siehe § 20, S. 289), und möglicherweise auch auf Thomas von Aquin, dessen Position Richard reproduziert; siehe Thomas von Aquin, *S. theol.* I–II q. 100 a. 1, Leon. 7, S. 206a–207b; Richard von Mediavilla, *In Sent.* III d. 37 a. 1 q. 1, ed. Brixen, Bd. 3, S. 441b–443a. Von Richard übernimmt Scotus offenbar auch die Fragestellung der Quästion, siehe ebd., S. 441b.

9 Et ponitur modus talis: lex naturae est lex descendens ex principiis primo notis in agibilibus; talia quidem sunt prima principia practica, nota ex terminis, quae sunt ipsa prima seminaria ⟨virtutis⟩ᵃ, ad quorum veritatem inclinatur naturaliter intellectus ex terminis, et ad assentiendum dictamini tali naturaliter inclinatur voluntas; ex talibus principiis sequuntur omnia, mediate vel immediate, quaecumque sunt in decalogo. Omnia enim quae ibi praecipiuntur, habent bonitatem formalem, qua secundum se ordinata sunt ad finem ultimum, ut per illa homo convertatur ad illum finem, – omnia [275] etiam quae ibi prohibentur, habent malitiam formalem avertentem a fine ultimo; ita quod illa quae praecipiuntur, non sunt bona tantum quia praecepta, sed e converso ›quia bona, ideo praecepta‹, – quae prohibentur, non sunt tantum mala quia prohibita, sed ›quia mala, ideo prohibita‹.

10 Et tunc videretur consequenter esse dicendum ad primum argumentum quod Deus non potest dispensare simpliciter circa talia: quod enim est illicitum ex se, non videtur quod possit fieri licitum per aliquam voluntatem, – puta si occidere, ex hoc quod est actus transiens super talem materiam (puta proximum), est actus malus, stante ista causa semper erit malus; et ita nullum ›velle‹ quod est extra rationem istorum terminorum potest facere quod sit bonus.

11 Sed tunc exponerentur auctoritates, quae videntur dicere Deum in talibus dispensasse.

Et exponuntur uno modo sic, quod etsi possit fieri dispensatio [276] circa actum in genere actus, non tamen circa illum – in quan-

---

ᵃ virtutis] veritatis ASB *ed. om.* ZNYQ *om. hom.* P.

---

[6] Die Editio Vaticana liest mit den besten handschriftlichen Zeugen *semina veritatis* (Samen der Wahrheit), was offenbar ein Lesefehler dieser Handschriften ist. (In der gothischen Kursivschrift sind die Abkürzungen für *veritatis* und *virtutis* sehr ähnlich.) *Semina virtutis* ist der geläufige *terminus technicus* für die ersten praktischen Prinzipien. Der Lesefehler müsste sich im frühesten Stadium der Textüberlieferung ereignet haben, da keine Handschrift *virtutis* liest.
[7] Thomas von Aquin, *S. theol.* I–II q. 100 a. 8, Leon. 7, S. 215a; Richard von Mediavilla, *In Sent.* III d. 37 a. 1 q. 5, ed. Brixen, Bd. 3, S. 447a–b.

9 Und die Argumentation ist wie folgt: Das Naturgesetz ist ein Gesetz, das sich aus den auf Anhieb einleuchtenden Prinzipien im Bereich des Handelns ergibt. Diese Prinzipien sind die ersten praktischen Prinzipien, die durch die Satzglieder erkennbar sind. Diese sind die ersten Keime der Tugend,[6] zu deren Zustimmung der Intellekt von Natur aus aufgrund [der Übereinstimmung] der Satzglieder geneigt ist, und der Wille ist von Natur aus zur Einwilligung zu einer solchen Weisung geneigt. Alles, was im Dekalog steht, folgt aus diesen Prinzipien entweder unmittelbar oder vermittelt [durch Schlussfolgerungen]. Alles, was dort geboten wird, hat nämlich ein formales Gutsein, durch das es an sich auf das letzte Ziel hingeordnet ist; und der Mensch soll sich durch das dort Gebotene diesem Ziel zuwenden. Ebenso hat alles, was dort verboten wird, ein formales Schlechtsein, das vom letzten Ziel abbringt. Insofern ist das, was dort geboten wird, nicht bloß deswegen gut, weil es geboten ist, sondern umgekehrt: Es ist geboten, weil es gut ist. Und was verboten wird, ist nicht allein darum schlecht, weil es verboten ist, sondern weil es schlecht ist, ist es verboten.

10 Und dann muss man offenbar dementsprechend auf das erste Argument [§ 2] erwidern, Gott könne in diesen Dingen nicht uneingeschränkt dispensieren.[7] Was nämlich in sich unerlaubt ist, kann offensichtlich nicht durch irgendeinen Willen zu etwas Erlaubtem werden. Wenn zum Beispiel Töten aufgrund dessen schlecht ist, weil sich dieser Akt auf einen gewissen Gegenstand richtet (nämlich den Nächsten), dann wird er für immer schlecht sein, weil sich der Grund, warum er schlecht ist, nicht ändert. Und daher kann kein Wollen, das gegenüber dem Sinngehalt dieser Begriffe äußerlich ist, bewirken, dass Töten gut ist.

11 Aber dann sind jene autoritativen Aussagen, wonach Gott in diesen Dingen offenbar dispensiert hat, entsprechend zu interpretieren.

Und auf eine Weise werden sie so interpretiert, dass eine Dispens zwar in Bezug auf einen Akt gemäß der Gattung dieses Aktes gegeben werden kann, aber nicht in Bezug auf jenen Akt, sofern er verboten

tum est prohibitus – contra intentionem mandantis, et ita nec contra prohibitionem.

12 Aliter diceretur quod actus manens inordinatus non potest fieri ordinatus, – actus autem in quantum est contra prohibitionem, est inordinatus; ideo non potest dispensare in illo, in quantum est contra prohibitionem.

[2. – Opinionum improbatio]

13 Sed istae expositiones (quae forte videntur redire in idem) non videntur salvare propositum:
›Dispensare‹ enim non est facere quod stante praecepto liceat facere contra praeceptum, sed ›dispensare‹ est revocare praeceptum vel declarare qualiter debeat intelligi, – ›est enim duplex dispensatio, scilicet iuris revocatio et iuris declaratio‹. Quaero ergo an stantibus omnibus circumstantiis eisdem in isto actu ›occidere [277] hominem‹, ista circumstantia sola variata ›prohibitum‹ et ›non-prohibitum‹, possit Deus facere quod iste actus, qui cum eisdem circumstantiis aliis aliquando est prohibitus et illicitus, alias esset non-prohibitus sed licitus?

Si sic, simpliciter potest dispensare, quemadmodum mutavit Legem Veterem quando dedit Novam, et hoc quantum ad caerimonialia; non quidem faciens quod, stante praecepto de caerimonialibus, non essent illa servanda, sed faciens quod actu illo manente eodem, non tenebatur quis ad illum sicut prius (ita etiam dispensat quicumque legislator simpliciter, quando revocat praeceptum iuris positum ab

---

[8] Nach Thomas bleiben Mord, Diebstahl und Ehebruch nach wie vor verboten; ob aber eine bestimmte Handlung Mord, Diebstahl oder Ehebruch ist, kann sich aufgrund göttlicher Autorität ändern, siehe *S. theol.* I–II q. 100 a. 8 ad 3, Leon. 7, S. 215b. Richard wiederholt Thomas' Lösung; siehe *In Sent.* III d. 37 a. 1 q. 5 ad 2, ad 3, ad 4, ed. Brixen, Bd. 3, S. 448a.
[9] Gottfried von Fontaines, *Quod.* IV q. 11, PhB 2, S. 265. Gottfried betont den objektiven Charakter der Gutheit oder Schlechtheit von Akten und schließt deswegen aus, dass Gott vom Verbot schlechter Akte dispensieren kann. Allerdings macht er die Schlechtheit nicht, wie Scotus' Darstellung nahelegt, vom Verstoß gegen ein Verbot abhängig.

ist, also nicht entgegen der Absicht dessen, der das Gebot gegeben hat, und insofern auch nicht im Gegensatz zu dem Verbot.[8]

12 Nach einer anderen Meinung kann ein Akt, solange er ungeordnet ist, kein geordneter Akt werden. Sofern ein Akt aber gegen ein Verbot verstößt, ist er ungeordnet; daher kann [Gott] nicht davon dispensieren, sofern der Akt gegen ein Verbot verstößt.[9]

[2. – Widerlegung der Meinungen]

13 Aber diese Interpretationen (die möglicherweise auf dasselbe hinauslaufen) können offenbar das Erklärungsbedürftige nicht begründen.

Dispensieren bedeutet nämlich nicht, dafür zu sorgen, dass man bei Fortbestand des Gebots gegen das Gebot handeln darf, sondern dispensieren bedeutet, ein Gebot zurückzunehmen oder zu erklären, wie es zu verstehen ist. »Es gibt nämlich eine zweifache Dispens: die Rücknahme des Rechts sowie die Erläuterung des Rechts.«[10] Ich frage also: Angenommen, alle Umstände bleiben gleich, nur der Umstand »verboten« beziehungsweise »nicht verboten« ändert sich. Kann Gott dann bewirken, dass der Akt »einen Menschen zu töten«, der ansonsten dieselben Umstände hat, zu einer gewissen Zeit verboten und rechtswidrig ist und zu einer anderen Zeit nicht verboten und rechtmäßig?

Wenn ja, dann kann Gott [vom Dekalog] uneingeschränkt dispensieren, so wie er das Alte Gesetz veränderte, als er das Neue Gesetz gab, und zwar in Bezug auf die Zeremonialien. Er tat dies nämlich nicht, indem er das Gebot bezüglich der Zeremonialien fortbestehen ließ und bestimmte, dass sie nicht mehr befolgt zu werden brauchen. Vielmehr änderte er das Alte Gesetz, indem er dafür sorgte, dass man zu einem Akt (der sich ansonsten nicht ändert) nicht mehr wie früher verpflichtet war. So dispensiert nämlich jeder Gesetzgeber uneingeschränkt, wenn er ein Gebot des Rechtes, das er vorher gegeben hat, wieder zurücknimmt. Dadurch sorgt er nämlich dafür, dass –

---

[10] Vgl. Bonaventura, *In Sent.* IV d. 38 a. 2 q. 3, Opera omnia 4, S. 823a.

eo, faciendo scilicet quod – actu prohibito vel praecepto manente eodem secundum se – auferatur ratio prohibiti vel illiciti et fiat licitum).

Tamen non potest facere Deus de isto actu, qui cum talibus circumstantiis erat prohibitus, quod manentibus eisdem circumstantiis prioribus prohibitione non sit prohibitus, ergo non potest facere quod ›occidere‹ non sit prohibitum, – cuius oppositum manifeste patet de Abraham et multis aliis.

14 Item, quae sunt vera ex terminis, sive sint necessaria ex terminis sive sequentia ex talibus necessariis, praecedunt in veritate omnem actum voluntatis, vel saltem habent veritatem suam, circumscripto per possibile vel impossibile omni ›velle‹; ergo si praecepta decalogi, [278] vel illae propositiones practicae quae possunt formari ab eis, haberent talem necessitatem (puta si haec essent necessaria ›proximus non est occidendus vel odiendus‹, ›furtum non est faciendum‹ et huiusmodi), sequeretur quod – circumscripto quocumque ›velle‹ apud intellectum apprehendentem – tales complexiones essent istae necessariae, et ita intellectus divinus, apprehendens talia, necessario apprehenderet ea tamquam vera ex se; et tunc voluntas divina necessario concordaret istis apprehensis, vel ipsa non esset recta. Et ita esset ponenda in Deo ratio scientiae practicae, – quod negatum est in I, distinctione 1, quaestione ›De praxi‹; esset etiam necesse ponere quod voluntas eius simpliciter necessario determinaretur circa alia volibilia a se, – cuius oppositum dictum est etiam in I libro, distinctione 2, ubi tactum est quod voluntas eius in nihil aliud a se tendit nisi contingenter.

---

[11] Scotus lehnt es ab, Gottes Erkenntnis der Geschöpfe als praktische Erkenntnis zu verstehen, da Gott sonst keine Wahlfreiheit hätte; siehe *Ord.* prol. p. 5 q. 1–2 §330–331, Vat. 1, S. 215–217. Gottes Erkenntnis geschieht nämlich naturhaft, das heißt auf notwendige Weise. Wäre diese Erkenntnis für Gottes Willen handlungsweisend, so könnte der göttliche Wille – der ja nicht sündigen kann – nur so handeln, wie es ihm die praktische Erkenntnis anweist. Gottes Wille hätte also keine Handlungsalternativen; siehe *Ord.* I d. 38 q. un. §6, Vat. 6, S. 305. Nach Scotus ist Gottes Erkenntnis der zu schaffenden Geschöpfe neutral; Gottes Intellekt präsentiert dem göttlichen Willen sowohl die Möglichkeit, ein bestimmtes Geschöpf zu erschaffen oder nicht. Gottes Wille, nicht sein Intellekt entscheidet, ob er zum Beispiel eine gerade oder eine ungerade Anzahl von Sternen erschafft. Siehe *Lect.* I d. 39 q. 1–5 §42–44; §62–65, Vat. 17, S. 492–493; S. 500–501.

bei gleich bleibendem verbotenen Akt oder Gebot als solchem – der Aspekt des Verbotenen oder Unrechtmäßigen aufgehoben wird und der Akt erlaubt wird.

Gott kann aber [angeblich] nicht in Bezug auf einen unter bestimmten Umständen verbotenen Akt dafür sorgen, dass er nicht verboten ist, sofern die dem Verbot vorausgehenden Umstände gleich bleiben. Also kann er [angeblich] nicht bewirken, dass Töten nicht verboten ist. Das Gegenteil davon ist aber deutlich der Fall in Bezug auf Abraham und viele andere Fälle.

14 Ferner: Bei Sätzen, die aufgrund der Satzglieder wahr sind – entweder, weil sie selbst aufgrund der Satzglieder notwendig sind oder weil sie aus solchen notwendigen Sätzen folgen – geht ihre Wahrheit jedem Akt des Willens voraus; zumindest haben sie ihre Wahrheit auch dann, wenn es unter einer möglichen (oder unmöglichen) Hypothese überhaut kein Wollen gäbe. Wenn also die Gebote des Dekalogs oder jene handlungsleitenden Sätze, die aus diesen Geboten gebildet werden können, eine so gestaltete Notwendigkeit hätten (wenn zum Beispiel folgende Sätze notwendig wären: »Der Nächste soll nicht getötet oder gehasst werden«, »Man soll keinen Diebstahl begehen« und dergleichen), dann würde folgen, dass solche Sätze – wenn man von jeglichem Wollen absieht – für den sie verstehenden Intellekt notwendige Sätze wären. Und wenn der göttliche Intellekt sie also erfasst, würde er sie notwendigerweise als »von sich aus wahr« erkennen. Und dann würde der göttliche Wille notwendigerweise mit ihnen übereinstimmen, sobald sie erkannt sind, denn sonst wäre er nicht recht. Und so müsste man in Gott den Sinngehalt der praktischen Erkenntnis annehmen, was im 1. Buch in der 1. Distinktion in der Frage »Über die Praxis« verneint wurde.[11] Man müsste außerdem annehmen, dass sein Wille schlechthin notwendigerweise hinsichtlich der von ihm verschiedenen Gegenstände des Wollens determiniert würde; das Gegenteil davon ist ebenso im 1. Buch in der 2. Distinktion gesagt worden, wo angesprochen wurde, dass sich sein Wille auf das von ihm Verschiedene ausschließlich auf kontingente Weise richtet.[12]

---

[12] *Ord.* I d. 2 p. 1 q. 1–2 §79–81, Vat. 2, S. 176–177.

15 Quod si dicatur voluntatem creatam necessario debere conformari istis ad hoc quod sit recta, non tamen voluntatem divinam [279] oportet istis veris velle conformiter, sed quia conformiter vult, ideo sunt vera, – hoc respondet ad conclusionem[a], quia ratio probat oppositum, nam intellectus divinus ante apprehendit terminos istos et potest apprehendere ex eis veritatem complexionis, quam scilicet complexio habet ex terminis aliter, prius naturā quam voluntas sua aliquem actum habeat circa ea; ergo in secundo signo naturae, quando voluntas habet actum circa illa, oportet necessario quod conformiter velit illi dictamini, et ita non potest velle oppositum.

[**B. – Opinio propria**

1. – Duplex modus intelligendi aliqua esse de lege naturae]

16 Ad quaestionem ergo dico quod aliqua possunt dici esse de lege naturae dupliciter:

[Primo modo] – Uno modo tamquam principia practica nota ex terminis, vel conclusiones necessario sequentes ex eis. Et haec dicuntur esse strictissime de lege naturae.

17 Et rationes contra primam opinionem probant quod in talibus non potest esse dispensatio (et de istis habetur in *Canone*, [280] »Denique«, 4 distinctione in fine, ubi dicitur quod »naturale ius coepit ab

---

[a] conclusionem] PZBY *ed.* quaestionem ASNQ.

[13] Gottes Wille verhält sich gegenüber allem von ihm Verschiedenen, das heißt gegenüber den Geschöpfen, auf kontingente Weise (siehe § 14). Also kann Geschöpfliches keine Richtlininen für Gottes Wollen vorgeben; vielmehr hängen die Richtlinien in Bezug auf Geschöpfliches von Gottes Willen ab. Scotus gibt zu, dass Gottes Wille an evidente praktische Prinzipien gebunden ist, aber nach Scotus sind nur solche praktischen Prinzipien evident, die die Beziehung zu Gott zum Inhalt haben (zum Beispiel »Gott ist zu lieben«); siehe unten, § 16–20. – Mit der Unterscheidung von »Naturmomenten« drückt Scotus aus, dass etwas bei temporeller Gleichzeitigkeit ontologisch nachgeordnet ist.

15 Man könnte sagen, der geschaffene Wille müsse zwar notwendigerweise mit diesen [handlungsleitenden Sätzen] übereinstimmen, damit er recht ist, aber der göttliche Wille müsse nicht in Übereinstimmung mit diesen wahren [Sätzen] wollen; vielmehr seien sie deswegen wahr, weil er in Übereinstimmung mit ihnen will. Dies entspricht der These [dass Gottes Wille sich auf das von ihm Verschiedene auf kontingente Weise richtet]. Das Argument [der Gegner] läuft jedoch auf das Gegenteil hinaus. Der göttliche Intellekt erkennt nämlich zunächst diese Satzglieder und kann aus ihnen die Wahrheit des Satzes erkennen, denn der Satz hat diese [Wahrheit] aus den Satzgliedern auf andere Weise [als auf freie Weise, nämlich] der Natur nach früher, als Gottes Wille in Bezug auf sie einen Akt ausübt. Also muss der [göttliche] Wille im zweiten Naturmoment, wenn er in Bezug auf sie einen Akt ausübt, notwendigerweise in Übereinstimmung mit jener Weisung wollen, und so kann er nicht das Gegenteil wollen.[13]

[**B. – Die eigene Meinung**]

1. – Zwei Weisen, etwas als dem Naturgesetz zugehörig aufzufassen]

16 Zur Frage sage ich also, man könne auf zwei Weisen sagen, etwas gehöre zum Naturgesetz:

[Die erste Weise] – Auf eine Weise als praktische Prinzipien, die aus den Satzgliedern einleuchtend sind, oder als Schlussfolgerungen, die notwendigerweise aus ihnen folgen. Und das heißt im engsten Sinn »dem Naturgesetz zugehörig«.

17 Und die Argumente gegen die erste Meinung [§ 13–14] beweisen, dass es in solchen Dingen keine Dispens geben kann. (Und von diesen Dingen handelt der *Kanon*,[14] »Und außerdem [...]«, am Ende

---

[14] Gratian, *Decretum* p. 1 d. 5, Corpus Iuris Canonici Bd. 1, Sp. 7: »Naturale ius inter omnia primatum obtinet et tempore et dignitate. Cepit enim ab exordio rationalis creaturae, nec uariatur tempore, sed immutabile permanet. (Das Naturrecht erhält den Primat gegenüber allen [anderen Formen des Rechts], sowohl der Zeit nach als auch an Würde. Es fängt nämlich mit dem Beginn des vernünftigen Geschöpfs an und wandelt sich nicht mit der Zeit, sondern es bleibt unverändert.)«

exordio rationalis creaturae, nec mutatur tempore, sed immutabile permanet«), – quas concedo.

18 Et non est sic, loquendo universaliter de omnibus praeceptis secundae tabulae, quia de ratione eorum quae ibi praecipiuntur vel prohibentur non sunt principia practica simpliciter necessaria, nec conclusiones simpliciter necessariae. Non enim est necessaria bonitas, in iis quae ibi praecipiuntur, ad bonitatem finis ultimi; nec, in iis quae prohibentur, malitia necessario avertens a fine ultimo, quin – si istud bonum non esset praeceptum – posset finis ultimus attingi et amari; et si illud malum non esset prohibitum, staret cum illo acquisitio finis ultimi.

19 De praeceptis autem primae tabulae secus est, quia illa immediate respiciunt Deum pro obiecto.

20 Duo quidem prima, si intelligantur tantum esse negativa, primum scilicet »Non habebis deos alienos«, et secundum »Non accipies nomen Dei tui in vanum«, hoc est ›non facies Deo irreverentiam‹, illa sunt de lege naturae, stricte sumendo legem naturae, quia necessario sequitur ›si est Deus, est amandus ut Deus solus‹, similiter sequitur quod [281] ›nihil aliud est colendum ut Deus, nec Deo est irreverentia facienda‹. Et per consequens in istis non poterit Deus dispensare, ut aliquis possit facere oppositum huius vel illius prohibiti. Pro hac pone duas auctoritates, in Richardo, quaestione 5, in solutione.

21 Tertium praeceptum primae tabulae, quod est de sabbato ser-

---

[15] Die beiden Tafeln des Gesetzes enthalten respektive die Gebote der Gottes- und Nächstenliebe, siehe Einleitung, S. 43–44.

[16] An anderer Stelle bezeichnet Scotus die Richtigkeit des Gebots, dass Gott über alles zu lieben ist, als »per se nota sicut rectitudo primi principii in operabilibus (von selbst einleuchtend, wie die Richtigkeit des ersten Prinzips im Bereich der Handlungen)«; deswegen gehöre es, wie er dort sagt, zum Naturgesetz; siehe *Ord.* III d. 27 q. un. § 14, Vat. 10, S. 52.

[17] Ex 20, 3 und 7; Dtn 5, 7 und 11.

[18] Scotus gibt offenbar seinem Sekretär (oder sich selbst) die Anweisung, bei der nächsten Durchsicht des Textes die Referenzen zu ergänzen – ein Zeichen dafür, dass der Text noch keine Endredaktion erfahren hat, was im Übrigen auch den gelegentlich schlechten Zustand des Texts erklären würde. In der intendierten Stelle von Richard von Mediavilla (*In Sent.* III d. 37 a. 1 q. 5, Bd. 3, S. 447b) finden sich zwei Augustinus-Zitate: *Contra Faustum* XXII c. 27, CSEL 25/1, S. 621: »Lex vero aeterna est ratio diuina uel uoluntas dei ordinem naturalem conseruari iubens, perturbari uetans. (Das ewige Gesetz ist aber die göttliche Vernunft oder der Wille Gottes, der befiehlt, die natürliche Ordnung

der 4. Distinktion, wo es heißt, das »Naturrecht beginnt mit der Erschaffung des vernunftbegabten Geschöpfs, und es ändert sich nicht mit der Zeit, sondern bleibt unveränderlich bestehen.«) Diesen Argumenten stimme ich zu.

18 Aber so verhält es sich nicht generell mit allen Geboten der zweiten Tafel,[15] denn ihrem Sinngehalt nach sind die Dinge, die dort geboten oder verboten werden, weder schlechthin notwendige praktische Prinzipien noch schlechthin notwendige Schlussfolgerungen. Die Gutheit in den dort gebotenen Dingen ist nämlich nicht notwendig in Bezug auf die Gutheit des letzten Zieles, und in den dort verbotenen Dingen ist die Schlechtigkeit auch nicht so, dass sie notwendigerweise vom letzten Ziel abwendet. Denn wenn dieses Gute nicht geboten wäre, könnte das letzte Ziel dennoch erlangt und geliebt werden, und wenn jenes Schlechte nicht verboten wäre, wäre das letzte Ziel dennoch erreichbar.

19 Hinsichtlich der Gebote der ersten Tafel ist es aber anders, denn diese beziehen sich unmittelbar auf Gott als Objekt.[16]

20 Wenn man die ersten beiden nur als negative Gebote versteht, nämlich das erste »Du sollst keine fremden Götter haben« und das zweite »Du sollst den Namen deines Gottes nicht missbrauchen«,[17] das heißt, »Erweise Gott keine Respektlosigkeit«, dann gehören diese Gebote zum Naturgesetz, und zwar im strengen Sinn von »Naturgesetz«. Diese Folgerung ist nämlich notwendig: »Wenn es Gott gibt, dann muss man ihn als einzigen Gott lieben«, und es folgt ebenso: »Keinem anderen als Gott ist religiöse Huldigung zu erweisen, und Gott darf keine Respektlosigkeit erwiesen werden.« Und von daher kann Gott in diesem Bereich nicht dispensieren, so dass jemand das Gegenteil des im ersten oder zweiten Gebot Verbotenen tun könnte. (Für dieses Ergebnis gib die beiden autoritativen Aussagen an, die bei Richard in der 5. Quästion in der Lösung stehen.[18])

21 Das dritte Gebot der ersten Tafel, über die Heiligung des Sabbats,[19] ist positiv, sofern Gott zu einem bestimmten Zeitraum Huldi-

---

zu bewahren, und der verbietet, sie in Unordnung zu versetzen.)« *De diversis quaestionibus octoginta tribus* q. 53 § 2, CCSL 44A, S. 88: »Ex hac igitur ineffabili atque sublimi rerum administratione, quae fit per divinam providentiam, quasi transcripta est naturalis lex in animam rationalem. (Von dieser unaussprechlichen und erhabenen Verwaltung der Dinge, die durch die göttliche Vorsehung geschieht, ist das Naturgesetz gleichsam in die Vernunftseele übertragen worden.)«
[19] Ex 20, 8; Dtn 5, 12.

vando, est affirmativum quantum ad aliquem cultum exhibendum Deo determinato tempore; sed quantum ad determinationem temporis huius vel illius, non est de lege naturae stricte loquendo. Similiter, nec quantum ad aliam partem, negativam, quae ibi includitur, qua prohibetur actus servilis, pro actu determinato, prohibens a cultu tunc exhibendo Deo: ille enim actus non prohibetur nisi quia impediens vel retrahens ab illo cultu qui praecipitur.

22 Sed an de lege naturae stricte sit illud praeceptum de sabbato servando, quantum ad cultum pro aliquo tempore determinato Deo exhibendum, dubium est, quia si non, ergo absolute posset Deus dispensare quod homo numquam toto tempore vitae suae haberet bonum motum circa Deum, – quod non videtur probabile, quia sine aliquo [282] bono ›velle‹ finis ultimi non potest haberi aliquod simpliciter bonum circa ea quae sunt ad finem; et ita numquam teneretur aliquis ad aliquod bonum ›velle‹ simpliciter, quia qua ratione non sequeretur ex lege naturae – stricte loquendo – quod nunc esset exhibendus cultus Deo, pari ratione nec tunc, et ita pari ratione de quolibet tempore determinato. Ideo, stricte loquendo, non videtur quomodo possit concludi quod aliquis teneatur tunc vel nunc exhibere cultum Deo, et pari ratione nec aliquando indistincte, quia ad nullum actum tenetur aliquis – pro aliquo tempore indeterminato – ad quem non teneatur pro aliquo tempore signato cum aliquibus opportunitatibus occurrentibus.

23 Si autem istud sit stricte de lege naturae, ita quod necessario sequatur haec ›Deus non est odiendus‹ (vel ex aliquo alio dato) ›ergo Deus est diligendus‹ – et hoc aliquando actu elicito circa ipsum –, tunc argumentum istud ›a singularibus ad universalia‹ non tenet,

---

[20] Mit einem »ausgeübten Akt«, das heißt durch einen bewussten Vollzug der Gottesliebe, nicht bloß durch die natürliche Neigung. Nach Thomas von Aquin gibt es Gottesliebe schon aufgrund einer natürlichen Neigung (wenngleich eine solche Gottesliebe auch für Thomas nicht das Liebesgebot erfüllt); siehe S. *theol.* I q. 60 a. 5; I–II q. 109 a. 3, II–II q. 26 a. 3, Leon. 5, S. 104a–b; Bd. 7, S. 295a–b; Bd. 8, S. 211a–b. Für Scotus' Darstellung und Kritik von Thomas' Auffassung, siehe *Ord.* III d. 27 q. un. §37–46, Vat. 10, S. 63–68.

gung zu erweisen ist; was aber die Festlegung auf diesen oder jenen Zeitraum betrifft, gehört es streng genommen nicht zum Naturgesetz. Auch der andere darin enthaltene negative Teilaspekt, wonach mühselige Tätigkeiten [am Sabbat] verboten sind, gehört insofern nicht streng genommen zum Naturgesetz, als eine bestimmte Tätigkeit verboten würde, die einen von der in diesem Zeitraum fälligen Huldigung abhält. Eine solche Tätigkeit wird nämlich nur verboten, weil sie jemanden teilweise oder ganz an der vorgeschriebenen Huldigung hindert.

22 Aber es ist unklar, ob dieses Gebot über die Heiligung des Sabbats in Bezug darauf im strengen Sinn zum Naturgesetz gehört, dass Gott zu einem bestimmten Zeitpunkt Huldigung zu erweisen ist. Wenn nicht, dann wäre es grundsätzlich möglich, dass Gott einen Menschen so dispensiert, dass er Zeit seines Lebens nie Gott gegenüber eine gute Empfindung zu haben brauchte. Aber das scheint nicht plausibel, denn ganz ohne ein gutes Wollen des letzten Zieles kann man nicht etwas schlechthin Gutes hinsichtlich dessen erreichen, was zu diesem Ziel führt. Dann wäre man aber niemals zu einem schlechthin guten Wollen verpflichtet, denn aus dem Naturgesetz im strengen Sinn folgt nicht, dass man Gott zu einem bestimmten Zeitpunkt Huldigung zu erweisen hat, und aus demselben Grund auch nicht zu einem anderen bestimmten Zeitpunkt, und insofern auch nicht zu einem beliebigen anderen Zeitpunkt. Streng genommen leuchtet daher nicht ein, wie man begründen könnte, dass jemand zu diesem oder jenem Zeitpunkt zur Huldigung Gottes verpflichtet wäre, und aus demselben Grund auch nicht zu einem unbestimmten Zeitpunkt. Denn niemand wird zu einem Akt in Bezug auf einen unbestimmten Zeitpunkt verpflichtet, zu dem er nicht – sofern die Umstände die Gelegenheit dazu geben – in Bezug auf einen bestimmten Zeitpunkt verpflichtet ist.

23 Wenn aber das Sabbatgebot im strengen Sinn zum Naturgesetz gehörte, so dass der Satz »Gott muss geliebt werden« – und zwar zu irgendeinem Zeitpunkt mit einem ausgeübten Akt[20] gegenüber Gott – notwendigerweise aus diesem Satz folgte: »Gott darf nicht gehasst werden« (oder aus einer anderen Voraussetzung), dann wäre dieses Argument »von den einzelnen Fällen zum Allgemeinen« nicht schlüssig. Es ist nämlich ein »Fehlschluss infolge des sprachlichen Aus-

sed est figura dictionis, sicut in aliis ›a pluribus indeterminatis causis ad unam illarum‹.

24 Si autem hoc praeceptum tertium non sit de lege naturae stricte, tunc iudicandum est de illo, quoad hoc, sicut de praeceptis secundae tabulae.

25 [283] [Secundo modo] – Alio modo dicuntur aliqua esse de lege naturae, quia multum consona illi legi, licet non necessario consequantur ex primis principiis practicis, quae nota sunt ex terminis et omni intellectui necessario nota.

26 Et hoc modo certum est omnia praecepta – etiam secundae tabulae – esse de lege naturae, quia eorum rectitudo valde consonat primis principiis practicis necessario notis.[a]

27 Ista distinctio potest declarari in exemplo, nam supposito isto principio iuris positivi ›pacifice vivendum est in communitate vel politia‹, non necessario sequitur ex hoc quod quilibet debet habere distinctionem possessionis vel possessionem distinctam a possessione alterius: posset enim stare pax in communitate sive in convivendo, etiam si essent eis omnia communia. Nec etiam supposita infirmitate [284] illorum qui convivunt, est illa consequentia necessaria; et tamen possessiones esse distinctas pro personis infirmis valde consonat pacificae conversationi: infirmi enim magis curant bona sibi propria quam bona communia, et magis vellent bona communia eis appro-

---

[a] Sequitur adnotatio interpolata (APSZB):
»Sed isto modo habet intelligi illud *Decretorum*, distinctione 6, cap. 3 ›His‹, ubi dicitur quod ›moralia praecepta ad naturale ius pertinent, atque ideo ea nullam mutabilitatem recepisse monstrant‹. Nota glossam, quae dicit quod ›lex quantum ad moralia non recipit immutationem, sed quantum ad caerimonialia‹.«

[21] Die *figura dictionis* ist ein Fehlschluss, bei dem die Form des Mittelbegriffs inkohärent ist, zum Beispiel durch den unzulässigen Wechsel von Maskulinum zu Femininum, oder wie hier, vom Besonderen zum Allgemeinen. Im hier besprochenen Fall ergibt sich daraus eine unzulässige Verallgemeinerung: Das Verbot, Gott zu hassen, impliziert nicht das Gebot, Gott zu lieben, und schon gar nicht das Gebot, der Gottesliebe zu bestimmten Zeitpunkten konkreten Ausdruck zu verleihen.

drucks«, so wie auf anderen Gebieten [der Fehlschluss] »von mehreren unbestimmten Gründen auf einen bestimmten von ihnen«.[21]

24 Wenn jedoch dieses dritte Gebot nicht im strengen Sinn zum Naturgesetz gehört, dann muss man es so beurteilen wie die Gebote der zweiten Tafel.

25 [Die zweite Weise] – Auf eine andere Weise werden Dinge als dem Naturgesetz zugehörig genannt, weil sie sehr mit diesem Gesetz harmonieren, auch wenn sie nicht in notwendiger Weise aus den ersten praktischen Prinzipien ableitbar sind, die aufgrund der Satzglieder einleuchtend sind und die notwendigerweise für jeden Intellekt einleuchtend sind.

26 Und auf diese Weise ist es gewiss, dass alle Gebote – auch jene der zweiten Tafel – zum Naturgesetz gehören, weil ihre Richtigkeit sehr mit den ersten, notwendigerweise einleuchtenden praktischen Prinzipien harmoniert.[22]

27 Die Unterscheidung dieser beiden Weisen kann durch ein Beispiel erläutert werden. Unter der Voraussetzung dieses Grundsatzes des positiven Rechts: »Man muss in der Gesellschaft oder im Staat friedfertig leben« folgt nicht notwendigerweise, dass jeder Privateigentum haben muss. Der Friede in der Gesellschaft oder im Zusammenleben könnte nämlich auch dann Bestand haben, wenn alles gemeinsamer Besitz wäre. Auch unter der Voraussetzung der Schwäche jener, die zusammenleben, ist jener Zusammenhang nicht notwendig. Dennoch ist Privateigentum für schwache Personen sehr harmonisch mit dem friedvollen Zusammenleben. Schwache Menschen kümmern sich nämlich mehr um ihre privaten Güter als um die gemeinsamen Güter, und sie würden sich lieber die gemeinsamen

---

[22] Es folgt eine Anmerkung, deren Handschriftenlage so ist wie beim Einschub S. 278, Anm. 4:
»Aber auf diese Weise ist die Aussage aus dem *Dekret* zu verstehen, 6. Distinktion, 3. Kapitel: ›Und so [wird] darauf [geantwortet]‹, wo gesagt wird, dass ›die moralischen Gebote zum Naturrecht gehören und sie deshalb keinerlei Veränderlichkeit aufweisen‹. Siehe die Glosse, wonach ›das Gesetz hinsichtlich der moralischen Gebote keine Veränderung erfährt, wohl aber hinsichtlich der Zeremonialgebote.‹« Zum Zitat des Dekrets, siehe S. 278, Anm. 3; für die Glosse, siehe *Decretum Gratiani cum glossis* p. 1 d. 6 c. 3, glossa, ed. Hugo a Porta, S. 13b.

priari quam communicari communitati et custodibus boni communitatis, et ita fieret lis et contentio.

28 Et ita est forte in omnibus iuribus positivis, quod licet aliquod sit unum principium quod est fundamentum in condendo omnes illas leges sive iura, tamen ex illo principio non simpliciter necessario sequuntur leges positivae, sed declarant illud principium sive explicant quantum ad certas particulas, quae explicationes valde consonant primo principio universali.

[2. – Compendium dictorum]

29 Sic ergo recolligendo, primo negatum est omnia praecepta secundae tabulae esse stricte de lege naturae; et secundo concessum est duo prima praecepta primae tabulae esse stricte de lege naturae; tertio dubitatum est de tertio praecepto primae tabulae; et quarto concessum est de omnibus quod sunt de lege naturae, large loquendo.

[3. – Instantia contra primum dictum]

30 [285] Contra primum istorum arguo, quia secundum Apostolum ad Rom. »›Non occides‹, ›non moechaberis‹, et si quod est aliud mandatum, in hoc verbo instauratur: ›Diliges proximum tuum sicut te ipsum‹«; ergo in isto praecepto ›Diliges‹ etc. includuntur necessario praecepta secundae tabulae, – hoc enim Apostolus expresse ibi probare videtur, et in fine videtur concludere: »Qui proximum diligit, Legem implevit«; hoc autem probatur per auctoritatem Salvatoris, quae maior est, in Matth. 22: »In his tota lex pendet et prophe-

---

[23] Für eine ausführlichere Theorie des Privateigentums siehe *Ord.* IV d. 15 q. 2 §79–101, Vat. 13, S. 78–83. Wie Scotus dort ausführt, entstammt die Rechtmäßigkeit von Privateigentum nicht dem Naturgesetz, sondern dem positiven Recht. Vor dem Sündenfall waren alle Güter gemeinsamer Besitz. Das Gebot, alles gemeinsam zu besitzen, ist nach dem Sündenfall zurückgenommen worden, um zu vermeiden, dass Habgierige von gemeinsamen Gütern mehr als für sie notwendig Gebrauch machen und anderen deshalb das Lebensnotwendige fehlt.

Güter aneignen, als sie gemeinsam mit der Gemeinschaft und mit den Verwaltern des Gemeinguts zu besitzen, und auf diese Weise würden Streit und Zwietracht entstehen.[23]

28 Und so verhält es sich vielleicht mit allen positiven Satzungen: Obwohl etwas als einziges Prinzip das Fundament für die Bildung aller positiver Gesetze oder Satzungen darstellt, so folgen doch aus diesem Prinzip nicht schlechthin mit Notwendigkeit alle positiven Gesetze, sondern diese erläutern dieses Prinzip oder legen es in Bezug auf gewisse Einzelheiten aus, und diese Auslegungen harmonieren gut mit dem ersten, allgemeinen Prinzip.

[2. – Rekapitulation]

29 Um also zu rekapitulieren: Zuerst ist verneint worden, dass alle Gebote der zweiten Tafel im strengen Sinn zum Naturgesetz gehören [§ 18], zweitens ist bejaht worden, dass die ersten beiden Gebote der ersten Tafel im strengen Sinn zum Naturgesetz gehören [§ 20], drittens ist hinsichtlich des dritten Gebots der ersten Tafel ein Problem besprochen worden [§ 21–24] und viertens ist bejaht worden, dass alle Gebote des Dekalogs im weiteren Sinn zum Naturgesetz gehören [§ 25–26].

[3. – Einwände gegen die erste These]

30 Ich argumentiere gegen die erste dieser Thesen [§ 29]. Der Apostel schreibt im Brief an die Römer [13, 6]: »›Du sollst nicht töten‹, ›Du sollst nicht die Ehe brechen‹, und alle anderen Gebote sind in dieser Formulierung inbegriffen: ›Du sollst deinen Nächsten lieben wie dich selbst.‹« Also sind im Gebot der Nächstenliebe notwendigerweise die Gebote der zweiten Tafel eingeschlossen. Offenbar beweist das nämlich der Apostel dort ausdrücklich, und am Ende kommt er offenbar zum Schluss: »Wer den Nächsten liebt, erfüllt das Gesetz.«[24] Dies wird aber durch die noch größere Autorität des Heilands bewiesen, nach Matthäus 22 [Verse 37–40]: »An diesen [beiden Geboten] hängt das

---

[24] Röm 12, 9 – 13, 8.

tae.« Sed dilectio proximi necessario sequitur ex hoc principio necessario ›Deus est diligendus‹. Ergo etc. – Igitur, a primo ad ultimum, omnia praecepta secundae tabulae sequuntur ex illo quod est primum praeceptum primae tabulae; et si praecepta primae tabulae sint simpliciter de lege naturae, quia includuntur in primo principio vel primo praecepto, quod est simpliciter de lege naturae, sequitur quod praecepta secundae tabulae erunt etiam stricte de lege naturae, licet sint conclusiones eiusdem principii.

31 Probatio assumpti patet ex iis quae dicta sunt distinctione 28 huius III, ubi probatur dupliciter quod amor perfectus Dei et [286] amor ordinatus non potest esse zelus, appropriate loquendo, quia amor communis boni ut boni appropriandi sibi soli, est inordinatus, – amor etiam alicuius nolentis dilectum condiligi, est inordinatus et imperfectus; ergo sequitur quod si Deus perfecte et ordinate est amandus, quod amans Deum debet velle proximum diligere Deum. Sed in volendo hoc proximo, diligit proximum: hoc enim modo solummodo diligitur proximus ex caritate, sicut dicitur ibi in glossa; ergo etc.

[4. – Responsio ad instantiam]

32 Ad istud potest responderi tripliciter:

Uno modo sic, quod illud praeceptum ›Diliges Dominum Deum tuum‹ etc. non est simpliciter de lege naturae in quantum est affirmativum, sed in quantum est negativum, prohibens oppositum: simpliciter enim est de lege naturae ›non odire‹, – sed an ›aliquando amare‹, dubitatum est prius in tertio articulo. Nunc autem ex illa negativa non sequitur quod volendum sit proximo diligere Deum, sed sequeretur ex illo praecepto affirmativo, de quo non est certum quod sit de lege naturae stricte loquendo.

---

[25] Siehe dazu Augustinus, *Sermo* IX §6–7, CCSL 41, S. 117–122.
[26] Siehe *Ord.* III d. 28 q. un. §10–11, Vat. 10, S. 85. Der Begriff des *bonum commune* ist politischen Ursprungs, wo er das Gemeinwohl einer Gesellschaft oder eines Staates bezeichnet. Hier bezeichnet er hingegen Gott als gemeinsames Gut des Universiums.
[27] Petrus Lombardus, *In epistolam ad Romanos* 13, 7–10, PL 191, Sp. 1508.

ganze Gesetz mitsamt den Propheten.«[25] Nun folgt aber die Nächstenliebe notwendigerweise aus diesem notwendigen Prinzip »Man muss Gott lieben«. Also usw. – Wenn man die Argumentation von Anfang bis Ende führt, dann ergibt sich also, dass alle Gebote der zweiten Tafel daraus folgen, was das erste Gebot der ersten Tafel ist. Und wenn die Gebote der ersten Tafel uneingeschränkt zum Naturgesetz gehören, weil sie im ersten Prinzip oder im ersten Gebot eingeschlossen sind, das schlechthin zum Naturgesetz gehört, dann folgt, dass die Gebote der zweiten Tafel ebenfalls im strengen Sinn zum Naturgesetz gehören, auch wenn sie [bloß] Folgerungen aus diesem Prinzip sind.

31 Der Beweis der Annahme ergibt sich aus dem, was in der 28. Distinktion dieses 3. Buches gesagt worden ist, wo auf zwei Wegen bewiesen wird, dass die vollkommene Gottesliebe und die geordnete Liebe im eigentlichen Sinne keine eifersüchtige Liebe sein können. [Erstens] ist nämlich die Liebe des gemeinsamen Guten als ein Gut, das man sich selbst allein aneignen will, eine ungeordnete Liebe; und zudem ist [zweitens] die Liebe dessen, der nicht will, dass der Geliebte [auch von jemand anderem] mitgeliebt wird, eine ungeordnete und unvollkommene Liebe.[26] Wenn daher Gott auf vollkommene und geordnete Weise geliebt werden soll, dann muss jener, der Gott liebt, wollen, dass sein Nächster Gott liebt. Aber indem er dies für seinen Nächsten will, liebt er den Nächsten; nur auf diese Weise wird nämlich der Nächste durch die theologische Tugend der Liebe geliebt, wie dort in der Glosse gesagt wird.[27] Also usw.

[4. – Erwiderung des Einwands]

32 Darauf kann man drei Antworten geben:

Erstens, dass das Gebot »Du sollst den Herrn deinen Gott lieben« usw. nicht uneingeschränkt zum Naturgesetz gehört, sofern es positiv ist, sondern sofern es negativ ist, nämlich sofern es das Gegenteil verbietet. Uneingeschränkt gehört nämlich zum Naturgesetz, nicht zu hassen. Ob aber zum Naturgesetz gehört, den Nächsten zu einem gewissen Zeitpunkt zu lieben, ist vorhin im dritten Artikel bezweifelt worden [§ 23]. Nun folgt aber aus jenem negativen Gebot nicht, dass man für den Nächsten wünschen soll, dass er Gott liebt; dies würde vielmehr aus jenem positiven Gebot folgen, von dem nicht sicher ist, dass es im strengen Sinn zum Naturgesetz gehört [§ 22].

33 [287] Secundo modo responderi potest quod ex illo praecepto ›Diliges Dominum Deum tuum‹ non sequitur quod debeam velle proximum diligere Deum.

34 Et cum probatur quod zelus non potest esse ordinatus nec perfectus amor, respondeo: non debeo nolle[a] bonum commune esse bonum alterius et ita non amari ab alio; sed non oportet me velle illud bonum esse alterius, puta quia non placet illi bono esse alterius, quemadmodum Deus – praedestinans unum et non alium – vult esse bonum unius praedestinati, et non alterius.

35 Et per idem patet ad illud quod ›perfecte diligens vult dilectum condiligi‹: potest dici quod hoc est verum ab omni eo cuius amicitia placet dilecto; non est autem certum ex lege naturae de quocumque quod eius dilectio acceptetur a Deo dilecto vel diligendo.

36 Tertio modo potest responderi quod licet sit stricte de lege naturae proximum esse diligendum, sicut prius expositum est, hoc est ›simpliciter volendum est proximo ipsum diligere Deum, quia hoc est diligere proximum‹, non tamen ex hoc sequitur praecepta secundae tabulae (puta quod ›nolendum sit eum occidere quantum ad bonum personae eius‹, et quod ›nolendum sit adulterari [288] quantum ad bonum personae coniunctae sibi‹, et quod ›nolendum sit furari quantum ad bonum fortunae quo ille utitur‹, quod ›parentibus sit exhibenda reverentia tam in honoribus quam in subsidiis et sustentationibus‹, et ita de aliis praeceptis secundae tabulae), nam pos-

---

[a] nolle] SNY velle APZBQ *ed.*

---

[28] Ich folge der Lesart *nolle* anstelle von *velle*, denn der Sinn in diesem Kontext ist, dass man das Schlechte nie wollen darf, aber deswegen nicht unbedingt das Gute zu wollen hat. Die gotische Handschrift erlaubt, das ›v‹ (bzw. ›u‹) genauso wie das ›n‹ zu schreiben. (Sie erlaubt auch eine für das ›v‹ spezifische Schreibweise.)

[29] Nämlich Gott.

[30] Nach Scotus' Prädestinationslehre entscheidet Gott ohne Grund, jemanden (zum Beispiel Petrus) zur himmlischen Glückseligkeit zu prädestinieren. Die Verdammung (zum Beispiel des Judas) geschieht aber nicht ohne Grund, sondern wegen einer Todsünde. Nach Scotus prädestiniert Gott aber nicht Judas zur Verdammnis, sondern er prädestiniert ihn nicht zum Heil, weshalb Judas der Weg zum Heil nicht offensteht; siehe *Ord.* I d. 41 q. un. §40–47, Vat. 6,

33 Zweitens kann man antworten, dass aus jenem Gebot »Du sollst den Herrn, deinen Gott, lieben« nicht folgt, dass ich wünschen muss, dass mein Nächster Gott liebt.

34 Und auf den Beweis, dass eifersüchtige Liebe keine geordnete und vollkommene Liebe sein kann [§ 31], antworte ich: Zwar darf ich nicht wollen, dass das gemeinsame Gute einem anderen nicht[28] zukommt und insofern nicht von ihm geliebt wird, aber ich brauche nicht zu wollen, dass jenes Gute einem anderen zukommt, zum Beispiel weil es jenem Guten[29] nicht gefällt, jemand anderem zu gehören. In dieser Weise will nämlich Gott, der einen Menschen prädestiniert und einen anderen nicht, das Gute eines Prädestinierten, aber nicht eines anderen.[30]

35 Und dadurch ist die Entgegnung auf das Argument klar, wonach »der vollkommen Liebende will, dass der Geliebte mitgeliebt wird« [§ 31]: Man kann sagen, dass es insofern stimmt, als der vollkommen Liebende möchte, dass der Geliebte von jenem geliebt wird, dessen Freundschaft dem Geliebten gefällt. Aufgrund des Naturgesetzes ist aber nicht gewiss, dass die Liebe jedes Menschen von Gott als Geliebtem oder als zu Liebendem akzeptiert wird.[31]

36 Drittens kann man so antworten: Es gehört durchaus im strengen Sinn zum Naturgesetz, dass man den Nächsten lieben soll, wie vorher dargelegt wurde, und zwar, dass man uneingeschränkt für den Nächsten wünschen soll, dass er Gott liebe, und die Nächstenliebe besteht auch darin, dies zu tun [§ 31]. Daraus folgt aber nicht, dass die Gebote der zweiten Tafel [zum Naturgesetz gehören], als ob man Folgendes wünschen müsste: dass der [Nächste] im Hinblick auf das Wohl seiner Person keinen Mord begehe, oder dass er im Hinblick auf das Wohl seines Ehepartners nicht die Ehe breche, oder dass er im Hinblick auf den von ihm genutzten Besitz nicht stehle, oder dass den Eltern Respekt erwiesen werde – sowohl hinsichtlich des Ehrerweises als auch der Hilfeleistungen und Beihilfen für den Lebensunterhalt – und gleichermaßen, was die anderen Gebote der zweiten Tafel betrifft. Es ist nämlich möglich, dass ich wünsche, dass mein Nächster

---

S. 332–335. Scotus' Prädestinationslehre ist, wie auch jene seiner Zeitgenossen, stark von der augustinischen Theorie der *massa damnata* beeinflusst: Aufgrund der Erbsünde sind alle Menschen des Heils verlustig geworden, jedoch wählt Gott frei einige aus, die er aus reiner Gnade zum Heil prädestiniert.

[31] Zum Begriff der Akzeptanz, siehe S. 272, Anm. 99.

sibile est me velle proximum diligere Deum et tamen nolle vel non velle ipsi vitam corporalem vel fidem coniugii sibi servari, et sic de aliis. Et per consequens possent ista duo simul stare, quod hoc esset quoddam verum necessarium – conclusum ex principiis practicis – quod ›volendum est a me proximum diligere Deum in se sicut ego debeo me velle diligere Deum‹, et tamen non sit istud verum necessarium ›volendum est proximo hoc bonum vel illud, cuiusmodi est expressum per praeceptum secundae tabulae‹.

37 Et tunc ad auctoritates Pauli et Christi posset dici quod nunc de facto Deus explicavit dilectionem proximi ultra ipsum quod illud includit ut sequitur ex principiis legis naturae, ita quod, licet – ut concluditur ex principiis legis naturae – non contineat nisi ›velle diligere proximum in se‹, tamen ut explicatum est includit ›volendum esse proximo bona illa‹, vel saltem ›non volendum esse proximo mala opposita‹ (puta non volendum esse sibi iniuste vitam corporalem, fidem coniugii, bona temporalia et cetera huiusmodi).

38 [289] Verum est ergo quod Legem implevit qui diligit proximum, eo modo quo Lex explicata est debere servari, licet non eo modo quo dilectio proximi concluditur ex principiis primis legis naturae.

39 Et a simili, tota Lex – quantum ad secundam tabulam – et prophetae pendent ex isto praecepto ›Diliges proximum tuum sicut te ipsum‹, intelligendo illud praeceptum non tamen ut sequitur ex primo principio practico legis naturae, sed ut intendit legislator illud praeceptum debere servari, prout explicatur in praeceptis secundae tabulae.

Gott liebt, und ich zugleich einen Widerwillen oder aber keinen Willen in Bezug darauf habe, dass er das leibliche Leben oder die Treue zum Ehepartner behält – und dasselbe gilt für die anderen Gebote. [Das Gebot] wonach ich wünschen muss, dass mein Nächster Gott um seiner selbst Willen liebt, und wonach ich selbst den Wunsch haben muss, Gott zu lieben, kann also etwas Notwendiges und von den praktischen Prinzipien Abgeleitetes sein. Zugleich braucht es aber keine notwendige Wahrheit zu sein, dass man für den Nächsten dieses oder jenes Gute zu wünschen hat, so wie es [jeweils] durch ein Gebot der zweiten Tafel ausgedrückt ist.

37 Und dann könnte man auf die autoritativen Aussagen von Paulus und Christus [§ 30] antworten, dass Gott in der gegenwärtigen [Weltordnung] de facto [das Gebot der] Nächstenliebe so verdeutlicht hat, dass sie über den Bereich dessen hinausgeht, was aus den Prinzipien des Naturgesetzes folgt. Dementsprechend verhielte es sich so: Sofern [das Gebot der Nächstenliebe] aus den Prinzipien des Naturgesetzes abgeleitet ist, enthält es nur [die Aufforderung], den Nächsten für sich zu lieben. Aber so, wie es [von Gott] verdeutlicht ist, beinhaltet es, dass man für den Nächsten die oben genannten guten Dinge wünschen soll, oder wenigstens, dass man für den Nächsten nicht die entgegengesetzten Übel wünschen soll. Zum Beispiel soll man nicht wünschen, dass er auf unrechte Weise das leibliche Leben, die Treue des Ehepartners, die zeitlichen Güter und dergleichen habe.

38 Es stimmt also, dass derjenige das Gesetz erfüllt hat, der den Nächsten liebt, insofern das Gesetz in der Weise, wie es [von Gott] verdeutlicht wurde, befolgt werden muss. Aber die Erfüllung des Gesetzes geschieht nicht, insofern die Nächstenliebe aus den ersten Prinzipien des Gesetzes der Natur abgeleitet würde.

39 Und insofern hängen das gesamte Gesetz (was die zweite Tafel betrifft) und die Propheten von diesem Gebot ab: »Du sollst deinen Nächsten lieben wie dich selbst.« Dabei darf man dieses Gebot allerdings nicht so verstehen, als folge es aus dem ersten praktischen Prinzip des Naturgesetzes. Man muss es vielmehr in der Weise verstehen, wie dieses Gebot nach der Absicht des [göttlichen] Gesetzgebers zu befolgen ist, [nämlich] so, wie es in den Geboten der zweiten Tafel verdeutlicht wird.

[II. – Ad argumenta principalia]

40 Ad argumenta principalia.

Primum est pro me, quia probat quod praeceptum secundae tabulae non est de lege naturae stricte loquendo.

41 Ad secundum dico quod etsi ›Deum esse‹ posset concludi ratione naturali ex principiis per se notis, tamen populo illi rudi et inexercitatio in intellectualibus non erat hoc notum nisi ex Lege data. Unde dicit Apostolus ad Hebr. 11: »Oportet accedentem ad Deum credere«, quod est intelligere, si non habeat nec habere possit aliam notitiam de Deo. Et ita si aliqua concupiscentia posset concludi esse contra legem naturae, tamen hominibus corruptis non erat notum [290] illam concupiscentiam esse contra legem naturae; ideo necessarium fuit explicare per Legem datam vel aliter; concupiscentiae prohibentur per praecepta secundae tabulae, – et de illis concessum est quod non erant per se nota.

42 Ad aliud dico quod in omni statu servabantur et servari debent ista praecepta. In beatitudine quidem summe erit observatio praeceptorum affirmativorum et negativorum, nisi forte illius solius ›honora parentes‹, non quin erit tunc voluntas honorandi, sed tunc non erit necessitas impendendi actum, saltem prout honor ille extenditur ad sustentationem necessariorum, quia nullus ibi indigebit auxilio. In statu etiam innocentiae tenebantur omnes ad ista praecepta, quae erant praescripta interius in corde cuiuslibet, – vel forte per aliquam doctrinam exteriorem datam a Deo descenderunt a patribus ad filios, licet non essent tunc scripta in libro, nec oportuit quia potuerunt faciliter memorialiter retineri, et populus illius temporis erat maioris vitae et dispositionis melioris in naturalibus quam populus temporis posterioris, quo tempore infirmitas populi requirebat Legem dari et scribi.

[II. – Antwort auf die Hauptargumente]

40 Antwort auf die Hauptargumente.
Das erste [§ 2] bestätigt meine Position, denn es beweist, dass ein Gebot der zweiten Tafel nicht streng genommen zum Naturgesetz gehört.

41 Zum zweiten [§ 5] sage ich: Obwohl durch die natürliche Vernunft aus den von selbst einleuchtenden Prinzipien geschlossen werden kann, dass Gott existiert, war dies jedoch jenem ungebildeten und in den Dingen des Geistes nicht versierten Volk nur aufgrund des gegebenen Gesetzes klar. Daher sagt der Apostel im Brief an die Hebräer 11 [Vers 6]: »Wer sich Gott nähert, muss glauben«, was bedeutet, »wenn er keine andere Kenntnis von Gott hat oder haben kann«. Und wenn man also zum Schluss kommen könnte, dass ein gewisses Begehren gegen das Naturgesetz verstößt, so war dies den verdorbenen Menschen dennoch nicht klar, dass dieses Begehren gegen das Naturgesetz verstößt, und deshalb war es nötig, dass dies durch das gegebene Gesetz oder auf eine andere Weise erläutert wurde. Die Begierden sind durch die Gebote der zweiten Tafel verboten, und von diesen wurde ja gesagt, dass sie nicht von selbst einleuchtend sind [§ 36].

42 Auf das andere Argument [§ 6] erwidere ich, dass man diese Gebote in jedem Stand befolgt hat beziehungsweise zu befolgen hat. Im Stand der Glückseligkeit werden die positiven und negativen Gebote sogar zuhöchst befolgt werden, außer vielleicht dieses eine Gebot »Du sollst deine Eltern ehren« – nicht, als ob man dann nicht den Willen hätte, sie zu ehren; vielmehr wird es dann nicht mehr nötig sein, den Akt auszuüben, zumindest sofern jener Ehrerweis sich im weiteren Sinn auf die Gewährung des Lebensunterhalts bezieht, denn dort wird niemand der Unterstützung bedürfen. Auch im Stand der Unschuld waren alle zu diesen Geboten verpflichtet, die innerlich in das Herz eines jeden eingeschrieben waren. Oder vielleicht wurden sie durch eine äußerliche, gottgegebene Lehre von den Vätern an die Kinder weitergegeben, obwohl sie dann nicht in einem Buch aufgeschrieben worden wären. Das war auch nicht nötig, weil sie sie leicht im Gedächtnis behalten konnten, zumal das Volk in jener Zeit ein höheres Lebensalter erreichte und in der natürlichen Konstitution besser veranlagt war, als das Volk der späteren Zeit, als die Schwäche des Volkes es nötig machte, dass ein Gesetz gegeben und aufgeschrieben wird.

43 Quod tamen tangebatur in primo argumento, de filiis Israel spoliantibus Aegyptios, potest dici quod ibi non dispensavit Deus contra [291] Legem illam vel praeceptum illud ›non facies furtum‹, quia ipsi non rapuerunt alienam rem simpliciter: tum quia Deus erat superior dominus et potuit transferre dominium in eos, etiam invitis dominis inferioribus (et hoc modo non peccavit Christus, licentians daemones intrare in porcos, qui statim praecipitati sunt in mare: non enim iniuste privavit illum dominum porcis suis); tum quia filii Israel, serviendo Aegyptiis, tanta meruerunt recipere pro mercede (licet Aegyptii, tamquam iniusti, noluerunt ea reddere, tamen per iudicem superiorem potuerunt compelli), et quia acceperunt ea quae fuerant eorum per licentiam iudicis superioris, licite et iuste acceperunt.

44 Ad illud in oppositum, de Canone: debet intelligi de lege naturae large loquendo, et hoc de praeceptis secundae tabulae.

---

[32] Mt 8, 31–32; Mk 5, 12–13; Lk 8, 32–33.

43 Zu dem Punkt aber, der im ersten Argument berührt wird, nämlich über die Israeliten, die die Ägypter beraubten [§ 4], kann man sagen, dass Gott dort nicht vom Gesetz oder vom Gebot »Du sollst nicht stehlen« dispensiert hat, weil sie keine schlechthin fremde Sache geraubt haben. Denn erstens war Gott ein übergeordneter Besitzer und konnte ihnen den Besitz auch gegen den Willen der untergeordneten Besitzer übertragen. Und auf diese Weise sündigte Christus nicht, als er den Dämonen erlaubte, in die Schweine hineinzufahren, die sich sofort in den See gestürzt haben; er beraubte nämlich nicht auf ungerechte Weise jenen Besitzer seiner Schweine.[32] Und zweitens, weil die Israeliten durch ihren Dienst an den Ägyptern gerade so viel als Lohn zu erhalten verdient haben. Zwar wollten die Ägypter, da sie ungerecht waren, ihnen den Lohn nicht geben, aber sie konnten dennoch durch einen höheren Richter dazu gezwungen werden. So nahmen die Israeliten das, was ihnen durch die Ermächtigung des höheren Richters zustand, in rechtmäßiger und gerechter Weise.

44 Zum Gegenargument, hinsichtlich des Kanons [§ 7]: Man muss dies hinsichtlich des Naturgesetzes im weiteren Sinn verstehen, und zwar hinsichtlich der Gebote der zweiten Tafel.

Bibliographie

Bibliographien zu Duns Scotus

Hoffmann, Tobias, *Duns Scotus Bibliography from 1950 to the Present,* <http://faculty.cua.edu/hoffmann/scotus-bibliography.htm>.
Schäfer, Odulf, *Bibliograhia de vita, operibus et doctrina Iohannis Duns Scoti, doctoris subtilis ac Mariani, saec. XIX–XX,* Rom 1955.

Werke von Duns Scotus

B. Ioannes Duns Scotus, *Opera omnia,* ed. Carolus Balić et al., Vatikanstadt 1950 ff.
–, *Opera omnia,* 26 Bände, Paris 1891–1895 (Nachdruck Westmead / Franborough / Hants 1969).
–, *Opera Philosophica,* ed. Girard J. Etzkorn et al., 5 Bände, St. Bonaventure, N.Y. / Washington, D.C. 1997–2006.
–, *Quodlibet* q. 16, ed. Timothy B. Noone / H. Francie Roberts, »John Duns Scotus' Quodlibet«, in: Christopher Schabel (Hg.), *Theological Quodlibeta in the Middle Ages: The Fourteenth Century,* Leiden 2007, S. 131–198.
–, *Reportatio I A: The Examined Report of the Paris Lecture: Reportatio I-A. Latin Text and English Translation,* ed. Allan B. Wolter / Oleg V. Bychkov, 2 Bände, St. Bonaventure, N.Y. 2004–2008.
–, *Reportatio I A d. 38–44: Pariser Vorlesungen über Wissen und Kontingenz,* ed. und übersetzt von Joachim Söder (HBPhMA 4), Freiburg 2005.
–, *Reportatio II A,* Hs. Merton College 61, fol. 115r–220r.
–, *Reportatio II B,* Hs. Orléans, Bibliothèque publique 4F 146, fol. 1ra–65vb.
–, *Tractatus de primo principio – Abhandlung über das erste Prinzip,* ed. und übersetzt von Wolfgang Kluxen, Darmstadt 1974, ⁴2009.
Wolter, Allan B., *Duns Scotus on Will and Morality,* Washington, D.C. 1986, ²1997.

Andere Primärliteratur

Albert der Große, *Alberti Magni Opera Omnia,* ed. Bernhard Geyer et al., Münster 1951 ff.

Bibliographie

Alexander von Hales / Johannes de la Rochelle et al., *Summa Halensis*, ed. Patres Collegii S. Bonaventurae, 6 Bände, Quaracchi (Florenz), 1924–1979.

Anselm von Canterbury, *Opera omnia*, ed. Franciscus Salesius Schmitt, 6 Bände, Seckau / Edinburgh 1938–1961.

Aristoteles, *Opera*, ed. Academia Regia Borussica, 2 Bände, Berlin 1831.

–, *Metaphysica*, ed. Werner Jaeger, Oxford 1957.

Aristoteles Latinus, *Categoriae vel Praedicamenta. Translatio Boethii, Editio Composite, Translatio Guillelmi de Moerbeka, Lemmata e Simplicii commentario decerpta, Pseudo-Augustini Paraphrasis Themistiana*, ed. L. Minio-Paluello (AL I/1–5), Brügge / Paris 1961.

–, *De interpretatione vel Periermenias. Translatio Boethii*, ed. L. Minio-Paluello; *Translatio Guillelmi de Moerbeka*, ed. G. Verbeke, rev. L. Minio-Paluello (AL II/1–2), Brügge / Paris 1965.

–, *Analytica posteriora. Translationes Iacobi, Anonymi sive ›Ioannis‹, Gerardi et Recensio Guillelmi de Moerbeka*, ed. L. Minio-Paluello / B. G. Dod (AL IV/1–4), Brügge / Paris 1968.

–, *Physica. Translatio Vetus*, ed. F. Bossier / J. Brams (AL VII/1), Leiden / New York 1990.

–, *Metaphysica, lib. I–X, XII–XIV. Translatio Anonyma sive ›Media‹*, ed. G. Vuillemin-Diem (AL XXV/2), Leiden 1976.

–, *Metaphysica, lib. I–XIV. Recensio et Translatio Guillelmi de Moerbeka*, ed. G. Vuillemin-Diem (AL XXV/3.2), Leiden / New York / Köln 1995.

–, *Ethica Nicomachea. Translatio Roberti Grosseteste Lincolniensis sive ›Liber Ethicorum‹. Recensio Pura*, ed. R.-A. Gauthier (AL XXVI/1–3 fasc. 3), Leiden / Bruxelles 1972.

–, *Rhetorica. Translatio Anonyma sive Vetus et Translatio Guillelmi de Moerbeka*, ed. B. Schneider (AL XXXI/1–2), Leiden 1978.

Auctoritates Aristotelis, ed. Jacqueline Hamesse, Löwen / Paris 1974.

Augustinus, *Contra Faustum*, ed. Joseph Zycha (CSEL 25/1), Prag / Wien / Leipzig 1891, S. 249–797.

–, *Contra Iulianum* (PL 44), Paris 1861, Sp. 641–874.

–, *De civitate Dei*, ed. Bernhard Dombart / Alfons Kalb (CCSL 48), Turnhout 1955.

–, *De diversis quaestionibus octoginta tribus*, ed. Almut Mutzenbecher (CCSL 44A), Turnhout 1975, S. 1–249.

–, *De libero arbitrio*, ed. W. M. Green (CCSL 29), Turnhout 1970, S. 205–321.

–, *De patientia*, ed. Joseph Zycha (CSEL 41), Prag / Wien / Leipzig 1900, S. 661–691.

–, *De Trinitate*, ed. W. J. Mountain (CCSL 50–50A), Turnhout 1968.

–, *Enarrationes in Psalmos*, ed. D. Eligius Dekkers / Jean Fraipont (CCSL 38–40), Turnhout 1956. Neuedition ed. Franco Gori, Hildegund Müller, Clemens Weidmann et al. (CSEL 93–95), Wien 2001 ff.

–, *Retractationes*, ed. Almut Mutzenbecher (CCSL 57), Turnhout 1984.

–, *Sermones de Vetere Testamento*, ed. Cyrille Lambot (CCSL 41), Turnhout 1956.

Bibliographie

Averroes, *Aristotelis Opera cum Averrois Commentariis*, ed. Juntina, 12 Bände, Venedig 1562–1574 (Nachdruck Frankfurt 1962).

—, *Commentarium Magnum in Aristotelis De anima libros*, ed. F. Stuart Crawford, Cambridge, Mass. 1953.

—, *In Aristotelis librum II (α) Metaphysicorum Commentarius*, ed. Gion Darms, Fribourg 1966.

—, [*In Aristotelis librum IX Metaphysicorum Commentarius*], ed. Bernhard Bürke, *Das neunte Buch (Θ) des lateinischen Großen Metaphysik-Kommentars von Averroes. Text-Edition und Vergleich mit Albert dem Großen und Thomas von Aquin*, Bern 1969.

Bernhard von Clairvaux, *De gratia et libero arbitrio* (SC 393), Paris 1993, S. 240–360.

Bibliorum sacrorum cum Glossa ordinaria, ed. François Feuardent / Jean Dadré / Jacques de Cuilly, 6 Bände, Venedig 1603.

Boethius, *In librum Aristotelis Peri hermeneias*, ed. Karl Meiser, 2 Bände, Leipzig 1877–1880 (Nachdruck New York / London 1987).

Bonaventura, *Opera omnia*, 10 Bände, Quaracchi (Florenz) / Grottaferrata (Rom) 1882–1902.

Eustratius, *Aristotelis Moralium ad Nicomachum sextus*, Hs. Eton College 122, fol. 97r–134r.

Gonsalvus Hispanus, *Quaestiones disputatae*, ed. León Amorós (BFSMA 9), Quaracchi (Florenz) 1935.

Gottfried von Fontaines, *Les quatre premiers Quodlibets de Godefroid de Fontaines*, ed. Maurice De Wulf / Auguste Pelzer (PhB 2). Löwen 1904.

—, *Les Quodlibets Cinq, Six et Sept de Godefroid de Fontaines*, ed. Maurice De Wulf / Jean Hoffmans (PhB 3), Löwen 1914.

—, *Le huitième [neuvième, dixième] Quodlibet de Godefroid de Fontaines*, ed. Jean Hoffmans (PhB 4), Löwen 1924.

—, *Les Quodlibets onze-quatorze de Godefroid de Fontaines*, ed. Jean Hoffmans (PhB 5), Löwen 1932.

Gratian, *Decretum*, in: Corpus Iuris Canonici Bd. 1: *Decretum Magistri Gratiani*, ed. Aemilius Ludwig Richter / Emil Friedberg, Leipzig 1922 (Nachdruck Graz 1959).

—, *Decretum Gratiani cum glossis*, ed. Hugo a Porta, Paris 1550.

Gregor der Große, *Moralia in Iob*, ed. Marcus Adriaen (CCSL 143, 143A, 143B), Turnholt 1979–1985.

Hugo von St. Viktor, *Summa Sententiarum* (PL 176), Paris 1880, Sp. 41–174.

Heinrich von Gent, *Henrici de Gandavo Opera omnia*, ed. Raymond Macken et al. (Ancient and Medieval Philosophy, Series 2), Löwen / Leiden 1979 ff.

—, *Quodlibeta*, ed. Josse Badius, Paris 1518 (Nachdruck Löwen 1961).

—, *Ausgewählte Fragen zur Willens- und Freiheitslehre*, übersetzt und eingeleitet von Jörn Müller (HBPhMA 28), Freiburg 2011.

Justinian, *Institutiones*, ed. Paul Krüger, Corpus Iuris Civilis Bd. 1, 16. Auflage, Berlin 1954, S. 1–56.

Bibliographie

Johannes von Damaskus, *De fide orthodoxa, Burgundionis Versio*, ed. Eligius M. Buytaert, St. Bonaventure, N.Y. / Löwen / Paderborn 1955.

Johannes von Murro, *Quaestio disputata*, ed. Ephrem Longpré, »L'œuvre scolastique du cardinal Jean de Murro, O.F.M. († 1312)«, in: *Mélanges Auguste Pelzer*, Löwen, S. 488–492.

Johannes Pecham, *Quodlibeta Quatuor. Quodlibeta* I–III ed. Girard J. Etzkorn; *Quodlibet* IV (Romanum) ed. Ferdinand Delorme, revidiert von Girard J. Etzkorn (BFSMA 25), Grottaferrata (Rom) 1989.

Petrus Hispanus, *Tractatus*, ed. L. M. de Rijk, Assen 1972.

Petrus Johannis Olivi, *Quaestiones in secundum librum Sententiarum*, ed. Bernhard Jansen (BFSMA 4–6), 3 Bände, Quaracchi (Florenz) 1922–1926.

Petrus Lombardus, *In epistolam ad Romanos* (PL 191) Paris 1880, Sp. 1301–1534.

–, *Sententiae in IV libris distinctae*, 3. Auflage, 2 Bände, Grottaferrata (Rom) 1971–1981.

Ps.-Augustinus, *De vera et falsa poenitentia* (PL 40), Paris 1845, Sp. 1113–1130.

Paulinus von Aquileia [Ps.-Augustinus], *Liber exhortationis* (PL 99), Paris 1864, Sp. 197–282.

Pseudo-Dionysius, *De divinis nominibus*, ed. Beate R. Suchla (Patristische Studien und Texte 33) Berlin / New York 1990.

Richard von Mediavilla, *Questions disputées*, Bd. 4: q. 23–31, ed. Alain Boureau (Bibliothèque scolastique), Paris 2011.

–, *Super quatuor libros Sententiarum Petri Lombardi quaestiones subtilissimae*, 4 Bände, Brixen, 1591 (Nachdruck Frankfurt 1963).

Simplicius, *Commentaire sur les Catégories d'Aristote*, ed. Adriaan Pattin / Werner Stuyven / Carlos Steel, Leiden 1975.

Stephan Tempier, *Articuli condempnati a stephano episcopo parisiensi anno 1277*, ed. David Piché, *La Condamnation Parisienne de 1277. Nouvelle édition du texte latin, traduction, introduction et commentaire* (Sic et Non), Paris 1999.

Thomas von Aquin, *Opera omnia, iussu Leonis XIII edita cura et studio Fratrum Praedicatorum*, Rom 1882 ff.

–, *Scriptum super libros Sententiarum magistri Petri Lombardi Episcopi Parisiensis*, ed. Mandonnet (Bd. 1–2) und Marie Fabien Moos (Bd. 3–4), Paris 1929–1947.

Thomas von Sutton, *Quaestiones ordinariae*, ed. Johannes Schneider, München 1977.

Walter von Brügge, *Quaestiones disputatae*, ed. Ephrem Longpré (PhB 10), Löwen 1920.

Wilhelm von Ockham, *Opera theologica*, ed. Gedeon Gál et al., 10 Bände, St. Bonaventure, N.Y. 1967–1986.

Einführungen und Literaturberichte

Cross, Richard (2011), »Duns Scotus: Some Recent Research«, in: *Journal of the History of Philosophy* 49, S. 271–295.

Bibliographie

Dreyer, Mechthild / Mary Beth Ingham (2003), *Johannes Duns Scotus zur Einführung*, Hamburg.
Gilson, Étienne (1959), *Johannes Duns Scotus: Einführung in die Grundgedanken seiner Lehre*, Düsseldorf.
Honnefelder, Ludger (1996), »Metaphysik und Ethik bei Johannes Duns Scotus. Forschungsergebnisse und -perspektiven. Eine Einführung«, in: Ludger Honnefelder / Rega Wood / Mechthild Dreyer (Hg.), *John Duns Scotus: Metaphysics and Ethics* (Studien und Texte zur Geistesgeschichte des Mittelalters 53), Leiden / New York / Köln, S. 1–33.
–, (2005), *Johannes Duns Scotus* (Beck'sche Reihe 569), München.
Ingham, Mary Beth (2006), *Johannes Duns Scotus* (Zugänge zum Denken des Mittelalters 3), Münster.
Williams, Thomas (Hg., 2003), *The Cambridge Companion to Duns Scotus*, Cambridge 2003.

Andere Sekundärliteratur

Adams, Marilyn M. (1996), »Scotus and Ockham on the Connection of the Virtues«, in: Ludger Honnefelder / Rega Wood / Mechthild Dreyer (Hg.), *John Duns Scotus: Metaphysics and Ethics* (Studien und Texte zur Geistesgeschichte des Mittelalters 53) Leiden, S. 499–522.
Boler, John F. (1993), »Transcending the Natural: Duns Scotus on the Two Affections of the Will«, in: *American Catholic Philosophical Quarterly* 67, S. 109–126.
Cezar, Cesar Ribas (2004), *Das natürliche Gesetz und das konkrete praktische Urteil nach der Lehre des Johannes Duns Skotus* (Veröffentlichungen der Johannes-Duns-Skotus-Akademie für franziskanische Geistesgeschichte und Spiritualität [Mönchengladbach] 15) Kevelaer.
Chisholm, Roderick M. (1964), »Human Freedom and the Self«, The University of Kansas Lindley Lecture, Kansas, S. 3–15, Nachdruck in Gary Watson (Hg., 2003), *Free Will*, Oxford, S. 26–37.
Counet, Jean-Michel (2003), »Henri de Gand: la prudence dans ses rapports aux vertus morales«, in: Guy Guldentops / Carlos Steel (Hg.), *Henry of Ghent and the Transformation of Scholastic Thought: Studies in Memory of Jos Descorte* (Ancient and Medieval Philosophy – Series 1, 31), Löwen, S. 227–240.
Courtenay, William J. (2012), »Scotus at Paris: Some Reconsiderations«, in: Richard Cross (Hg.), *John Duns Scotus 1308–2008: The Opera Theologica of Scotus. Proceedings of »The Quadruple Congress« on John Duns Scotus, part 2*, Münster / St. Bonaventure, N.Y., S. 1–19.
Dumont, Stephen D. (1988), »The Necessary Connection of Moral Virtue to Prudence according to John Duns Scotus – Revisited«, in: *Recherches de théologie ancienne et médiévale* 55 (1988), S. 184–206.
–, (1992), »Time, Contradiction and Freedom of the Will in the Late Thirteenth

Bibliographie

Century«, in: *Documenti e studi sulla tradizione filosofica medievale* 3, S. 561–597.

–, (1995), »The Origin of Scotus's Theory of Synchronic Contingency«, in: *The Modern Schoolman* 72, S. 149–167.

–, (2001), »Did Duns Scotus Change His Mind on the Will?«, in: Jan A. Aertsen / Kent Emery, Jr. / Andreas Speer (Hg.), *Nach der Verurteilung von 1277. Philosophie und Theologie an der Universität von Paris im letzten Viertel des 13. Jahrhunderts. Studien und Texte*, Miscellanea Mediaevalia 28, Berlin / New York, S. 719–794.

Eardley, Peter S. (2006), »The Problem of Moral Weakness, the *Propositio Magistralis*, and the Condemnation of 1277«, in: *Mediaeval Studies* 68, S. 161–203.

Effler, Roy (1962), *John Duns Scotus and the Principle Omne quod movetur ab alio movetur*, St. Bonaventure, N.Y.

Etzkorn, Girard J. (1997), »Introduction«, in: B. Ioannis Duns Scoti, *Quaestiones super libros Metaphysicorum Aristotelis* (Opera Philosophica 3), St. Bonaventure, N.Y., S. vii–l.

Gallagher, David M. (1991), »Thomas Aquinas on the Will as a Rational Appetite«, in: *Journal of the History of Philosophy* 29, S. 559–584.

–, (1996), »Desire for Beatitude and Love of Friendship in Thomas Aquinas«, in: *Mediaeval Studies* 58, S. 1–47.

González Ayesta, Cruz (2007), »Scotus's Interpretation of *Metaphysics* 9.2: On the Distinction between Nature and Will«, in: *Proceedings of the American Catholic Philosophical Association* 81, S. 217–230.

Hoffmann, Tobias (1999), »The Distinction between Nature and Will in Duns Scotus«, in: *Archives d'histoire doctrinale et littéraire du Moyen Âge* 66, S. 189–224.

–, (2008), »Walter Chatton on the Connection of the Virtues«, in: *Quaestio* 8, S. 57–82.

–, (2010a), »Duns Scotus's Action Theory in the Context of His Angelology«, in: Ludger Honnefelder et al. (Hg.), *Johannes Duns Scotus 1308–2008: Die philosophischen Perspektiven seines Werkes / Investigations into His Philosophy. Proceedings of »The Quadruple Congress« on John Duns Scotus, part 3*, Münster / St. Bonaventure, N.Y., S. 403–420.

–, (2010b), »Intellectualism and Voluntarism«, in: Robert Pasnau (Hg.), *The Cambridge History of Medieval Philosophy*, Cambridge, S. 414–427.

–, (2012a), »Duns Scotus's Intellectualist Account of Practical Knowledge«, in: Richard Cross (Hg.), *John Duns Scotus 1308–2008: The Opera Theologica of Scotus. Proceedings of »The Quadruple Congress« on John Duns Scotus, part 2*, Münster / St. Bonaventure, N.Y.

–, (2012b), »Theories of Angelic Sin from Aquinas to Ockham«, in: ders. (Hg.), *A Companion to Angels in Medieval Philosophy*, Leiden im Druck.

Honnefelder, Ludger (2008a), »Sind moralische Urteile wahr? Thomas von Aquin und Johannes Duns Scotus über die Rationalität der moralischen Ur-

teile«, in: *Woher kommen wir? Ursprünge der Moderne im Denken des Mittelalters*, Berlin, S. 207–227.

—, (2008b), »Willkür oder ursprüngliche Selbstbestimmung? Das neue Verständnis von Freiheit und Wille bei Johannes Duns Scotus«, in *Woher kommen wir? Ursprünge der Moderne im Denken des Mittelalters*, Berlin, S. 188–206.

Ingham, Mary Beth (2000), »Duns Scotus, Morality and Happiness: A Reply to Thomas Williams«, in: *American Catholic Philosophical Quarterly* 74, S. 173–195.

—, (2001), »Letting Scotus Speak for Himself«, in: *Medieval Philosophy and Theology* 10, S. 173–216.

Kent, Bonnie (1995), *Virtues of the Will: The Transformation of Ethics in the Late Thirteenth Century*, Washington, D.C.

—, (2003), »Rethinking Moral Dispositions: Scotus on the Virtues«, in: Thomas Williams (Hg.), *The Cambridge Companion to Duns Scotus*, Cambridge, S. 352–376.

King, Peter (1994), »Duns Scotus on the Reality of Self-Change«, in: Mary Louise Gill / James G. Lennox (Hg.), *Self-Motion from Aristotle to Newton*, Princeton, S. 227–290.

—, (2010), »Scotus's Rejection of Anselm: The Two-Wills Theory«, in: Ludger Honnefelder et al. (Hg.), *Johannes Duns Scotus 1308–2008: Die philosophischen Perspektiven seines Werkes / Investigations into His Philosophy. Proceedings of »The Quadruple Congress« on John Duns Scotus, part 3*, Münster / St. Bonaventure, N.Y., S. 359–378.

—, (2012), »Augustine and Anselm on Angelic Sin«, in: Tobias Hoffmann (Hg.), *A Companion to Angels in Medieval Philosophy*, Leiden im Druck.

Longpré, Éphrem (1947), »L'œuvre scolastique du cardinal Jean de Murro, O.F.M. († 1312)«, in: *Mélanges Auguste Pelzer*, Löwen, S. 467–492.

Lottin, Odon (1942–1960), *Psychologie et morale aux XIIe et XIIIe siècles*, 6 Bände, Löwen / Gembloux.

—, (1955), »La connexion des vertus morales acquises au début du XIVe siècle«, in: *Recherches de théologie ancienne et médiévale* 22, S. 258–305.

—, (^{2}1957), »Libre arbitre et liberté depuis saint Anselme jusqu'à la fin du XIIIe siècle«, in: *Psychologie et morale aux XIIe et XIIIe siècles*, Gembloux, S. 11–389.

Macken, Raymond (1977), »Heinrich von Gent im Gespräch mit seinen Zeitgenossen über die menschliche Freiheit«, in: *Franziskanische Studien* 59, S. 125–182.

Mandrella, Isabelle (2002), *Das Isaak-Opfer. Historisch-systematische Untersuchung zu Rationalität und Wandelbarkeit des Naturrechts in der mittelalterlichen Lehre vom natürlichen Gesetz* (Beiträge zur Geschichte der Philosophie und Theologie des Mittelalters – Neue Folge 62), Münster.

Möhle, Hannes (1995), *Ethik als scientia practica nach Johannes Duns Scotus. Eine philosophische Grundlegung* (Beiträge zur Geschichte der Philosophie und Theologie des Mittelalters – Neue Folge 44), Münster.

Bibliographie

–, (2003), »Scotus's Theory of Natural Law«, in: Thomas Williams (Hg.), *The Cambridge Companion to Duns Scotus*, Cambridge, S. 312–331.

Möllenbeck, Thomas (2008), »Das Leben des Johannes Duns Scotus«, in: Herbert Schneider / Marianne Schlosser / Paul Zahner (Hg.), *Duns-Scotus-Lesebuch*, Kevelaer, S. 3–38.

Müller, Jörn (2009), *Willensschwäche im Denken der Antike und des Mittelalters. Eine Problemgeschichte von Sokrates bis Johannes Duns Scotus* (Ancient and Medieval Philosophy – Series 1, 40), Löwen.

–, »Der Wille und seine Tugenden. Johannes Duns Scotus und das Ende der aristotelischen Tugendethik«, in: Ludger Honnefelder et al. (Hg.), *Johannes Duns Scotus 1308–2008: Die philosophischen Perspektiven seines Werkes / Investigations into His Philosophy. Proceedings of »The Quadruple Congress« on John Duns Scotus, part 3*, Münster / St. Bonaventure, N.Y., S. 421–441.

–, (2011), »Einleitung«, in: Heinrich von Gent, *Ausgewählte Fragen zur Willens- und Freiheitslehre*, übersetzt und eingeleitet von Jörn Müller (HBPhMA 28), Freiburg, S. 11–64.

Noone, Timothy B. (2010a), »Duns Scotus and the Franciscan Educational Model«, in: Mary Beth Ingham / Oleg Bychkov (Hg.), *John Duns Scotus, Philosopher. Proceedings of »The Quadruple Congress« on John Duns Scotus, part 1*, Münster / St. Bonaventure, N.Y., S. 129–138.

–, (2010b), »Nature and Will: Nature Revisited«, in: Ludger Honnefelder et al. (Hg.), *Johannes Duns Scotus 1308–2008: Die philosophischen Perspektiven seines Werkes / Investigations into His Philosophy. Proceedings of »The Quadruple Congress« on John Duns Scotus, part 3*, Münster / St. Bonaventure, N.Y., S. 391–402.

Noone, Timothy B. et al. (2006), »Introduction«, in: B. Ioannis Duns Scoti, *Quaestiones super Secundum et Tertium De anima* (Opera Philosophica 5), Washington, D.C. / St. Bonaventure, N.Y., S. 1*–144*.

O'Connor, Timothy (2002), »Libertarian Views: Dualist and Agent-Causal Theories«, in: Robert Kane (Hg.), *The Oxford Handbook of Free Will*, Oxford, S. 337–355.

Putallaz, François-Xavier (1995), *Insolente liberté: Controverses et condamnations au XIIIe siècle* (Vestigia – Pensée antique et médiévale 15), Paris.

Söder, Joachim R. (1999), *Kontingenz und Wissen. Die Lehre von den futura contingentia bei Johannes Duns Scotus* (Beiträge zur Geschichte der Philosophie und Theologie des Mittelalters – Neue Folge 49), Münster.

–, (2005), »Einleitung«, in: Johannes Duns Scotus, *Pariser Vorlesungen über Wissen und Kontingenz* (HBPhMA 4), Herder, S. 9–32.

Walsh, J. J. (1986), »Buridan on the Connection of the Virtues«, in: *Journal of the History of Philosophy* 24, S. 453–482.

Watson, A. (1960), »The Definition of Furtum and the Trichotomy«, in: *Tijdschrift voor Rechtsgeschiedenis* 28, S. 197–210.

Williams, Thomas (1995), »How Scotus Separates Morality from Happiness«, in: *American Catholic Philosophical Quarterly* 69, S. 425–445.

—, (1997), »Reason, Morality, and Voluntarism in Duns Scotus: A Pseudo-Problem Dissolved«, in: *The Modern Schoolman* 74, S. 73–94.
—, (1998), »The Unmitigated Scotus«, in: *Archiv für Geschichte der Philosophie* 80, S. 162–181.
—, (2003), »From Metaethics to Action Theory«, in: ders. (Hg.), *The Cambridge Companion to Duns Scotus*, Cambridge, S. 332–351.
Wippel, John F. (1973), »Godfrey of Fontaines and the Act-Potency Axiom«, in: *Journal of the History of Philosophy* 11, S. 299–317.
Wolter, Allan B. (1986), »Introduction«, in: *Duns Scotus on Will and Morality*, Washington, D.C., S. 1–123.
—, (1990), »Duns Scotus on the Will as a Rational Potency«, in: Marilyn M. Adams (Hg.), *The Philosophical Theology of John Duns Scotus*, Ithaca, N.Y. / London, S. 163–180.
—, (2003), »The Unshredded Scotus: A Response to Thomas Williams«, in: *American Catholic Philosophical Quarterly* 77, S. 315–356.
Wood, Rega (1997), *Ockham on the Virtues*, West Lafayette, Indiana.

Register der Bibelstellen

Gen	277	Mk	305
Ex	43–44, 277, 289	Lk	305
Dtn	44, 289	Röm	279, 295
Ps	159, 169, 205, 235, 239	1 Kor	263, 270
Weish	235	1 Tim	207
Sir	169	Hebr	303
Jes	154, 245	1 Joh	169, 279
Hos	277	Offb	217
Mt	43, 295, 305		

Personenregister

Adams, M. M. 32, 41
Ägidius von Rom 10, 37
Albert der Große 218
Alexander von Hales 32
Anselm von Canterbury 27, 31, 103, 113, 165–166, 175, 177, 183, 185
Aristoteles 13–15, 19, 21, 30, 32–34, 36, 38–39, 46, 48, 55–57, 61–75, 79–91, 95–97, 99–105, 109, 115, 117–121, 125–126, 128, 141, 144–145, 149, 157–159, 161, 170–171, 177–179, 182–183, 211–217, 221, 229, 231–233, 235, 239, 247–249, 251, 253–263
Augustinus 15, 27, 43, 103–105, 109, 111, 115, 139, 157, 169, 171, 177, 183, 187, 195, 199, 203, 207, 211, 235, 239, 247, 259, 263, 265–267, 273, 288, 296, 299
Averroes 15, 104–107, 124, 182

Bernhard von Clairvaux 105
Boethius 87
Boler, J. F. 30
Bonaventura 12, 43, 172, 200, 230, 283
Bonifaz VIII. 11

Cezar, C. R. 46
Chisholm, R. M. 21
Counet, J.-M. 32
Courtenay, W. J. 10–11
Cross, R. 311

Descartes, R. 12
Dreyer, M. 311
Dumont, S. D. 18, 26, 32, 37

Eadmer 166
Eardley, P. S. 37
Effler, R. 27
Etzkorn, G. J. 47
Eustratius 217, 259

Gallagher, D. M. 30–31
Gilson, É. 311
Glossa ordinaria 217, 231, 234
Gonsalvus Hispanus 11, 65
González Ayesta, C. 14
Gottfried von Fontaines 10, 19–24, 26, 31, 100–101, 104, 106–113, 118–121, 127, 142, 145, 283
Gratian 263–265, 271, 279, 287, 293
Gregor der Große 198–200, 217, 229

Hechich, B. 47
Heinrich von Gent 10, 12, 19–21, 23–27, 31–32, 34–37, 39–40, 102, 122, 125–129, 142–143, 210, 213–217, 223, 227–233–241, 259, 267
Hoffmann, T. 14, 19, 27, 29, 32, 38, 307
Honnefelder, L. 9, 38
Hugo von St. Viktor 17

Ingham, M. B. 30, 45, 311

Johannes Buridan 32
Johannes Pecham 156
Johannes von Damaskus 159
Johannes von Murro 20, 23–24, 31, 122

Kant, I. 12, 18, 47
Kent, B. 9, 19, 32
King, P. 27, 30–31

Personenregister

Leibniz, G. W. 12
Longpré, É. 24
Lottin, O. 19, 32

Macken, R. 19
Mandrella, I. 42
Modriæ, L. 47
Möhle, H. 9, 45
Möllenbeck, Th. 9
Müller, J. 15, 19–20, 32, 37

Noone, T. B. 10, 14

O'Connor, T. 21

Paulinus von Aquileia 215, 229
Petrus Hispanus 90
Petrus Johannis Olivi 18
Petrus Lombardus 11, 17, 42–44, 139, 155, 199–200, 266, 296
Philipp IV. 11
Ps.-Augustinus 215, 229, 271
Ps.-Dionysius 235
Putallaz, F.-X. 19

Richard von Mediavilla 42, 172, 279–283, 288–289

Schäfer, O. 307
Siger von Brabant 19
Simplicius 228
Söder, J. R. 9, 18
Stephan Tempier 19, 36–37
Summa Halensis 172

Thomas von Aquin 12–13, 15–17, 19, 27–31, 33–34, 36, 38–39, 41–43, 46, 78, 90, 92, 128, 155–157, 172, 200, 220, 266–268, 279–283, 290
Thomas von Sutton 122

Walsh, J. J. 32
Walter Chatton 32
Walter von Brügge 15, 19
Watson, A. 276
Wilhelm de la Mare 19
Wilhelm von Ockham 12, 27, 32, 41–42
Williams, Th. 9, 30, 45
Wippel, J. F. 22
Wolff, Chr. 12
Wolter, A. B. 9, 14, 45
Wood, R. 32

Herders Bibliothek der Philosophie des Mittelalters

Bislang erschienen:

1 Gilbert Crispin (ca. 1045–1117)
Religionsgespräche mit einem Juden und einem Heiden
Lateinisch – Deutsch

2 Ibn Sab'in (1216–1271)
Die Sizilianischen Fragen
Arabisch – Deutsch

3/1 Thomas von Aquin (1224/5–1274)
Kommentar zum Trinitätstraktat des Boethius I
Lateinisch – Deutsch

3/2 Thomas von Aquin (1224/5–1274)
Kommentar zum Trinitätstraktat des Boethius II
Lateinisch – Deutsch

4 Johannes Duns Scotus (ca. 1265–1308)
Pariser Vorlesungen über Wissen und Kontingenz
Lateinisch – Deutsch

5 Yûsuf al-Basir (gest. 1040)
Das Buch der Unterscheidung
Judäo-arabisch – Deutsch

6 John Blund (ca. 1175–1248)
Traktat über die Seele
Lateinisch – Deutsch

7 Thomas von Aquin (1224/5–1274)
Über das Seiende und das Wesen
Lateinisch – Deutsch

8 Petrus Johannes Olivi (1248–1298)
Über die menschliche Freiheit
Lateinisch – Deutsch

9 Al-Farabi (875–950)
Über die Wissenschaften. Die Version des Dominicus Gundissalinus
Lateinisch – Deutsch

10 Albert der Große (ca. 1200–1280)
Über die Natur und den Ursprung der Seele
Lateinisch – Deutsch

11 Dominicus Gundissalinus (ca. 1110–1190)
Über die Einteilung der Philosophie
Lateinisch – Deutsch

12 Siger von Brabant (ca. 1235–1286)
Über die Lehre vom Intellekt nach Aristoteles. Nebst zwei averroistischen Antworten an Thomas von Aquin
Lateinisch – Deutsch

13 Roger Bacon (ca. 1219–1292)
Opus maius. Eine moralphilosophische Auswahl
Lateinisch – Deutsch

14 Johannes von Salisbury
(ca. 1115–1180)
Policraticus.
Eine Textauswahl
Lateinisch – Deutsch

15 Averroes (ca. 1126–ca. 1198)
Über den Intellekt.
Auszüge aus seinen drei
Kommentaren zu Aristoteles'
De Anima
Arabisch – Lateinisch – Deutsch

16 Wilhelm von Ockham
(ca. 1280–1349)
Über die Verknüpfung der
Tugenden
Lateinisch – Deutsch

17 Hillel von Verona (1220–1295)
Über die Vollendung der Seele
Hebräisch – Deutsch

18 Thomas von Aquin
(1224/5–1274)
Kommentar zur Hebdomaden-
Schrift des Boethius
Lateinisch – Deutsch

19 Moses Maimonides
(1135–1204)
Wegweiser für die Verwirrten
Arabisch – Hebräisch – Deutsch

20 Alain von Lille
(ca. 1120–1202/3)
Regeln der Theologie
Lateinisch – Deutsch

21 Salomon Ibn Gabirol
(1021/2–1070)
Lebensquelle I–II
Lateinisch – Deutsch

22 Gregor von Rimini
(um 1300–1358)
Moralisches Handeln und
rechte Vernunft (Auswahl)
Lateinisch – Deutsch

23 Albert der Große
(um 1200–1280)
Über die fünfzehn Streitfragen
Lateinisch – Deutsch

24 Peter Abaelard (1079-1142)
Theologia Scholarium
Lateinisch – Deutsch

25 Johannes von la Rochelle
(† 1245)
Summe über die Seele
(2. Abhandlung)
Lateinisch – Deutsch

26 al-Kindī (ca. 800–ca. 866)
Die Erste Philosophie
Arabisch – Deutsch

27 Johannes Duns Scotus
(ca. 1266–1308)
Freiheit, Tugenden und Naturgesetz
Lateinisch – Deutsch

28 Heinrich von Gent († 1293)
Ausgewählte Fragen zur Willens-
und Freiheitslehre
Lateinisch – Deutsch

FSC
www.fsc.org
MIX
Papier | Fördert
gute Waldnutzung
FSC® C083411